위대한 지성은 어떻게 생각하는가

마틴 셸루 클레이제르
김영주 옮김

위대한 지성은 어떻게 생각하는가

Great Minds Don't Think Alike

의식, 실재, 지능, 믿음, 시간, AI, 불멸
그리고
인간에 대한 대화

흐름출판

일러두기

1. 본문 중 '옮긴이'라고 표시한 주 외에는 모두 엮은이 주이다.
2. 병기는 일반 표기 원칙에 따르면 최초 노출 뒤 반복하지 않으나 문맥의 이해를 위해 필요한 곳에는 반복해 병기했다.
3. 본문에 언급된 책, 작품, 프로그램이 우리말로 번역된 경우 그 제목을 따랐으며 그렇지 않은 경우 원문에 가깝게 옮겼다.

차례

2016년 가을, 저는 신경과학자 안토니오 다마지오Antonio Damasio, 철학자 데이비드 차머스David Chalmers와 함께 뉴욕 92번가 Y 무대에 올라 '의식의 신비'에 대해 대화를 나눴습니다. 이후 5년 동안 미국 전역의 극장과 대학에서 진행한 시리즈 대담의 첫 번째 순서였죠. 이 대담들은 제가 존 템플턴 재단으로부터 자금을 넉넉히 받아 설립한 다트머스 학제 간 참여 연구소Institute for Cross-Disciplinary Engagement, ICE가 펼친 활동의 일환이었습니다. 우리 연구소의 임무는 제가 '건설적 협업'이라 부르는 자리에 과학자와 인문학자를 불러 모아 우리 시대의 가장 도전적인 질문들에 대해 토론하고 논쟁하는 일이었습니다. 주제는 다소 추상적인 질문인 '실재의 본질은 무엇인가?'부터 더 실용적인 질문인 'AI 시대 인류 미래의 전망은?'에 이르기까지 다양했습니다. 과학 또는 인문학으로만 1차원적으

로 다루기에는 그런 질문들이 너무 복잡하다는 근본적인 깨달음
이 우리의 동기였죠. 우리 시대를 규정하는 질문이 다양한 만큼 그
질문에 답하는 데 진전을 이루려면 서로 다른 앎의 방식들을 결합
하는 다원적 접근법이 필요합니다. 물론 과학이나 인문학 한 영역
에 속한 질문도 많지만 그 문제들은 명백한 이유들로 우리 대담의
주제에 포함되지 않았습니다. 대담을 위해 선정된 주제들은 완전
하다고는 할 수 없지만 우리의 집단적 미래에 매우 중요하고 흥미
로운 문제들에 과학과 인문학이 서로 해줄 말이 많음을 보여주는
희망적인 사례가 될 것입니다.

　이 책에는 여덟 개의 대화를 담았습니다. 일부에는 청중의 질
문도 함께 실었습니다. 주제는 폭넓고 시의적절하며, 참가자 목록
은 인상적입니다. 퓰리처상과 템플턴상 수상자부터 맥아더 펠
로 지명된 학자와 유명한 대중 지식인까지 다양한 분이 참여해주
셨습니다. 우리는 편협함과 뿌리 깊은 편 가르기로 시민 담론이
심각하게 위협받는 시대에 살고 있습니다. 이 책의 대화들이 우리
가 이견이 있을 때조차도 어떻게 건설적 대화에 참여할 수 있는
지에 대한 본보기가 되기를 바랍니다.

두 문화의 간극을 넘어서

"서구 사회 전체의 지적 풍토가 점점 양극단으로 갈라지고 있다고
생각한다…" 영국의 물리학자이자 소설가였던 C. P. 스노^{C. P. Snow}

는 1959년 케임브리지 대학교에서 열린 유명한 리드 강연 '두 문화'The Two Cultures 1에서 이렇게 말했습니다. 스노가 걱정한 것은 그가 개인적으로 경험한 '문학 지식인'과 '물리학자'의 분열이었지만 두 문화의 분열은 이후 과학과 인문학의 점점 넓어지는 간극을 상징하게 되었습니다. 이런 분열과 그로 인해 종종 발생하는 갈등은 대부분 대학에서 뚜렷하게 느낄 수 있으며, 전 세계 학교들의 교양 교육과정과 기술 주도적 세계에서 인문학은 시대착오적이라는, 널리 퍼져 있지만 명백히 잘못된 인식에 직접적으로 영향을 미치고 있습니다.

두 문화의 이런 불행한 분열의 뿌리는 과거 계몽주의 운동과 그것을 불평한 세력의 분열을 넘어, 승승장구하는 과학과 그에 따른 사회의 기술화에 의해 증폭되어왔습니다. 17세기는 인류 지성사의 전환점이었습니다. 당시 우리가 지금 과학이라 부르는 학문이 그리스 철학의 전통에서 벗어나 자신만의 길을 개척하기 시작했죠. 케플러, 갈릴레오, 데카르트, 뉴턴, 보일 그리고 그 밖의 많은 사람은 원래 그리스와 이슬람의 선조들처럼 자연의 작동 원리에 관심을 가진 '자연철학자'였으나 이제 강력하고 새로운 방법론으로 무장했습니다. 그들은 그 방법론에 따라 직접적인 실험과 데이터 분석으로 지구와 우주의 다양한 현상을 수학적으로 정확하

---

1   C. P. Snow, *The Two Cultures and the Scientific Revolution*, (Cambridge: Cambridge University Press, 1959).

게 기술했습니다. 그들의 눈부신 성공은 우리가 우주와 그 안에서의 우리 자리를 이해하는 방식을 바꿨고, 그 부산물로 결코 치유되지 못한 깊은 정신적 균열을 만들었습니다. 만일 인간의 마음이 세계의 작동 원리를 이해하는 데 명백한 한계가 없다면 신비가 남아 있을 여지가 있을까요? 영적 질문들은 어떨까요? 만일 세계가 정말 기계 같아서 엄밀한 수학적 논리에 따라 작동한다면 의심이나 자유의지가 남아 있을 여지가 있을까요?

영향력 있는 사상가들이 과학을 진리의 유일한 원천으로 선전하면서 인문학은 영향력을 일부 잃었고, 두 문화의 균열은 점차 심화되었습니다. "한쪽 극에는 문학 지식인들이 있다. 다른 쪽 극단에는 과학자들, 특히 과학자의 대표 격인 물리학자들이 있다. 둘 사이에는 몰이해의 간극이 있다. 이따금 (특히 젊은 사람들 사이에) 적대감과 혐오도 존재하지만 대부분은 서로에 대한 이해가 부족하다." 스노는 이렇게 썼습니다. 전문가들은 자기 분야의 전문 용어 뒤에 숨어 상대의 분야를 무시하거나 심하게는 아예 말하지 않았습니다. 지식의 경계가 넓어지고 학계의 분야가 늘어남에 따라 훨씬 세분화된 하위 분과들의 전문가들을 분리하는 벽이 생겼습니다.

아마도 스노 에세이의 가장 큰 미덕은 과학을 하나의 문화로 묘사한 것일지 모릅니다. 과학은 과학 행위와 행위자들 안에서 모두, 그리고 17세기 이후 인류의 집단적 세계관에 심대한 변화를 일으킨 원동력이 되었다는 점에서 확실히 문화로 볼 수 있습니다. 과학적 사고의 거침없는 상승세는 자신들을 유일하게 가치 있는 지식인으로 여겼던 많은 인문주의자의 멸시를 불러일으켰습니다. 그들은 과학자는 기술자이고 인문학자는 지식인이라 생각했습니다. 대부분 과학자는 자기 분야 안에 편안하게 앉아 인문학은 자신들의 지적 추구에 가치가 없다고 간주하며 인문학자들에게 받은 경멸을 되돌려주었습니다. 유명 과학자들은 "철학은 쓸모가 없다" "종교는 죽었다"라고 선언했죠.

과학이 역사적으로 인문학자들의 공인된 영역이었던 분야를 잠식하는 곳에서 그런 갈등과 그것이 야기하는 문제들을 가장 극명하게 볼 수 있습니다. 과학은 자연을 다루는 반면 인문학은 가치, 미덕, 도덕, 주관성, 미학을 다룬다는 말을 흔히 듣습니다. 정량화하기 어려운 개념들에 대해 과학은 할 말이 없거나 거의 없다는 것이죠. 사랑을 뇌의 특정 영역을 통과하는 몇몇 신경전달물질의 흐름 때문에 일어나는 일련의 생화학적 반응으로 설명하는 일은 분명 중요하지만, 그것은 사랑에 빠지는 경험이 어떤 느낌인지 설명하는 데는 거의 도움이 되지 않습니다.

이런 양극화는 매우 단순화된 사고방식이며, 날이 갈수록 세상과 맞지 않습니다. 물리학, 생물학, 신경과학에서 현재 일어나고 있는 발전은 그런 편협한 대립과 상호 배제를 문제시하며 완전히 제살 깎아 먹는 일로 여깁니다. 그것은 진보를 제한하고 창의성을 저해합니다. 우리 시대 핵심 문제의 대다수, 무엇보다 이 책에서 탐구하는 질문들은 두 문화의 건설적인 협업을 요구합니다. 과학과 인문학의 분열은 대체로 실체 없고 불필요하며, 새로운 통합적 접근법이 필요하다는 것이 우리의 주장입니다. 우리는 전통적 학문의 경계를 넘어 진정한 다학제 간 사고방식을 만들어낼 필요가 있습니다. 호메로스와 아인슈타인, 밀턴과 뉴턴을 세계와 인간 본성의 복잡성을 탐구하는 개별적인 시도로 해석하는 것으로는 이제 충분하지 않습니다. 새로운 사고방식에 따르면 우리는 실재를 경험하므로 세계의 복잡성은 인간 본성의 내재적 측면입니다. 우리는 우리가 속한 세계로부터 우리 자신을 분리할 수 없습니다. 우리는 세계의 일부이기 때문입니다. 어떤 설명이나 표현, 감정이나 해석은 세계와 우리의 이런 포괄적 관계를 나타냅니다. 우리가 누구이고 우리가 무엇인지는 환원 불가능한 전체를 이룹니다.

　과학과 인문학의 협업을 요구하는 질문들은 학계에 국한되지 않습니다. 지구는 병들고 우리는 기계와 더 철저하게 교잡하게 될 인류의 미래를 생각해보세요. 우리가 휴대전화를 통해 공간과 시간에서 우리의 물리적 존재를 확장하는 동안 많은 과학자와 인문학자는 우리가 신체의 경계를 벗어나 반￦인간 반기계가 되는 미래주의적 시나리오를 만지작거립니다. 심지어 기계가 우리보다 영리해질 때 특이점에 도달할 것이라 추측하는 사람들도 있죠. 하지만 더 영리하다는 것이 무엇을 의미하는지에 대해서는 명확히 설명하지 않습니다. 이런 기술 발전은 우리 과학 발전의 분별력에 의문을 던지며 다양한 문제를 제기합니다. 기계를 통제하는 일, 인간과 기타 생명체를 조작하는 일의 윤리적 문제, 로봇화와 인공지능이 직업 시장과 사회에 미치는 여파, 그리고 우리 행성에 대한 우리의 약탈적 관계. 우리의 지식 추구 핵심에 자리하고 있는 오래된 질문과 새로운 질문에 영감을 받아 새로운 문화가 나타나고 있습니다. 지금 우리가 커리큘럼을 형성하고, 대학 학부와 연구소를 만들고, 일반 대중과의 토론에 참여하며 내리는 선택들이 앞으로 수십 년 동안 후세대 사람들과 지적 협력의 본질을 결정할 것입니다.

1장 의식의 신비
신경과학자와 철학자의 대화

데이비드 차머스와 안토니오 다마지오

이 대화에는 지금껏 한자리에 앉은 적 없는 저명한 현대 사상가 두 분이 참석합니다. 안토니오 다마지오는 서던캘리포니아 대학교 신경과학 데이비드 돈사이프좌 교수이자 심리학, 철학, 신경학 교수입니다. 뇌 창의성 연구소 소장도 역임하고 계시죠. 다마지오는 뇌의 정보 처리 과정을 이해하는 데 혁혁한 공을 세웠으며 뇌에서 감정, 느낌, 의사결정, 의식이 어떻게 만들어지는지 이해하는 데 중요한 기여를 했습니다. 저서를 네 권 집필했으며, 최근작은 『느낌의 진화』*Strange Order of Things*입니다. 다마지오의 논문은 놀랍게도 18만 3,100회 인용되었습니다.

데이비드 차머스는 뉴욕 대학교 마음·뇌·의식 센터 부소장이자 철학과 신경과학 교수입니다. 오스트레일리아 국립대학교에서 의식 센터를 이끌기도 했습니다. 차머스의 연구 분야는 마음,

언어철학, 인공지능과 인지과학입니다. 그는 의식의 어려운 문제를 공식화한 것으로 잘 알려져 있습니다. 이는 우리가 어떻게, 왜 1인칭 경험을 하는가를 설명하는 문제입니다. 한마디로 '감각 정보의 자각에 느낌이 동반되는 이유가 무엇인가?'라고 표현할 수 있죠. 차머스는 『의식하는 마음』*The Conscious Mind*을 펴냈으며, 최근 『의식의 특징』*The Character of Consciousness*과 함께 철학 논문을 다수 발표했습니다. (차머스가 좀비 블루스라는 밴드의 리드 싱어이기도 하다는 점을 덧붙이고 싶군요.)

다음은 오늘의 주제와 관련 있는, 한 과학자의 말입니다.

뇌의 물리적 구조를 이에 상응하는 의식과 대응시키는 일은 불가능하다. 뇌에서 특정한 생각과 특정한 분자 작용이 동시에 일어난다고 가정할 때, 이 현상이 저 현상으로 나타난다고 추론할 수 있게 해주는 어떤 지적 기관이나 그런 기관의 흔적이 우리에게는 없다. 둘은 함께 나타나지만 우리는 그 이유를 모른다.

우리의 마음과 감각이 확장, 강화, 조명되어 우리가 뇌의 그 분자들을 보고 느낄 수 있고, 그 분자들의 움직임, 이합집산, 전하를 (만일 그런 게 있다면) 모두 추적할 수 있으며, 그에 상응하는 생각과 느낌의 상태를 잘 알고 있다 해도 우리는 그 문제를 해결할 수 없을 것이다. 이런 물리적 과정은 의식과 어떻게 연관되어 있을까? 두 현상의 간극은 지적으로 해결할 수 없을 것이다.

예를 들어 사랑을 알아차리는 일이 뇌 분자들의 오른손 나선운동과 관련 있고, 증오를 알아차리는 일이 왼손 나선운동과 관련 있다고 하자. 우리는 사랑에 빠지면 그 운동이 한 방향으로 일어나고 증오가 일어나면 그 운동이 다른 방향으로 일어난다는 점을 알 것이다. 하지만 그 이유는 여전히 알 수 없을 것이다.

이는 1868년 빅토리아 시대의 물리학자 존 틴들John Tyndall이 영국 과학진흥협회 물리학 부문에서 연설하기 위해 쓴 글입니다. 그 뒤로 많은 일이 일어난 건 틀림없지만 저는 이 글이 탁월하며 놀라운 선견지명을 지녔다고 생각합니다. 우리는 머지않아 뭔가를 알아낼 것이고, 저는 그 순간이 무척 기다려집니다. 의식이란 무엇일까요? 철학과 신경과학이 어떻게 상호작용해 우리가 제기할 수 있는 가장 매혹적이고 신비로운 질문들 중 하나를 해명할 수 있을까요? 아니면 의식은 파악하기 어려운 것이라 인간이 이해할 수 없는 채로 남을까요?

다마지오 이 문제를 소개하기에 앞서 언급할 것이 몇 가지 있습니다. 명명법 문제를 중심으로 말씀드리는 게 좋을 것 같은데요, 사람들은 의식에 대해 자주 대화하면서도 어느 순간 서로 이야기가 엇갈리고 있다는 점을 깨닫기 때문입니다. 의식이라는 단어가 매우 많은 걸 의미할 수 있으니까요.

먼저 의식이 아닌 몇 가지에 대해 말씀드리겠습니다. 의식이라는 단어를 생각할 때, 여러분 중 로망어를 사용하는 분들은 의식을 가리키는 단어가 양심을 의미하는 영어 단어와 철자가 정확히 같다는 사실을 곧바로 떠올릴 겁니다. 하지만 의식은 양심과 동의

어가 아닙니다.

물론 양심은 의식과 상당히 관련이 있습니다. 의식이 없으면 올바른 의미의 양심을 가질 수 없을 테니까요. 하나마나한 이야기 죠. 하지만 셰익스피어가 햄릿에게 "그러므로 양심은 우리 모두를 겁쟁이로 만든다"라는 대사를 줬을 때, 셰익스피어는 의식을 언급한 것이 아닙니다. 그는 햄릿이 삼촌을 죽이려는 것은 좋은 생각이 아니라고 말하는 것입니다. 그건 도덕적으로 비난받을 일이고, 도덕적 비난은 그를 겁쟁이로 만들죠. 햄릿은 생각을 실행에 옮길 수 없을 겁니다.

포르투갈어를 할 줄 아는 분들은 아시겠지만 포르투갈어로 의식을 의미할 때는 consciência를 사용합니다. 이 단어는 도덕적 의미에서 양심을 말할 때 쓰는 말과 같습니다. 이만저만 혼란스러운 게 아니죠. 프랑스어 conscience와 이탈리아어 coscienza에서도 정확히 같은 일이 일어납니다.

영어와 로망어에서는 양심을 뜻하는 단어가 먼저 생겼습니다. 영어에서 의식을 뜻하는 특정 단어는 그보다 훨씬 뒤인 17세기에 만들어졌죠. 로망어에서는 이에 상응하는 단어가 결국 만들어지지 않았습니다. 우리가 이런 주제에 대해 여러 언어를 넘나들며 논할 때 의식을 지칭하는 단어가 없는 점은 혼란의 불씨가 됩니다.

의식이 아닌 또 한 가지는 일반 인식general awareness입니다. 예를 들어 개념 인식이 있죠. 여러분은 종종 "우리는 현재 지구 온난화 문제의 심각성을 의식하고 있다"와 같은 문장을 접합니다. 물론

17

어떤 문제를 인식하기 위해서는 의식이 있어야 하고, 적절한 지식을 습득해야 하며, 그 지식을 토대로 추론해야 하지만 문제 인식이 정신 경험이나 주관적 관점을 갖는 특정 현상에 해당하지는 않습니다.

완전한 각성이나 잠들지 않은 상태도 의식이 아닙니다. 당연히 신경학적 의미에서 깨어 있고 인식하고 경계하고 있지 않으면 정신 경험을 할 수 없습니다. 하지만 꿈이라는 역설적 의식이 일어나는 동안 우리는 잠든 상태에서 주관적인 관점을 가질 수 있습니다. 꿈꿀 때 우리는 관점을 갖고, 경험하고, 느낄 수 있습니다. 그래도 보통의 깨어 있는 의식과는 다릅니다. '역설적'이란 단어는 꿈의 상황과 잘 어울립니다.

의학계에서 신경과 의사는 사고를 당한 환자의 상태를 말할 때 흔히 "의식을 잃었다"라고 표현합니다. 신경과 의사가 언급하는 것은 정신 경험만 상실된 상태가 아니라 (물론 정신 경험도 상실되지만) 의식이 있든 없든 더 근본적인 감각과 반응이 상실된 상태입니다. 감각과 반응의 상실은 불을 끄는 일과 같습니다. 경험만 정확하게 사라지는 게 아니라 깨어 있고 각성된 상태와 같이 정신 경험을 뒷받침하는 기본적인 현상이 사라지는 겁니다.

이 사실은 의식과 감응-sentience이 동의어라는 생각에 어긋납니다. 감응은 의식의 동의어가 아닙니다. 감응은 자극을 감지하고 그 자극에 반응하는 유기체의 능력을 묘사할 때 적절한 말입니다. 그런데 이 차이가 왜 그렇게 중요할까요? 다음과 같은 이유 때문입니다. 박테리아처럼 단순한 단세포 유기체들은 신경계와 (우리가 갖고 있는) 마음은 말할 것도 없고 핵조차 없지만 분명히 감응합니다. 단세포 유기체는 특정한 자극을 분명하고 구체적으로 감지하고 그에 반응할 수 있습니다. 따라서 우리는 의식을 감응과 구별할 필요가 있습니다. 우리가 정신 경험, 즉 의식을 갖고 있다고 말할 때, 그것은 깨어 있고 감응한다는 점을 전제로 합니다. 즉, 각성과 감응 능력은 의식의 디딤돌이라 볼 수 있습니다.

오늘 밤 우리가 가장 큰 관심을 갖고 있는 현상은, 아마 데이비드도 동의하리라 생각하는데, 의식 중에서도 특히 느낌과 관점을 동반하는 정신적 경험입니다. 관점은 경험하는 유기체의 관점입니다. 이 순간 저의 정신적 경험을 말하자면 저는 왼쪽에 있는 데이비드와 마르셀루를 특정 관점에서 보고 있습니다. 저는 제가 여기 있다는 느낌을 갖고 있을 뿐 아니라 저만의 독특한 관점, 즉 현장에 대한 저 자신의 관점을 가지고 있습니다. 물론 데이비드와 마르셀루는 느낌과 더불어 저와는 다른 관점을 가지고 있습니다. 그건 특정한 내용이 담긴 그들만의 특정 관점입니다. 저는 그들과 다른 관점을 가지고 있을 뿐 아니라 그들의 관점이 저와 다르고, 저와 그들이 같은 장면을 서로 다른 각도로 보고 있다는 점을 자동적으로 압니다.

예술, 인문학, 정신철학, 신경과학, 심리학 그리고 다양한 종류의 인지과학에 몸담고 있는 사람들이 의식에 대한 논의에 참여해 왔습니다. 저는 의식에 대한 과학(의식과학)을 발전시키기 위해 우리가 무엇을 해야 하는지 생각해보는 일은 중요하다고 생각합니다. 제가 알기로 데이비드는 그 일에 관심이 있고, 따라서 데이비드와의 대화가 기대됩니다. 저는 우리가 매우 분명한 합의점을 가지고 있다고 생각합니다.

이 대담이 성공하기 위해 중요한 요건 한 가지는 우리가 현상학을 진지하게 취급해야 한다는 점입니다. 대화에서 흔히 벌어지는 일이 있습니다. 사람들의 의견이 일치하지 않은 것처럼 보여도 알고 보면 한 사람은 자신의 마음을 조사하는 일, 즉 자기 마음의 관찰자가 되는 일에 대해 생각하고 있는 반면 다른 사람은 더 객관적인 것들, 가령 뉴런의 활동 같은 것들에 대해 생각하고 있는 거죠. 둘은 양립 불가능하지 않습니다. 우리는 두 가지 분석 수준 모두에서 정보를 얻을 필요가 있습니다. 어떤 현상은 마음속에서 일어나 한 사람이 주관적으로 관찰하고 분석하고 묘사해야 하는 1인칭 현상이라는 사실을 우리는 진지하게 받아들여야 합니다. 예를 들어 유럽 철학, 특히 독일과 프랑스에는 현상학을 진지하게 받아들이고 마음에서 일어나는 일을 가능한 한 정확하게 묘사하는 위대한 전통이 있습니다.

우리가 같은 상황에 있는 여러 사람으로부터 현상학적 데이터를 수집할 수 있다면 그 데이터가 뉴런 활동에 대한 데이터에 필적하지 못하란 법은 없습니다. 현상들을 생리학 실험에서 사용하는 것과 같은 종류의 도구로 측정할 수는 없지만 그것이 그런 데이터를 무시해야 한다는 뜻은 아닙니다. 그렇게 한다면 우리는 의식과학을 영영 탐구하지 못할 것이기 때문입니다. 데이비드가 1인칭 관점과 3인칭 관점에 대해 이야기할 때, 그는 같은 걸 다르게 말하고 있는 겁니다.

우리는 또한 생물학을 진지하게 취급할 필요가 있습니다. 지난 세기의 신사 물리학자가 아주 멋진 연설(마르셀루가 처음에 읽은 것)에서 말한 내용과 달리 우리가 데이터를 배제할 수 있는 시대는 끝났다고 생각합니다. 그것이 현상학적 데이터이든 1인칭 관찰이든 객관적인 신경 조직 실험에서 나온 데이터이든 말이죠. 각기 다른 관점에서 조사할 수 있는 현상의 경우, 우리에게는 그 모든 관점의 데이터가 필요합니다. 데이터를 배제하는 건 말이 안 되는 일입니다. 우리가 매우 복잡한 현상에 대해 이야기하고 있기 때문이죠. 그 현상은 뉴런만으로도 생기는 것도, 뇌 시스템만으로 생기는 것도, 몸과 생명만으로 생기는 것도 아니며, 오직 마음mind 또는 정신psyche이라 불리는 에테르에 잠겨 있는 뭔가만으로 생기는 것은 확실히 아닙니다. 머지않아 이 통합적 입장이 잘못되었다는 결론에 이를 수도 있지만 지금 당장은 그것이 최선입니다.

생물학을 진지하게 취급한다는 것은 생물학의 신경학 부분만이 아니라 더 많은 것을 진지하게 취급한다는 의미입니다. 생물학을 진지하게 취급하는 것은 우리 조상에 해당하는 다른 생명체들이 있음을 깨닫는 일입니다. 예를 들어 박테리아는 우리 모두의 조상입니다. 신경계가 없지만 생명 관리와 다른 유기체와의 복잡한 관계라는 측면에서 절대적으로 주목할 만한 성질을 지닌 단세포 생물에서 생명의 역사는 시작되었습니다. 우리는 마음과 의식의 문제를 이 기나긴 궤적의 관점에서 볼 필요가 있습니다. 이 궤적은 적어도 39억 년을 거쳐왔습니다.

모든 생물은 단순해 보일 때조차 매우 복잡하다는 점을 고려해야 합니다. 그리고 많은 동물이 신경계를 가지고 있지 않지만 모든 동물은 몸을 가지고 있습니다. 의식의 본질에 대한 논의에서 사람들은 흔히 이렇게 가정합니다. 의식은 오직 뇌의 산물이며, 몸에 대해서는 완전히 잊은 고립된 뇌가 혼자서 생성한다는 것이죠. 우리 뇌는 고립되어 있지 않습니다. 그리고 지구 상 대부분 생명체는 신경계가 없지만 모두 신경계가 없을 때조차 지능적으로 능숙하게 생명을 유지할 수 있는 몸을 가지고 있습니다.

우리 인간은 매우 높은 수준의 중추 조직을 갖춘 신경계인 중추신경계를 가지고 있습니다. 중추신경계는 척수, 뇌간, 뇌 기저부에 있는 다양한 신경절, 대뇌피질 등의 구색을 갖추고 있습니다. 이 복잡한 조직을 진지하게 취급하지 않을 때 생기는 문제 한 가지는, 의식에 대한 논의가 과감하게 생물학의 영역으로 들어간다 해도 대개 중추신경계만을, 때로는 대뇌피질만을 다루게 된다는 점입니다. 마치 신경계의 나머지 부분은 의식에 중요하게 기여할 정도로 대단하지도, 복잡하지도 않은 것처럼 말이죠. 다시 말해 사람들은 몸만 잊는 게 아니라 신경계 대부분을 잊게 됩니다. 이건 틀림없이 잘못된 관점입니다. 그런 식은 안 됩니다.

여러분이 오늘 제게 "마음과 의식이 뇌만으로 생긴다고 생각하십니까?"라고 묻는다면 제 대답은 분명히 "아뇨, 뇌만으로 가능하다고 생각하지 않습니다"일 것입니다. 그러면 무엇이 더 필요할까요? 음, 우리에게 필요한 것은 완전할 뿐 아니라 몸의 알맞은 자리에 들어가 몸과 온전히 상호작용하는 신경계입니다.

마음은 뇌만의 산물도, 신경계만의 산물도 아닙니다. 마음은 생명을 효율적으로 조절하기 위해 신경계와 몸을 적절히 결합하는 기능적 통합의 결과물입니다.

이 파트너십이 만들어내는 것을 우리는 흔히 놓칩니다. 바로 생물 구석구석에 분포되어 이중 관계를 유지하는 복잡한 시스템이죠. 이 시스템은 온몸 구석구석으로 가는 뉴런, 온몸 구석구석에서 오는 뉴런 또는 분자 신호로 구성됩니다. 대단히 복잡한 이 배열은 엄청난 양의 상호작용을 가능하게 합니다.

이 상호작용은 신경계의 역사가 시작된 선캄브리아시대, 뇌는 커녕 완전한 신경계에조차 이르지 못한 단순한 신경망이 출현했을 때 시작되었습니다. 그런 신경망들은 오늘날 우리의 척수와 뇌 간에 있는 복잡한 그물 형태와 비슷했습니다. 이 모든 신경망은 몸 안에서 순환하고 있는 화학 분자들의 영향을 받았습니다.

따라서 생명체가 가지고 있는 것은 몸과 뇌, 몸과 신경계 사이에서 일어나는, 신경이 관여하고 몸이 참여하는 신호 전달 수준의 상호작용만이 아닙니다. 화학적으로 일어나며 신경계에 직접적인 영향을 주지만 몸에서 오는 주요 상호작용도 있습니다. 우리는 신경계가 실제로는 두 가지 구조로 둘러싸여 있다는 점을 깨달아야 합니다. 하나는 유기체 내부이고, 다른 하나는 유기체 주변에 있는 것, 즉 외부 세계입니다. 따라서 신경계는 단지 바깥 세계만 보는 것이 아니라 내부 세계를 보는 동시에 바깥 세계를 봅니다.

정신 경험과 주관적 관점을 생각할 때, 우리는 두 가지 문제를 더 다룰 필요가 있습니다.

하나는 느낌입니다. 느낌은 의식에 대한 전통적 논의와 직접적으로 관련을 맺고 있습니다. 철학에서는 퀄리아qualia라고 하죠. 저는 느낌을 중첩된 현상으로 봅니다. 느낌은 한 가지 종류가 아닙니다. 크게 나누어 적어도 두 종류가 있습니다. 하나는 자동적 또는 항상적homeostatic 느낌입니다. 이는 유기체 내에서 전개되는 생명 상태가 마음에 표현된 것으로, 고통 같은 경고 신호나 모든 것이 문제없다는 웰빙 신호로 작용합니다. 다른 하나는 불러일으켜진 느낌입니다. 우리 마음속에 끊임없이 떠오르는 이미지에 대한 정서적 반응이 마음에 표현된 것입니다. 우리는 이런 이미지에 정서적으로 반응하고, 이에 따라 생리적 변화가 일어나 마음속에 떠오른 상황에 대처할 수 있도록 우리를 준비시킵니다. 변화된 생리적 상태는 느낌을 일으킨 이미지의 내용에 따라 즐거움, 두려움 또는 경탄 등의 느낌으로 표현됩니다.

모든 이미지에는 느낌이 수반되며, 이뿐 아니라 우리에게는 마음속에 떠오른 이미지들의 방향을 제시하는 일종의 GPS가 있어 그 이미지들을 유기체의 관점에 따라 배치한다는 사실도 인정해야 합니다. 이런 이미지들은 우리의 감각 포털이 어느 순간 어느 위치에 있는지에 따라 구성됩니다. 감각 포털이란 우리의 눈과 귀 그리고 피부에 있는 촉각 세포들을 말합니다.

결론적으로, 우리는 확실히 148년 전보다 잘 살고 있습니다. 아마도 열쇠는 진화적 관점을 진지하게 받아들이는 것이 아닐까 합니다. 우리가 진화적 관점을 채택하지 않는 한 모든 것은 말이 될 수 없고, 필요 이상으로 이상해 보일 것입니다.

차머스 안토니오 다마지오, 마르셀루 글레이제르와 함께 이 주제를 논하게 되어 영광입니다. 저는 학문의 경계를 넘는 일, 구체적으로 과학과 인문학 사이에 다리를 놓는 일이 매우 중요하다고 생각합니다. 그리고 '의식'은 이 일을 시작하기에 매우 적절한 주제라고 생각합니다.

의식의 문제는 예로부터 철학의 한복판을 차지해왔습니다. 마음은 몸과 어떤 관계일까요? 이건 철학의 전통적 주제인 몸-마음 문제이고, 서서히 의식-뇌 문제로 변하고 있습니다. 의식은 뇌와 어떤 관계일까요? 우리는 뇌의 관점에서, 그리고 몸의 관점에서 의식을 설명할 수 있을까요?

이 질문은 서서히 철학적 문제에서 과학적 문제로 옮겨가고 있지만 아직 완전히 옮겨간 건 아니라고 생각합니다. 여전히 이행 단계에 있죠. 이 문제에는 근본적인 철학적 요소가 아직 많이 남아 있습니다.

흔히 철학은 모든 과학의 원천이라고 말합니다. 물리학도 철학에서 출발했습니다. 하지만 연구자들은 실험을 통해 결과에 합의할 수 있는 방법론을 개발해 자신들의 학문을 엄밀하게 만들었습니다. 그다음 물리학자들은 철학에서 갈라져 나왔죠. '물리학 스타트업'은 오랫동안 상당히 성공적이었어요. (웃음) 19세기에 심리학이 똑같이 했고, 언어학과 경제학도 마찬가지였어요. 그리고 저는 오늘날 의식과학에도 이런 일이 일어나기를 간절히 바랍니다. 그 일이 현재 진행 중이라고 생각하고요. 하지만 심오한 철학적 수수께끼가 아직 많이 존재하고, 그 수수께끼들은 과학과 밀접하게 상호작용하고 있습니다.

안토니오가 의식의 정의에 대해 말씀하셨는데, 저도 동의합니다. 용어를 명확히 하는 일은 매우 중요합니다. 그건 철학자가 가장 좋아하는 일 중 하나입니다. 여기 오신 분들은 인정사정없는 끝장 토론을 기대했겠지만 저는 사실 안토니오의 말에 거의 동의합니다. 실망시켜드려 죄송합니다. 그럼에도 각자의 강조점에는 차이가 있을 것이고, 그래서 우리는 서로 다른 방향으로 생각을 발전시켜나갑니다.

정의에 대해 말하자면, 저는 의식이 마음의 경험 혹은 주관성이라는 안토니오의 정의에 만족합니다. 저는 이 둘을 하나로 모아 의식을 주관적 경험으로 정의합니다. 의식이란 주체가 마음과 세계에 대해 1인칭 시점으로 겪는 주관적 경험입니다. 여기에는 매우 단순한 경험(비상구 표시등의 붉은색을 보는 일과 같은 색깔에 대한 경험, 자기 목소리를 듣는 일, 통증을 느끼는 일)부터 매우 복잡한 경험까지 모든 것이 포함됩니다. 후자에는 아주 복잡하고 풍부한 감정, 복잡한 철학적 사고, 어린 시절 특정 시기에 대한 기억 등이 포함됩니다.

이런 것들은 우리가 1인칭 시점에서 경험하는, 의식이라는 웅장한 영화를 이루는 요소입니다. 이 요소들의 공통점은 어떤 느낌이 있다는 것입니다. 뉴욕 대학교의 제 동료 톰 나이젤Tom Nagel이 말했듯 느껴지는 뭔가가 있습니다. 본다는 느낌, 아픈 느낌, 감정이 솟아오르는 느낌, 생각하는 느낌이 있습니다. 저는 내면에서 느껴지는 그 뭔가가 의식의 본질이라고 생각합니다.

의식, 양심, 지식은 별개의 것이라는 말씀에도 동의합니다. 의식은 양심이나 지식과 다르고, 각성 상태와도 다릅니다. 우리가 꿈꿀 때는 일종의 의식이 있다고 생각합니다. 어떤 사람들은 인식awareness과 감응sentience을 같은 현상에 사용합니다. 또 어떤 사람들은 다르게 사용합니다. 저는 그런 단어들이 무엇을 의미하는지에 대한 논쟁에 깊이 들어갈 생각이 없지만 만일 감응이 자극과 반응이라면 그것이 의식과는 다른 것이라는 데 동의합니다. 의식은 경험입니다.

경험으로서의 의식을 철학자들은 현상적 의식phenomenal consciousness 또는 경험적 의식experiential consciousness이라고 부릅니다. 저는 이를 다른 두 가지 것과 구별합니다.

하나는 자의식, 즉 자기에 대한 의식입니다. 예를 들어 제가 저 자신을 의식할 때 그건 인간이라면 누구나 아는 현상입니다. 하지만 우리는 대부분 시간 동안 자신에게 의식을 집중하지 않은 채 세계를 의식하고 주변을 의식하며 살아갑니다. 자의식이 진화적으로 더 발전된 것이고, 세계에 대한 의식보다 나중에 등장했을 겁니다. 예를 들어 물고기처럼 고통을 느낄 수 있고, 고통을 주관적으로 경험할 수 있는 동물들이 존재할 겁니다. 이 동물들은 이런 경험적 의미의 의식을 가지고 있을 테고요. 하지만 물고기가 자기를 의식하는지는 알 수 없습니다. 그에 대한 논쟁이 많습니다. 하지만 제가 아는 한 물고기는 자의식 없이 단순한 경험적 의식만 가지고 있을 가능성이 높습니다. 자의식은 훨씬 더 정교한 것입니다.

두 번째로 저는 주관적 경험이라는 의미의 의식과, 반응이라는 의미의 의식을 구별합니다. 반응은 특정 종류의 행동과 결부되어 있습니다.

심리학자들과 신경과학자들은 조작화(추상적 개념을 현실에서 경험할 수 있고 관찰할 수 있는 개념으로 구체화하는 것—옮긴이)를 좋아합니다. 우리는 어떤 현상에 대해 말할 수 있습니다. 예를 들어, 어떤 자극을 의식할 때 우리는 그것을 가리킬 수 있습니다. 그것을 보고할 수 있습니다. 우리는 비상구 표시등을 의식합니다. 비상구 표시등을 조작화하는 한 가지 방법은 그것에 대해 말하는 겁니다. 저는 이렇게 말할 수 있습니다. "저기 비상구 표시등이 있어." 이는 의식의 좋은 증표이지만 의식 자체는 아닙니다. 반응하는 능력, 행동하는 능력은 의식이 아닙니다. 의식은 경험입니다. 경험을 행동이나 기능과 구별할 때 우리는 과학에서 의식이 제기하는 문제의 핵심으로 들어가게 됩니다.

앞에서 마르셀루가 1860년대에 틴들이 쓴 아름다운 글을 읽었습니다. 뇌에 대한 물리적 기술과 주관적 경험 사이의 간극을 다룬 글이었죠. 저는 오늘날 우리가 그 간극을 대면하고 있다고 생각합니다. 20년 전 저는 그것을 의식의 어려운 문제hard problem로 불렀지만 새로운 통찰은 아니었습니다. 틴들이 1868년 그 문제를 분명히 인식했고, 라이프치히가 1714년 뒤이어 인식했습니다. 의식의 어려운 문제는 역사가 매우 깁니다.

마음의 현상을 설명할 때, 그중에는 행동 현상이 있습니다. 우리가 세계를 어떻게 돌아다니고, 어떻게 걷고, 어떻게 말하고, 어떻게 반응하고, 어떻게 정보를 처리해 결정을 내리는지 등입니다. 이 문제는 모두 매우 어렵지만 과학의 표준 방법들이 주어지면 우리는 그것을 어떻게 설명해야 하는지 압니다. 신경 회로를 분리하고, 뇌와 환경에 대한 컴퓨터 프로그램을 구성합니다. 이 프로그램은 최종적으로 뇌가 이 기능을 어떻게 만들어내는지, 즉 뇌가 어떻게 그 정보를 처리해 특정 행동을 야기하는지 설명합니다. 이런 방법은 특정 현상, 가령 학습, 기억, 언어 사용, 심지어는 지각의 특정 측면들에서 아주 잘 작동합니다. 하지만 의식의 문제에 관한 한 이건 우리가 쉬운 문제라고 부르는 것들입니다. 그것을 설명하는 방법을 알고 있기 때문이죠.

어려운 문제는 주관적 경험을 설명하는 문제입니다. 도대체 어떻게 이 모든 처리 과정이 내면에서 뭔가로 느껴질까요? 우리는 여기에 간극이 있음을 자연스럽게 알 수 있습니다. 뇌의 이 모든 처리 과정이 어떤 느낌을 주는 것은 왜일까요? 왜 우리는 이 모든 처리 과정에 주관적 경험이 전혀 동반되지 않는 로봇이나 좀비 같지 않을까요?

행동이나 정보 처리 같은 것들을 설명하는 데 능하고, 학습과 기억 같은 일들을 설명하는 데는 탁월한 과학의 표준 방법들이 이 문제는 건드리지 않는 것 같습니다. 왜냐하면 어떻게 작동하는지를 설명할 수 있다 해도 여전히 주관적 경험이 어디서 오는지의 문제가 남기 때문이죠.

19세기 중엽의 과학자인 헉슬리도 자극에 반응을 일으키는 뇌 조직이 어떻게 주관적 경험을 야기하는가 하는 문제는 알라딘이 램프를 비빌 때 지니가 나타나는 일만큼이나 불가사의하다고 말했습니다.

지금도 많은 사람이 '뇌 처리 과정에 대한 순수한 신경생리학적 설명이 의식이 존재하는 이유를 말해줄 수 있는가'라는 의문을 가지고 있습니다. 몸이나 환경을 끌어들여도(이런 일은 여러 목적에 매우 유용하지만) 간극은 여전히 메워지지 않는 것 같습니다. 이 문제에 대해 자세히 설명하기 위해 우리가 특정 종류의 환원주의를 뛰어넘어야 하는 몇 가지 이유를 말씀드리겠습니다. 환원주의는 모든 것을 물리적 세계의 관점에서 설명하는 접근 방식으로, 의식을 설명하기 위해 새롭고 근본적인 요소를 도입합니다.

의식을 설명하기 위해 새롭고 근본적인 뭔가가 필요한 건 맞습니다. 하지만 철학과 과학의 대화에서 의식에 대해 생각하는 한 가지 방법으로 '좋아, 환원주의에 반대한다면 과학에 반대하는 거야'가 있습니다. 이건 제 입장이 아닙니다.

저는 의식에 대해 지나치게 환원주의적인 관점을 반대하는 것이 실제로 의식과학의 길을 열어준다고 생각합니다. 의식과학은 지난 20~25년 동안 온갖 종류의 방향으로 꽃피운 지극히 중요한 현상이라고 봅니다. 그리고 안토니오의 연구는 실로 그 중심에 있었습니다. 신경과학과 심리학 그리고 철학 분야의 많은 사람이 여기에 동참했습니다. 제가 이 분야에 처음 들어온 1990년의 상황과 2016년을 비교하면 많은 것이 변했습니다. 그리고 의식은 점점 존중받는 과학적 주제가 되어가고 있습니다. 저는 이 분야가 의식을 뇌 과정으로 환원하려고 시도함으로써 발전한 것이 아니라고 생각합니다. 실제로는 다른 과학 분야에서 얻은 것을 의식과 통합한 결과입니다.

의식과학은 특히 우리가 '3인칭 데이터'라 부르는 것을 통합하려는 시도라고 생각합니다. 3인칭 데이터란 외부의 측정 시스템에서 얻은 객관적 데이터를 말합니다. 마음의 과학에서는 그것이 뇌에 대한 데이터가 될 것입니다. 이 데이터는 뇌를 측정해서 얻습니다. 뇌를 측정할 때는 다양한 측정 방법과 심리학에서 사용하는 질적 방법 같은 측정 행위를 사용합니다. 이런 것들이 모두 한 생물에 대한 3인칭 데이터, 즉 객관적 데이터입니다. 이 데이터는 오랫동안 심리학과 신경과학의 중심을 차지해왔습니다. 하지만 데이터에 이런 것들만 있는 것은 아닙니다.

1인칭 데이터도 있습니다. 주관적 경험에 관한 데이터죠. 지금 저는 무대 위에 앉아 이 발표를 하는 일에 대한 1인칭 데이터를 가지고 있습니다. 객석에 앉아 있는 사람들을 보고, 제 목소리를 듣고 있으며, 약간 흥분합니다. 또한 토론을 고대하고 있습니다. 이런 것들은 모두 주관적 경험에 대한 데이터로, 설명이 필요합니다. 실제로 의식의 문제는 이런 1인칭 데이터를 세계에 대한 과학적 그림에 어떻게 끼워 맞출 수 있느냐 하는 것입니다. 우리는 1인칭 데이터를 3인칭 데이터의 관점에서 어떻게 설명할 수 있을까요?

의식과학이 실제로 하는 일은 어느 하나를 다른 것으로 환원하려는 시도가 아닙니다. 어떤 사람들은 세계가 전부 마음속에 있다고 말합니다. 그들은 3인칭 데이터를 1인칭 데이터로 환원하려고 시도합니다. 또 어떤 사람들은 반대로 합니다. "음, 우리는 의식을 물리적 세계에서 일어나는 과정으로 완전히 환원할 수 있다고 생각해. 우리는 1인칭 데이터를 완전히 3인칭 데이터의 관점에서 설명할 거야."

하지만 의식과학이 실제로 하고 있는 일은 둘을 연결하는 것입니다. 우리는 뇌를 조사하고 행동을 조사합니다. 하지만 동시에 의식적 경험을 조사합니다. 우리는 우리 자신의 의식적 경험을 반성적으로 조사하거나, 타인의 의식적 경험을 조사합니다. 물론 누군가의 의식적 경험을 직접 관찰할 수는 없습니다. 하지만 구두 보고 방법을 사용할 수 있습니다. 우리는 사람들에게 그들의 의식적 경험에 대해 질문합니다. 다르게 생각할 특정한 이유가 있지 않는 한, 그들이 잘못 생각하고 있다고 믿을 이유가 있지 않는 한, 우리는 그들의 보고를 있는 그대로 받아들입니다. 만일 안토니오가 제게 아프다고 말한다면 그는 아픔을 느끼고 있는 것입니다. 그리고 우리는 그 보고를 이용해 의식에 대한 데이터를 수집합니다. 의식과학은 한마디로 3인칭 데이터를 1인칭 데이터와 연결하는 것입니다.

온갖 신경과학(시각의 신경과학, 감정의 신경과학, 지각과 사고의 여러 측면에 대한 신경과학 등) 내부에 의식의 신경 상관물을 연구하는 놀라운 분야가 있습니다. 그 분야는 여러분이 특정 정보를 의식할 때 활성화되는 뇌 과정을 찾습니다.

예를 들어 제가 어떤 색깔을 볼 때 그 색깔을 의식하는 일과 가장 직접적으로 상관된 뇌 과정은 무엇일까요? 제가 그 색깔을 의식적으로 경험하기 위해서는 그 과정이 활성화되어야 합니다. 한

편 제가 그 색깔에 단순히 무의식적으로 영향을 받으면 그 과정은 활성화되지 않습니다. 연구자들은 범위를 점점 좁혀가고 있습니다.

현재 의식과학은 주로 상관성 연구입니다. 뇌의 이 부위가 활성화되면 우리는 이 종류의 의식을 얻는다는 것을 밝히는 연구죠. 하지만 이 연구는 점점 더 체계적이고 더 보편적으로 변모하고 있으며, 결국에는 상관성 연구에서 특정 종류의 설명으로 옮겨가기 시작할 것입니다. 이것이 우리의 목표입니다. 우리는 어떻게 뇌 과정에서 의식이 생기는지에 대해 통일된 이론을 찾고자 합니다.

제 견해를 말씀드리자면 이 통일된 이론은 완전한 환원주의 이론이 아닐 겁니다. 우리가 의식이 단순히 뇌 과정이라고 말하게 되는 날은 결코 없을 겁니다. 의식을 전적으로 물리적 과정으로 설명하는 일은 결코 없을 것입니다. 우리가 실제로 할 일은 물리적 과정과 의식을 연결하는 근본 법칙을 이해하는 것입니다.

거기에 이르는 한 가지 길은 뇌에서 일어나는 일을 조사하는 동시에 가능한 최선의 방법으로 경험을 조사하는 것입니다. 이 대담 시리즈 중 한 회에 불교 신자를 초대할 계획이라고 들었습니다. 저는 서양뿐 아니라 동양의 방법론도 도입해야 한다고 생각합니다. 동양에서는 내면을 들여다보며 의식을 조사하는 일에 공들여왔습니다. 그런 1인칭 데이터를 가져와 3인칭 데이터와 통합한다면 궁극적으로 그 모든 데이터로부터 특정한 이론적 원리, 특정한 이론적 다리를 이끌어낼 수 있을 것입니다. 이것은 궁극적으로 물리적 과정과 의식을 연결하는 근본 법칙이 될 것입니다.

물리학자들은 물리적 세계의 근본 법칙을 찾아 모든 것을 간단한 원리로 귀착시킬 거라고 말합니다. 의식과학의 최종 상태도 그와 같을 것이라 생각합니다. 안토니오의 연구는 두 영역을 연결하는 근본 법칙을 유도하는 이 프로젝트에 크게 기여했다고 생각합니다.

글레이제르 모두 발언이 끝났으니 이제 서로 질문하실 차례입니다.

다마지오 음, 이건 논평과 질문이 반반 섞인 겁니다. 물론 저는 당신이 방금 말한 모든 것에 매우 공감하고 동의합니다. 그리고 환원주의와 관련해, 저는 사람들이 생각하는 종류의 환원주의가 매우 우려됩니다. "마음은 곧 뉴런이고 그게 전부야"라고 말하는 환원주의죠. 존경받는 제 친구가 한 말로 유명하지만 저는 그 말에 전혀 동의하지 않습니다. 왜냐하면 우리의 마음, '한 개인으로서 우리는 무엇인가'는 뉴런으로 환원될 수 없다고 생각하기 때문입니다.

우리는 매우 조심해야 합니다. 과학의 일은 기본적으로 메커니즘을 이해하기 위해 구성 요소를 분해하는 일이죠. 하지만 우리는 메커니즘을 제자리에 돌려놓는 데 신경 써야 합니다. 우리는 조사 대상을 분리하면서 이따금 그걸 원위치로 돌려놓아야 한다는 점을 잊습니다. 원위치로 돌려놓지 않으면 소중한 장난감을 잃어버리게 됩니다. 이것이 나쁜 환원주의의 위험입니다.

우리는 조사하는 대상을 분리해 구성 요소들이 무엇인지 살펴봅니다. 그런 다음 혼란에 빠져 부분들이 그 현상이라고 착각합니다. 하지만 현상은 부분들이 아니라 부분들이 함께 작동하는 상태입니다. 그리고 부분들이 모이면 나타나지만 모이지 않으면 나타나지 않는, '창발'이라 불리는 아름다운 현상이 존재합니다. 따라서 저는 우리가 좁은 환원주의적 관점을 취한다면 마음이나 의식, 혹은 그 밖의 많은 생물학적 현상에 대한 훌륭한 과학은 불가능하다는 데 전적으로 동의합니다.

다른 한편으로 우리는 이런 궁금증을 갖습니다. "왜 느껴져야하지? 왜 경험이 있어야 하지? 왜 어떤 느낌이 들어야 하지?" 저는이 의문에 대한 답이 있을 거라고 생각합니다. 그렇다고 해서 이문제가 완전히 해결된다는 뜻은 아닙니다. 하지만 진화적 관점에서 본다면 답이 있습니다. 제가 생각하는 것을 설명해보겠습니다.

우리가 고통을 느끼거나 행복을 느끼거나 욕망을 느끼는 건 우연이 아닙니다. 이런 느낌은 사실 긴 진화 과정의 결과로 생겼습니다. 예를 들어 고통에는 역할이 있었습니다. 그 역할이 무엇이었을까요? 고통의 역할은 유기체를 위험으로부터 보호하는 것이었습니다. 만일 여러분이 고통에 상응하는 뭔가를 느꼈다고 생각해보세요. 처음에 그것은 어떤 현상으로 시작되었을 겁니다. 유기체는 그 현상을 전혀 알아차리지 못하거나 알아차리긴 해도 완전히 알아차리지는 못했을 겁니다. 주변에 위험 신호가 존재할 경우, 이 현상은 유기체가 (심지어 아주 단순한 유기체조차도) 무언가에 접근하거나 접근하지 않도록 안내했을 겁니다.

따라서 우리가 신경계를 가짐으로써 마음과 느낌의 가능성이생겼을 때 위험 신호들과 접근 신호들은 우리에게 양의 감정가(쾌락 반응)나 부정적 반응을 제공하는 신호가 되었습니다. 그런 신호들은 가치 있었고, 그 신호들 없이는 진화가 불가능했을 겁니다.

그래서 저는 우리 마음에 감정가가 존재하는 이유, 즉 우리 마음속에 있는 모든 것이 퀄리아를 동반하는 이유는 마음이 작동하기 위해서는 느낌이 일어나야 하기 때문이라고 생각합니다.

저는 우리가 주관적 경험을 갖는 이유에도 진화적 사고를 적용하고 싶습니다. 사람들은 흔히 이렇게 말하죠. "주관적 경험을 하는 이유가 무엇인가?" 저는 주관적 경험은 경험의 주체를 중요하게 만들어준다고 생각합니다. 예를 들어 여기 있는 우리 중 누구도 감정에 영향을 받지 않는다면, 그리고 우리 중 누구도 (역시 감정을 가지고 있는) 어떤 대상과 관련한 마음의 내용물을 가지고 있지 않다면 우리가 잘하거나 못하거나 중도에 포기하는 일이 왜 중요할까요? 저는 우리는 주관적 경험을 가지고 있으며, 퀄리아가 존재하는 이유는 그것이 중요하기 때문이라고 생각합니다.

그리고 처음부터 퀄리아로 시작하지는 않았습니다. 어쩌면 그랬을지도 모르지만 처음에는 경험 같은 것이 꼭 존재할 필요 없었습니다. 하지만 점점 그 방향으로 발전했고, 현재 우리는 경험을 풍부하게 가지고 있습니다. 모든 것, 여러분이 정상적인 상태에서 지각하는 모든 것이 실제로 느낌을 동반하는 것은 그 때문입니다. 그런 느낌이 저는 아주 중요하다고 생각합니다.

하지만 주관적 경험이 단지 뉴런만의 일은 아니라는 차머스의 의견에는 전적으로 동의합니다. 그것은 뉴런의 일이지만 살아 있으며 항상성을 유지하기 위해 작동하는 유기체의 일입니다. 그래서 이미 단순한 신경계보다 훨씬 복잡합니다. 또한 저는 살아 있는 유기체와 (그 생명체를 탄생시킨 온갖 제약이 포함된) 환경을 제거하는 어떤 종류의 환원주의나 요약에도 강력히 반대합니다.

차머스 물론 환원주의는 아주 모호한 용어이고, 사람들은 주로 자신이 반대하는 견해를 정의하기 위해 이 용어를 사용하죠.

다마지오 맞습니다.

차머스 사람들은 자신의 견해보다 좀더 환원주의적인 견해를 제시하면서 이렇게 말해요. "이제 아시겠죠? 저는 더 너그럽고 관대한 비환원주의자라고요!" 환원주의를 '보기맨'(정체 불명의 두려운 존재)으로 만들 위험이 확실히 있습니다. 우리는 모든 종류의 복잡한 창발 현상이 존재한다는 점을 인정해야 합니다. 그런 창발 현상은 한 물리 시스템을 이루는 구성 요소들이 다양한 관계로 상호작용할 때 발생합니다. 그럴 때 여러분은 기상학적 조건으로 발생하는 허리케인처럼 경이롭고도 무서운 현상을 보게 됩니다.

다마지오 석양은 어떤가요?

차머스 석양이 경이로운 현상인 건 대체로 의식의 작용입니다. 그건 주관적 경험이죠. 경이로운 창발 현상들이 존재하는 건 틀림없는 사실이지만 이 모든 것은 결국 시스템의 복잡한 작동에서 생기는 것으로 보입니다. 그리고 창발의 수준에서조차 "왜 그 모든 창발적 역학이 우리에게 의식적 경험을 제공하는가?"라는 질문이 여전히 남습니다.

저는 당신이 마지막에 말씀하신, 의식이 존재하는 이유는 의식이 중요하기 때문이라는 말이 매우 마음에 들었습니다. 제가 보기에는 그것이 본질입니다. 의식이 없다면 아무것도 중요하지 않을 겁니다. 중요함조차 중요하지 않을 거예요. 의식이 없다면 중요한 건 아무것도 없어요.

의식이야말로 우리 삶에 의미와 가치를 부여하는 것이라고 생각합니다. 사람들을 이렇게 말하죠. "의식의 기능이 무엇인가? 의식은 무엇을 하는가?" 그 질문에 대한 답은 확실히 모르지만 저는 의식이 해야 할 무언가를 찾는 일은 의식을 얕잡아보는 것처럼 느껴집니다. 의식은 모든 것에 의미를 부여합니다! 의식은 모든 것에 가치를 부여합니다. 하지만 이건 그 질문에 대해 정확히 과학적인 대답은 아닙니다.

다마지오 저는 그게 과학적 대답이라고 생각해요.

차머스 그렇게 볼 수도 있겠지요.

다마지오 우리는 인간입니다. 우리는 우리의 지식과 경험 그리고 관점을 이용해 그 대답을 제시하고 있기 때문에 그렇게 말하는 건 매우 과학적입니다.

글레이제르 그러면 여러분은 이렇게 물을 수 있습니다. "왜 하필 우리인가? 왜 호모 사피엔스인가?" "달팽이부터 고양이와 인간에 이르는 전체 스펙트럼에서 의식이 출현한 지점이 있을까?" 저는 이것이 이 토론에서 반드시 필요한 질문이라고 생각합니다. 다른 동물들은 의식이 있을까요? 그렇다면 어디부터 의식이 나타날까요?

다마지오 매우 흥미로운 질문입니다. 물론 여러분이 약간 회의적으로 대답해야 하는 질문이고요. 왜냐하면 최고의 대답은 "현재로서는 정확히 모른다"이기 때문이죠. 하지만 우리 인간이 데이비드와 제가 말한 의미의 의식을 지닌 유일한 종일 가능성은 매우 낮습니다. 그래서 저는 여러분이 포유류를 볼 때 그중 어느 종도 우리와 같은 의식을 가지고 있지 않다고 여기는 건 억지라고 생각합니다.

포유류가 우리처럼 풍부하고 폭넓은 관점을 가지고 있지는 않을 겁니다. 우리가 완전한 의미의 의식을 가질 때 거기에는 과거 기억에서 불러온 엄청난 양의 회상이 동반됩니다. 점점 넓어지는 지식의 원이 우리 마음속에 떠오르며 우리는 실제로 의식하게 됩니다. 또는 사물과 사건 대부분을 그렇게 경험합니다. 항상은 아니라도 자주 그런 풍부한 경험을 합니다.

인간 외 동물들도 그런 경험을 할까요? 일부는 그런다고 생각합니다. 어느 정도까지는요. 대형 유인원을 생각해보면 그들이 우리와 비슷한 경험을 하지 않을 가능성은 매우 낮습니다. 물론 그들에게는 그 과정에 살을 붙일 언어가 없죠. 그건 매우 중요한 한 계입니다. 그리고 그들에게는 회상 능력, 그리고 우리 수준으로 독특한 기억을 다루는 능력이 없을 겁니다. 하지만 이건 정보에 입각한 추측입니다. 이를 완전히 확신할 수는 없습니다.

복잡성의 수준을 따라 내려가는 동안 우리는 매우 풍부한 경험을 계속 찾을 수 있습니다. 데이비드가 물고기를 언급한 점이 흥미로워요. 지난해 물고기가 고통을 느끼는지에 대한 흥미로운 토론이 있었거든요. 그 토론에 참여한 과학자와 철학자 대다수가 내린 전반적인 결론은 물고기는 고통을 느끼고, 고통을 경험한다는 거였어요. 하지만 그렇다고 해서 가령 물고기가 낚시 후크에 걸렸을 때 우리와 정확히 똑같은 경험을 한다는 말일까요? 그걸 딱 잘라 말하기는 어려워요.

저는 가설의 수준에서 이렇게 말하고 싶습니다. 느낌을 갖기 위해, 즉 우리가 여기서 이야기하고 있는 의미의 경험에 접근하기 위해 우리에게는 확실히 신경계가 필요합니다. 신경계가 출현하기 전에는 '감응 능력'은 있어도 우리가 논하는 의미의 의식은 존재하지 않는다는 데 한 표 던지겠습니다. 사실 식물에도 감응 능력이 있습니다. 동물계와 식물계에서 매우 비슷한 과정이 작동해요.

차머스 『동물의 감응』*Journal of Animal Sentience*이라는 학술지를 추천합니다. 거기서는 감응sentience이라는 단어를 당신이 좋아하지 않는 방식으로 사용합니다. 동물의 의식을 의미하는 말로 쓰죠. 하지만 물고기 의식, 문어 의식에 대한 논쟁과 논문이 그 지면에 실려 있습니다. 많은 사람이 문어 의식을 찬성하는 쪽이었고, 최근에는 곤충 의식까지 나왔죠. 그러니 조심하세요. 다음번에 문어를 먹을 때는 한 번 더 생각해보세요. (웃음)

다마지오 실제로 매우 흥미로운 포인트네요. 무척추동물이 의식을 가지고 있다는 점을 뒷받침하는 훌륭한 논거가 많으니까요. 한나와 저도 『동물의 감응』 창간호에 물고기 의식에 대한 논문을 실었습니다.

차머스 이와 관련해서 질문이 하나 있습니다. 여기서 논의해보면 좋을 것 같아요. 이 문제에 대한 당신의 견해를 명확히 하는 데 도움이 될 겁니다. 제 동료 네드 블록Ned Block은 6년 전 당신의 저서 『자아가 떠오르다』Self Comes to Mind에 대한 서평에서, 의식은 항상 자의식을 필요로 한다는 당신의 견해를 비판했습니다. 어류는 의식적 경험을 할 수 있습니다. 물고기가 고통을 느낀다고 말하는 건 곧 마음의 경험 또는 주관적 경험이라는 의미의 의식적 경험을 하고 있다는 겁니다. 물고기가 자신을 의식하지는 않는데도 말이죠. 그렇다면 당신은 의식이 항상 자의식을 필요로 한다는 견해를 철회하시겠어요?

글레이제르 질문을 요약하면 '의식은 자의식을 필요로 하는가?'가 되겠군요.

차머스 의식은 분명한 자의식을 필요로 하지 않는다고 생각합니다. 자신에 대한 불분명한 자각이 물고기의 의식에 스며들 수는 있겠지만 물고기가 어떤 정교한 의미의 자의식을 가지고 있지는 않다고 생각해요.

다마지오 동의합니다. 물고기가 가진 게 뭐든 그건 정교한 형태가 아닐 테고, 한 실체로서의 자기에 대해 명시적이고 통합된 인식을 필요로 하지 않습니다. 저는 그런 견해를 견지한 적이 없어요. 그런 비판은 제가 『자아가 떠오르다』에 쓴 것을 잘못 해석한 거라고 생각해요. 하지만 인간의 경우, 의식과 자기에 대한 명시적 인식은 함께 가는 경우가 많습니다.

글레이제르 방향을 조금 바꿔서, 의식의 본질에 대해 매우 다른 질문을 하나 드리겠습니다. 두 분의 견해를 들어보고 싶군요. 의식에 대한 논의는 대부분 용어를 정교하게 정의하는 일로 시작하는 것 같습니다. 언어라는 매개가 어느 정도까지 방해가 될까요?

뭔가를 말로 한정하기 시작할 때 어느 정도나 정확성을 잃기 시작할까요? 양자물리학에서는 그런 일이 일어납니다. 양자 불확실성, 중첩, 얽힘을 말로 기술하기 시작할 때 그런 용어들은 수학처럼 사람들에게 똑같은 걸 의미하지 않습니다.

차머스 지금 말과 숫자를 비교하고 계신데, 우리는 양자역학을 위해 수학을 할 수 있지만 그건 단지 또 하나의 언어일 뿐입니다. 수학은 우리가 물리학을 위해 개발한 더 정확한 언어입니다.

글레이제르 하지만 물리학에서는 어떤 수학적 복잡성을 말로 번역할 때 심각한 한계가 있습니다. 번역은 우리를 배반합니다. 설령 그것이 불가피하고 유용하다 해도 말입니다. 즉, 대중 과학서가 수학 공식으로 뒤덮여 있다면 쓸모없겠죠. 어쨌든 질문은, 말로 설명하기 매우 어려운 주관적 대상을 설명하기 위해 언어를 사용할 때 의식의 경우와 똑같은 문제에 봉착하는가 하는 겁니다.

다마지오 네, 하지만 그래도 해야 합니다. 다른 선택지가 있나요?

글레이제르 물리학자라면 수학을 하겠지만 신경과학에서는 수학을 할 수 없어요.

차머스 그럼 춤으로 보여줍시다.

다마지오 우리가 이 무대에 올라와 연기를 하거나 그림을 그리고 있었다고 상상해보세요.

글레이제르 아뇨, 이건 진지한 질문입니다.

다마지오 진지한 대답이에요.

차머스 그게 진지한 질문이라는 데는 동의하지만 이건 언어 대 비언어의 문제가 아니라고 생각합니다. 더 나은 언어를 찾는 문제죠. 대상을 기술하는 좋은 언어와 나쁜 언어가 있습니다.

글레이제르 바로 그거예요!

차머스 영어는 좋고 포르투갈어는 나쁘다는 말이 아니라 물리학에서처럼 이 둘보다 나은 뭔가를 발견할 수 있다는 말입니다. 물리학에서는 수학적인 언어를 발견했는데, 그건 정말 훌륭한 언어예요. 우리에게는 아직 의식의 수학이나 의식을 위한 어휘가 없습니다.

글레이제르 그렇습니다. 하지만 좀 더 깊이 들어가보죠. 의식이 무엇인지 설명하려면 환원주의를 뛰어넘는 뭔가가 필요하지만 그게 뭔지 우리는 모른다고 말씀하셨을 때 전 약간 혼란스러웠어요. 물리학의 집합적 창발과 복잡성 이론 같은 것들이 여러분이 의미하는 건가요, 아니면 더 구체적인 뭔가가 있나요?

차머스 물리학에서는 더 근본적인 것들의 관점에서 뭔가를 설명합니다. 여러분은 분자를 원자의 관점에서 설명합니다. 하지만 물리학에서는 특정한 것들을 근본적인 것으로 받아들이는 데 매우 익숙합니다. 모든 물리 이론은 어떤 것을 근본적인 것으로 받아들입니다. 뉴턴 물리학은 시공간과 질량을 근본적인 것으로 받아들입니다. 맥스웰은 여기에 전하를 추가하죠. 양자역학은 파동함수와 시공간을 근본적인 것으로 받아들입니다. 끈 이론은 숨겨진 시공간을 도입하려고 시도합니다. 하지만 어떤 분야든 어떤 것을 환원되지 않는 근본 요소로 받아들여야 합니다. 일단 뉴턴이 시공간과 질량을 자기 이론의 근본 요소로 삼으면 그는 그것들의 관점에서 방정식을 세울 수 있죠.

마찬가지로 저는 우리가 의식을 자연의 근본 요소로 받아들여야 한다고 생각합니다. 그러면 일단 의식이 충족시키는 방정식을 세우거나 의식을 뇌의 물리적 과정과 연결하는 신경과학을 전개하기 시작할 수 있습니다. 현재 이 프로젝트가 시작되고 있고요. 줄리오 토노니Giulio Tononi는 의식에 대한 통합정보이론을 제안했습니다. 논란이 많지만 이 이론은 물리적 과정과 의식을 연결하는 수학적 방정식을 찾으려는 형태를 취하고 있습니다. 그런 점에서 저는 그게 물리학에서 일어나는 일과 유사하다고 생각합니다. 통합정보이론은 의식의 개념을 근본으로 하는 수학이죠.

글레이제르 이런 높은 수준의 수학적 접근법이 정말로 가능하다고 생각하신다는 말씀일까요?

차머스 순수하게 수학적이어야 하는지는 모르겠습니다. 다만 안토니오가 말한 것처럼 현상학은 매우 중요합니다. 그건 수학만으로 표현할 수는 없지만 적어도 부분적으로는 수학적입니다.

글레이제르 좋아요. 어떻게 생각해요, 안토니오?

다마지오 일단 다시 언어 문제로 돌아가서, 우리는 신중해야 할 겁니다. 용어를 가능한 한 잘 정의하려고 시도하는 것 외에는 다른 방법이 없다고 봐요. 그 시도가 지루해진다면 안타까운 일이죠. 하지만 그러지 않으면 우리는 정말 큰 혼란에 빠질 수 있습니다. 저는 혼란이 일어나는 모습을 봤고, 여기 계신 청중 대부분도 그걸 보셨을 겁니다.

저는 어떤 종류의 이론적 접근법을 수학화하는 데 전적으로 찬성합니다. 문제는, 그 과정에서 우리가 설명하려고 하는 현상들을 놓칠 수 있다는 겁니다.

당신도 저도 아주 잘 기술할 수 있는 주관적 경험과 관계있는 뭔가가 진짜 있습니다. 특정한 인식 대상에 감정이 동반된다는 사실, 그리고 그 과정이 우리의 생물학적 조건과 관련되어 있다는 사실과 관계있는 뭔가가. 결국 우리는 살아 있는 생물이니까요. 우리는 취약합니다. 우리에겐 시작이 있고, 끝이 있습니다. 또 우리는 수십억 년에 걸친 오랜 적응의 결과입니다. 우리는 그런 현상들을 놓쳐서는 안 됩니다. 만일 그 방정식이 현상을 지나치게 환원하거나 그러지 않아서 우리가 뭔가를 놓친다면 그건 괜찮습니다. 하지만 거기에는 우리가 그 현상을 놓치고 대체 표상을 얻을 위험이 도사리고 있습니다.

아마도 이 문제를 인공지능 분야에서 현재 이뤄지고 있는 일부 시도와 연결시킬 수 있을 텐데, 저는 그 시도가 잘못된 방향으로 가고 있다고 생각합니다. 우리보다 훨씬 효과적이고 지능적이며 놀랍도록 지적인 인공물을 생산하는 것이 목표라면 그 방향은 옳을 수 있습니다. 가령 바둑 챔피언이나 체스 챔피언을 상대로 이길 수 있는 프로그램을 만드는 게 목표라면 그건 괜찮습니다. 인공지능은 우리 중 누구도 만들어낼 수 없는 결과를 만들어낼 수 있습니다. 어쩌면 매우 빨리 도달할지도 모르는 어느 시점에, 인공지능은 살아 있는 사람이 만들어낼 수 없는 결과를 만들어 낼 수 있을 겁니다.

이 모든 건 괜찮습니다. 우리가 인공지능의 추론이 달성한 위업을 인간의 사고하는 마음과 착각하지만 않는다면 말입니다. 지금까지의 증거로 볼 때 인간의 지능과 인공지능은 다릅니다. 물론 인공지능을 연구해야 하지만 그건 우리의 방식이 아닙니다. 우리가 지금 이런 방식이 된 것은 진화 과정, 즉 수많은 세대에 걸쳐 느리게 만들어낸 결과입니다. 구조, 설계 또는 운영 능력 측면에서 자연물과 인공물이 앞으로 일치한다면 그건 우연일 뿐입니다.

차머스 만일 당신이 말한 고통 신호를 보내는 과정들, 즉 인간에게 어떤 식으로든 고통이라는 느낌을 일으키는 과정들을 인공지능으로 시뮬레이션한다면 어떻게 될 거라고 생각하십니까? 우리가 같은 종류의 위험 신호를 보내는 매우 훌륭한 계산 과정을 만들어냈다고 칩시다. 그것이 고통이라는 느낌도 유발할까요?

다마지오 아니요.

차머스 핵심적인 차이는 무엇인가요?

다마지오 제 예상으로, 느낌은 유발하지 않을 겁니다. 그 계산 과정에는 뭔가 부족한 것이 있을 테고, 그건 문학적으로 표현하자면 '살아 있는 육체'와 관계있다고 생각합니다. 의식한다는 느낌이 드는 것처럼, 탄소와 그 밖의 몇 가지 기본 요소를 기반으로 하는 살아 있는 유기체가 되는 느낌, 그리고 우리가 지금과 같은 방식으로 만들어지는 느낌이 존재합니다.

차머스 그 모든 일이 살flesh에서는 일어나지만 실리콘에서는 일어나지 않는다면 살의 무엇이 의식을 제공할까요?

다마지오 음, 우선 우리에게는 취약성이 있습니다. 우리 육체는 자신의 엔트로피에 의해 파괴되지 않으려고 고군분투합니다. 우리 육체는 실리콘과는 다른 방식으로 취약합니다. 또한 매우 흥미로운 분자 및 세포 과정들도 있죠. 예를 들어 여러분이 의식은 잠시 제쳐두고 느낌을 설명하려 한다고 해봅시다. 세포, 연령, 신경계의 위계에 따라 각기 다른 세포 요소와 분자 요소 들이 상호작용한다는 사실들이 새롭게 밝혀졌습니다. 느낌을 뒷받침하는 뉴런과 신경계는 다른 진화사와 해부적, 생리적 특성을 가지고 있습니다. 예를 들어 인지 능력을 지원하는 세포와 달리 미엘린이 부족하죠. 느낌을 뒷받침하는 세포들은 화학 분자들과 다른 방식으로 상호작용합니다.

차머스 그럼 인공적인 진화 과정에서 그 모든 분자를 시뮬레이션 하면 안 될까요?

다마지오 물리학자님, 분자 시뮬레이션에 대해 어떻게 생각하십 니까? 그게 뭘까요?

글레이제르 좋은 질문이네요. 거기에 10억 유로라는 엄청난 보조 금이 주어졌죠? 뇌의 컴퓨터 시뮬레이션을 만들어내는 연구에 주 어진 보조금으로는 액수가 가장 컸어요. 이 연구는 단지 무슨 일이 일어나고 있는지에 대해 뉴런 지도를 작성하는 게 아니라 시냅스 에서 시냅스로 가는 모든 신경 전달 물질의 흐름까지 모방한, 놀랍 도록 완전한 뇌 시뮬레이션이죠. 그리고 '커넥텀'이라 불리는 게 있 는데, 이건 모든 뉴런과 시냅스에 대한 일종의 사진입니다. 일종의 지도, 뇌의 지하철 노선도로, 약 900억 개의 뉴런과 뉴런당 수천 개 의 시냅스를 나타냅니다.

제 생각에 이 사진의 문제는 우리가 필요한 모든 정보를 얻을 수 있다고 가정한다는 겁니다. 과학의 본질은 항상 무슨 일이 일 어나고 있는지에 대해 불완전한 정보를 얻는 거예요. 우리는 전체 적인 그림을 결코 얻지 못합니다. 그렇죠? 우리는 그림의 일부를 얻을 뿐입니다. 뇌 그림의 일부를 얻는다는 건 뇌의 전체적인 그 림을 얻지 못한다는 점을 말합니다. 전체 뇌를 시뮬레이션하는 게 아니라 다른 어떤 걸 시뮬레이션한다는 점을 뜻합니다. 이게 바로 안토니오가 말한 내용이죠. 우리는 아마도 고통 자극을 유발하는 시뮬레이션의 일부만을 얻을 수 있을 겁니다.

차머스 제가 보기에 안토니오의 말은, 뇌에 대해 가장 낮은 수준까지 모든 정보를 얻을 수 있고 그것을 시뮬레이션한다 해도 그 결과물은 여전히 실제와 같지 않을 것이라는 뜻이었다고 생각합니다. 특히, 여러분은…

다마지오 잘 모르겠어요. 만일 그런 시뮬레이션을 실제로 만들 수 있다면 마다할 필요가 없겠죠. 실제로 우리는 정확히 그 문제를 다루는 일련의 실험들을 계획하고 있습니다. 물론 그 실험들은 컴퓨터로 이뤄집니다. 문제는, 항상성 기능과 유사한 것을 갖춘 인공물을 만들 수 있느냐는 점입니다. 지금 당장은 할 수 없는 일이니까요. 그리고 사람들은 그 일을 하는 데 별 관심이 없습니다. 인공물의 효율이 떨어지기 때문이죠. 사람들이 그렇게 생각한다는 건 우리에게 유용하고 기능 측면에서 특별한 운명을 가진 인공물을 개발하려면 매우 다른 접근법을 취해야 한다는 사실을 드러낼 뿐입니다.

우리 생명체는 그렇지 않습니다. 우리는 지금 우리의 놀라운 두뇌에 애초에 하도록 설계되지 않은 일거리를 많이 주고 있습니다. 우리는 의식을 논하도록 설계되어 있지 않습니다. 우리는 건강하게 살아 있고 하루를 마무리할 때 에너지가 남도록 설계되어 있습니다.

2장 실재의 본질
불교학자와 이론물리학자의 대화

션 캐럴과 B. 앨런 월리스

글레이제르 B. 앨런 월리스B. Alan Wallace는 티베트 불교 전문가로, 달라이 라마와 함께 약 14년 동안 수련한 뒤 승려로 임명되었습니다. 동양과 서양, 과학적, 철학적, 명상적인 탐구 형태들을 다루는 저서를 많이 펴냈고, 특히 과학과 불교의 관계에 주목했습니다.

앨런은 샌타바버라 의식 연구소Santa Barbara Institute for Consciousness Studies의 창립자로, 세계 각지에서 강연자와 교육자로 열심히 활동하고 있습니다. 1년에 세 달만 샌타바버라에 머물고 나머지 기간에는 샌타바버라부터 멀리 토스카나와 그 외 지역까지 곳곳을 돌아다니며 워크숍을 열고 있습니다. 애머스트 대학교에서 물리학 학사 학위를 받았고, 스탠퍼드 대학교에서 종교학으로 박사 학위를 받았습니다. 과학과 종교, 특히 티베트 불교와의 관계를 탐구하고 싶은 사람이라면 앨런의 말에 귀를 기울여야 합니다.

션 캐럴Sean Carroll은 세계적으로 유명한 이론물리학자로, 양자 장론과 일반 상대성 이론을 전문적으로 연구하고 있습니다. 현재 미국 패서디나 소재 캘리포니아공과대학 연구교수로 재임하고 있습니다. 션은 『네이처』Nature 『뉴욕 타임스』the New York Times 『뉴사 이언티스트』New Scientist 등에 기사와 에세이를 다수 기고했고, 양자 역학이라는 논란이 많은 주제에 대해 저서를 여러 권 펴냈습니다. 최신작은 『다세계』Something Deeply Hidden입니다. 우주론과 과학 일반 에 관한 TV 쇼, 역사 채널, 〈쓰루 웜홀〉(Through the Worm Hole with Morgan Freeman, 미국 배우 모건 프리먼이 내레이션과 진행을 맡은 과학 다큐 시리즈—옮긴이), 〈콜베어 리포트〉(Colbert Report, 시사 코미디 쇼 —옮긴이) 등에 출연했습니다. 초기 우주의 물리학, 신비에 싸인 암흑 에너지의 본질에 연구 초점을 두고 있죠. 하버드 대학교에 서 박사학위를 받았고, MIT와 샌타바버라 카블리 이론물리연구 소Kavli Institute for Theoretical Physics에서 박사 후 연구원 과정을 밟았습 니다. 그가 오기 몇 년 전 저도 그곳에 있었죠. 시카고 대학교에서 교수를 지냈고, 지금은 칼텍 교수로 재임하고 있습니다.

이번 대담의 주제인 실재의 본질nature of reality은 짧은 시간에 다 루기에 적절한, 매우 간단한 주제입니다. 실재reality는 우리 감각으 로 지각하는 것보다 범위가 훨씬 넓습니다. 우리는 지금 당장 일 어나고 있는 일을 '실재'라고 부릅니다. 하지만 그건 실재의 아주 작은 부분일 뿐입니다. 사실 실재는 정의하기조차 어려운, 매우 복잡한 개념입니다. 무엇이 실재인지 어떻게 알까요? '궁극적 실 재'라는 것이 존재할까요? 존재한다면 우리는 거기에 도달할 수 있을까요? 궁극적 실재에 도달하기 위한 방법은 물리학일까요? 그것이 유일한 방법일까요? 종교는 어떨까요? 아니면 물리학과 종교를 결합하면 궁극적 실재에 도달할 수 있을까요? 오늘 우리는 이론물리학자와 불교학자가 실재의 본질에 접근하는 각자의 관점을 설명하고 서로 문답하는 특별한 자리에 함께하게 되었습니다.

캐럴 실재란 무엇일까요? 먼저, 이 주제를 제가 고르지 않았다는 점을 분명히 해두고 싶습니다. 정식으로 조사해보지는 않았지만 우리가 실재에 대해 이야기하는 것을 건방지다거나 위협적으로 보는 시선이 있는 것 같습니다. 과학자들이 잘 알지도 못하는 것에 대해 이러쿵저러쿵한다는 거죠. 그런데 물리학 수업에서 빗면 실험과 진자 실험을 하면서 물리학자가 온종일 하는 일이 이것이라 생각하는 사람은 없을 겁니다. 우리는 아는 것을 계속 검토만 하지는 않습니다. 모르는 것도 다룹니다. 우리는 빅뱅 때 무슨 일이 일어났는지, 또는 양자컴퓨터를 어떻게 만드는지 논하는 일을 아주 좋아합니다.

실재에 대해 논하는 일도 좋아하죠! 그것에 대해 모르는 게 많으니까요. 오늘 제가 주장하려는 한 가지는, 우리 과학자들이 실재에 대해 아는 게 있다는 점입니다. 실제로 알고 있지만 여러분에게 잘 이야기하지 않는 흥미로운 것들이 있습니다. 저는 두 가지 점을 지적하고 싶어요. 하나는 너무 뻔하고 평범한 것이라 제 말을 들으며 시간 낭비라고 생각할지도 모릅니다. 나머지 하나는 절대 동의하고 싶지 않을 겁니다. 여러분은 제 말을 믿지 않을 겁니다. 그래도 상관없어요. 집에 가서 생각해보면 되니까.

첫 번째, 뻔한 것부터 살펴봅시다. 우주, 실재의 본질은 여러 층위로 모습을 드러냅니다. 우리가 단 하나의 방법으로 이야기하는 단 하나의 통일된 실체로 모습을 드러내지 않죠. 존재론(실재를 논하는 방법)은 인문학과 자연과학이 학문의 경계를 넘어 참여할 좋은 기회를 제공합니다. 우선 아주 간단한 예를 들어보겠습니다. 제가 지금 앉아 있는 의자에 대해 이야기하는 한 가지 방법은, 의자가 천과 나무와 금속으로 만들어졌다는 겁니다. 이건 의자에 대해 이야기하는 완벽하게 타당한 방법이죠.

또 다른 방법이 있습니다. 이 화법은 의자가 원자들의 집합이라고 말합니다. 즉 의자는 기본 입자들이 물리 법칙에 의해 뭉쳐 있는 것입니다. 이것 또한 의자에 대해 이야기하는 완벽하게 타당한 방법입니다. 한 가지 화법이 다른 화법의 타당성을 해치지 않습니다. 두 화법은 서로 양립할 수 있습니다. 두 화법은 모순이 없습니다. 의자에 대해 이야기하는 한 가지 방법에서 이끌어낸 하나의 진짜 사실, 어휘, 이야기가 있고, 다른 이야기를 들려주는 다른 화법은 이와 양립 불가능하지 않습니다. 실재의 매혹적이고 가치 있는 특징은, 서로 달라 보이지만 결국에는 양립할 수 있는 중첩되는 화법이 많이 존재한다는 것입니다.

세계를 기술할 때만이 아니라 세계를 깊은 수준에서 이해할 때도 마찬가지입니다. 제가 좋아하는 예인 아이폰을 이야기해볼게요. 아이폰은 무엇을 할까요? 저는 아이폰에 대해 어떻게 이야기할 수 있을까요? 특정 버튼을 누르면 제 아이폰에 있는 시리에게 말을 걸 수 있습니다. 이것이 아이폰에 대해 이야기하는 한 가지 방법입니다. 앱이 있고, 제가 버튼을 누르면 구글맵에 접속해 원하는 장소를 찾을 수 있다는 거죠. 또 다른 화법이 있습니다. 이것도 기초물리학의 언어를 사용합니다. 아이폰은 기본 입자와 힘의 집합이라는 겁니다.

저는 두 가지 언어로 아이폰을 이해합니다. 저는 구글맵에 연결하기 위해 버튼을 누르려면 어떻게 해야 하는지 압니다. 그리고 전자가 무엇을 하는지 여러분께 말씀드리기 위해 방정식을 적을 수 있습니다. 아이폰에 대해 이야기하는 중간 층위의 방법도 있습니다. 즉 아이폰이 전자기기로 가득하다는 것입니다. 아이폰에는 집적회로, 전선, 배터리 등등이 존재합니다. 여러분이 제게 이런 것에 대해 묻는다면 저는 어떻게 설명해야 하는지 모릅니다. 실제로 구글맵이 길을 알아내는 데 어떤 연산이 작동할까요? 그게 뭔지 저는 모릅니다. 그렇다 해도 이건 아이폰에 대해 이야기하는 완벽하게 타당한 방법입니다.

여기에는 세 가지 층위가 존재합니다. 기본 입자들의 층위, 아이폰을 구동하는 전자기기와 연산 논리의 층위, 그리고 우리 인간 세계에 응용되는 사용의 층위입니다. 이 셋은 서로 동시에 성립할 수 있습니다. 당연히 우리는 그중 일부만 이해하고 나머지는 이해하지 못할 수 있습니다.

우리는 모두 구글맵을 어떻게 띄우는지 압니다. 제 친구와 저는 전자에 대한 방정식을 적을 수 있습니다. 또 다른 사람들은 프로그램을 짜서 구글맵을 구동하는 방법을 압니다. 제가 그 층위를 몰라도 저는 버튼을 눌러 시리에게 말을 걸었을 때 '시리'라는 이름을 가진 작은 사람이 거기 있을까 봐 염려하지 않습니다. 아이폰의 전자 부품을 이해하는 제 친구들이 말해준 바로 그런 일은 일어나지 않습니다. 그런데 제 친구들은 무엇을 알고 있는 걸까요? 전 그에 대해서는 모릅니다. 그래도 걱정하지 않습니다. 전자 부품과 프로그래밍의 세세한 부분을 몰라도 그것이 아이폰 기저에 있는 원자나 입자와 완벽하게 양립할 수 있으며, 목적지로 갈 때 길을 알려줄 수 있는 아이폰의 창발적 층위와도 양립할 수 있다고 확신합니다.

우주도 그와 같습니다. 우리가 이해하는 부분이 있고 이해하지 못하는 부분이 있습니다. 서로 반대 방향으로 작동하는 매우 강력한 두 가지 유혹이 존재합니다. 하나는 이렇게 말하고 싶은 유혹입니다. "그거 알아? 우리는 모든 걸 이해했어" 또는 "지금은 다 이해하지 못해도 몇 년 안에 모든 걸 이해하게 될 거야."

이런 태도는 물리학 역사에서 매우 흔했습니다. 1800년대부터 매우 최근까지 많은 물리학자가 이런 태도를 보였죠. 물리학자에게 말을 걸면 이런 이야기를 들을 수 있을 겁니다. "아직 모르는 것들이 존재하지만 열심히 파고 있으니 조만간 우리는 거의 모든 걸 알게 될 거예요."

그런 말을 들으면 저는 매우 당황스럽습니다. 사실일 리 없으니까요. 저는 그렇게 말하지 않습니다. 하지만 그렇게 말하고 싶은 유혹이 항상 도사리고 있죠. 또 한 가지 유혹은 이렇게 말하는 겁니다. "우리는 아무것도 이해하지 못해요. 과학자들이 암흑 물질, 암흑 에너지, 빅뱅, 양자역학에 대해 말하지만 그들은 그중 어떤 것도 알지 못해요. 그러니 아무러면 어때요. 어차피 사실이 아닌데." 이렇게 말하는 건 우리가 모든 걸 안다고 말하는 일만큼이나 쉽고, 게으르고, 틀린 태도입니다.

어렵지만 용기 있는 행동은 이렇게 말하는 겁니다. "우리는 어떤 것들을 이해했지만 다른 것들은 모릅니다. 그리고 여기가 경계선입니다." 이렇게 말하는 일은 어렵지만 우리가 세계를 이해하는 방법에 대해 솔직해지려면 이렇게 해야 합니다.

이 모든 이야기는 평범하고 뻔하고, 여러분도 이미 알고 있는 내용일 겁니다. 지금부터는 우리가 여러분께 잘 말씀드리지 않는 놀라운 점을 이야기하겠습니다. 세계는 여러 층위로 모습을 드러냅니다. 실재의 본질을 이해하는 한 층위는 이 방에 있는 모든 것을 포함하는 특정한 유효 범위를 가지고 있습니다. 여기는 인간이 상호작용하는 층위는 아닙니다. 만일 여러분이 어떤 사람을 만나면 그 사람의 동기가 무엇인지 알아내려고 하죠. 착한 사람인지 어떤지 말이에요. 우리는 그걸 모릅니다. 당분간은 이해하지 못할 겁니다.

우리가 이해하지 못하는 많은 층위가 존재하지만 기본 입자와 힘의 층위는 이해했습니다. 여러분과 저는 몸 안에 원자를 가지고 있습니다. 우리는 모두 그 점에 동의합니다. 원자는 입자로 이뤄져 있고, 우리는 그 입자들이 무엇인지 알고 있습니다. 양성자, 중성자, 전자 그리고 이 입자들을 미는 힘들. 또 전자기력, 중력, 핵력도 있습니다. 제가 말하고 싶은, 분명하게 표현되는 경우가 드문 극적인 주장은 그 층위, 즉 입자들이 자연의 기본적인 힘에 의해 상호작용하고 있는 이 방에서 지금 일어나고 있는 일에 대해 이야기하는 언어를 우리가 완벽하게 이해했다는 점입니다. 우리는 그걸 모두 알아냈다고 말합니다. 우리는 2012년 힉스 보손Higgs boson을 발견했습니다. 제가 하고 있는 이 주장에 힉스 보손의 발견이 필요했는지 여부에 대해서는 의견이 엇갈릴 수 있습니다.

하지만 그건 사실입니다. 우리는 여러분을 만드는 입자를 전부 알아냈습니다. 여러분과 저, 테이블, 바닥, 태양, 달, 별에 있는 입자를 다 발견했고, 이 방에서 지금 일어나고 있는 일과 관련된 새로운 입자는 앞으로도 발견되지 않을 겁니다.

이렇게 말하면서도 제 입장은 매우 신중합니다. 어떤 종류의 새로운 입자들이 발견되기를 바라기 때문이죠. 우리는 2012년 힉스를 발견했고, 1990년대 후반 탑 쿼크를 발견했습니다. 입자 물리학자들은 새로운 것을 발견하고 싶어 합니다. 그것이 그들이 하는 일이니까요. 아직 발견하지 못한 입자가 적어도 하나는 있습니다. 암흑 물질을 이루는 입자죠. 암흑 물질은 우주 물질 대부분을 차지합니다.

제가 말하고자 하는 것은, 암흑 물질이 발견된다 해도 그것은 여러분과 저의 삶에 관한 물리학을 이해하는 일과는 관계없을 것이란 점입니다. 우리가 무엇인지, 우리가 어떻게 행동하는지 이해하는 일과는 관계없을 겁니다. 우리의 생리적 성질, 우리의 삶, 유기체로서의 성질, 우리의 사고와 의식에 대한 비밀은 물리 법칙을 바꾸는 데서 발견되지 않을 겁니다. 우리는 입자, 장, 입자와 장을 묶어주는 힘들, 그것들이 어떻게 행동하는지 알고 있습니다.

물론 제 말을 전부 믿지는 않아도 됩니다. 이렇게 말하지 않아도 여러분은 그렇게 하겠지만 말입니다. 하지만 우리가 이렇게 생각하는 몇 가지 이유가 있습니다. 다시 말하지만, 우리는 일부 입자들을 발견한 게 아니라 전부 다 발견했다고 확신합니다. 이건 아주 게으르고 엉성한 사고방식일 겁니다. 하지만 자연에 대해 이야기하는 이 특정 화법에 대한 우리의 사고방식에는 매우 흥미롭고 강력한 뭔가가 있습니다. 입자와 힘의 층위에 대해 이야기하는 화법에 대한 우리의 이 사고방식 말이죠. 모든 것의 이론… 시간이 얼마나 남았나요? 세 시간이라고 했나요? 마르셀루가 넌지시 언급한, '양자장론'이라고 불리는 모든 것의 이론이 있습니다. 입자들이 어떻게 상호작용하는지에 대한 사고방식은 입자들이 할 수 있는 일에 매우 엄격히 제약을 가합니다.

이 제약이 어떻게 작동하는지 봅시다. 호흡에 매우 중요한 입자가 있다고 상상해보세요. 이게 진짜라고 믿는 사람은 없을 겁니다. 단지 이해를 돕기 위한 장치입니다. 자연의 새로운 힘, 우리가 어떻게 호흡하는지 이해하는 데 매우 중요한 어떤 새로운 입자가 있다고 상상해보세요. 어떤 입자가 존재하고, 우리 몸에 그 입자가 일정 수 존재하고, 그것이 우리의 호흡을 돕습니다.

이게 무슨 뜻일까요? 그 입자가 존재한다는 뜻이고, 이는 그것이 우리를 구성하는 입자들과 눈에 띄는 방식으로 상호작용한다는 뜻입니다. 양자장 이론의 특징은 우리와 상호작용하는 입자가 존재한다면 우리가 그것을 만들 수 있다는 겁니다. 우리는 우리와 상호작용하는 모든 입자를 만들 수 있습니다. 어떻게요? 다른 입자들을 서로 부딪치게 해서 만듭니다.

2012년 힉스 입자는 어떻게 발견했을까요? 우리는 양성자들을 서로 부딪치게 해서 힉스 입자를 만들었습니다. 힉스 입자가 양성자 안에 갇혀 있었던 건 아닙니다. 힉스 입자는 양성자보다 100배 이상 무겁습니다. 하지만 우리는 이 양성자들을 엄청난 힘으로 서로 부딪히게 했죠. 물리학에서 '입자'가 실제로 의미하는 것은 이런 양자장에서의 진동입니다. 양자장의 진동은 중첩되어 광란의 상태가 되었고, 우주의 다른 모든 장이 진동하기 시작했습니다. 그중 하나가 작은 힉스 입자였고, 우리는 그것을 포착할 수 있었습니다.

공정하게 말하자면 우리는 힉스 입자를 실제로 포착한 게 아니었습니다. 힉스 입자가 붕괴한 결과를 포착한 거였죠. 힉스 입자는 약 1젭토초 만에 붕괴합니다. 이건 엄청나게 짧은 시간이라 우리는 앞으로도 힉스 입자를 볼 수 없을 겁니다. 순식간에 붕괴하니까요. 힉스 입자를 만들기는 매우 어렵습니다. 우리는 충분히 많은 방법으로 충분히 많은 입자를 서로 부딪치게 해봤습니다. 따라서 다른 입자들이 존재한다 해도(분명 존재할 겁니다) 그걸 만드는 즉시 붕괴하거나 우리가 그걸 만들 수 없을 정도로 너무 약하게 상호작용할 것이라 자신 있게 말할 수 있습니다.

우리는 암흑 물질이 그런 경우라고 생각합니다. 암흑 물질은 매우 무겁고, 만들기 매우 어렵습니다. 이 순간 이 방을 통과하는 암흑 물질 입자들이 있을 거예요. 하지만 그 입자들은 여러분을 통과해 지나갑니다. 그 입자들은 여러분과 상호작용하지 않습니다. 그러므로 그것들은 여러분이 어떻게 숨 쉬고, 어떻게 살고, 어떻게 생각하는지 설명하는 데 중요하지 않을 겁니다.

이 하나의 층을 노벨상 수상자인 프랭크 윌첵Frank Wilczek은 '핵심 이론'이라고 불렀습니다. 이 이론은 이런 기본 입자들, 중력과 전자기력 등을 포함한 자연의 힘을 고려한 이론입니다. 제가 주장하는 바는 우리가 그 하나의 층을 이해하고 있다는 겁니다.

그건 우리가 실재의 밑바닥 층을 이해한다는 점을 뜻하지 않습니다. 그 아래에 층들이 있을 수 있기 때문이죠. 분명히 있을 거예요. 저는 우리가 시공간 자체의 본질을 이해하지 못하고 있다고 확신합니다. 괜찮습니다. 우리는 기본 입자들 위에 있는 층들도 이해 못 하니까요. 우리는 화학, 생물학, 사회학, 특히 정치학을 이해하지 못합니다. 그것도 괜찮습니다. 우리는 우리가 알고 사랑하는 기본 입자의 옆에 있는 층조차 이해하지 못합니다. 암흑 물질과 그 밖의 천체물리학적 현상들을 이해하지 못합니다.

우리가 하나의 층을 다 이해했다는 건 사실 매우 거창하고 허황된 주장으로 들립니다. 실제로 여러분이 이 주장에 대해 신중하게 생각하면 이 주장은 우리가 지금 말하고 있는 것으로 한정됩니다. 우리는 특정한 기본 입자들을 이해하고 있을 뿐입니다. 그 입자들이 특정 영역에서 무엇을 할 수 있는지 이해하고 있을 뿐입니다. 그 영역에는 여러분과 제가 하는 모든 일, 우리가 주변 일상에서 보는 모든 것을 포함합니다.

즉 우리 일상의 기초가 되는 물리 법칙들은 완전히 알려져 있습니다. 다시 말하지만 그렇다고 해서 우리가 그 위에 있는 모든 창발적 층위를 이해하는 건 아닙니다. 사실 기본 입자들이 뭉쳐서 만들어내는 복잡하고 창발적인 현상(여러분과 저처럼 거시적인 현상)에 대해 이야기하자면 아직 알아야 할 것이 많습니다.

만일 여러분이 누군가를 만난다면, 여러분이 누군가와 데이트한다면 여러분은 블라인드 데이트를 합니다. 여러분은 그 사람을 만난 적이 없습니다. 여러분이 그 사람에게 말을 걸면 그 사람은 "당신에 대해 말해보세요"라고 이야기할 겁니다. 이때 여러분은 여러분의 몸을 이루는 모든 원자를 나열하기 시작하면서 "이 원자는 이걸 하고 이 원자는 저걸 한다"라고 말하지는 않을 겁니다. 만일 당신이 칼텍 학부생이라면 그렇게 말하는 게 섹시할 수도 있죠. 하지만 우리 대부분은 그보다 훨씬 높은 층위의 이야기를 합니다. 그 높은 층위에서 우리는 실재에 대한 궁극 이론을 알지 못합니다. 제가 아이폰의 집적회로와 프로그래밍에 대해 어떻게 이야기해야 하는지 모르는 것과 마찬가지죠. 하지만 두 층위모두 물리학자들이 알아낸 입자들과 그 입자들이 하는 일에 기반을 두고 있습니다.

우리의 일상생활 근저에 있는 물리 법칙들이 완전히 알려져 있다는 사실에는 정말 중요한 함의들이 있습니다. 그중 하나는 여러분이 마음으로 숟가락을 구부릴 수 없다는 겁니다. 여러분은 숟가락을 마음으로 들 수 없습니다. 마음으로 숟가락을 들 수 있다고 주장하는 사람들을 보신 적 있을 겁니다. 그들은 숟가락을 들고 보기만 하면 생각만으로 숟가락이 휘어진다고 말합니다. 미안하지만 그건 불가능합니다. 그렇게 말한 사람의 이름을 거명할 수는 없습니다. 항상 소송이 뒤따르니까요. 그들의 주장에 따르면 뇌를 이용해 한곳에 모을 수 있는 힘이 존재하고, 그 힘이 어떤 식으로든 숟가락을 구부릴 수 있다고 합니다. 자, 그런데 저는 모든 힘이 무엇을 할 수 있는지 알고 있습니다. 저는 제 뇌를 이루는 모든 입자를 알고 있고, 숟가락을 구성하는 모든 입자를 알고 있어요. 하지만 제가 아는 한 저쪽에 영향을 미쳐 숟가락을 구부릴 수 있는 힘은 없습니다. 대부분 사람은 그 사실에 불만이 없습니다.

또 한 가지 함의는 사후 세계가 없다는 것입니다. 사람들은 이 지점에서 귀를 닫고 더 이상 제 말을 듣지 않지만 저는 그게 사실이라고 생각합니다. 이것이 제 믿음이고, 저는 그 믿음의 논리적 근거를 제시할 수 있습니다. 저는 여러분이 무엇으로 되어 있는지 알고 있기 때문입니다. 여러분을 구성하는 성분을 알고 있기 때문입니다. 그 성분이 어떻게 합쳐져 여러분을 개인적 의미에서 여러분답게 만드는지는 모릅니다. 하지만 여러분을 구성하는 성분을 전부 알고 있고, 여러분이 죽더라도 그 성분이 여전히 그곳에 있다는 것을 압니다. 그 성분은 아무 데도 가지 않습니다. 여러분을 만드는 정보, 여러분이 가진 기억, 개성, 여러분을 만드는 그 모든 매력적인 특징이 어딘가로 갈 방법은 없습니다. 여러분이 무엇으로 이루어졌는지 알고 있으니까요.

따라서 세계에 대해 우리가 이해하고 있는 이 엄연한 사실 앞에서 어떤 사람들은 환멸을 느끼거나, 낭만적이지 않다고 생각하거나, 슬퍼합니다. 뭔가 부족하다고 생각하기 때문이죠. 우리가 이해하는 사실은 매우 냉정하고 건조해 보입니다. 오직 물리학자들만이 우리 모두가 입자들로 이뤄져 있으며 그 입자들이 물리 법칙을 따르는 이 세계를 사랑할 수 있을 겁니다.

저는 심지어 그걸 표현하는 방정식을 적을 수도 있습니다. 실제로 여러분은 그 방정식이 새겨진 티셔츠를 구매할 수 있습니다. 여러분 안의 모든 입자와 장을 지배하는 방정식 말이죠. 실재의 일부가 그런 식으로 기술되는 우주에서 산다면 그건 덜 사랑스러운 우주일까요? 저는 그렇게 생각하지 않습니다. 저는 이런 사고방식의 파급 효과가 어마어마하다고 믿고, 우리가 그것을 충분히 진지하게 받아들이지 않고 있다고 생각합니다. 하지만 그것이 어떤 식으로든 우리를 의기소침하게 만든다고는 생각하지 않습니다.

제가 죽음 이후에 대해 곰곰이 생각하는 걸 좋아하는 이유는 그것이 우리 가슴에 가장 깊이 와닿는 문제이기 때문입니다. 우리는 죽음을 받아들이기 힘들어합니다. 자, 재미있는 계산이 있습니다. 지구 상의 모든 포유류 종은 살아 있는 동안 심장 박동 횟수가 똑같다는 점이 밝혀졌습니다. 만일 여러분이 비교적 큰 동물이라면, 즉 코끼리나 고래와 비슷하다면 여러분은 더 오래 살지만 여러분의 심장은 더 느리게 뛸 겁니다. 만일 여러분이 아주 작은 생쥐나 들쥐라면 여러분은 더 짧게 살지만 여러분의 심장은 더 빨리 뛸 겁니다. 수명과 심박수는 정확히 상쇄됩니다. 지구 상의 모든 포유류는 사는 동안 심장이 약 15억 번 뜁니다.

심박수를 계산해보면 우리 인간의 수명은 약 35년에서 40년 정도 됩니다. 이 수치는 우리가 자연 상태에서 얼마나 오래 살 수 있는지 말해줍니다. 하지만 지금 우리는 오바마케어(의료보험) 덕분에 70년에서 80년을 살죠. 평균적으로 인간은 평생 동안 심장이 30억 번 뜁니다. 그리고 여러분이 무엇으로 이뤄져 있는지에 대해 제가 여러분에게 들려주고 있는 이야기를 믿는다면, 그리고 여러분이 죽으면 그 물질들이 어떻게 되는지 우리(물리학자들)가 알고 있다는 사실을 믿는다면 여러분의 심장은 30억 번 뛸 것입니다.

물론 저는 인간의 평균수명이 70년에서 80년이라는 점과 다른 이야기를 하고 있는 것이 아닙니다. 하지만 수명을 심장 박동의 관점에 넣음으로써 어떤 느낌을 환기하고 있다고 생각합니다. 왜냐하면 1년이 가는 데는 오랜 시간이 걸리지만 심장 박동은… 자, 여러분은 이 장소에 앉은 이후 심장 박동 수천 번을 낭비했습니다. 아시겠어요? 30억은 큰 숫자이지만 그렇게 큰 숫자는 아닙니다. 우리 심박수가 30억 번밖에 되지 않고, 대략 1초에 한 번씩 심장 박동을 낭비하고 있고, 30억 번이 전부라고 생각해도 저는 전혀 슬프거나 의기소침해지지 않습니다. 그런 생각은 일종의 도전이지만 저를 해방시킵니다. 마음에 집중하게 합니다. 이건 드레스 리허설이 아닙니다. 우리는 지금 여기서 삶을 살아가고 있습니다. 우리의 심박수는 정해져 있고, 모든 심장 박동은 중요합니다.

전자와 저를 이루는 입자들은 방정식을 따를 겁니다. 그게 그들이 하는 일이죠. 하지만 그렇다고 해서 제가 거시적 존재로서 감정, 생각, 선택을 가진다는 사실은 사라지지 않습니다. 아이폰이 입자들로 이뤄져 있다는 사실을 안다고 해서 제가 시리와 대화할 수 있다는 사실이 사라지지는 않습니다. 제게는 선택할 수 있는 능력이 있습니다. 제게는 성공할 능력이 있습니다. 우리 인간은 그 능력을 적재적소에 사용함으로써 우리가 살고 있는 이 우주를 이해했습니다. 기본 입자에 대해 많은 것을 이해했고, 화학에 대해 약간 이해했으며, 정치에 대해서는 거의 아무것도 이해하지 못했습니다. 이는 더 많은 일을 할 여지가 충분하다는 뜻입니다. 실재의 본질을 모두 이해하려면 아직 멀었지만 조금은 이해했습니다. 그것은 놀라운 지적 성취이고, 저는 다음에 우리가 알게 될 것들이 무엇인지 보고 싶어 견딜 수 없습니다.

윌리스 저는 션 캐럴의 매우 도발적인 책 『빅 픽처』*The Big Picture*를 매우 주의 깊게 읽으면서 행간 여백 없이 26쪽 분량을 메모했습니다. 마치 션의 마음속을 들여다본 것 같다고 느꼈죠. 물론 은유적으로요.

션은 시인 뮤리엘 루키저Muriel Rukeyser의 멋진 시 「어둠의 속도」*The Speed of Darkness*에서 "우주는 원자가 아니라 이야기로 이루어져 있다"라는 재미있는 구절을 인용했습니다. 션은 이 대목에서 이렇게 덧붙입니다. "세계는 존재하고 일어나는 것이지만 우리는 세계에 대해 서로 다른 방식들로 말함으로써, 즉 이야기를 들려줌으로써 엄청난 통찰을 얻는다." 여기까지는 저와 션의 의견이 일치합니다.

여러 이야기가 있다는 점을 인정하고, 듣기 좋은 것이든 우리의 가정에 도전하는 것이든 다양한 이야기에 기꺼이 귀 기울이는 자세를 갖는 것은 좋은 출발점입니다. 저는 그렇게 할 가치가 있다고 생각합니다.

불교적 관점에서 인간을 정의하는 특징, 다시 말해 우리를 특별하거나 독특하게 만드는 것은 우리가 의미 있는 정보를 이해할 수 있고, 또 그것을 알릴 수 있다는 점입니다. 요컨대, 우리는 이야기꾼입니다. 우리는 많은 이야기를 합니다. 우리는 션에게서 과학에 기반을 둔 아주 훌륭한 이야기를 들었습니다. 하지만 그것은 많은 이야기 중 하나입니다. 저는 우리가 물리적 우주, 삶, 마음 등에 대해 자신과 상대에게 하는 모든 이야기는 우리가 진실이라고 믿지만 경험적 증거나 논리적 근거를 통해 증명할 수 없는 특정 가정들에서 시작한다고 생각합니다.

우리는 가정, 믿음, 공리에서 시작합니다. 이를 바탕으로 이론을 세웁니다. 그러고 나서 전 생애에 걸쳐 주의를 기울이고 관심을 집중할 뭔가를 선택합니다. 만일 여러분이 전문적인 물리학자라면 물리적인 것에 주의를 기울일 겁니다. 우리가 마음에 그리는 세계는 우리가 주의를 기울이는 것과 정확히 일치합니다. 그리고 우리가 무시하는 것을 배제합니다. 현대 심리학의 위대한 선구자 윌리엄 제임스(William James, 프래그머티즘 철학을 확립한 미국 철학자—옮긴이)는 이렇게 썼습니다. "주체들은 실제 주체가 되려 하고, 속성들은 실제 속성이 되려 하고, 존재는 실제 존재가 되려 했다. 주체들은 상상의 주체에는 관심이 없었고, 속성들은 정도를 벗어난 속성에는 관심이 없었고, 존재는 무인지대, 즉 '발 없는 상상이

머무는' 림보에 속한 존재에는 관심이 없었다… 습관적으로 그리고 실질적으로 우리는 이런 무시된 것들을 존재로 간주하지 않는다. 심지어 현상으로 취급하지도 않는다. 그것들은 그저 낭비, 아무것도 아닌 것처럼 취급된다."[1] 요컨대 "우리가 믿는 것과 주의를 기울이는 것은 일치한다. 현재 우리가 관심을 기울이는 것이 실재이다."[2]

책에서, 그리고 오늘 저녁 강연에서 션은 실재의 근본적 성질 underlying nature을 여러 번 암시했습니다. 중요한 건 이겁니다. 무엇이 무엇의 근본 바탕인가? 우리의 출발 가정은 무엇인가? 우리는 무엇에 주의를 기울이고 있는가? 우리는 자연에 대해 어떤 종류의 질문을 제기하고 있으며, 어떻게 그것에 대한 답을 얻으려고 하는가? 저서에서 션은 자신의 신념을 매우 분명하게 밝히고 있습니다. "오직 하나의 세계가 존재한다. 그것은 자연 세계로, 우리가 '자연법칙'이라 부르는 패턴을 내보이며, 과학의 방법들과 경험적 조사를 통해 발견될 수 있다. 초자연, 영성, 신의 영역은 존재하지 않으며, 우주의 목적이나 우주의 성질 또는 인간의 삶에 내재된 초월적 목적 같은 건 없다. '생명'과 '의식'은 물질과 구별되는 본질을 내재하고 있지 않다. 생명과 의식은 매우 복잡한 시스템들의 상호작용에서 떠오르는 현상에 대해 이야기하는 방법

---

1   William James, *The Principles of Psychology*, 2 vols. (New York: Dover, 1950), 2:290–91.

2   James, *The Principles of Psychology*, 2:322n.

들이다."[3]

　이건 물리학자에게서 기대할 수 있는 종류의 주장입니다. 우리가 실재의 성질에 대해 하는 많은 이야기 중 하나죠. 하지만 이것이 유일한 이야기는 아닙니다. 심지어 유일한 과학적 이야기도 아닙니다. '무엇이 무엇의 근본 바탕인가'는 우리의 출발 가정, 우리가 제기하는 질문, 우리가 주의를 쏟는 초점, 그리고 우리의 관찰을 이해하는 개념적 틀에 달려 있습니다.

　션의 저서는 이론의 여지가 없는 세 가지 가정을 보여줍니다. 그것은 결정론(미래는 오직 현재로부터 나온다), 실재론(관찰자와는 무관한 객관적 현실 세계가 존재한다), 물리주의(세계는 순수하게 물리적이다)입니다. 이런 믿음은 물리학자에게는 기대할 수 있지만 예컨대 시인, 수학자, 명상가에게서 기대할 수는 없을 겁니다.

　많은 사람이 이런 형이상학적 믿음을 받아들이고 그것을 과학의 경험적 사실과 융합하지만 이런 믿음에 얽매이지 않는 선도적인 과학자, 수학자, 철학자 들이 옹호한 다른 세계관들이 있다는 사실에 주목할 필요가 있습니다.

　예를 들어 저명한 수학자 로저 펜로즈Roger Penrose는 저서 『황제의 새로운 마음』The Emperor's New Mind에서 물리 법칙이 정확히 수학적이라는 사실은 물리적 우주가 순수하게 수학적인 근본 차원에

3　Sean Carroll, *The Big Picture: On the Origins of Life, Meaning, and the Universe Itself* (New York: Dutton, 2016) Kindle, 215-219.

서 떠오른다는 점을 암시한다고 말합니다. 이 견해는 플라톤과 피타고라스 학파까지 거슬러 올라갑니다. 여기서 떠오르는 질문은, 왜 자연법칙이 정확히 수학적인가를 넘어 수학적이 되어야 하는가입니다. 철학자, 수학자 그리고 2,500년 전의 피타고라스로 거슬러 올라가는 과학자 들은 근본적인 실재는 전혀 물리적이지 않다고 가정했습니다 근본적인 실재는 입자나 힘으로 이뤄져 있지 않으며 숫자와 순수한 기하학 형태들로 구성된, 실재의 한 차원이라는 겁니다.

수학자들은 공리에서 출발해 가능한 실재들에 대해 논리적으로 추론할 뿐이라는 션의 생각을 로저 펜로즈는 부인했습니다. 펜로즈에 따르면 수학자들은 실제로 순수하게 수학적인 실재의 한 차원을 탐구하고 있습니다. 그들은 발견하고, 더 심오하고 본질적인 실재의 한 영역인 실재의 수학적인 차원에 대한 서로의 발견을 상호 주관적으로 검증합니다.

양자역학의 위대한 선구자 중 한 명인 베르너 하이젠베르크 Werner Heisenberg는 이렇게 썼습니다. "이 문제와 관련해 현대 물리학은 데모크리토스의 유물론에 분명히 반대하고, 플라톤과 피타고라스학파에 찬성하는 입장이다."[4] 이건 물리학이 아니라 수학을 과학의 근본으로 제시하는 이야기입니다. 션이 주창하는 유물론적 비전과는 사뭇 다르지만 그에 못지않게 과학적이죠.

우주에 관한 법칙들이 정확히 수학적인 성질을 가지고 있다는 점 외에도 물리학자들은 자연의 기본적인 물리 상수가 조금만 달랐더라도 우주에 지적 생명체가 없었을 것이란 점에 주목했습니다. 이에 따라 존 배로John D. Barrow와 프랭크 티플러Frank J. Tipler 같은 일부 물리학자는 다음과 같은 결론에 이르렀습니다. "'관측자들'을 탄생시키고 유지할 목적으로 '설계된' 하나의 가능한 우주가 존재한다."[5] 그리고 저명한 이론물리학자 존 A. 휠러John A. Wheeler 는 이렇게 덧붙입니다. "그 원리에 따르면, 생명을 탄생시키는 요인은 세계라는 기계 장치와 그 설계에서 중심을 차지한다."[6]

다시 말해 이 우주는 생명 친화적입니다. 생명 없는 물리적 우주의 근본 바탕에 생명체의 출현을 뒷받침할 수 있는 방식으로 우주를 진화하게 만드는 원시 생명력이 존재할지도 모릅니다. 신학자라면 이런 지적 설계를 주도한 것이 신이라 생각할 겁니다. 신이 지적 생명체를 출현시키기 위해 우주를 창조했다는 거죠. 어쨌든 이 경우에는 물리학이 아니라 생물학이 과학의 근본이 됩니다.

양자역학의 창시자인 막스 플랑크Max Planck를 포함한 다른 위대한 물리학자들의 결론에 따르면 물리적 세계를 떠받치는 근본

4   Werner Heisenberg, *Physics and Philosophy* (London: Penguin Books, 1989), 59; See also Erwin Schrödinger, *The Interpretation of Quantum Mechanics* (Woodbridge, CT: Ox Bow, 1995); Heinz-Dieter Zeh, "There Are No Quantum Jumps, Nor Are There Particles," *Physics Letters A* 172, no. 4 (1993): 189-192; Paul C.W. Davies, "Particles do not exist," in *Quantum Theory of Gravity*, ed. S. M. Christensen (New York: Adam Hilger, 1984); Michael Bitbol, *Schrödinger's Philosophy of Quantum Mechanics* (New York: Kluwer, 1995).

5   Heisenberg, *Physics and Philosophy*, 21-22.

6   John A, Wheeler, foreword to *The Anthropic Cosmological Principle* by John D Barrow and Frank J. Tipler (Oxford, UK: Oxford University Press,1996), vii-viii.

적인 실재는 마음입니다. 막스 플랑크는 이렇게 썼습니다. "모든 물질은 오직, 한 원자 입자를 진동하게 하고 그 원자의 가장 미세한 위성들을 하나로 묶는 힘에 의해 생겨나고 존재한다. 우리는 이 힘 이면에 의식적이고 지적인 마음이 존재한다고 가정해야 한다. 이 마음은 모든 물질의 기질matrix이다."[7] 아인슈타인도 비슷한 견해를 표명했습니다. 그는 "경험의 세계 안에서 그 모습을 드러내는 어떤 초월적인 마음"이 존재한다고 선언했습니다.[8] 예를 하나 더 들면, 영국 우주론의 위대한 선구자 중 한 명이었던 제임스 진스 경Sir James Jeans은 이렇게 썼습니다. "우주는 위대한 기계라기보다 위대한 생각처럼 보이기 시작한다. 마음은 더 이상 물질의 영역에 어쩌다 들어온 침입자처럼 보이지 않는다… 오히려 우리는 마음을 물질 영역의 창조자이자 통치자로 받아들여야 한다."[9] 스피노자가 구상하고 아인슈타인이 옹호했던 신의 마음 같은 어떤 초월적인 마음이 실제로 우주의 근본적인 실재라면 중세시대 많은 사람이 널리 믿었던 것처럼 신학이 과학의 근본이 될 것입니다.

  실재의 근본적인 성질에 관해서는 저명한 물리학자들이 제안

---

7   Max Planck, "Das Wesen der Materie" (The Nature of Matter), speech at Florence, Italy (1944), Abteilung V, Rep. 11 Planck, Nr. 1797, Archiv zur Geschichte der Max-Planck-Gesellschaft (Archives of the Max Planck Society)

8   Albert Einstein, *Ideas and Opinions* (New York: Crown, 1954), 262.

9   James Jeans, *The Mysterious Universe* (Cambridge, UK: Cambridge University Press, 1930), 137.

한 대안적 견해가 더 많이 존재합니다. 그중 한 사람은 양자 실재의 성질을 탐구하는 일의 최첨단에 서 있는 선도적인 실험물리학자 안톤 차일링거Anton Zeilinger입니다. 차일링거는 존 휠러가 처음 제안한 양자우주론의 원리들을 따라 이렇게 썼습니다. "자연에 대해, 바깥 세계에 대해 질문할 때마다 그것에 대해 할 수 있는 진술과는 무관한 실재가 존재한다고 추정하고 싶은 유혹에 빠진다. 하지만 이제 우리는 그런 입장은 아무런 의미도 없다고 주장할 것이다. '저 밖에 있는' 실재의 속성이나 특징은 그게 뭐든 우리가 입수하는 정보에 근거할 수밖에 없다. 세계나 실재에 대해, 그런 정보에 근거하지 않는 진술은 존재할 수 없다. 따라서 적어도 원칙적으로 실재에 대해 기술함으로써 그 실재의 특징들에 대해 정보를 얻을 수 없다면 그 실재 개념은 확인될 수도 증거로 뒷받침될 수도 없다. 이는 정보(지식)와 실재를 구분하는 일이 아무런 의미가 없다는 점을 암시한다. 우리가 이야기하고 있는 것은 분명 매우 다른 개념들의 통일이다. 독자들은 그 통일이 현대 과학 발전의 주요 테마들 중 하나임을 떠올릴 것이다."[10]

이 견해에 따르면, 물질이나 에너지가 아니라 의미 있는 정보가 우주의 근본 바탕입니다. 이것이 바로 정보의 조각들(비트)이

10   Anton Zeilinger, "Why the Quantum? 'It' from 'bit'? A Participatory Universe? Three Far-reaching Challenges from John Archibald Wheeler and Their Relation to Experiment," in *Science and Ultimate Reality: Quantum Theory, Cosmology and Complexity* eds. John D. Barrow, Paul C. W. Davies, and Charles L. Harper, Jr., (Cambridge, UK: Cambridge University Press, 2004), 201-220, 218-219.

일차적이며 다른 모든 개념적 구성물(예컨대 공간, 시간, 입자, 장, 힘)은 파생물이라는 이론입니다. 이것을 존 휠러는 "만물은 비트에서"it from bit라는 구절로 요약했죠. 그의 말을 그대로 옮겨보겠습니다. "'만물은 비트에서'라는 표현은, 물리적 세계의 모든 것은 그 바탕(대부분의 경우 매우 심층적인 바탕)에 비물질적인 근원과 설명을 가지고 있다는 개념을 상징한다. 우리가 실재라고 부르는 것은 최종 분석에서 '예 또는 아니오'로 답할 수 있는 질문을 제기하고 장비 유발 반응equipment-evoked response을 등록하는 데서 생겨난다. 즉 모든 물리적 사물은 본디 정보 이론적이며, 이것이 '참여적 우주'participatory universe이다."[11] (여기에서 참여적 우주는 우리를 생성하고 형성할 뿐 아니라 우리가 함께 생성하는 세계를 의미한다—옮긴이)

이는 정보 과학이 모든 과학의 근본임을 암시하고, 자연에서 관측자와 의식적인 '정보 처리자'의 역할에 대한 질문을 명시적으로 제기합니다.

실재의 근본적인 성질에 대해 눈에 띄는 관점이 또 하나 있습니다. 스탠퍼드 대학교 물리학자 안드레이 린데Andrei Linde는 의식이 원자들의 복잡한 배열에서 나오는 창발적 속성이 아니라 자연계의 근본 성질일지도 모른다고 주장합니다. 그는 실재의 근본 바탕에 대한 또 하나의 가능성을 제안합니다. "물리 법칙을 따르는

---

11   John A. Wheeler, "Information, Physics, Quantum: The Search for Links," in *Complexity, Entropy, and the Physics of Information* by Wojciech Hubert Zurek (Redwood City, CA: Addison-Wesley, 1990).

물질세계에 대한 현재의 과학 모델이 너무나 큰 성공을 거두면서, 우리는 의식적인 관측자로서 우리의 출발점을 잊고 물질만이 유일한 실재이며 우리의 인식은 그것을 기술하는 데 도움 될 뿐이라고 결론짓는다. 하지만 사실상 우리는 우주에 대해 우리가 경험하는 '실재'를 그것과 무관하게 존재하는 물질세계라는 개념적으로 조작된 믿음으로 대체하고 있다."[12] 그런 다음 그는 다음과 같은 질문을 제기합니다. "의식은 시공간과 마찬가지로 고유의 자유도를 지니고 있고, 따라서 이것을 간과하면 우주에 대한 근본적으로 불완전한 기술을 초래할 가능성이 있지 않을까? 만일 우리의 인식이 물질적 사물들만큼이나 실재하는 것이라면?(혹은 어떤 의미에서는 실재에 훨씬 더 가깝다면?)"[13]

선 캐럴이 제시한 핵심 이론은 따지고 보면 근본적으로 불완전한 것일지도 모릅니다. 그것은 절대적으로 필요한 요소를 무시하기 때문입니다. 바로 우리가 자연계를 관측하고 이해할 때 사용하는 의식입니다. 의식의 본질과 기원 그리고 우주에서의 역할은 현대 과학 전반에 걸쳐 미지의 영역으로 남아 대체로 간과되고 있습니다. 만일 의식이 자연계의 근본 바탕이라면 인지과학이 과학

12   Andrei Linde, "Choose Your Own Universe," in ed. Charles L. Harper, Jr. *Spiritual Information: 100 Perspectives on Science and Religion* (West Conshohocken, PA: Templeton Foundation, 2005), 139.

13   Andrei Linde, "Inflation, Quantum Cosmology and the Anthropic Principle," in *Science and Ultimate Reality*, 426–458, 451.

의 근본이어야 합니다. 하지만 지금까지 인지과학은 의식의 본질과 기원에 대해서는 아무것도 알려주지 않았습니다.

마지막으로, 실재의 근본적인 성질을 우리는 모른다고 믿는 저명한 물리학자들이 있습니다. 프리먼 다이슨Freeman J. Dyson이 그런 견해를 표명했죠. "나는 양자이론의 의미를 논의하는 일에 관여하는 것을 꺼린다. 이 분야의 전문가들은 독단적 확신을 가지고 말하는 경향이 있으며, 저마다 그 문제에 대한 하나의 특정한 해법이 유일한 최종 진실이라고 확신하기 때문이다… 물리학자로서 나는 우리가 아는 것보다 모르는 것에 훨씬 깊은 인상을 받는다."**14**

비슷한 맥락에서 션 캐럴은 이렇게 쓰고 있습니다. "양자역학은 세계에 대해 현재 우리가 가지고 있는 가장 심오하고 근본적인 그림이지만 실재에 대해 양자역학이 말하는 바는 아주 불확실하다." 양자역학이 모든 측정값과 독립적으로 존재하는 실재의 성질에 대해 하는 말이 아무리 불확실해도 션은 그것이 현재 우리가 세계에 대해 가지고 있는 가장 심오하고 근본적인 그림이라는 확고한 믿음을 고수하고 있습니다. 평생 동안 양자역학 연구에 헌신한 사람으로서 충분히 가질 수 있는 편애입니다. 마르셀루 글레이제르 역시 이렇게 인정합니다. "우리는 물리적 실재의 핵심에

14　Freeman J. Dyson, "Thought-experiments in honor of John Archibald Wheeler," in *Science and Ultimate Reality*, 72-89, 88.

무엇이 존재하는지에 대해 본질적으로 아무것도 모른다. 우리가 가지고 있는 것은 측정값들이며, 그 값들은 실제로 무슨 일이 일어나고 있는지에 대해 불완전한 그림을 제공한다."[15]

이제 불교로 시선을 돌려 물리적 실재의 핵심에 무엇이 존재하는지에 대해 우리는 본질적으로 아무것도 모른다는 마르셀루의 논평을 이어가봅시다. 석가모니의 가르침인 맹인과 코끼리 은유로 시작해보고 싶습니다. 그 이야기에서 왕은 맹인들을 불러모아놓고 그들에게 코끼리를 보여줍니다.

맹인들은 각자 코끼리의 머리, 귀, 엄니, 코, 몸의 측면, 발, 등, 꼬리 그리고 꼬리의 술을 만졌고, 그 결과 코끼리를 항아리, 키질하는 바구니, 보습, 쟁기, 곡물 창고, 기둥, 막자사발, 막자, 붓으로 묘사했습니다. 그러자 석가모니는 해설했습니다. "그들은 싸우기 시작했다. 그러면서 이렇게 외쳤다. '맞아, 그거야' '아니야, 틀렸어!' '코끼리는 그렇게 생기지 않았어!' '맞아, 그렇게 생겼어!' 등등. 그러다 결국 그 문제를 놓고 주먹다짐을 하게 되었다." 맹인 각자는 코끼리를 부분적으로 관찰한 내용을 바탕으로 코끼리에 대해 서로 다른, 양립할 수 없는 묘사를 내놓았습니다. 어떤 묘사도 틀리지 않았지만 하나같이 불완전하고 양립할 수 없어 보였습니다. 석가모니는 다음과 같은 결론으로 이 우화를 마무리합니다. "마

15   Marcelo Gleiser, "Searching for The Essence of Physical Reality", *Cosmos and Culture*(blog), NPR, January 19, 2011. http://www.npr.org/blogs/13.7/2011/01/19/133037010/searching-for-the-essence-of-physical-reality

찬가지로 스승과 학자들도 맹목적이고 눈먼 다양한 관점을 가지고 있다… 그들은 무지해 저마다 실재가 이렇다 저렇다 주장하면서 다투고, 언쟁하고, 논쟁한다."[16] 자, 앞서 인용한 사람들의 사실상 전부가 20세기 백인 남성 물리학자, 우주학자, 수학자 들이라는 점을 눈여겨볼 필요가 있습니다. 이것은 인류 전체로 보면 매우 좁은 범위이지만, 전문적으로 훈련받았다는 공통점을 지녔음에도 실재의 근본적 성질에 대한 그들의 견해는 매우 다양합니다.

핵심 질문은 현대 과학이 초자연적인 현상에 대한 믿음, 사후에도 의식이 지속된다는 믿음, 그리고 불가사의한 능력에 대한 믿음과 양립 불가능한가 하는 점입니다. 이런 믿음들은 인류 역사를 통틀어 다양한 문화에 널리 존재합니다. 그런 쟁점들에 대해서는 물리학자들 사이에서조차 의견이 상당히 엇갈립니다.

요즘 서구에서는 '세속적 불교'를 발전시키는 데 상당히 중점을 두고 있습니다. 저는 최초의 세속적 불교도는 석가모니였다고 말하고 싶습니다. 이 가설을 뒷받침하기 위해 석가모니의 '칼라마수타'라는 유명한 설법을 인용하겠습니다. 석가모니가 한 마을을 방문했을 때 말씀한 내용이죠. 그 마을 사람들은 여러 사람이 진리를 주장하는 것을 들었습니다. 그 사람들 각각은 다른 사람들과

---

16 Udāna 68-69: https://www.cs.princeton.edu/~rywang/berkeley/258/parable.html. For an alternate translation, see Udāna: Exalted Utterances, trans. Anandajoti Bhikkhu, Revised Version 2.2, Feb. 2008, pp. 212-217. https://www.ancient-buddhist-texts.net/Texts-and-Translations/Udana/Exalted-Utterances.pdf

는 양립 불가능한 이야기를 제시하며 "내 견해만 옳다"라고 말했습니다. 그 결과, 마을 사람들은 존재에 대한 큰 질문에 답을 가지고 있다고 주장하는 사람들에게 회의적인 태도를 지니게 되었습니다.

석가모니는 나의 견해가 다른 모든 이의 견해보다 우월하다고 주장하기보다는 "너희가 잘 모른다는 것을 뒷받침하는 훌륭한 근거들이 있을 때는 의심하고 잘 모른다고 하는 것이 적절하다"라고 말함으로써 마을 사람들을 놀라게 했습니다. "그것이 통념이라는 이유로, 혹은 오랫동안 사실로 여겨져왔다는 이유로 그 견해를 받아들이지 말라. 너희는 단순히 소문을 듣고, 또는 경전에 적혀 있다는 이유로 그 견해를 받아들이지 말라. 순수한 추측, 조사받지 않은 가정, 확정적이지 않은 추론, 본인의 개인적 편견, 타인들의 웅변 또는 그것이 네 스승의 의견이라는 이유로 그 견해를 받아들이지 말라."[17]

저는 이것이 건강한 회의주의라고 생각합니다. 그런 다음 석가모니는 긍정적인 어조로 마을 사람들에게 이렇게 조언했습니다. "진실이라고 주장되는 모든 견해를 자신의 경험에 비추어 검증하고, 그것이 사실인지 거짓인지, 유익한지 해로운지 스스로 판단하라." 부처는 진정한 경험론자였습니다. 제가 앞에서 간략히 언급한 다양한 스토리들을 떠올려보세요. 각각은 20세기 백인 남성 주

---

17   Kālāma Sutta, Aṅguttara Nikāya III Sutta no. 65.

류 물리학자들이 주창한 것입니다. 이 모든 견해에는 한 가지 공통점이 있습니다. 바로 현대 과학 전반에 도사리고 있는 두 종류의 맹목을 수반하고 있다는 점입니다.

첫 번째 맹목은 지난 5,000년에 걸친 아시아의 위대한 문명들에서 실재의 근본적 성질에 대한 심오한 통찰을 발견할 가능성을 보지 못하는 것입니다. 그 모든 이야기 어디에서 중국, 일본, 인도, 동남아시아, 티베트, 중앙아시아의 전통 문화에서 이뤄진 발견에 대한 언급을 찾을 수 있나요? 북미와 남미, 아프리카, 오스트레일리아 전역의 토착 문화는 말할 것도 없습니다. 그 아시아 문명들은 실재의 본질에 대해 어떤 중요점을 발견하지 못했을까요?

제가 하려는 말은, 실재의 근본 성질에 대한 이전의 견해들을 소개하며 제가 인용한 매우 좁은 범위의 인류가 자신을 우주의 중심으로 여기는 것 같다는 겁니다. 요즘 우리는 이런 질문을 자주 듣습니다. "우주 어딘가에 지적 생명체가 존재할까?" 제 대답은 "아시아에 있다!"입니다. 우리 서구인들은 민족 중심적 편향에 치우친 나머지 기록된 인류 역사의 전 과정에서 동양인이 이룬 발견들을 간과해왔습니다. 그것은 엄청난 실수입니다. 우리가 아직 19세기에 살고 있다면 그런 실수를 이해할 수 있을 겁니다. 결국 유럽 중심 세계관을 지닌 국가들은 서양만이 진정으로 문명화되어 있다는 생각으로 세계의 나머지 지역을 정복하고 다른 모든 문화를 자신의 문화로 지배하기에 급급했으니까요. 하지만 21세기에 전체 문명의 지혜를 무시하는 것은 용서받을 수 없는 일입니다.

그것이 하나의 맹점입니다. 제가 강조하고 싶은 두 번째 맹점은 마음(정신)입니다. 현대 과학을 이루는 다양한 분과의 사실상 전부가 한 가지 공통점을 가지고 있고, 그것은 그 분야들의 위대한 성공을 이끌어내는 데 중요한 역할을 했습니다. 한 가지 눈에 띄는 예외를 빼면, 각 분야는 과학자들이 이해하고자 하는 현상을 측정하고 관측하는 정교하고 엄밀하고 정확한 방법들을 개발해왔습니다. 그 한 가지 예외는 마음, 정신 과정, 의식의 상태입니다.

행동과학자들은 정신 과정의 행동 표현을 연구함으로써 간접적으로 마음을 연구합니다. 뇌과학자들은 정신 과정과 관련 있는 뇌 상관물을 조사함으로써 간접적으로 마음을 연구합니다. 하지만 주류 인지과학 어디에도 우리가 직접 접근할 수 있는 유일한 마음인 자신의 마음을 직접 관찰하는 엄밀한 훈련은 찾아볼 수 없습니다. 마음과 관련한 신체 과정들을 조사하지만 과학자들은 1인칭 시점으로 마음을 관찰하고 탐구하고 실험하는, 정교하고 정확하고 반복 가능한 방법을 전혀 개발하지 못했습니다.

높은 수준의 주의 집중, 마음 챙김, 성찰 기법은 아시아 전역에서 5,000년 동안, 그리고 불교 전통에서 지난 2,600년 동안 이어져 내려온 다양한 명상 전통에 큰 힘이 되었습니다. 주의 집중 기법의 개발이 그 점과 관련해 중요한 이유는 마음은 어떤 기술로도 직접 관찰할 수 없기 때문입니다. 마음은 자기 성찰을 통해서만 관찰할 수 있습니다.

하지만 현대의 유럽 중심적 문명은 자발적이고 지속적인 주의 집중 기법을 개발하는 효과적인 방법을 찾지 못했을 뿐 아니라 주의력결핍과잉행동장애ADHD의 증가가 증명하듯 점점 더 나빠지고 있습니다. 문명 전체가 ADHD의 수렁에 빠져들고 있습니다. 그 수렁에서 영원히 벗어날 수 없을지도 모릅니다. 주의력 불균형을 극복할 효과적인 수단은 없고, 우리는 비상한 수준의 정신 집중력을 키우는 방법을 개발하지 못했습니다. 이것은 아시아의 명상 전통, 특히 불교의 최대 강점 중 하나입니다. 불교에서는 오래전부터 그런 기법을 모든 종류의 정신 과정을 관찰하고 의식의 다양한 차원을 탐구하는 데 사용해왔습니다.

우리의 과학은 마음에 충분히 주의를 기울이고 있지 않습니다. 그래서 션 캐럴을 포함한 몇몇 사람에게는 마음에 주의를 기울이는 것이 단순히 뇌에 대해 말하는 한 가지 방법에 불과한 것 같습니다. 그런데 그렇지 않습니다. 저는 그걸 증명할 수 있어요. 10초쯤 걸릴 거예요. 10초 동안 여러분께 아주 간단한 일을 부탁할 겁니다. 말하지 말고, 움직이지 말고, 행동하지 말고, 그저 마음속에 무엇이 떠오르는지 알아차려보세요.

여러분이 방금 경험한 것은 단순히 뇌에 대해 말하는 한 방법이 아니라고 자신 있게 말할 수 있습니다. 왜냐하면 여러분은 말하지 않았으니까요. 또 그건 행동하는 한 방식도 아닙니다. 여러분은 행동하지 않았기 때문입니다. 여러분이 마음으로 경험한 것과 그 밖에 의식에 떠오른 것들은 말 이전에 존재합니다. 의도적이고 의식적인 행동 이전에 존재합니다. 과학계는 자신의 마음에 대한 직접적인 1인칭 경험을 간과해왔습니다. 마치 심신 문제가 해결된 것처럼 행세했죠. 과학계는 마음이 단지 뇌가 하는 일에 지나지 않는 것처럼 가장해왔습니다. 그런 태도는 비판적이고 과학적인 검증을 받은 적 없는, 그저 믿음일 뿐입니다.

양자역학의 측정 문제는 약 90년 전 처음 발생한 이래로 해결되지 않았습니다. 사실 이 점에 관해서는 아무것도 진전되지 않았습니다. 마찬가지로 19세기 말 정신과학이 생긴 이래 심신 문제는 아무것도 해결되지 않았습니다. 지난 1세기에 걸쳐 우리는 뭔가를 간과해왔고, 그건 현대 과학의 가장 큰 약점입니다. 우리는 관찰자의 성질을 간과해왔습니다. 마음과 의식의 성질에 대해 진정으로 과학적이고 개방적이며 경험적인 접근을 취하지 않고 있습니다. 우리는 자연계를 이해하는 일에서 뭔가를 빠뜨렸는데, 그것은 바로 우리 자신입니다. 이상하게도 우리는 100억 년 전에 형성된 머나먼 은하보다 의식에 대해 더 무지합니다. 원자 내부의 핵보다 의식에 대해 더 무지합니다. 왜일까요? 우리가 보지 않기 때문입니다.

이 역사적인 상황에서 불교가 가르쳐주는 것은 도그마가 아니라 오히려 주관적으로 경험되는 마음을 1인칭 시점에서 엄밀하고 정교하게 조사하는 방법들입니다. 이는 서양의 강점인 객관적 과학의 놀라운 업적에 대한 찬사입니다.

글레이제르 이제 서로 질문하셔도 됩니다. 션 먼저, 그다음에 앨런이 질문하세요.

캐럴 할 이야기가 너무 많습니다. 몇 시간이고 토론할 수 있을 거예요. 질문하는 것보다는… 좋아요, 한 가지만 간단히 묻겠습니다. 마음과 개별 마음들 사이에 어떤 차이가 있을까요? 앨런, 당신이 마음에 대해, 그리고 마음이 중심이라고 말씀하셨을 때 그건 유일하고 일원론적이고 우주적인 뭔가를 염두에 두고 말씀하신 건가요? 아니면 우리 각자가 이런 마음들 중 하나를 가지고 있다고 생각하시는 건가요?

월리스 막스 플랑크, 아인슈타인, 제임스 진스 경이 제안한 가설에 따르면 마음은 우주적 마음을 가리킵니다. 하지만 불교에 대한 논평에서 제가 언급한 건 그게 아닙니다. 불교는 신, 열반, 환생, 업보, 석가모니의 존재를 맹신하는 데서 출발하지 않습니다. 가장 의심할 수 없는 지식, 즉 의식과 의식에 떠오르는 것들이 존재한다는 데서 시작하죠.

캐럴 좋습니다. 제가 두 가지를 간단히 말씀드릴게요. 그런 다음 앨런이 자세히 대답하시면 될 것 같습니다. 저는 의식과 마음이 중심이라는 데는 동의하지 않지만 그건 아무래도 좋습니다. 그게 우리가 이 자리에 참석한 이유니까요. 우리는 이 자리에 오기 전에 이런 일이 일어날 것을 알았습니다. 그리고 청중 여러분은 우리 중한 사람 또는 우리 둘 모두에게 동의할 수도, 동의하지 않을 수도 있습니다. 그것도 괜찮습니다. 서로 생각할 거리를 던져주는 거니까요. 저는 인류 역사에서 실재의 성질에 대해 이야기하는 게 이번이 마지막이라고 생각하지 않아요.

월리스 그 말씀이 맞을 겁니다.

캐럴 우리는 거기에서 출발할 거예요. 마음이 여러분의 뇌 그리고 여러분의 뇌를 구성하는 입자 및 힘과 별개라고 생각하지 않는 이유를 여러분이 이해할 수 있도록 두 가지 생각을 제시해보겠습니다.

첫째로, 제가 보기에 마음이 뇌와 별개라는 생각은 반反지동설의 마지막 발악처럼 보입니다. 코페르니쿠스는 오래전 "지구는 태양계의 중심이 아닐지도 모른다. 추방자는 우리일지도 모른다"라는 말로 큰돈을 벌었죠.

항상 그랬던 건 아니지만 대체로 전통적인 고대 우주론에서 지구는 특별한 역할을 했습니다. 중심에 있거나 중요한 뭔가를 하고 있었죠. 하지만 코페르니쿠스는 "지구는 중심에서 벗어나 있을지도 모른다"라고 말했고, 케플러는 "행성들은 타원 궤도를 공전하는 것 같다"라고 말했습니다. 갈릴레오은 지구가 아니라 목성의 궤도를 도는 천체들이 있다는 것을 실제로 보여줬죠.

그 후로 과학사에는 웅장한 우주가 작동하는 데 우리 인간의 중요성이 줄어드는 것처럼 보이는 에피소드가 많았습니다. 코페르니쿠스조차 태양은 특별하다고 생각했으니까요, 그렇죠? 하지만 이제 우리는 우주에 수많은 태양이 존재한다는 사실을 압니다.

1920년대가 되어서야 우리는 우주에 다른 은하들이 있다는 사실을 알았습니다. 다윈은 생명의 존재, 우리 인간의 기원이 특별하지 않다는 사실을 보여줬습니다. 생명과 인간의 기원은 여기 지구에서 일어나고 있는 물리적 과정들의 연속선상에 있습니다.

저는 온라인에 있는 사진들이나 허블 울트라 딥필드Hubble Ultra Deep Field라 불리는 대형 사진(허블 우주 망원경이 촬영한 사진)에서 은하의 이미지를 봅니다. 맑은 날 밤 카메라를 들고 나가 하늘의 텅 빈 곳을 향해 셔터를 누르고, 그때 여러분의 카메라가 허블 우주망원경에 연결되어 있다면 하늘에서 가장 텅 비어 보이는 부분 조차도 은하로 가득하다는 사실을 알 수 있을 겁니다. 현 시점의 최고 추정치에 따르면 우리가 관측 가능한 우주에는 은하가 2조 개 있습니다. 평균적으로 은하당 1000억 개의 별이 있습니다. 그렇다면 관측 가능한 우주 너머에 무엇이 있는지 누가 알까요? 아마 은하는 훨씬 많을 거예요. 매우 하찮은 논증이라 여러분 앞에 꺼내기도 죄송하지만 즉각적으로 와닿는 논증이라 말씀드리자면, 그 모든 걸 보고도 "오 그래! 의식이 이 모든 것의 중심임이 틀림없어"라고 말한다면 뒷걸음질로밖에 보이지 않습니다.

의식은 천체들의 거대한 집합에 속한 아주 작은 천체에 있는 알아보기도 힘든 작은 티끌의 가장 작은 조각입니다. 따라서 저는 의식이 특별하다는 생각을 받아들이기 어렵습니다. 그것이 첫 번째 포인트입니다.

두 번째 포인트는 훨씬 금방 끝날 겁니다. 제 저서에는 보헤미아 공주 엘리자베스에 관한 장이 있습니다. 제가 가장 좋아하는 장이죠. 공주는 세계적으로 유명한 철학자나 과학자가 될 만한 인물이었습니다. 하지만 1600년대에는 여성이 세계적으로 유명한 철학자가 될 수 없었죠. 공주는 르네 데카르트René Decartes와 대화를 시작했고, 데카르트는 물론 마음이 몸과 어떤 식으로든 분리되어 있다는 자신의 가설을 설명하려 했습니다.

엘리자베스는 데카르트와 서신을 교환했습니다. 솔직히 그녀가 논쟁에서 데카르트를 이겼어요. 데카르트는 처음에는 약간 거만하게 굴었습니다. 그는 공주가 자기 수준에 미치지 못한다고 생각했죠. 하지만 공주는 말하자면 데카르트를 꽤 혹독하게 교육시켰습니다. 공주의 기본 논리는 이러했습니다. "어떻게 이처럼 비물질적이고, 몸에서 분리되어 있으며, 있을 위치도 없는, 당신이 마음이라 부르는 것이 내 몸에 영향을 미치고 내 몸을 이리저리 움직이는지 설명할 수 있단 말이죠? 그런 일이 어디서 일어납니까? 그런 일이 실제로 일어나는 장소를 보여주세요." 마음이 몸과 분리되어 있든 그렇지 않든 우리가 몸을 가진 건 분명한 사실이니까요. 우리는 우리가 몸을 가졌다는 점을 압니다.

이 논리를 현대 버전으로 옮기면 우리는 우리 안에 입자들이 있다는 걸 압니다. 우리 안에 원자가 있다는 걸 알고 그 원자들이 뭘 하는지 압니다. 원자들이 어떻게 움직이는지 압니다. 우리는 그 입자들을 특정 상황에 넣으면 다음에 어떤 일이 일어날지 알려주는 방정식을 압니다. 그 방정식에는 의식이나 마음이 들어와 "이 전자가 마음속에 있으면 저렇게 움직인다"라고 말할 여지가 없습니다.

물론 그럴 가능성도 충분히 있습니다. 과학자로서 우리는 그 가능성을 열어놓고 있습니다. 제가 여러분에게 말한 모든 것이 완전히 틀릴 수도 있습니다. 세계를 이해하는 더 나은 방법이 있음을 보여주는 새로운 증거나 논거가 나온다면 우리는 마음을 바꿀 겁니다. 그 마음이 원자로 이루어져 있든 다른 어떤 것으로 이루어져 있든 말이죠.

요지는, 우리가 아는 바로는 몸을 움직이는 다른 뭔가가 존재한다고 상상하기란 정말 어렵다는 겁니다. '그것'은 에너지를 보존할까요? '그것'은 예측 가능할까요? '그것'은 결정론적일까요? '그것'은 슈뢰딩거의 방정식을 따를까요? '그것'은 자신의 위치를 가지고 있을까요? 이 모든 질문에 대한 답이 존재할지도 모르죠. 하지만 더 쉬운 답도 있습니다. 바로 "그런 것은 없다"입니다. 마음을 이해하기 어려운 이유는 그것이 우리가 아는 가장 복잡한 것이기 때문입니다. 물론 마음은 이해하기 어렵습니다. 하지만 그렇다고 해서 우리가 물리 법칙을 따르지 않는 새로운 것을 소환할 필요는 없습니다.

월리스 의식은 '새로운 것'이 아닙니다. 의식이 뭐든 그것은 새로운 것이 아닙니다. 의식은 과학자들이 그것에 대해 생각하기 시작하기 아주 오래전부터 여기 있었습니다.

의식은 과학적 시각이 닿지 않는 사각지대입니다. 과학은 마치 '마음은 물질이 아니므로 중요하지 않다'라거나 '마음은 물질일 경우에만 중요하다'라고 말하는 것처럼 보입니다. 사실 의식이 물질이라는 증거는 전혀 없습니다. 마음은 물리적 성질을 전혀 띠지 않고, 물리적으로 측정될 수도 없습니다. 그러므로 증거는 의식이 비물질적임을 가리킵니다. 또한 정신 과정들이 그와 관련한 뇌 상태에 대응한다는 증거도 없습니다. 마음이 단순히 뇌에 대해 말하는 한 가지 방식도 아닙니다. 그것이 여전히 심신 문제라고 불리는 것은 아직 해결되지 않았기 때문입니다.

의식은 그저 하나의 화법이 아닙니다. 배우자에 대한 사랑, 친구나 스승이나 인류에 대한 사랑은 하나의 화법이 아닙니다. 의식에 대한 과학적 정의는 존재하지 않습니다. 의식을 객관적으로 측정하는 방법도 없습니다. 과학자들은 의식을 일으키는 필요충분조건을 알지 못합니다. 식물에 의식이 있나요? 기본 입자들에 의식이 있나요? 인간의 태아는 언제 의식이 생기나요? 답은, '과학적으로 우리는 모른다'입니다.

의식의 필요조건이 무엇인지 모르므로 과학자들이 "글쎄요, 우리는 의식이 어디서 오는지 모릅니다. 하지만 죽으면 의식이 사라진다는 것은 확실히 압니다"라고 말하는 건 단순히 오만입니다. 우리는 모릅니다.

역사학자 대니얼 부어스타인Daniel Boorstein은 저서 『발견자들』*The Discovers* 서문에서, 과학적 발견의 가장 큰 장애물은 무지가 아니라 앎에서 비롯되는 착각(illusion of knowledge, '지식 착각'이라고도 하는데, 전문 지식이 많을수록 자신의 경험과 지식을 과신해 오히려 실수를 범할 가능성이 증가하는 경향을 말한다―옮긴이)이라고 썼습니다. 과학계에는 의식에 대한 이해가 부족하지만 지식 착각은 부족함이 없습니다. 그런 '묻지 마 가정'은 뉴런의 충분히 복잡한 배열이 있을 때 그것들의 상호작용에서 의식이 출현한다고 생각합니다. 하지만 충분히 복잡한 것이 무엇을 의미하는지에 대한 단서는 어느 누구도 가지고 있지 않습니다. 그건 경험적 연구의 검증을 받은 적 없는 유사 가설입니다. 과학적 지식으로 잘못 포장된 신념일 뿐입니다.

토머스 헉슬리Thomas Huxley는 '과학적 유물론 교회'를 창시한 19세기 생물학자입니다. 제가 보기에 션은 그 교회의 독실한 신도입니다. 헉슬리는 이렇게 썼습니다. "어떻게 의식과 같이 놀라운 것이 자극에 반응을 일으키는 신경 조직의 결과로 생길 수 있는지는 알라딘이 램프를 비빌 때 지니가 나타나는 일만큼이나 설명 불가능하다."[18] 의식이 뇌 안의 화학물질과 전기에서 생긴다는 개념은 일종의 '신경 신화'입니다. 어떤 물리적 성질도 나타내지 않는 모든 종류의 주관적 경험을 뇌 혼자서 만든다고 믿는, 뇌에 관한 신비론적 견해입니다. 정말 마술적인 사고죠.

사랑은 그저 뉴런을 말하는 한 가지 방식이 아닙니다. 우리는 뉴런에 대해 앎으로써가 아니라 사랑함으로써 사랑을 이해합니다. 사랑은 뉴런으로 환원되지 않습니다. 로봇만이 (또는 로봇을 흉내 내는 사람만이) 이것이 저것으로 환원된다고 주장할 겁니다. 로봇은 어떤 주관적 경험도 하지 않고, 어떤 것도 실제로 알지 못하기 때문이죠.

주관적으로 경험되는 마음을 물리학의 관점에서 설명할 수 없

---

18   Thomas Henry Huxley and William Jay Youmans, *The Elements of Physiology and Hygiene: A Text-book for Educational Institutions* (New York: D. Appleton, 1868), 178.

다는 이유로 마음은 단지 뇌 과정일 뿐이라고 생각하는 것은 문제를 직면하는 것이 아니라 회피하는 것입니다. 션은 결정론을 옹호합니다. 결정론에 따르면 미래는 오직 현재에서 비롯하고, 현재는 전적으로 과거에 일어난 물리적 현상의 배열에 의해 결정됩니다. 여러분은 어떤 선택을 한다고 느낍니다. 즉 어떤 결정을 내리고 그에 따라 행동하면서 다르게 행동할 수도 있었다고 생각합니다. 하지만 결정론은 그것이 단지 환상이라는 점을 암시합니다. 이 유형의 결정론, 즉 라플라시안 결정론Laplacian Determinism에 따르면(대부분 물리학자는 그것이 양자물리학으로 완전히 반박되었다고 믿습니다) 여러분이 다르게 행동하는 건 애초에 불가능했습니다. 여러분의 행동은 전적으로 물리 현상과 자연법칙의 배열에 의해 결정되었기 때문입니다.

괜찮으시다면 여러분께 소설가 아이작 바셰비스 싱어Isaac Bashevis Singer의 이야기로 돌아갈 것을 제안하고 싶습니다. 그는 "당신은 자유의지를 믿나요"라고 질문받았을 때 이렇게 답했습니다. "네, 물론입니다. 선택의 여지가 있나요?" 우리는 1인칭 경험을 훨씬 더 진지하게 취급해야 합니다. 그런데 그렇게 하지 않죠. 지난 세기에 존 왓슨John Watson의 행동주의가 부상한 이래(행동주의는 윌리엄 제임스의 급진적 경험주의를 끝장냈습니다) 과학자들은 오직 물리적 현상, 즉 행동과 뇌에만 관심을 집중해왔기 때문입니다. 하지만 그들은 과학의 다른 모든 성공적인 분야가 갖고 있는 특징을 무시하고 있습니다. 즉 여러분이 이해하려고 시도하는 자연 현상을 직접, 엄밀하게 관찰하는 것입니다. 인지과학자들이 계속해서 정신 과정의 물리적 표현과 물리적 상관물에만 집중하는 한 그들은 자신들의 유물론적 패러다임에서 빠져나오지 못할 것이고, 측정 문제와 심신 문제는 해결되지 않은 채 남을 것입니다.

저는 불교적 세계관이나 믿음을 선전하기 위해 이 자리에 온 것이 아닙니다. 마음이 물질과 별개라는 개념을 선전하려고 이 자리에 온 것이 아닙니다. 우리 과학이 마음을 다루는 환원론적이고 유물론적인 방식이 과학적이지 않다고 말하는 겁니다. 즉 여러분이 알고 싶은 현상을 엄밀하게 관찰하는 지질학, 입자물리학, 천문학 등의 방식으로는 마음을 다룰 수 없습니다. 정교하고 발전된 형태의 자기성찰은 마음에 대한 현대 과학적 연구에서 아무런 역할도 하지 않습니다.

우리가 여기서 뭔가를 놓치고 있는 건 물리주의 도그마 때문입니다. 그 도그마는 이렇게 주장합니다. "1인칭 시점을 건너뛰고 자기성찰을 건너뛴다고 해서 놓칠 게 있을까?" 불교적 관점은 지구가 우주의 중심에 있다는 반지동설과 다릅니다. 불교적 관점은 오히려 지구 상 존재들이 전부가 아니라 우주 전체에 수많은 의식적 존재가 있다는 견해를 취합니다.

불교의 세계관은 아브라함 종교들과 다릅니다. 불교에서 볼 때 지구는 우주의 중심이 아닙니다. 불교적 관점에서 우리 세계는 생명체가 사는 세계들이 모인 10억 배 큰 덩어리 중 하나일 뿐이며, 우주 전역에는 그런 덩어리가 셀 수 없이 많습니다. 이 주장을 현대 우주론과 연결해보죠. 만일 평균적인 은하에 항성 1000억 개가 있고, 그 항성 100개당 하나가 그 궤도에 생명체가 사는 행성을 가지고 있다면 은하 각각은 불교에서 말하는 "생명체가 사는 세계들이 모인 10억 배 큰 덩어리"에 해당할 것입니다. 종교는 아브라함 종교밖에 없다는 생각을 넘어서야 합니다. 심지어 저는 불교를 종교로 여기지도 않습니다. 오히려 불교는 실재의 본질과 마음을 내부에서 조사하고, 자연계 전체에서 마음이 하는 역할을 탐구하는 급진적인 경험적 방법입니다.

저는 심신 이원론이나 어떤 다른 이원론을 주장하기 위해 여기 온 것이 아닙니다. 이원론은 하나의 화법일 뿐입니다. 마음을 관찰할 때 근본적으로 경험론적이고, 진정으로 과학적인 접근법을 취할 것을 제안합니다. 마음이란 뉴런을 이야기하는 한 가지 방법일 뿐이라고 말함으로써 마음이 존재하지 않는 것처럼 이야기하지 말아야 합니다.

글레이제르 오늘 밤 대화에서 우리가 배울 것이 있다면 인간이 되는 것은 가슴 뛰는 일인 동시에 당혹스러운 일이라는 점입니다. 어쨌든 우리는 적어도 존재에 대한 근본적인 질문을 던질 수 있는 능력을 가지고 있다는 사실을 진정으로 즐깁니다. 저는 반지동설론자가 되는 일, 다시 말해 우리가 우주의 기준이라고 생각하는 일에 대해 선과 의견이 약간 다릅니다. 저는 우리 인간을 특별하게 만드는 뭔가가 존재한다고 생각합니다. 우리는 이 자리에 참석해 실재의 본질과 존재의 수수께끼에 대해 질문을 던질 수 있기 때문이죠.

캐럴 당신은 인간이지만 저는 로봇입니다. 왜냐하면 저는 이 모든 것이 뉴런으로 귀결된다고 생각하니까요.

글레이제르 음, 좋습니다. 로봇이 기계 학습을 이렇게 잘할 수 있는지 몰랐는데 당신이 저를 속인 걸 보면 그럴 수 있을 것 같군요. 대단합니다.

그런 의미에서 저는 이런 질문들을 할 수 있는 것, 그리고 이 모든 것을 곰곰이 생각해볼 수 있는 것은 특권이라고 생각합니다. 이른바 결합 문제(binding problem, 독립적으로 처리되는 정보들이 어떻게 단일한 대상으로 통합되어 지각될 수 있는가에 관한 문제—옮긴이), 즉 '비물질적인 것이 어떻게 물질적인 것과 상호작용하는가'라는 문제는 지극히 복잡합니다. 션의 말은 기본적으로 저기에 뭔가가 있다는 증거가 전혀 없다는 것입니다. 다시 말해 신비주의적 힘은 없다는 뜻이죠.

자연 대 초자연 문제에 대해서도 비슷한 논증을 펼칠 수 있습니다. 여러분이 제게 유령을 봤다고 말한다고 칩시다. 그 말을 듣고 저는 이렇게 추론할 수 있습니다. "음, 당신은 유령을 봤군요. 유령은 전자기적 현상이므로 보통의 물리학을 통해 이해할 수 있는, 완벽하게 실재하는 현상입니다." 다시 말해, 비물질적인 것이 물질적인 것과 상호작용할 때 이른바 초자연적 현상이 자연적인 현상과 상호작용해 자연의 일부가 됩니다. 유령은 그런 맥락에서 이해되어야 합니다.

사실 우리는 모든 도구를 가지고 있지 않고, 가질 수도 없습니다. 우리는 모른다는 것, 그것이 과학의 본질입니다. 저는 우리가 실제로 의식을 이해하지 못한다는 사실에 우리 모두 동의한다고 생각합니다. 혹시 의식을 이해한다고 말하는 사람이 있다면 진지하게 받아들여서는 안 됩니다. 우리는 안토니오 다마지오, 데이비드 차머스와 함께 바로 이 질문에 대해 첫 번째 대담을 나눴습니다. 신비주의자Mysterian라 불리는 철학자 집단이 있습니다. 저는 그 이름이 몹시 마음에 듭니다. 그들은 기본적으로 '의식의 어려운 문제'라고 불리는 점을 강조합니다. 그들은 우리가 의식의 본질을 이해할 준비가 되어 있지 않다고 주장합니다. 우리는 우리 자신의 이야기에 푹 빠져 있고, 우리의 마음과 몸 안에 갇혀 있어 의식을 전자처럼 객관적 연구 대상으로서 이해하는 것이 불가능하기 때문입니다. 이 사각지대 때문에 현재의 과학적 화법으로는 의식을 연구한다는 생각 자체가 도전이 됩니다.

의식은 우리가 끝내 이해할 수 없는 것이라는 말이 아닙니다. 궁극적 불가능에 대한 절대적 진술을 조심하십시오. 어쩌면 매우 영리한 로봇이 베이 지역에서 나타날지 모릅니다. 누가 알까요? 아니면 고도로 발달한 외계인이 언젠가 그 일을 해낼지도 모릅니다. 미래에는 과학이 근본적으로 바뀔지도 모르고요. 하지만 지금 당장은 의식에 대해 매우 혼란스러운 상태입니다.

실재의 성질 또한 매우 혼란스러운 주제입니다. 선이 처음부터 말했듯 서로 다른 온갖 층위가 있고, 상보적인 앎의 방식들이 존재하기 때문입니다. 오늘 밤 우리가 배운 것이 있다면 이 모든 관점을 겸손한 자세로 바라봐야 한다는 점입니다. 이해해야 할 것을 다 이해하지 못했기 때문이죠. 우리는 심지어 나아갈 길을 밝히기 위해 물어야 할 질문들이 무엇인지조차 확실히 알지 못합니다.

지식 추구의 본질적인 면이자 출발점은 무지를 인정하는 겁니다. 그때 비로소 우리는 질문을 던지고 싶어집니다. 모르기 때문이죠. 톰 스토파드Tom Stoppard는 이렇게 말했습니다. "우리를 중요한 존재로 만드는 것은 알고 싶어 하는 욕구이다." 무지를 부끄러워하지 말고, 우리가 누구인지에 대해 이해할 수 있는 것에 호기심을 잃지 말아야 합니다.

이제부터 질문을 받겠습니다.

질문 1 션 캐럴 교수님이 말씀하신 심장 박동에 대한 질문입니다. 우리는 심장 박동이 동방결절에서 시작된다고 알고 있습니다. 그렇죠? 심장을 움직이기 시작하는 것은 이 전기 임펄스입니다. 그러면 심장은 뇌를 포함해 온몸에 산소를 펌프질합니다. 저는 한 전기생리학자에게 이렇게 물었습니다. "전기 임펄스가 심장을 움직이기 시작한다는 걸 심장은 어떻게 압니까?" 생리학자는 이렇게 말했습니다. "심장은 그냥 뛰는 거예요. 그렇게 만들어진 거죠." 저는 이렇게 묻고 싶었을 뿐이에요. 심장이 어떻게 압니까? 마음이 알려주나요? 심장은 그냥 아나요? 그건 전기니까 션 캐럴 교수님 분야 같은데요.

캐럴 이 질문에 답하려면 분명히 우주론자가 필요합니다. 왜 그런지 보여드릴게요.

우선 "심장이 어떻게 아는가"라는 표현을 사용해서는 안 됩니다. 그건 "내가 컵을 떨어뜨리면 컵은 자신이 떨어져야 한다는 것을 어떻게 아는가"라고 말하는 것과 같습니다. 컵이 안다고 가정하는 것은 그 현상에 대해 최선의 설명을 얻는 올바른 방법이 아닐 겁니다. 제가 아는 바로는 심장 근육 조직의 내재적 상태가 이렇게 말하는 겁니다. "좋아, 1초 지났어. 다시 뛰어야 해." 저는 그것이 뇌에서 오는 신호는 아니라고 생각합니다. 이에 대해 실제로 알고 있는 누군가가 있다면 그 사람이 이 질문에 답해야 합니다. 저는 물리학자이기 때문이죠.

또 구글에 검색해볼 수도 있습니다.

질문 2 저는 행동신경과 의사라 뇌 물질상의 문제들이 환자의 마음과 행동에 영향을 미치는 사례를 많이 봅니다. 저는 이 토론과 그 문제를 어떻게 연결해야 하는지 궁금합니다. 지금 우리는 마음이 뇌 물질과 별개라고 주장하고 있는 것처럼 보입니다. 하지만 매우 끔찍하고 슬픈 일들이 날마다 일어납니다. 가벼운 뇌졸중을 겪거나 퇴행성 질환에 걸려 행동과 성격이 판이한 딴사람이 되죠. 저는 그 점이 마음과 뇌의 이론에 어떤 영향을 주는지 알고 싶습니다.

두 번째 질문입니다. 과학이 서양에서 사용하고 있는 방법들에 대해 많이 들었는데, 그건 동양의 방법들과는 다릅니다. 그런데 동양의 방법들도 훌륭합니다. 저는 관찰이나 과학적 방법과는 반대로 그런 내면 작업에 기반을 둔 연구에서 나온 결론이 무엇인지 궁금합니다.

월리스 먼저 말씀드리고 싶은 건, 이 토론은 마음이 뇌와 별개로 존재하는지 그렇지 않은지에 대한 토론이 아니라는 겁니다. 저는 어느 한쪽 입장이라고 주장하지 않았어요.

저는 불교적 세계관을 옹호하거나 윤회설을 지지하기 위해 이 자리에 온 것이 아닙니다. 오히려 마음을 우주에 있는 다른 모든 것처럼 자연스럽게 취급하자고 제안하는 바입니다. 마음을 이해하고 싶다면 그저 흘긋 보는 데서 그치지 말고 관찰하세요. 마음의 모든 차원을 실험적으로 탐구하는 데 적절한 기술을 찾으세요. 발견을 하나씩 더할 때마다 추정을 줄여나가세요.

인류는 말에 머리를 걷어차이면 정신 능력이 손상될 수 있다는 점을 수천 년에 걸쳐 알았습니다. 엉덩이를 걷어차이면 그런 일이 일어나지 않죠. 분명 마음과 뇌는 상관성이 있습니다. 하지만 상관성이 강하다고 해서 동일하다는 말은 아닙니다. 어느 관점에서 봐도 마음과 뇌가 같다고 증명하는 논리적 근거나 경험적 증거는 전혀 없습니다. 그건 단지 환원주의적 믿음일 뿐이며, 이는 과학적 증거의 나쁜 대용물입니다.

요지는 심신 이원론이 옳다는 게 아니라 우리가 얼마나 무지한지 인정하자는 겁니다. 마음과 뇌가 서로 무슨 관계인가라는 어려운 문제를 푸는 일에서 전혀 진전을 이루지 못했다는 사실을 바로 볼 필요가 있습니다.

마르셀루는 우리가 의식의 본질을 이해하지 못한다고 말했습니다. 이는 불가지론적 입장을 암시하는 겁니다. 맞죠? 그건 겸손의 표현입니다. 우리가 모른다는 걸 인정하는 거죠. 하지만 그런 다음 그는 한 발 더 내디뎌 아무도 의식을 이해하지 못한다고 선언했습니다. 티베트 문화와 지혜에 수년간 몰입했던 사람으로서 이 발언은 불가지론에서 전지적 태도로 이동하는 것처럼 보입니다. 우리가 이해하지 못하므로 아무도 모른다, 만일 안다고 말하는 사람이 있다면 자신이 무슨 말을 하고 있는지 모르는 것이라는 태도죠.

남들이 어디까지 알 수 있는지 우리가 어떻게 알죠? 우리는 과학사 전체에서 아시아를 무시해왔습니다. 혹시 아시아의 누군가가 지난 5,000년 동안 마음과 의식의 본질에 대해 발견했다면요? 그들은 우리가 서양에서 사용하지 않은 방법들을 사용해왔습니다. 서양 과학자들이 그들이 사용하지 않은 방법들을 사용해온 것과 마찬가지죠.

저는 어느 한쪽의 입장을 옹호하기 위해 이 자리에 온 것이 아닙니다. "우리가 모르기 때문에 의식에 대해 아무도 모른다"라고 말하는 것은 단순히 오만이라고 말하는 겁니다. 우리란 백인 유럽인, 유럽 중심적 세계관을 지닌 사람들을 말합니다. 식민주의 시대는 이제 끝나야 합니다. 하지만 우리가 모르면 아무도 모른다는 믿음에 그 잔재가 여전히 도사리고 있습니다. 저는 그런 믿음이 납득되지 않습니다. 수년 동안 티베트인들과 살고 연구하면서 저는 의식의 본질을 깊이 통찰한 사람들이 우리 문화 밖에 존재한다고 확신하게 되었습니다. 그들이 그런 통찰에 이른 것은 단순히 어떤 것을 믿었거나 불교를 깊이 신봉해서가 아닙니다. 그들은 과학자들이 하는 일을 함으로써 그런 통찰에 이르렀습니다. 현상을 스스로 엄밀하게 조사하고 어떤 결과가 도출되는지 본 거죠. 불교인들도 과학자와 마찬가지로 이념적 방해물을 피할 필요가 있습니다. 특정 증거는 우리의 믿음과 일치하지 않기 때문에 사실일 수 없다고 결론 짓는 일을 피해야 합니다. 그건 과학이 아니라 교조주의입니다.

21세기에 진정으로 열린 태도를 지니려면 우리가 알고 있는 바에 대해 겸손해야 한다고 생각합니다. 또한 타인들이 무엇을 알고 무엇을 모르는지에 대해서도 겸손해야 한다고 생각합니다.

질문 3 두 분은 견해가 꽤 다르고, 정중하고 예의 바른 태도로 흥미로운 대화를 나누셨습니다. 저는 두 분이 세계관이 정반대인 사람과 사랑에 빠져본 적 있으신지 궁금합니다. 상대가 내세를 믿는다는 점을 알아차리고도 그 사람을 사랑할 수 있을까요? 제 말이 무슨 뜻인지 아시겠어요? 지적인 질문을 하고 싶었지만 이런 궁금증이 계속 떠오르는군요.

캐럴 좋습니다. 제가 말씀드리죠. 이렇게 말해보겠습니다. 사람을 사랑하는 건 중요하죠. 누군가를 사랑한다는 사실은 우리가 알고 있는 기본적인 물리 법칙을 바꿀 필요가 있다는 증거가 아닙니다. 하지만 기본적인 물리 법칙에 대한 우리의 지식이, 선택을 하고 감정과 느낌과 욕망을 갖고 사랑에 빠지는 의식적인 행위자로서의 인간에 대해 이야기하는 방식을 무효화한다고는 생각하지 않습니다. 이 의자가 원자로 만들어졌다는 점을 안다고 해서 의자가 직물과 나무로 만들어졌다는 점에 대해 이야기할 수 없는 것이 아니듯 말입니다.

드라마 〈빅뱅 이론〉The Big Bang Theory을 보셨다면 물리 법칙을 안다고 해서 사회생활이나 연애를 더 잘하는 것은 아니라는 점을 아실 겁니다. 누군가를 사랑하는 이유는 현대 과학으로 이해할 수 있는 영역이 아니라고 생각합니다. 앨런도 그 점에 동의할 겁니다. 아시아의 지혜는 다른 사람과 어떻게 사랑에 빠지는지 말해줄 수 있을까요? 저는 우리가 이 분야를 잘 모른다고 생각하지만 완전하게 아는 사람은 아무도 없을 겁니다.

월리스 그걸 잘 아는 사람이 아무도 없는지 여부를 저는 모릅니다. 그건 타인이 무엇을 알고 무엇을 모르는지 아는 문제를 다시 제기하기 때문입니다. 그건 다른 주제라고 생각합니다.

질문 4 제 질문은 좀더 진지한데요, 뇌가 죽거나 몸이 죽으면 의식은 어떻게 되는지 알고 싶습니다. 의식은 그냥 멈춥니까? 아니면 무슨 일이 일어났다는 것을 의식한 다음에 사라집니까? 세계를 돌아다니며 사람들과 교류해본 경험을 듣고 싶습니다.

글레이제르 어느 분께 듣느냐에 따라 아주 다른 대답을 얻으실 겁니다.

월리스 인간의 마음, 다시 말해 의식, 감정, 욕구 등 우리가 경험하는 온갖 종류의 정신 과정은 명백히 뇌 기능에 의존해 일어납니다. 알츠하이머, 뇌 손상, 질병 등으로 뇌가 손상되면 시각이나 기억 등 다양한 기능이 감소하거나 사라집니다. 분명히 특정 뇌 기능과 특정 유형의 주관적 경험은 강한 상관성이 있습니다.

인간의 마음은 뇌 기능에 의존해 일어나고, 뇌 기능과 상관성을 지닙니다. 그래서 뇌가 기능을 멈추면 뇌에 의존해 생기는 마음은 더 이상 존재하지 않습니다.

만일 자신의 마음을 알아차리는 것이 상식 심리학의 영역이라면, 즉 우리 마음속에서 무슨 일이 일어나는지를 대강 알아차리면 되는 피상적인 일이라면 우리 마음이 뇌에 의존해 일어나는 정신 과정으로만 이뤄져 있다고 추정하는 것이 무리가 아닙니다. 『빅 픽처』에서 션은 "우리는 반성하고, 자각하며, 자신이 신경 쓰는 것에 영향을 미칠 수 있다. 우리는 자신의 선택으로 세계를 더 나은 장소로 만드는 일에 관심을 집중할 수 있다"라고 썼습니다. 저는 자각self-awareness이 중요하다는 션의 생각에 동의합니다. 그리고 이 능력을 갈고닦아서 실재에 대한 현대 물리학적 견해의 토대를 흔드는 심오한 통찰을 이끌어내는 방식으로 쓸 수 있다고 생각합니다. 불교인들은 이 분야에서 약 2,600년 먼저 출발했습니다.

불교 신자들이 수백 년에 걸쳐 수도 없이 발견하고 재발견한 것에 대해 말씀드리겠습니다. 단지 검증할 수 있는 경험적 가설로서 제안합니다. 저는 마음에 대한 서양의 유물론적 이론들을 30년가량 공부하면서 그 모든 이론이 한 가지를 공통적으로 가지고 있다는 점을 깨달았습니다. 경험적으로 검증 가능한 이론은 하나도 없다는 것이었죠. 그 이론들은 믿음에 지나지 않습니다.

하루 여덟 시간, 열 시간, 열두 시간 동안 1인칭 관점에서 자기 마음의 성질을 들여다보면 어떻게 될까요? 몇 달이 지나면 여러분의 마음(생각, 인식, 기억)은 침묵에 도달할 때까지 고요해집니다. 설령 심장이 계속 뛴다 해도 여러분은 몸에서 알아차림을 끄집어내 순수한 정신 경험의 영역으로 가져갈 수 있습니다. 여러분이 꿈꿀 때, 그리고 꿈 없는 깊은 잠에 빠질 때 그런 일이 일어나죠. 명시적인 인지 활동, 감정 활동 등에서 마음의 스위치를 내리는 겁니다. 이런 일이 일어날 때 수없이 많이 발견된 사실은 여러분이 심리의 차원을 초월한다는 겁니다. 현대 과학이 아는 유일한 차원인 의식적인 마음과 무의식적인 마음을 초월합니다.

여러분은 뇌에 의존해 일어나는 인간 마음의 영역을 초월해 순수하게 정신적이지만 인간 존재를 떠난 의식의 근본적인 연속체로 이동합니다. 그 상태는 성별도 개인사도 존재하지 않습니다. 그것은 단순히 인식의 연속체, 의식의 흐름입니다. 수준 높은 명상에 이른 사람들은 뇌가 아니라 이런 차원이 기억과 습관이 있는 곳임을 발견했습니다.

저는 누구에게도 이 점을 믿으라고 요구하지 않습니다. 불교인과 여타 명상인들이 발견한 것이라고 말할 뿐입니다. 선이 말했듯 여러분은 제 말을 믿지 않으실지 모르고, 제 말에 동의하지 않으셔도 됩니다. 하지만 제 말이 단순한 추측이나 믿음은 아닙니다. 2,500년 넘는 시간 동안 수없이 발견되고 재발견된 것입니다. 여러분의 심리를 뚫고 의식의 깊은 층위로 들어가십시오. 인간 존재를 초월한 의식의 근저로 들어가세요. 그것이 기억의 실제 저장소입니다.

마음을 컴퓨터에 빗대는 경우가 많습니다. 마음이 컴퓨터라면 뇌는 키보드에 비유할 수 있고, 의식의 근저에 있는 이 손에 잡히지 않는 연속체는 하드 드라이브와 같습니다. 이건 경험의 검증을 받을 수 있는 가설이지만 쉬울 거라고 예상하면 안 됩니다. 명상 집중, 즉 삼매(사마디)의 수준에 이르려면 보통 수천 시간 동안 엄격히 훈련해야 합니다. 하지만 의식의 이 차원에 접근하면 전생의 기억을 끄집어내고 그것이 사실인지 아닌지, 그리고 만일 사실이라면 그 정보를 어떤 다른 출처를 통해 알 수 있었는지 비판적으로 점검할 수 있습니다.

물론 잉태되기 전의 기억에 표적을 맞추려고 시도할 때 여러분은 아무것도 떠올리지 못하거나 순전히 환상을 떠올릴지도 모릅니다. 하지만 기억을 떠올린다면 어떨까요? 그러면 열린 마음을 지닌 회의적이고 비판적인 연구자가 그 기억이 진실인지 알아보거나 여러분이 지닌 것과 똑같은 의식의 연속체를 공유한, 전생에 살았던 사람의 삶에 대한 정보를 아는 수단을 여러분이 가지고 있는지 조사합니다.

이것은 검증 가능한 이론입니다. 제 소망은 명상 과학 연구소를 만들어 물리주의를 포함해 어떤 도그마에도 세뇌되지 않은 상태에서 집중, 깨어 있음, 성찰 능력을 개발하는 훈련을 사람들에게 수년간 제공하는 것입니다. 급진적 경험론의 정신에 따라 사람들에게 인간 마음의 본질과 기원을 탐구하게 하는 겁니다. 마음의 인간적 차원을 들여다보게 하는 겁니다. 의식의 더 깊은 층위를 조사하고 탐구하고, 이른바 전생의 기억이 지금 재현될 수 있는지 확인하게 하는 거죠. 저는 마음이 열려 있는 과학자들을 초청해 그런 범문화적이고 다학제적인 연구에 참여시키고 싶습니다. 그렇게 함으로써 현대 과학의 3인칭 방법들을 명상 탐구의 1인칭 방법과 통합하는 겁니다. 토스카나가 이 일을 하기에 좋은 장소라고 생각하고요. 르네상스와 과학 혁명의 발상지보다 좋은 지역이 있을까요?

저는 마음이 열려 있고 하루 열 시간, 열두 시간, 열네 시간의 엄격한 훈련에 기꺼이 참여할 사람들을 위해 명상 연구소를 세우고 싶습니다. 5년 또는 10년 동안 심리학자, 신경과학자, 물리학자, 철학자 들과 협업하게 될 겁니다.

이 연구에 물리학자가 필요한 이유는 측정 문제를 해결해야 하기 때문입니다. 즉 관측자 역할과 함께 양자역학을 다뤄야 합니다. 무엇이 진실인지 함께 찾아봅시다. 지금 우리에게는 이 문제의 해법이 없기 때문이죠. 의식의 기원은 무엇일까요? 의식과 뇌는 어떻게 만날까요? 죽으면 어떻게 될까요? 우리는 우리의 믿음들을 사실이라고 강력히 확신하지만 있는 그대로의 실재를 아는 일을 대체할 수는 없습니다.

이것은 검증될 수 있고 검증되어야 하는 이론입니다. 무엇이 사실인지 찾아보면 됩니다.

캐럴 앨런이 한 차례 이상 지적했고 저도 완전히 동의하는 몇 가지 포인트를 말하면서 마무리하고 싶습니다. 중요한 포인트라고 생각합니다. 한 가지는, 과학 이전의 전통에서 발견할 수 있는 지혜가 존재한다는 생각입니다. 저는 제 저서에서 그 점을 직접 언급했습니다. 제가 동양의 종교나 전통 또는 세속적 전통에 대한 전문가는 아니지만 가능할 때마다 제 책에서 그것을 다루려고 합니다. 수천 년 동안 인간이 인간 조건에 대해, 인간이 무엇인지에 대해 매우 주의 깊고 엄밀한 방식으로 생각했던 방식은 종교적, 영적 전통의 맥락이었습니다.

그런 사고에서 아무것도 배울 게 없다는 생각은 터무니없어 보입니다. 우리는 그런 사고에 열려 있어야 합니다. 책에 있다고 무작정 받아들이면 안 되지만 그런 책을 몇 권 읽으며 배울 게 있는지 살펴봐야 합니다.

또 한 가지 포인트는 내성법의 중요성입니다. 마음을 들여다보고 성찰하는 거죠. 저는 이것이 시도해볼 가치가 있는 일이라고 생각합니다. 어떤 의미에서는 사소하지만 당연히 해볼 가치가 있습니다. 모든 일은 시도할 가치가 있으니까요. 과학자들이 연구 방법론에 너무 편협하게 매달릴 수 있다는 점도 인정합니다. 그게 꼭 최선이거나 유일해서가 아니라 가장 쉬운 방법이기 때문이죠.

저는 학생들에게 항상 이렇게 말합니다. "집중력이 짧다면 우주론을 연구하세요. 우주는 개구리나 미국 정부보다 훨씬 단순하니까." 뇌를 연구하고 싶다면 개별 뉴런이 하는 일을 조사하는 방법으로 신경과학을 연구하는 것이 가장 쉽습니다.

신경과학자들이 내성법뿐 아니라 행동에도 신경 써야 한다고 주장하는 논문이 학술지 『셀』 *Cell*에 발표되기도 했습니다. 신경과학자가 아닌 사람은 이렇게 생각할지도 모릅니다. "잠깐, 신경과학자들이 행동에 신경 쓰지 않는다고? 그럼 뭘 신경 쓰지?"

물론 뉴런을 하나하나 조사해 무슨 일이 일어나는지 알 수 있다면 그것이 유일한 방법이라고 믿을 수 있겠죠. 하지만 저는 정보의 출처를 다원화해야 한다고 생각합니다. 그 정보가 어디서 오든 뭐라고 말하든 우리는 회의주의적인 자세로 그 내용을 신중하게 확인해야 합니다. 그것이 우리가 지식을 축적하는 방법이기 때문입니다.

3장 지능의 미래—인간, 기계, 외계 생명체
천문학자와 철학자의 대화

퍼트리샤 처칠랜드와 질 타터

글레이제르 퍼트리샤 처칠랜드Patricia Churchland와 질 타터Jill Tarter는 각자 자기 분야에서 지능의 미래를 탐구하는 위대한 선구자입니다. 먼저 제가 말하는 '지능의 미래'가 무엇인지 설명하겠습니다.

지난 5년 동안 잠들어 있지 않았다면 아시겠지만 요즘 모든 사람이 기계 지능에 대해 이야기하고 있습니다. 정확히 정의하기 어려운 어떤 수준의 지능을 지닌 기계들에 대해 말이죠. 기계는 가장 뛰어난 체스 선수, 퀴즈 쇼 〈제퍼디〉Jeopardy의 챔피언, 최고의 바둑 기사를 이길 수 있습니다. 이런 기계들에 지능이 있을까요? 그렇지 않다면 언젠가 프로그램의 명령에 맹목적으로 복종하지만은 않는 기계를 만들 수 있을까요? 오늘날 수준의 기계는 우리가 작성하는 코드를 따릅니다. 기계가 창조적이고 자율적인 실체가 되어 우리가 예상할 수 없는 방식으로 스스로 코드를 작성하기 시작하는 날이 올까요? 그런 일이 가능할까요? 만일 그렇다면 종으로서 우리는 어떻게 될까요?

옥스퍼드 대학교 철학자 닉 보스트롬Nick Bostrom에 대해 들어 보셨을 겁니다. 저서 『초지능』Superintelligence에서 그는 이렇게 말하죠. "초지능을 가진 기계를 개발한다면 우리는 쓸모없는 존재가 될까?"

그는 우리를 고릴라의 처지에 놓는 흥미로운 비교를 합니다. 고릴라의 미래는 완전히 우리 손에 달려 있습니다. 기관총을 들고 아프리카로 가서 고릴라를 모조리 죽일 수 있기 때문이죠. 그렇게 하지 않는 것은 그 종을 살려두고자 하는 도덕적 기준을 가지고 있어서입니다. 하지만 우리는 고릴라를 죽일 수 있습니다. 우리에게는 그럴 힘이 있습니다. (물론 고릴라는 불법 밀렵 때문에 멸종 위기에 처했지만 그건 다른 이야기입니다.)

지능적인 기계들이 우리와 비슷한 도덕적 기준을 가지고 있지 않다면 어떻게 될까요? 그 기계들은 우리가 불편하다는 이유로 우리를 제거할까요? 다시 말해, 인공지능을 열심히 연구할 때 우리는 자신의 파괴를 설계하고 있는 걸까요? 이건 윤리적 질문이지만 과학적 질문이기도 합니다.

우리는 현재 벌어지고 있는 일의 사회적, 문화적, 도덕적 함의를 고려하지 않은 채 "무작정 기계를 돌리고 코드를 해독하고 이걸 하자"라고 말할 수 없고, 그래서도 안 됩니다. "인공지능을 계속 연구해야 하는가, 하지 말아야 하는가, 우리의 미래를 지키기 위해 우리가 할 수 있는 일은 무엇인가"라는 질문은 과학과 인문학이 어떻게 교차하는지 보여주는 완벽한 예입니다.

그다음에는 물론 외계 지능이 있습니다. 이 우주 어딘가에 지능을 가진 생명체가 있을까요? 그 답은 모르지만 지구에는 그런 일이 일어났고, 가능성이 분명히 있습니다. 질 타터에게 듣게 될 테지만 우리는 지금 우리가 보는 거의 모든 항성에 그 궤도를 도는 행성이 있다는 사실을 아는 놀라운 시대에 살고 있습니다.

잠깐 생각해보세요. 우리 은하에만 약 2000억 개의 항성이 있습니다. 그 항성 전부 또는 대부분이 행성을 다섯 개 가지고 있다고 쳐보죠. 그렇다면 우리 은하에만 수조 개의 세계가 있는 겁니다! 위성은 포함하지도 않았습니다. 위성을 예순 개 가진 목성처럼 위성을 많이 가진 행성들이 존재합니다. 그곳의 밤을 상상해보세요. 굉장할 겁니다. 요지는, 우주에는 공간이 많다는 겁니다. 질이 즐겨 말하듯 생명이 생겨날 부동산이 많다면 우리보다 진보한 생명이 있을 수도 있지 않을까요? 만일 그렇다면 그들을 어떻게 찾아낼 수 있을까요? 우리가 그들에게 귀 기울이는 동안 그들도 우리에게 귀를 기울이고 있을까요?

몇 년 전, 고故 스티븐 호킹Stephen Hawking은 AI와 외계인에 대한 우려로 많은 사람을 겁먹게 했죠. 첫 번째는 기계 지능이었습니다. 그와 일론 머스크Elon Musk는 기계 지능이 우리 종을 위협할 수 있다고 말했습니다. 그다음은 외계인이었습니다. 우리는 봉화를 피우면 안 됩니다. 혹시라도 외계인이 본다면 우리를 찾아와 죽일 게 분명하기 때문이죠. 그들은 분명히 나쁜 놈들일 테니까요.

최근에 재앙을 초래하는 원인은 기후 변화와 사회 불안입니다.

우리가 종으로 살 수 있는 시간은 100년밖에 남지 않았을지도 모릅니다. 점점 줄어드는 자원을 차지하려고 서로 죽일 테니까요. 그런 세상은 확실히 제 아이들과 손주들이 살았으면 좋겠다고 생각하는 곳은 아닙니다.

미래를 좀더 낙관적으로 생각하는 다른 방법들이 있습니다. 오늘 밤 대화와 몇몇 질문에서도 그런 방법들이 나오기를 기대합니다.

이 대화는 우리의 거울입니다. 기계 지능과 외계 지능에 대해 생각하는 일은 사실 우리 자신의 지능에 대해, 우리가 누구이고 어떤 종이 되고 싶은지에 대해 생각하는 일이기도 합니다.

우리는 무엇일까요? 적어도 우리는 이 특별한 행성에서 진화했고, 의미와 미래 그리고 만물의 존재 이유와 존재 방식에 대해 질문할 수 있는 기이한 분자 기계입니다. 우리가 왜 이런 식인지는 큰 수수께끼로 남아 있습니다. 기계와 외계인에 대해 질문할 때 우리는 사실 우리 자신에 대해 질문하고 있는 겁니다. 우리가 종으로서 지금보다 나은 미래로 나아가려면 어떻게 해야 하는지 알아내려 하는 겁니다. 우리 역사의 어두운 부분을 넘어 정의롭고 평등한 사회를 만들려면 어떻게 해야 하는지 알아내려 하는 겁니다.

퍼트리샤 처칠랜드는 캘리포니아 대학교 샌디에이고 캠퍼스 철학과 명예교수이며, 동 대학 산하 소크 연구소Salk Institute 겸임 교수입니다. 퍼트리샤는 신경과학과 철학을 연결하는 데 연구 초점을 두고 있습니다. 최근 『양심: 도덕적 직관의 기원』Conscience: The

*Origins of Moral Intuition*을 펴냈고 이 외에도 『신경을 건드리다』*Touching A Nerve* 『신경철학』*Neurophilosophy* 과 같은 획기적인 책들을 지었으며, 테리 세즈노스키Terry Sejnowski와 『컴퓨터 두뇌』*The Computational Brain* 를 공동 집필했습니다. 저서 『브레인 트러스트: 신경과학이 도덕에 대해 말해주는 것』*Brain Trust: What Neuroscience Tells Us About Morality*은 프로즈PROSE 과학상을 수상했습니다. 미국 철학협회와 철학심리학회 회장을 역임하고 있고, 1991년에는 맥아더 펠로십, 2008년에는 로시 신경과학상을 수상했습니다. 2000년부터 2007년까지 샌디에이고 대학교 철학과 학과장을 지냈습니다.

처칠랜드 우리 앞에 심오하고 당혹스러운 문제들이 놓여 있군요. 먼저 지능에 대해 이야기해보겠습니다. 지능은 제가 잘 아는 분야이고, 우리에게 친숙한 생물인 늑대, 너구리, 까마귀 그리고 무엇보다 우리에 대한 이야기니까요. 저는 지능에 대해 생각하는 걸 좋아합니다. 물리적 뇌의 관점에서 우리가 지능에 대해 알고 있는 한도 안에서 말이죠. 현 시점에서 너구리가 지능을 가지듯 기계가 지능을 가지고 있다는 생각은 제 컴퓨터 마우스가 생물 마우스(쥐)와 같다고 말하는 것과 같습니다. 실은 그렇지 않죠.

먼저, 단백질이나 전자의 정의가 존재하듯 지능의 정의가 있는 것은 아니라는 점을 말씀드리고 싶습니다. 그럼에도 지능은 분석 능력, 유추 능력, 언어 능력을 수반한다는 것이 일반적인 통념입니다. 기본적으로 아이큐 검사의 접근 방식이죠. 하지만 여러분은 지능에 대해 생각하자마자 지능이 분석 능력, 유추 능력, 언어 능력보다 훨씬 많은 것을 수반한다는 사실을 깨달으실 겁니다. 지능은 우리가 실용적 지능이나 상식이라고 부를 수 있는 능력도 요구합니다. 이는 공간 탐색, 사회적 탐색, 수렵, 사냥, 포식자 회피, 좋은 거처와 안전한 은신처 찾기 등 다양한 조건에서 무엇을 해야 하는지 아는 능력이죠. 다시 말해, 생존하고 번성하는 데 필요한 모든 것입니다. 또 창조적 지능도 포함해야 합니다. 현재 살고 있는 지역의 수역에 적합한 배를 만드는 방법, 새나 침팬지라면 적합한 둥지를 짓는 방법 등의 문제를 해결하기 위해 창조적 지능이 필요합니다. 창조적 지능은 우리가 잘 살아가는 데 필요한 일들을 하기 위해 몸이라는 도구를 어떻게 사용할지에 영향을 미칩니다. 우리는 환경 조건에 유연하게 대처하며 우발적인 상황에 따라 행동을 바꾸는 너구리의 특성을 언급함으로써 생존에 매우 능한 흰개미의 능력과 너구리의 능력을 구별합니다. 하지만 이 능력들은 수학적 능력처럼 검증하기 쉽지 않다는 점에 유의해야 합니다.

사회적 지능, 도덕적 또는 정치적 지능이 사회적 포유류에게 대단히 중요하다는 점은 말할 나위가 없습니다. 이런 지능은 정량화하기가 훨씬 더 어렵습니다. 우리가 생물에게서 발견하듯 지능은 하나의 통일된 실체가 아닙니다. 수학자로서는 뛰어나지만 현실 세계를 살아가는 일에는 그러지 못한 사람들이 있습니다. 그러면 그들의 지능은 높은 걸까요? 글쎄요, 그건 일의 종류에 따라 다릅니다. 정리를 증명하는 일이냐, 깨끗한 양말 한 켤레를 찾는 일이냐의 문제죠.

현 시점에서는 포유류를 파충류보다 영리하게 만드는 것은 매우 특별한 신경 기관인 피질이라고 말할 수 있을 겁니다. 하지만 종 안에서보다 종 사이의 지능을 비교하는 일이 훨씬 어렵다는 사실을 명심해야 합니다. 예를 들어 미국너구리가 거북보다 지능이 얼마나 높은지 어떻게 검사할 수 있을까요? 우리는 미국너구리가 고양이보다 지능이 얼마나 높은지 정확하게 검사하는 방법도 모릅니다. 우리는 일반적으로 포유류가 파충류에 비해 충동 제어, 장기 계획, 예측된 결과의 가치를 평가하는 일 등에서 능력이 더 뛰어나다고 생각합니다. 피질이 (평균적으로) 큰 종일수록 지능이 높다고도 말할 수 있을 겁니다. 우리는 인간이 특별히 지능이 높다고 여기는 경향이 있는데, 인간의 지능이 높은 것은 다른 영장류에 비해 큰 피질 덕분으로 추정됩니다. 하지만 이건 어디까지나 추정입니다. 아직 알려지지 않은 것이 너무나 많거든요. 자신의 가설에 들떠 있을 때는 그게 틀릴 수도 있다는 사실을 인정하기 어려운 법입니다.

피질은 포유류 진화의 산물입니다. 쥐부터 우리 인간에 이르기까지 모든 포유류는 피질을 가지고 있습니다. 포유류가 아닌 종은 피질이 없습니다. 피질은 뇌 표면을 감싸는 어둡게 착색된 껍질로, 뇌에 있는 다른 구조들에 비해 독특합니다. 피질은 고도로 조직화된 여섯 개 층으로 이뤄져 있습니다. 뇌의 다른 영역으로부터 입력된 신호가 피질의 특정 장소로 오고, 피질의 특정 층에서 나온 출력 경로가 뇌 다른 곳의 특정 영역으로 갑니다.

현미경으로 쥐의 피질 조각을 본 다음 인간의 피질 조각을 보면 쥐와 인간의 조직이 본질적으로 같다는 점을 알 수 있습니다. 우리가 파충류와 공유하는 더 오래된 뇌 구조들에서는 그런 조직을 볼 수 없습니다.

피질과 관련한 놀라운 사실이 있습니다. 우리는 까마귀나 앵무새, 부엉이 같은 새들이 매우 지능적일 수 있다는 점을 알고 있습니다. 그런 새들은 어려운 문제를 해결할 수 있고, 세계에 대한 인과 모델을 가지고 있는 것처럼 보입니다. 하지만 그 새들에게는 피질이 없습니다. 새들이 피질 없이도 어떻게 그렇게 영리할 수 있는지 이해하기 위해 수년간 해부학적 연구를 면밀히 실시한 결과, 새에게 피질과 유사한 조직이 있다는 사실이 밝혀졌습니다. 그 조직은 우리가 지닌 놀라운 6층 구조와 달랐습니다. 그럼 문어과에 속하는 종들은 어떨까요? 행동 면에서 인상적인 지능을 드러내지만 문어에게도 포유류의 피질처럼 보이는 조직은 없습니다.

여러분이 피질에 대해 알아야 할 점이 또 하나 있습니다. 인공지능 맥락에서 다시 등장할 텐데, 피질의 특정 층에 자리하고 매우 특정한 방식으로 연결된 매우 특정한 세포 유형들이 존재한다는 겁니다. 그 구조는 되는대로 아무렇게나 만들어진 것이 아닙니다. 놀랍게도 서로 다른 세포 유형들은 정확히 똑같은 입력 정보에 서로 다른 방식으로 반응합니다. 그 세포들은 각기 다른 일을 합니다. 각 세포 유형의 고유 기능에 대해서는 정확히 알려져 있지 않지만 각각의 모양, 구조, 신경화학적 프로필 그리고 연결 내용이 정보가 다뤄지는 방식에 중요한 역할을 한다는 사실이 밝혀졌습니다. 어떤 세포 유형이 특정 유전자 변이를 지닌 쥐의 경우와 같이 엉뚱한 층에 놓이면 그 동물은 심하게 발작하며 금방 죽습니다. 세포의 유형과 연결은 생물학적 뇌에서 매우 중요합니다.

마지막으로, 당연히 연결의 문제가 있습니다. 뇌 기능은 뉴런과 신경망이 서로 어떻게 연결되어 있느냐로 결정되기 때문입니다. 이 슬라이드는 피질 뉴런과 수상돌기의 아주 작은 돌출부들을 보여줍니다. 돌출부는 접촉이 이뤄지는 곳, 즉 시냅스가 형성되는 곳입니다. 어떤 해부학자들은 한 부위를 다른 부위와 연결하는 경로, 그리고 한 부위 안에서 한 신경망을 다른 신경망과 연결하는 경로를 연구합니다. 이를 커넥토믹스connectomics라고 부릅니다.

피질에 대해 우리가 알아낸 가장 놀라운 점들 중 하나는 피질이 대단한 학습 능력자라는 것입니다. 모든 포유류 새끼의 피질은 태어났을 때는 매우 미성숙하지만 세계를 학습하면서 구조를 갖춰갑니다. 인간의 아기는 초당 1000만 개의 시냅스를 형성하고, 뉴런에서 수상돌기와 축삭 구조가 싹틉니다. 발달 과정에서 아기의 머리가 커지는 것은 이 때문입니다. 학습을 통해 뇌는 공간적 세계와 같은 동물의 세계를 반영하는 추상적 모델을 구축할 수 있습니다. 모든 포유류는 어느 정도는 사회적 동물이므로 포유류의 뇌는 동물의 물리적 세계뿐 아니라 사회적 세계에 대한 모델도 만듭니다.

포유류의 피질에 대해 할 말이 많지만 이제부터는 화제를 돌려 기계 지능에 대해 말해보려고 합니다. 먼저 프로그램된 컴퓨터에게 수학적 임무는 간단한 작업입니다. 컴퓨터는 수학적 계산을 저보다 훨씬 빠르고 정확하게 수행할 수 있습니다. 반면 포유류가 전혀 힘들이지 않고 할 수 있지만 프로그램된 기계는 할 수 없는 일들도 있습니다. 예를 들어 프로그램된 기계는 고양이의 몸 일부가 그늘에 가려져 있거나, 고양이가 꼬리를 잃었거나, 고양이 귀가 하나밖에 없거나, 너무 밝거나, 너무 어두우면 고양이를 알아볼 수 없습니다. 코드와 프로그램으로 이뤄진 일반 컴퓨터는 이런 종류의 어수선함을 처리할 수 없습니다. 그러면 우리는 이렇게 질문해볼 수 있습니다. 왜 뇌는 이 일을 이처럼 쉽게 할 수 있으면서도 실제 세계를 지각할 수 있는 알고리즘을 짜는 데는 실패해왔을까요? 한 가지 설명은, 뇌 구조가 어수선한 세계에서 진화했고, 따라서 어수선한 세계를 인식하고 그런 세계와 상호작용하도록 진화했기 때문이라는 겁니다. 프로그램을 작성하는 것은 어수선한 일이 아닙니다. 어수선한 일과는 정반대죠. 그건 정확한 일입니다. 생물학적 뇌는 그렇게 작동하지 않습니다. 어수선한 실제 세계에서 성공하는 비결은 무엇일까요?

1980년대 테리 세즈노스키Terry Sejnowski와 제프리 힌튼Geoffrey Hinton을 포함한 몇몇 사람은 피질을 조사해 피질이 학습한 것을 반영하기 위해 구조를 어떻게 바꾸는지 확인했습니다. 그들은 생각했죠 "저것 봐. 쥐가 학습으로 얼굴과 장소를 인식할 수 있다면, 그리고 그런 학습이 주로 뉴런들 사이의 시냅스 연결을 바꾸는 일이라면 그걸 모방하는 기계를 만들 수는 없을까? 이제부터는 코딩 전략 말고 코딩하지 않는 학습 전략을 시도해보자. 뇌처럼 말이지." 이렇게 인공 신경망 개념이 탄생했습니다. 그들은 세 개나 다섯 개 층을 가진 다소 간단한 신경망을 디지털 컴퓨터에 설치했습니다. 실제로 그 신경망은 예시를 통해 매우 간단한 내용을 학습할 수 있었습니다. 유망해 보였던 이 아이디어가 실제로 결실을 맺은 것은 정말 거대한 신경망을 만들 수 있을 만큼 충분한 컴퓨터 파워와 하드웨어가 생겼을 때였습니다. 즉, 초기 신경망은 고양이를 인식하는 문제를 처리할 수 없었습니다. 하지만 매우 거대한 최근 신경망은 고양이를 인식할 수 있습니다.

기본 개념은 모조 뉴런들의 층을 만들고, 그 뉴런들을 모조 시냅스에 연결하는 겁니다. 모조 시냅스의 강도는 높이거나 낮출 수 있습니다. 모조 뉴런은 (실제 뉴런과 달리) 매우 단순하지만 모조 뉴런의 수가 충분하다면 단순함이 문제가 되지는 않을 거라고 생각했습니다. 한쪽 끝은 입력 단자이고, 다른 쪽 끝은 출력 단자입니다. 신호는 신경망을 통해 입력 단자에서 출력 단자로 갑니다. 그것이 현재 우리가 알고 사랑하는 딥 러닝과 기계 학습에 있는 인공 신경망의 기본 구조입니다. 그것이 구조라면 기능은 어떨까요? 코딩된 프로그램 없이 신경망은 어떻게 학습할 수 있을까요?

목표는 인공 신경망에게 학습을 시키는 것인데, 어떻게 학습시킬까요? 인공 신경망에서 바꿀 수 있는 부분은 모조 뉴런들(모조 시냅스들) 사이의 연결입니다. 관건은 고양이를 고양이로 알아보는 일 같은 과제를 해결할 수 있으려면 연결을 어떻게 구성해야 하는지 알아내는 것입니다. 기본적으로 이걸 알아내는 방법은 두 가지입니다. 하나는 모조 시냅스의 강도를 수동으로 바꾸는 겁니다. 다른 하나는 최종 산물이 '고양이 사진을 고양이로 식별하기'

같은 임무를 수행할 수 있는 신경망이 되는 방향으로 가중치(모조 시냅스)를 바꾸는 알고리즘을 찾는 겁니다.

목표를 달성하기 위해 수동으로 가중치를 변경하는 일은 현실적이지 않습니다. 특히 신경망에 약 열 개 이상의 뉴런이 있을 경우에는 말이죠. 따라서 그 일을 하는 자동화된 방법을 알아내야 합니다. 가중치를 자동으로 바꾸는 일은 간단하면서도 성공적인 방법을 찾기 위해서는 수학적 천재성이 필요했습니다. 그 방법은 신경망이 출력값에 대한 피드백을 받는다는 개념에서 창안했습니다. 처음에는 완전히 무작위적이지만 출력값에 대한 피드백을 지속적으로 받으면 정답에 가까워질 수 있죠.

가중치 변경을 간단히 동전 찾기 게임에서 성공하는 방법에 비유할 수 있습니다. 제가 쿠션 뒤나 테이블 아래에서 동전을 찾고 있을 때 여러분이 제게 오류 신호를 주면 저는 목표, 즉 동전이 숨겨진 장소에 더 가까이 갈 수 있습니다. "가까워졌어, 멀어졌어, 멀어졌어, 조금 가까워졌어, 훨씬 가까워졌어, 거의 다 왔어." 이렇게 신호를 주는 거죠. 신경망의 출력에 대해 대략 '아직 멀었어' '가까이 왔어' '거의 다 왔어' 등의 피드백이 주어집니다. 알고리즘이 신경망으로 평가를 피드백하면 가중치가 조정돼서 다음 인풋 시 신경망이 정답에 좀더 가까워집니다. 오류 신호는 실제 뇌에서와 마찬가지로 걸음마 단계에서 학습에 필수입니다. 인공지능 이야기의 핵심인 수학을 빼면 이렇게 정리할 수 있습니다. 오류 신호를 받아 신경망으로 피드백함으로써 모조 시냅스의 가중치를 바꿔 정답에 가까워지는 것(즉 동전을 찾는 것)입니다. 가중치는 더 강해

지거나 더 약해질 수 있고, 같은 상태를 유지할 수도 있습니다.

딥 러닝 머신을 '깊게' 만드는 것은, 그것이 갖추고 있는 수천 개의 층, 수백만 개의 모조 뉴런, 그리고 심지어 더 많은 모조 시냅스입니다. 손으로 쓴 숫자를 인식하는 것과 같은 패턴 인식 문제를 학습하려면 신경망에서 입력에 직접 노출되는 부분이 수백만 개여야 하고, 수백만 개의 오류 수정을 받아야 합니다. 놀랍게도 작은 신경망의 성능이 다소 실망스러워 보여도 규모를 키우면 성능이 실로 강력해질 수 있습니다. 이는 프로그램 코딩으로 인공지능을 만들고 싶어 했던 많은 사람을 놀라게 했죠. 인공 신경망에는 프로그램이 없습니다.

구글에서는 데미스 하사비스Demis Hassabis의 지시로, 매우 어려운 보드 게임인 바둑을 수행할 수 있도록 예시와 피드백을 통해 인공 신경망을 훈련시켰습니다. 놀랍게도 세계 챔피언 이세돌과 겨뤘을 때 신경망은 다섯 경기 중 네 경기를 이겼습니다. 이 승리는 누가 뭐래도 극적인 성취였고, 세계는 이에 열광했죠. 너무나도 극적인 승리라 닉 보스트롬과 같은 사람들은 기계가 바둑을 둘 수 있다면 인간이 할 수 있는 일은 무엇이든 할 수 있다고 생각했습니다. 어쩌면 그 이상도 할 수 있을지 모르죠. 제발 그런 일이 없기를 바라지만요!

그 성과는 놀라웠지만 우리 앞에는 많은 경고가 기다리고 있습니다. 첫째, 그 신경망이 하고 있는 일은 본질적으로 패턴 인식에 불과하다는 점을 명심해야 합니다. 패턴 인식이 아무것도 아닌 건아니지만 확실히 생물학적 지능이 성취할 수 있는 것의 총합은 아닙니다. 둘째, 신경망이 바둑을 둘 수 있기까지는 좋은 수로 인식할 수 있는 패턴을 학습하기 위해 수백만 번 연습해야 했습니다. 셋째, 게임의 작은 기능 하나만 바뀌어도 신경망은 수백만 번 연습해 처음부터 다시 바둑을 학습해야 했습니다. 그런 의미에서 신경망의 학습은 다소 불안정합니다. 마지막으로, 그 신경망이 할 수 있는 것은 바둑뿐입니다. 덧셈과 뺄셈을 할 수도 없고, 고양이를 고양이로 인식할 수도 없죠. 지금부터 이 경고들에 대해 더 자세히 말해보겠습니다.

우리 그리고 쥐, 원숭이, 그 밖의 모든 생물종이 매우 잘하는 많은 일 중 하나는 생존하고 번성하며 합리적이고 적응적인 결정을 내리는 것입니다. 이런 결정들을 뒷받침하는 정보 중 일부는 외부 환경에서 오지만 일부는 내부적으로 뇌 자체에서 옵니다. 내부 신호의 한 가지 예는 '먹이 찾기'와 같은 목표 설정입니다. 목표는 무작위로 설정되는 게 아니라 그 뇌를 지닌 동물 종에 알맞게 정해집니다. 모든 종이 모든 일에 똑같이 관심을 가지는 건 아닙니다. 쇠똥구리는 열심히 쇠똥을 찾으려고 하지만 다람쥐는 그렇지 않습니다. 다람쥐는 견과를 찾고 신선한 견과와 오래된 견과를 구별하는 데 열심이지만 쇠똥구리는 그 일에 관심이 없습니다. 개들은 보통 다른 개들의 뒤에서 냄새를 맡으려고 하지만 인간은 그렇지 않습니다. 목표와 그것을 달성하기 위한 계획은 동물 내부에서 옵니다. 외부 자극은 그 동물이 목표를 달성하는 데 중요한 것과는 별개로, 본질적으로 중립적입니다. 호기심, 주의력, 탐구욕은 뇌의 기능입니다. 이런 기능들은 고양이를 인식하는 일처럼 패턴 인식 기능이 아닙니다. 모든 뇌는 욕구, 동기, 목표, 두려움, 수면 필요 등과 같은 내부 신호를 생성하고, 이런 내부 신호는 동물들이 패턴 인식 작업을 하게 하는 역할을 합니다.

게다가 생물학적 뇌는 감각 기관을 통해 입력된 지각知覺 정보로 추상적 표상을 구성합니다. 해마 구조가 그렇게 한다고 알려져 있죠. 해마 구조는 그 동물의 공간적 환경에 대한 정보를 얻어 그에 대한 표상을 구성합니다.

다음 도표(그림 3.1)가 보여주듯 피질은 피질하 구조의 나머지 부분과 적절하게 연결되지 않는 한 어찌할 바를 모르고 표류한다는 사실을 꼭 새겨두시기 바랍니다. 여러분의 피질은 신경절과 중뇌 같은 뇌 기저에 있는 구조들과 적절히 연결되지 않으면 생존에 아무런 역할도 할 수 없습니다. 그런 구조들은 목표, 감정, 동기, 가치 등을 조절합니다.

모든 척추동물은 위협을 감지할 수 있으며 생존, 번성, 번식 동기에 따라 적절하게 행동할 수 있습니다. 자연선택이 그렇게 만듭니다. 그것을 위해 항상성 유지 기능(신체 내외의 조건이 변해도 일정한 표준 상태를 유지하려는 기능—옮긴이)이 작동할 뿐 아니라 상충하는 가치와 기회가 서로 겨룹니다. 짝짓기해야 하나 포식자를 피해 숨어야 하나, 먹어야 하나 짝짓기해야 하나, 싸워야 하나 도망쳐야 하나 숨어야 하나, 이 싸움에서 후퇴해야 하나 전진해야 하나, 마실 것을 찾아야 하나 잠을 자야 하나 등등. 이런 결정들의 사실상 전부를 이끌어내는 기본 신경 회로는 대략적으로만 이해되어 있습니다. 게다가 이런 종류의 결정들은 모종의 자아 감각을 필요

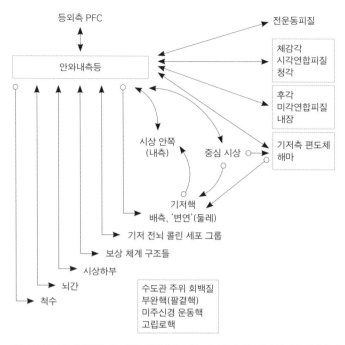

그림 3.1 안와내측피질(안구 바로 위에 위치)이라고 하는 전전두피질(PFC)의 한 작은 영역과, 시상하부와 보상 체계를 포함한 다양한 피질하 구조들을 연결하는 경로들을 개략적으로 표시한 그림. 안와내측 PFC와 다른 피질 영역들을 연결하는 경로도 표시하고 있다. 그림에 표시된 경로 대부분이 양방향이라는 점에 주목하라. 간단하게 표시하기 위해 기저핵을 단일 영역으로 묘사했지만 실제로는 자체적인 경로를 가진 많은 하위 영역을 포함한다. 시상 또한 자체적인 복잡한 경로 체계를 가진 다지역 구조이다.

출처: Henk J. Groenewengen and Harry B. M. Utlings, "The Prefrontal Cortex and the Integration of Sensory, Limbic, and Autonomic Information." Progress in Brain Research 126 (2000): 3-26.

로 합니다. 그건 패턴 인식으로 할 수 있는 일이 아니라 뇌 구축의 결과물입니다. 또 어떤 결정은 의식을 필요로 합니다. 의식 역시 패턴 인식 기능이 아닙니다. 생물학적 진화가 선호하는 동물은 후대에 유전자를 물려줄 수 있을 만큼 오래 사는 데 도움이 되는 가치와 결정으로 기우는 동물입니다. 인공 학습 기계에서는 이와 같은 생존과 번영 능력 중 어떤 것도 볼 수 없습니다.

포유류는 적어도 세계에 대한 인과적 모델을 구축하는 것으로 보입니다. 인과관계는 상관관계보다 강한 관계입니다. 따라서 인과관계로 업그레이드하기 위해 실제 뇌는 간섭intervention과 조종manipulation이라는 방법을 씁니다. 움직이지 못하는 딥 러닝 머신보다는 움직일 수 있는 동물이 간섭과 조종을 쉽게 행할 수 있겠죠. 특히 팔다리가 있다면 이동 능력은 결코 간단한 게 아닙니다. 어떤 검사를 해야 하는지, 어떻게 조종해야 하는지 판단하는 건 기민함이 필요할 일입니다(a가 b의 원인이라면 a를 조종하여 b를 변화시킬 수 있다. 간섭은 결과에 영향을 미치는 국지적 변화를 뜻한다─옮긴이).

제가 아는 한 패턴 인식 프로그램에 동기, 욕구, 운동 제어를 넣는 방법과 관련해 실행 가능한 계획을 가지고 있는 사람은 아무도 없습니다. 얀 르쿤Yann LeCun이 '해피-낫 해피' 척도(인공지능이 단어들의 성격을 분석해 행복한지 행복하지 않은지에 대한 분류를 진행하는 것─옮긴이)를 생각해내긴 했지만 말입니다. 동기는 각기 다른 포장을 쓰고 있기 때문에 문제는 간단하지 않습니다. 예를 들어 배고픔은 갈증과 다르고 갈증은 욕구, 두려움, 호기심, 기쁨과 다릅니다. 기질은 스펙트럼상에서 다양한 색깔로 나타납니다(내향성-외향성, 위험 회피-위험 감수, 활동적-조심성 등). 이런 요인들은 나이, 하루 중 시각, 수면 상태, 기분 변화, 질병에 따라 변합니다. 이런 기능들(동기, 기질, 욕구 등)은 패턴 인식 그 자체가 아니라 실제 동물이 패턴 인식 작업을 하게끔 만드는 동인으로 작용합니다.[1] 실제 동물의 신경계에서 이런 기능들을 관리하는 데 중요한 역할을 하는 시상하부와 뇌간은 신경과학에서 좋게 말해도 아직까지 잘 이해되어 있지 않습니다. 그 회로는 오래됐으며 굉장히 복잡합니다. 그건 단지 패턴 인식만 하고 있는 것처럼 보이지 않아요.

회복력, 활력, 인내력, 끈기는 무엇일까요? 단순히 패턴 인식이 아니라는 점은 거의 확실합니다. 이러한 현상들이 동기, 욕구, 욕망과 어떻게 상호작용할까요? 이런 현상들과 호기심, 방황, 공감, 사회성, 공격성 같은 다른 현상들에서 신경조절물질(신경전달물질이 작용하는 강도나 지속 시간을 조절하는 물질—옮긴이)이 하는 역할은 무엇일까요? 신경과학자들은 실제로 이런 현상들을 모두 연구하지만 그 현상들의 신경생물학적 메커니즘을 알아내기란 쉽지 않습니다. 그 현상들이 단순히 어떤 형태의 패턴 인식일 가능성은 현재로서는 매우 낮아 보입니다.

밖에 나가서 사람들에게 인공 신경망이 지능을 가지고 있다고 말해보세요. 하지만 그 신경망이 불안정하고, 유연성과 상식이 없으며, 동기나 욕구, 감정, 기질 같은 것을 전혀 가지고 있지 않다면 그 신경망에 생물학적 실체처럼 지능이 있다고 사람들을 설득하기는 어려울 겁니다. 이 경우 지능을 재정의할 수도 있겠지만 재

---

1 Terry Sejnowski, Howard Poizner, Gary Lynch, Sergi Gepshtein, and Ralph Greenspan, "Prospective Optimization," *Proceedings of the IEEE*, 102, no. 2 (2014): 799-811.

정의 자체가 기계를 일반적인 의미의 지능을 가진 존재로 만들어주지는 못합니다.

지능을 가진 기계가 궁극적으로 인간을 위협할 것이라는 디스토피아적 예측들 중 적어도 일부는 공학자들이 기계 지능 문제를 해결했다는 잘못된 가정에 의존합니다. 그런 예측은 아무리 드라마틱해도 무엇이 지능을 만드는지에 대한 생물학적 이해에 기초하고 있지 않습니다. 또 확실히 동기와 목표가 무엇인지에 대한 생물학적 이해에 기초하고 있지 않습니다. 흥분해서 손을 흔드는 일은 사실 설득력 있는 연구 전략이 아닙니다.

프랜시스 크릭Francis Crick은 과학에서는 오직 5~10년 뒤에 대해서만 현실적으로 예측할 수 있다고 말하곤 했습니다. 그것이 예측의 지평선입니다. 그 후부터는 쓸데없는 추측에 시간을 낭비하는 것일 뿐이죠. 그런 추측이 재미있을 수는 있지만 나머지 사람들이 그 추측에 따라 삶을 재정비할 이유는 되지 않습니다. 저는 인공지능의 위협에 대한 많은 소동이 예측의 지평선을 훌쩍 벗어나 있다고 느낍니다. 그런 위협은 약간의 통찰을 낳았지만 이목을 끄는, 말도 안 되는 헛소리도 양산했습니다. 저는 인간의 곤경에 무관심하지 않으며, 현재의 AI가 분명 경제적으로 엄청난 영향을 미칠 거라 봅니다. 하지만 기계가 세계를 장악하고 인간을 없애버릴까 봐 두려워하는 건 비현실적인 문제에 신경 활동을 낭비하는 일이라고 생각합니다. 특히 기후 변화, 멸종 그리고 팬데믹 같은 현실적인 문제들이 우리를 정면으로 응시하고 있을 때는 말이죠.

글레이제르   질 타터는 캘리포니아주 마운튼뷰에 위치한 세티 (SETI, 외계 지능 탐사) 연구소에서 세티 연구를 위한 버나드 M. 올리브 교수직을 맡고 있고, 그곳 이사회에서 이사로 활동하고 있습니다. 코넬 대학교에서 기초공학 학사학위를 받고, 캘리포니아 대학교에서 천문학 석사 및 박사학위를 받았습니다. 질은 자신의 연구 경력 대부분을 '우주에 우리뿐인가?'라는 아주 중요하고도 오래된 질문에 답하는 일에 썼습니다. 우리 모두 이 질문에 대한 답을 알고 싶어 하죠. 그 답을 찾기 위해 질은 지구 밖 기술 문명의 증거를 찾고 있습니다.

1993년 나사의 세티 프로그램에 대한 자금 지원이 종료된 뒤 질은 앨런 망원경 집합체Allen Telescope Array를 설계하고 세티의 과학 탐사를 계속하기 위한 민간 자금을 확보하는 일에 앞장서왔습니다. 이 탐사에 참여하기를 원하는 분이 있다면 세티를 후원하세요. 현재는 많은 사람이 질의 연구에 대해 잘 알고 있습니다. 영화 〈컨택트〉Contact에서 조디 포스터가 열연한 덕분이기도 하지만 최근 과학 작가 새라 스콜스Sarah Scoles가 쓴 타터의 공인된 전기 『컨택하다』Making Contact가 출판되었기 때문이죠.

타터   퍼트리샤가 인간과 기계의 지능에 대해 잘 설명해줬습니다. 그럼 외계 지능은 어떨까요? 저는 여러분의 관점을 바꾸려고 합니다. 여러분이 별 부스러기로 만들어졌다는 사실을 생각해보세요. 그건 말 그대로 사실입니다. 한 인간을 만드는 데는 우주가 필요합니다. 여러분의 혈액을 만드는 헤모글로빈 안의 철, 여러분의 뼈와 치아를 만드는 칼슘은 모두 수십억 년 전 폭발한 거대한 별 내부에서 만들어졌습니다. 사실 우리의 이야기, 즉 인간의 이야기는 수십억 년 전에 시작되었죠.

우리가 사는 우주는 약 138억 년 전 어마어마한 에너지가 모인 뜨거운 응집체가 폭발하면서 탄생했습니다. 우리 은하는 100억 년 전에 탄생했고요. 사실 우리 인간의 뿌리는 단지 우리 조상들이 살았던 수세기 전으로 거슬러 올라가는 것도, 건축과 예술과 수많은 통치 실험으로 가득했던 문명이 발생한 수천 년 전으로 거슬러 올라가는 것도 아닙니다. 우리가 대형 유인원에서 갈라져 나온 수백만 년 전으로 거슬러 올라가는 것도, 시아노박테리아의 광합성 작용으로 대기에 산소가 주입된 24억 년 전으로 거슬러 올라가는 것도 아닙니다.

우리 태양과 행성들이 탄생한 46억 년 전으로 거슬러 올라가는 것도 아니에요. 거기부터 거대한 분자 구름이 항성풍에 실려 온 볼프 레이에 별(Wolf Rayet star, 독특한 스펙트럼을 갖는 매우 뜨거운 흰 별—옮긴이)들과 초신성 폭발 잔해로 오염되었던 때로 다시 40~50억 년을 더 거슬러 올라가야 하죠. 거대한 별들의 죽음인 초신성 폭발이 남긴 자투리들 중 이 현대의 자투리들이 뭉쳐 별, 행성, 생명 그리고 우리가 되었습니다. 미래에 이 현대의 자투리에 그런 일이 다시 일어날지도 모릅니다. 우리는 별 부스러기로 만들어졌습니다.

우리가 어디서 왔는지에 대한 이 과학적 이야기의 조각들을 짜 맞추는 데는 수천 년이 걸렸고, 우리가 이 탐구의 길을 계속 가는 이유는 호기심 때문입니다. 우리는 더 많은 것을 알고 싶어 합니다. 왜 우리가 여기에 있는지, 우리라는 조각이 이 우주에 어떻게 맞춰지는지, 저 밖에 무엇이 있는지, 그리고 그곳에 다른 누가 있는지 알고 싶어 하죠. 우리가 이 길을 갈 때, 제 동료들인 천문학자와 우주생물학자 들은 '지금 여기'가 실제로 무엇을 의미하는지에 대해 나머지 사람들과는 다른 관점을 갖고 있습니다.

이건 훨씬 넓은 우주적 관점입니다. 저는 우리의 가까운 미래와 장기적인 미래를 위해 이 관점을 대중 그리고 우리 지도자들과 공유하기 위해 노력해야 한다고 생각합니다. 이 관점은 우리의 장기적인 미래에 중요하기 때문입니다. '여기'는 어딘가요? 간단하죠? 우리는 일리노이주 시카고의 파인버그 극장 6-10 행사장에 있습니다. 이 자리에 있는 우리 모두는 이런 종류의 구글 어스 관점에 익숙합니다.

하지만 지구 저궤도(지상에서부터 고도 2,000킬로미터까지의 인공위성 궤도—옮긴이) 위성의 고도에서 보면 지구(우리 자신)가 '여기'입니다. 1968년 빌 앤더스(Bill Anders, 지구 바깥의 천체를 탐사한 최초의 유인 우주선 아폴로 8호의 승무원—옮긴이)가 달의 가장자리를 돌면서 지구가 떠오르는 사진을 찍은 이래, 우리는 이런 관점에서 우리 자신을 보는 일이 가능해졌습니다. 이것은 인류 역사상 최초의 진정한 우주적 관점입니다. 우리 자신을 우주에 떠 있는 하나의 실체로 보는 거죠. 실제로 2013년 토성의 궤도를 돌고 있던 카시니 우주선은 돌아서서 우리 모두를 바라보았습니다. 카시니가 이 셀피를 찍을 때 나사는 여러분에게 잔디밭에 나와 손을 흔들라고 메시지를 전했습니다.

저기 하얀 점이 바로 우리입니다. 그보다 앞서 1990년 해왕성을 지나던 보이저 1호는 지구 쪽으로 돌아 흐릿한 푸른 점pale blue dot을 보았습니다. 그것이 우리입니다. 그리고 우리 태양은 아름다운 나선 은하에 있는 4000억 개 별들 중 하나일 뿐입니다. 이제부터는 돌아서 바라볼 우주선은 없지만 자, 보세요. 이건 우리 은하와 비슷한 또 다른 은하입니다. 우리는 우주의 중심은커녕 변방의 존재입니다.

우리 은하는 관측 가능한 우주에 있는 2000억 개 은하 중 하나입니다. 저 하얀 점들은 별이 아닙니다. 그 점들 각각은 수천억 개의 별을 가진 은하입니다. 우리는 허블 우주 망원경이 찍은 이 아름다운 사진들을 보며 저 은하들 중 일부는 더 작고 희미하다는 점을 알아차립니다. 그리고 우리가 먼 우주를 바라볼 때 사실은 먼 과거를 보고 있는 것이라는 사실을 떠올립니다. 빛의 속도가 한정되어 있기 때문이죠.

그러므로 우리는 약 138억 년 전 시작해 빅뱅에서 '빅 브레인'(큰 뇌)에 도달했으며 지금도 계속되고 있는 우주 진화의 현 시대를 '지금'으로 여겨야 합니다. 이런 시간 감각과 우주 속 우리의 위치를 깨달아야 합니다.

두 개의 이미지를 생각해봅시다. 하나는 뉴런의 이미지입니다. 퍼트리샤가 방금 이것에 대해 이야기했죠. 뉴런은 직경이 겨우 몇 미크론(1미터의 100만 분의 1)에 불과합니다. 다른 하나는 '아기' 사진입니다. 이 사진은 시뮬레이션된 것입니다. 그걸 찍은 사람이 아무도 없기 때문이죠. 우리 우주의 아기 사진은 우주라는 거미줄의 매듭진 덩굴손 안에서 은하들이 탄생하는 모습을 보여줍니다.

두 구조의 유사성은 지구 밖에서 우리가 지능을 찾을 때 무엇을 예상해야 하는지 단서를 줍니다. 여기는 우리 은하입니다. 제가 연구하는 동안 혁혁하게 바뀐 점이 하나 있습니다. 저곳에는 별보다 행성이 많다는 점을 통계적으로 매우 확실하게 말할 수 있게 되었다는 거죠. 저곳에는 생명이 살 수 있는 부동산이 많습니다. 지금은 그중 어딘가에 실제로 생명이 살고 있는지 알아봐야 할 때입니다.

제 우주생물학자 동료들은 태양계 밖에 있는 가까운 행성들의 대기를 연구하고 싶어 합니다. 그들은 생물의 흔적, 즉 생물만이 할 수 있는 방식으로 대기 화학에 영향을 미칠 수 있는 무언가를 찾고 있습니다. 그들은 미생물을 찾고 있습니다. 저는 수학자들을 찾는 데 관심이 있는데, 수학자를 찾으려면 기술의 흔적을 찾아야 합니다. 우리가 하는 일을 외계 지능 탐색이라고 부르지만 실제로는 기술을 지능의 대용물로 사용하고 있습니다.

외계 지능을 찾는 방법으로 우리가 아는 건 그것뿐입니다. 이런 탐색의 성공 여부는 전적으로 기술 문명의 평균 수명에 달려 있습니다. 기술이 오랫동안 지속되지 않는다면 우주에서 서로 충분히 가깝고, 우리 은하가 이어져온 시간 동안 서로 발견할 준비가 된 두 생명체는 결코 존재하지 않을 것이기 때문입니다. 고 필립 모리슨(Phillip Morrison, 세티 프로젝트의 문을 연 MIT 물리학자—옮긴이)은 이것을 재미있게 표현했습니다. 그는 세티가 '우리 미래를 위한 고고학'이라고 말했습니다.

만일 우리가 어떤 신호를 감지한다면, 그리고 정보가 존재한다면 그것은 우리에게 외계 문명의 과거에 대해 말해줄 겁니다. 광속의 횡포 때문에 그 신호가 여기 도착하기까지 시간이 오래 걸리기 때문입니다. 또 우리가 신호를 감지한다면 그것은 우리 기술 문명이 사춘기를 넘어 살아남을 수 있다는 뜻입니다. 우리는 오래된 기술 문명이 될 수 있다는 뜻이죠. 다른 누군가가 해냈으니 우리도 할 수 있다는 뜻입니다.

우리는 이 세티 프로젝트를 약 50년 동안 운영해왔고, 단연코 정말 열심히 했습니다. 하지만 신호를 찾기 위해 필요한 우주 9차원 공간의 부피를 지구 바다의 부피와 동일하게 설정한다면 지금까지 우리는 지구 바다의 한 컵 분량, 즉 355밀리리터를 표본으로 추출한 것입니다. 우리가 아직 아무것도 발견하지 못한 점이 놀라울 것도 없습니다. 하지만 우리를 설레게 하는 것은 현재 우리의 계산 능력, 즉 더 큰 잔을 만들어 그것을 바다에 더 빨리 넣고 훨씬 더 빨리 찾을 수 있는 능력을 기하급수적으로 높일 수 있는 수준에 다다랐다는 사실입니다.

폴 앨런(Paul Allen, 마이크로소프트 공동 창업자—옮긴이)의 후원을 받아 우리는 캘리포니아 북부 라센산 근처에 앨런 망원경 집합체를 만들었습니다. 이 집합체에는 현재 마흔두 개의 접시가 있으며, 이 접시는 모두 컴퓨터로 연결되어 있습니다. 우리에게는 실리콘이 알루미늄과 강철만큼 소중하죠. 이 집합체는 감도를 높이기 위해 접시를 더 많이 설치할 수 있을 뿐 아니라(350개 정도) 무어의 기하급수적 성장 법칙에 따라 훨씬 더 복잡하고 많은 신호를 한 번에 잡아낼 수 있다는 점에서 놀라운 잠재력을 지니고 있습니다.

광학 쪽에서 보자면 우리는 21세기 초에 세티를 시작했습니다. 여기 하버드 대학교에서 만든 전용 망원경이 있는데요, 이 망원경은 하늘을 탐색해 매우 밝고 매우 짧은 광학 펄스를 찾아냅니다. 레이저는 할 수 있지만 대자연은 할 수 없는 일이죠. 수년간 이 망원경은 매사추세츠에서 볼 수 있는 하늘을 셀 수 없이 많이 살폈습니다.

더 최근에는 유리 밀너(Yuri Milner, 러시아 출신의 억만장자 사업가—옮긴이)가 추가적인 세티 탐색과 브레이크스루 리슨Breakthrough Listen 프로젝트를 위해 향후 10년에 걸쳐 1억 달러를 기부하기로 약속했습니다. 브레이크스루 리슨 프로젝트는 대형 천체 망원경들을 임대해 백엔드 신호 처리기를 만드는 것입니다. 웨스트버지니아주 그린뱅크의 전파 망원경, 호주 파크스의 무선 망원경, 리크 천문대의 자동 행성 탐지기가 설치되었고, 곧 중국의 FAST 망원경, 남아프리카 공화국의 미어캣 망원경이 설치될 예정입니다.

현재 우리는 인공물을 찾고 있습니다. 우리는 조작된 것처럼 보이는 것들을 찾고 있습니다. 1973년 아서 클라크Arthur Clarke는 클라크의 세 번째 법칙에 대해 말했습니다. "충분히 발전된 기술은 마법과 구별이 불가능하다." 우리는 그 마법이 어떤 것일지 상상해왔습니다. 우리는 우리 기술을 우주 공간으로 발사했고, 이런 종류의 인공물을 찾고 있습니다. 더 최근에 철학자 카를 슈뢰더

Karl Schroeder는 정말 오래된 기술 문명은 사실상 자연과 구별되지 않을 것이라 말했습니다. 늙을 수 있는 방법이 그것뿐이기 때문이죠.

태양계 밖 행성에서 생체 신호를 찾을 때 우리는 이상하게 조작된, 지나치게 자연스러운 행성을 찾는 것 같습니다. 그리고 저나 다른 누군가가 그렇게 말할 때 그것이 무엇을 의미하지 알아내는 건 정말 어렵습니다. 그런 행성이 있다면 인공적으로 기후를 변화시켜 모든 위도에서 기후가 균일할지도 모릅니다. 차가운 극과 따뜻한 적도는 없습니다. 그들은 시간이 지남에 따라 극한의 날씨를 없앨 겁니다. 그리고 궁극적으로는 자신들의 행성이 항상성과 자연적인 상태를 유지하도록 자신들의 항성을 변모시켜 그렇게 하는 데 필요한 에너지를 얻을지도 모릅니다.

만일 이처럼 자연스럽게 조작된 세계가 기계에 의해 운영된다면 어떤 모습일까요? 닉 보스트롬의 악몽 중 하나는, 우리가 초지능적인 기계를 만들 때 충분히 주의를 기울이지 않는다는 겁니다. 우리는 그런 기계를 충분한 보안장치로 제약하고 가두지 않습니다. 우리는 기계에게 줄 좋은 목표, 도덕적인 목표, 올바른 목표를 생각하는 데 시간을 충분히 들이지 않습니다. 가령 우리가 그런 기계에게 종이 클립을 100만 개 만들라고 하면 기계는 사용 가능한 모든 것을 종이 클립과 종이 클립 제조 시설로 바꿀지도 모릅니다.

우리는 이런 세계가 어떤 모습일지 모른 채 그런 세계를 찾으면서 '이것이 우리의 미래이기도 할까?'라고 의문을 품습니다. 우리가 찾고 있는 것을 어떻게 정의해야 할지 모르는 지금, 기계 학습과 인공지능은 인공 신경망을 통해 우리에게 새로운 도구를 제공하기 시작했습니다. 세티에서 이 도구를 사용해볼 겁니다. 기계 학습을 이용해 우리는 잡음 속에서 현재 우리가 찾고 있지만 알아채지 못하는 패턴을 찾으려고 합니다. 우리는 지난 18개월 동안 IBM과 함께 작업해왔습니다. 6월 10일과 11일에는 샌프란시스코에서 해커톤(해킹＋마라톤)을 개최하고, 이어 여름 내내 코드 챌린지를 진행할 예정입니다. 여기에 관심 있는 분은 저희에게 말씀하시고, 웹사이트에서 회원 가입해주세요.

컬럼비아 대학교 우주생물학과 학과장인 케일럽 샤프Caleb Scharf의 한 문장으로 제 이야기를 마치겠습니다. 케일럽은 우리에게 이렇게 상기시킵니다. "유한한 세계에서 우주적 관점은 사치가 아니다. 그것은 필수이다." 그것은 현재로서 매우 어려워 보이는 도전들, 무엇보다 국경과 무관한 도전들을 관리하고 그 해결책을 찾기 위해 우리 모두가 채택해야 하는 관점입니다.

글레이제르 이제 대화의 시간이 왔습니다. 제가 몇 가지를 여쭤본 다음, 서로 자유롭게 질문하시면 됩니다. 퍼트리샤부터 시작하죠. 요전 날 제가 샌프란시스코에 도착해 리프트(Lyft, 승차 공유 서비스—옮긴이)를 타고 공항에서 시내로 가는데, 모든 곳에 인공지능과 기계 지능을 선전하는 광고판이 있더군요. 그것들은 이미 상품으로 판매되고 있습니다. 여러분은 그런 일이 어리둥절하지 않은지 궁금해요. 저는 우리의 현재 기술을 AI라고 부르는 건 명칭이 잘못

됐다고 생각합니다.

처칠랜드 글쎄요, 저는 그걸 인공지능이라고 부르는 일은 그리 중요한 문제가 아니라고 생각합니다. 매우 복잡한 패턴을 인식하는 것은 지능의 일종이고, 매우 중요한 종류의 지능이죠. 그리고 기계 학습, 딥 러닝이 엄청나게 많은 용도로 쓰일 거라는 사실을 저는 털끝만큼도 의심하지 않습니다. 딥 러닝은 이미 여러분의 스마트폰에 사용되고 있죠. 알렉사가 음성을 인식하는 데도 쓰이고요. 의학에서 유방 엑스선 사진과 기타 방사선 사진을 판독하는 데도 쓰이고 있습니다.

패턴 인식은 대단히 제한된 종류의 지능으로, 우리를 보스트롬 재앙으로 이끄는 종류의 지능이 아니라는 점을 기억하면 좋겠습니다. 보스트롬의 재앙으로 가기 위해서는 동기 부여, 목표, 인과 추론 능력, 통제 욕구 등 많은 것이 필요하기 때문입니다. 또한 수백만 번이 아니라 한두 번의 연습으로 학습할 수 있는 장치도 필요합니다.

앞서 언급했듯 바둑에서 아주 사소한 방법으로 아주 작은 규칙 하나만 바꿔도 불쌍한 알파고는 처음부터 시작해야 합니다. 저는 개에게 양떼를 모는 방법을 아주 조금만 바꾸도록 가르칠 수 있습니다. 개는 두 번만 해보면 할 수 있을 겁니다. 또 이런 딥 러닝 머신 각각은 한 가지 패턴 인식 문제만 수행할 수 있습니다. 딥 러닝 머신은 얼굴이나 숫자를 인식할 수 있지만 양치기 개가 할 수 있는 많은 일은 할 수 없습니다. 양떼를 몰 수도 없고, 종이를 가

저울 수도 없고, 얼굴을 알아볼 수도 없고, 구멍을 파지 않도록 학습할 수도 없습니다. 인공지능 기계는 한 가지 일만 할 수 있습니다. 그 성취를 깎아내리고 싶지는 않아요. 매우 중요한 기술 발전이죠. 하지만 사람들은 신경망이 실제 가진 것보다 훨씬 더 많은 것을 신경망에 부여하려고 합니다.

글레이제르 인공지능 이야기를 계속하기 전에 질, 페르미 역설에 대해 조금 말해줄 수 있나요? 어딜 가나 그 얘기를 듣게 되는 데다 여러 예상과 가능한 설명들이 뒤따르는데요, 페르미 역설에 대해 해줄 수 있는 이야기가 있는지, 당신이 가장 좋아하는 해법은 무엇인지 궁금합니다.

타터 음, 천문학의 역설들은 역사가 길고, 파급력이 매우 강하죠. 우주에 별이 그렇게 많다면 왜 밤하늘이 어두운가 하는 문제를 올베르스의 역설이라고 하는데, 이 역설로 우리는 우주가 팽창하고 있다는 점을 이해했어요. 패러독스는 구조가 매우 강력해서 사람들은 페르미 역설을 심각하게 받아들여요. 페르미 역설은 엔리코 페르미Enrico Fermi가 어느 날 로스앨러모스 국립연구소에 점심을 먹으러 와서 "그러면 그들은 다들 어디에 있지?"라고 말한 데서 유래했죠. 그의 동료들은 그가 이야기를 구성하고 있다고 이해했습니다. 우주적 척도에서 보면 기술의 기원부터 우주 비행의 기원 그리고 성간 여행까지는 금방입니다. 언제 어딘가에 또 다른 기술 문명이 있었다면 이 이전의 문명은 우주적 시간 척도에서는 짧은 시간 동안 은하 전체를 점령했을 겁니다. 그들은 여기에 와 있을 거예요. 여러분은 천문학적 정확도를 지닌 온갖 종류의 모델들을 세울 수 있습니다. "하지만 그들은 여기 없어요. 이 사실은 또 다른 기술 문명이 있을 리 없다는 뜻입니다. 기술 문명은 우리가 처음이에요."

여러분은 페르미의 말을 진지하게 받아들였습니다. 그렇죠? 이건 흥미로운 명제였습니다. 하지만 이 명제에는 논리적, 철학적으로 모순이 있다고 생각합니다. 그들이 여기에 없다고 말할 수 없기 때문입니다. 제 말은 그들이 악의적인 의학 실험을 위해 시카고 거리에서 앨리스 고모를 납치하고 있다는 뜻이 아닙니다. 저는 빅풋(로키산맥 일대에서 목격된다는 미확인 동물—옮긴이)을 말하는 게 아닙니다. 비행접시를 말하는 게 아닙니다. 이 우주가 얼마나 광대하고 얼마나 오래되었는지 생각해보면 우리는 우리 태양계조차 너무 형편없이 탐험했습니다. 그래서 실제로는 '그들'인 인공지능으로 가득한 수많은 코카콜라 캔을 놓쳤을 겁니다. 큰 소행성을 모두 발견했다고 단언할 수도 없습니다. 다 찾아봤는데 그들은 여기 없다는 말은 과장이라고 생각합니다.

처칠랜드 흥미롭군요. 지능이 무엇일지 생각하면 그들은 우리와는 근본적으로 다를지도 모르겠네요. 크고 영리한 가스주머니 같은 걸지도 모르죠.

타터 『검은 구름』*The Black Cloud*이라는 훌륭한 과학 소설에서 바로 그렇게 상상했습니다.

처칠랜드 그들이 어떤 모습일 거라고 생각하나요? 당신 말처럼 우주 어딘가에 어떤 종류의 지능이 존재할 확률이 매우 높다면 말입니다.

타터 그 질문에는 답할 수 없습니다. 우리도 그렇고 쥐와 양치기 개 그리고 미생물도 그것을 만든 빌딩 블록이 있습니다. 그 과정을 반복할 수 있지 않을까요? 지능은 진화적 선택을 받을 만한 걸까요? 지능은 발전하는 속성이 있죠. 한편, 어느 다른 행성에 포식자/먹이 관계가 존재한다면 진화가 그 관계를 빠르게 발전시켜 결국에는 지능이 생길 겁니다. 우주 어딘가에 송신기를 만들고 작동시킬 수 있는 존재가 있다는 생각은 꽤 합리적이라고 봐요. 물론 이건 지능을 정의하라는 물음에 대한 책임 회피예요. 그 존재는 커다란 가스주머니일 수도 있습니다. 그것이 성간에 자신의 존재 증거를 생산하기 위해 물리적 세계를 조작할 수 있다면 말이죠.

처칠랜드 이런 전자 기기들을 가지고 있지 않은 돌고래 한 무리일 수도 있습니다. 돌고래는 지느러미가 있고, 멋진 거품을 불 수 있고, 서로 협력할 수 있지만 기술을 가지고 있지 않습니다. 그걸 만들 물리적 장비가 없기 때문이죠.

타터 맞아요. 돌고래가 시를 쓰고 노래를 부를 수 있을지도 모르지만 우리는 진실을 알 수 없습니다. 돌고래가 가지고 있지 않은 또 한 가지는 불을 피우는 능력인데, 이 능력은 실제로 기술에 꼭 필요합니다. 지능은 물이 아니라 땅에 뿌리를 두고 있을지도 모릅니다.

글레이제르 맞습니다. 기술을 개발하려면 도구를 조작할 수 있어야 하니까요.

처칠랜드 네, 그렇습니다. 호미닌(현생 인류와 현생 인류의 근연종들—옮긴이)에게 불은 피질을 확장하는 데 중요한 역할을 했을 겁니다. 리처드 랭엄Richard Wrangham의 주장처럼 음식을 조리해 열량을 더 많이 섭취할 수 있었기 때문일 거예요. 그러자 식량을 찾는 일 외에 다른 뭔가를 할 수 있는 시간이 생겼죠. 더 나은 도구를 만들고, 흙에서 금속을 찾아낼 수 있었습니다.

타터 돌고래 철학자들의 세계라니 멋지겠네요. (웃음) 농담이 아니에요. 그런데 어떻게 찾아야 하는지는 모르겠어요.

처칠랜드 저도 멋지다고 생각합니다.

글레이제르 지구의 생명사를 보면 정말 놀라워요. 여러분이 명심해야 할 중요점 하나는 한 행성의 생명사가 그 행성의 역사를 반영한다는 겁니다. 따라서 여기서 일어난 일은 다른 곳에서 일어나지 않습니다. 다른 행성의 역사는 다를 수밖에 없기 때문이죠. 지구와 비슷한 행성들이 존재한다 해도 여기서 일어난 것과 똑같은 사건들을 겪지는 않을 겁니다. 모든 소행성 충돌과 세계적 격변 등 말이죠. 결과적으로 우리가 확실히 말할 수 있는 한 가지는 우리가 우주에서 유일한 인간이라는 겁니다. 기분이 약간 우울할 때 떠올려보기에 나쁘지 않은 사실이에요.

타터 절대적으로 옳습니다. 그리고 기억해야 할 또 한 가지는, 행성은 거기 사는 생명에게 영향을 줬지만 그 행성의 생명 또한 행성에 심대한 영향을 미친다는 겁니다. 만일 어딘가에 생명이 있다면 저는 이런 공진화共進化가 일어날 거라고 생각합니다. 우리는 망원경을 만들고 작동시킬 수 있는 존재를 창조하는 경로가 몇 가지나 되는지 알지 못해요.

글레이제르 인공지능 문제로 다시 돌아가서 퍼트리샤, 지능의 성질과 자유의지의 관계에 대해 조금 말해줄 수 있을까요? 어려운 질문인 건 알지만 대답할 수 있는 사람이 딱 한 명 있다면 그건 바로 당신이에요.

처칠랜드 간단히 말하기는 어렵지만 둘을 묶어 생각해볼 수 있는 방법이 하나 있습니다. 포유류에서 피질이 출현한 결과 유전자 조절이 다소 느슨해졌어요. 피질은 목표와 결과를 평가하고 비교할 수 있는 능력을 주는 동시에 부적응적 행동을 억제합니다. 덕분에 포유류의 뇌는 결정하고 행동할 때 벌과 흰개미보다 훨씬 유연합니다. 더 오래된 뇌 구조들이 피질과 연계해 결정을 내릴 때는 일종의 완충제가 들어가는 셈이죠. 파충류와 곤충의 행동은 유전자 조절과 훨씬 긴밀하게 연결되어 있습니다.

피질은 매우 강력한 학습자라서 인간과 여타 포유류는 상황에 맞는 특정 기술과 습관을 습득할 수 있습니다. 이게 가능한 이유는 오래된 보상 체계가 피질과 상호작용함으로써 뇌가 충동을 더 잘 제어하고, 더 먼 미래를 내다볼 수 있으며, 행동의 결과를 평가해 그에 따라 행동을 안내할 수 있기 때문입니다. 포유류의 자기 제어는 매우 인상적인 수준인데, 아마 피질이 클수록 자기 제어를 잘할 겁니다. 자기 제어 메커니즘이 없으면 유연성과 선택이 매우 제한됩니다. 자유의지는 자기 제어, 인과 지식 그리고 행동의 결과를 예측하는 능력에 달렸다고 말할 수 있어요.

자유의지는 그 정도까지인 것 같습니다. 우리 인간이 가진 것과 침팬지나 원숭이가 가진 것은 종류가 아니라 정도가 다릅니다. 인간이 의사를 결정하는 데는 충동 제어나 숙고와 평가가 약간 더 관여합니다. 개와 쥐에서도 정도가 덜하긴 해도 이런 능력을 볼 수 있죠. 쥐가 만족을 미룰 수 있다는 점을 보여주는 놀라운 실험들이 있습니다. 적어도 대부분 쥐는 그럴 수 있어요. 물론 훨씬 충동적인 쥐들도 있지만요.

타터 사람도 마찬가지입니다.

처칠랜드 물론 사람도 마찬가지죠. 피질 발달에서 놀라운 건 유전자가 지배하는 반사 신경이 느슨해진 점, 피질이 뇌의 원시 구조들과 상호작용해 반사 신경의 성질을 바꿀 수 있는 점이라고 생각해요. 이 모든 일이 일어난 것은 동물들이 온혈 동물이 되었기 때문입니다. 일단 온혈 동물이 되면 냉혈 동물보다 열 배나 많이 먹어야 하나 머리가 좋아져야 했죠.

열 배 더 먹어야 하는 생태적 제약이 생기자마자 원시 뇌 구조와 뒤얽혀 많은 걸 학습할 수 있는 피질이라는 놀라운 구조를 갖는 동물들이 탄생했습니다.

타터 그 이야기에서 불이나 조리한 음식은 어디쯤 나오죠?

처칠랜드 아, 그건 불에 대한 이야기에서 매우 흥미로운 대목입니다. 앞에서 설명했듯, 불에 음식을 익혀 먹으면서 열량을 더 많이 얻을 수 있었지만 호모 사피엔스(우리)는 약 30만 년 동안 지구에 존재했고, 그보다 훨씬 이전에 호미닌이 있었습니다. 우리는 약 3만 년 동안 네안데르탈인과 함께 살았고, 실제로 교잡도 있었죠. 제게는 네안데르탈인 유전자가 약 4.9퍼센트 있습니다.

타터 평균보다 높네요.

처칠랜드 그런 것 같아요. 호모 에렉투스는 약 180만 년 전 이 행성에 나타났어요. 호모 에렉투스는 몸집이 작았고, 뇌 용량이 약 800세제곱센티미터였습니다. 이에 비해 여러분의 뇌는 약 1,500세제곱센티미터입니다. 여러분 뇌 용량의 거의 절반이었죠. 하지만 호모 에렉투스는 불을 가지고 있었고, 불을 사용하는 방법을 알고 있었습니다. 그들은 음식을 요리하고, 다양한 석기를 만들었으며, 덩굴 식물로 통나무를 묶어 뗏목을 만들어 아프리카에서 인도네시아로 건너간 것으로 보입니다.

그 이전에는 오스트랄로피테쿠스속이 있었죠. 그들은 우리와 꽤 달랐습니다. 이족 보행을 능숙하게 하지 못했고, 나중의 호미닌과는 신체적으로 달랐습니다. 불을 사용한 것 같지는 않지만 새로운 고고학적인 증거에 따라 그들이 돌은 물론 뿔과 뼈로 매우 정교한 도구를 만든 시기가 점점 앞당겨지고 있습니다. 또 호모 사피엔스만 언어를 사용한 건 아닌 듯합니다. 네안데르탈인들이 언어를 약간 사용한 건 거의 확실해요. 그들이 우리만큼 많은 모음을 발음하지는 않았을 테지만 지금보다 적은 모음으로도 말하는 데는 문제가 없습니다. 호모 네안데르탈렌시스는 경우에 따라 동굴 미술을 하고, 동료의 시신을 매장하기도 했습니다. 우리와 침팬지의 마지막 공통 조상은 약 500만 년 전에서 800만 년 전에 살았습니다. 그 이후 침팬지의 뇌는 크게 팽창하지 않았지만 인류 계통에서는 뇌가 상당히 빠르게 팽창했죠.

글레이제르 질, 당신은 일전에 지능을 가진 외계인이 있다면 그들은 친절하고 어느 정도 현명할 거라고 말한 적 있습니다. 그 논증을 다시 말해주시겠어요? 여기 있는 모두가 알아둬야 매우 중요한 점이라고 생각합니다.

타터 일명 "왜 당신처럼 착한 소녀가 스티븐 호킹과 반대 의견을 갖는가?"라는 질문이죠.

글레이제르 저도 당신과 같은 생각이에요. 스티븐 호킹에게는 프로작이 필요해요. 최근 그의 견해는 약간 우울해요.(이때는 2018년 3월 호킹이 타계하기 전이다─옮긴이)

타터 우리는 매우 오래된 은하계에서 젊은 기술 문명입니다. 솔직히 우리가 늙을 수 있을지 알 수 없습니다. 여러분이 저 밖에 우리에게 위협이 될 만큼 충분히 진보한 기술 문명들이 존재한다는 가설을 받아들인다고 가정해보죠. 그러면 그들은 우리보다 오래됐을 테고, 따라서 더 진보했을 것이라는 게 호킹의 생각이죠. 그들이 거기까지 도달하는 데는 시간이 걸렸을 테니까요. 저는 그들이 그런 기술을 가질 수 있을 만큼 충분히 오래됐다는 사실은 그들이 애초에 기술 문명을 만드는 데 도움이 된 공격성을 벗어던지고, 극복하고, 제거해야 했다는 사실을 증명한다고 생각합니다.

하나뿐인 행성에서 특정 수의 사람들과 함께 그 행성을 오랫동안 지속 가능하게 관리해야 한다는 점을 깨달으면 문화적으로 진화한 문명에서는 공격성이 줄어들 거예요. 아마도 그런 장기적 시나리오에는 더 친절하고 관대하지 않으면 오래갈 수 없고, 행성의 지속 가능한 미래는 불가능하다는 전제가 들어 있을 겁니다. 호킹의 견해와 반대되는 입장이죠. 호킹의 생각이 맞을지도 몰라요. 외계인은 모두 개자식이고, 그들이 지구에 착륙하면 우리는 그들을 반가워하지 않을지도 몰라요. 그런데 그거 아세요? 그들이 여기에 착륙할 수 있는 수준이라면 그건 문제가 되지 않아요. 그들은 규칙집을 쓸 테니까요.

글레이제르 맞아요. 우주에서 우리는 유일한 인간이고, 매우 특별한 '작고 흐릿한 푸른 점'을 가지고 있습니다. 저는 이번 세기가 많은 면에서 우리에게 결정적인 세기라고 생각합니다. 이 모든 새로운 과학은 우리에게 성장하라고 종용합니다. 그것이 유일한 희망이니까요. 우리 모두가 그 점을 명심하고 변화하기 위해 노력해야 합니다. 시간이 별로 없어요. 정부나 기업이 뭔가를 할 때까지 기다릴 필요는 없습니다. 우리 스스로 하면 됩니다. 생활 방식의 작은 변화가 집단적으로 이익이 되는 큰 결과를 낳을 수 있습니다. 마치 전염처럼 말이죠. 자, 예정된 대담 시간을 16초 넘겼습니다. 이제부터는 청중석에 계신 분들께 질문할 기회를 드리겠습니다. 청중석에 돌고 있는 마이크로 질문하시면 됩니다. 자, 질문해 주세요.

질문 1 저는 화성과 화성에 가는 일에 대해 질문하고 싶습니다. 10년이나 15년 안에 가능할 것 같은데요, 여러분은 그 일이 본인이 연구하고 있는 과학 분야에 어떤 영향을 미칠 거라고 생각하십니까?

타터 먼저 우리가 화성에 가기 전에 그곳에 화성인들이 있는지 알아봐야 한다는 대답을 드리겠습니다. 그들은 우리가 나타나 자신들의 행성을 파괴하는 걸 좋아하지 않을 테니까요. 이건 심각한 문제예요. 제 대답이 농담처럼 들리겠지만 지구 밖 생명체를 찾을 때는 이 문제를 진지하게 생각해봐야 합니다. 실제로 화성에는 화석 생물이 있을지 모르고, 표면 아래 현존하는 생물의 증거가 있을지도 몰라요.

화성 어딘가에 물이 있습니다. 액체 상태의 물이 있고, 물이 있는 곳에는 생명체가 있을지도 모릅니다. 우리는 제2의 기원이 있는지 알아보기 위해 화성을 탐험하고 싶어 합니다. 화성에 생명체가 살고 있다면 우리와 관련이 있을까요? 행성계 역사 초기에 화성과 지구와 금성은 모두 암석을 주고받았고, 미생물은 실제로 그런 암석에 편승해 화성에서 지구로 와서 지구에 생명의 씨앗을 뿌렸을지도 몰라요. 그러면 우리 모두는 화성인일 수도 있어요. 가능한 이야기죠.

제 편견을 드러내는 더 흥미로운 가능성은 우리가 화성에서 우리와는 무관한 생명체를 찾을지도 모른다는 점입니다. 지구에서 우리가 알고 있는 생명체는 서로 밀접한 관계예요. 우리는 화성에서 생명체의 두 번째 기원을 찾을 수 있을지도 모릅니다. 그렇다면 생명체는 어디에나 있다는 말이 되죠. 이 하나의 태양계에서 생명의 기원이 두 번 일어난다면 그건 모든 곳에서 일어날 수 있다는 뜻입니다. 무엇보다 저는 다른 행성을 탐험하고 그 행성의 환경을 우리가 아는 생명에 적합하게 바꾸기 전에 그곳에 원주민이 살고 있는지 확인해야 한다고 생각합니다. 그곳에 있는 것을 발견한다고 생각하면 흥분돼요.

질문 2 컴퓨터 학습과 기술은 바둑이나 체스를 두거나 언어 프로그램을 가동하는 것처럼 한 가지 일만 한다고 말씀하셨습니다. 언어 프로그램은 꽤 훌륭하고, 이제는 말도 할 수 있죠. 컴퓨터와 그런 종류의 정보 기술을 보면 기껏해야 50년에서 100년 정도밖에 되지 않습니다. 우리가 이미 언어 프로그램을 가지고 있다면 앞으로 100년, 어쩌면 10년 안에 그 프로그램이 훨씬 빠른 속도로 기능을 수행할 수 있다는 뜻입니다. 그런데 왜 그런 일이 일어나지 않을 거라고 생각하세요? 왜 컴퓨터가 한 가지 이상의 일을 할 수 없을 거라고 생각하세요?

처칠랜드 저는 그런 일이 일어날 수 없다고 생각하지 않습니다. 아마 100년 뒤에는 그런 일이 일어날 겁니다. 저는 좀더 실용적인 측면에서 말씀드렸습니다. 학습하는 기계에 특정한 한계들이 존재한다는 사실을 우리는 잘 알고 있지만 현재로서는 극복할 방법이 딱히 보이지 않습니다. 언젠가 자연적인 생물학적 뇌에 대해 더 많은 것을 알게 되면 극복할 방법이 보일지도 모르죠.

프랜시스 크릭은 이런 일들에 다소 현실적인 입장을 취했죠. 그는 이렇게 말하곤 했습니다. "밑그림이 선명하게 보인다는 확신이 들지 않는 한, 50년 뒤 일어날 일에 대해 지나치게 흥분할 필요 없다." 딥 러닝의 경우는 밑그림이 보이지 않습니다. 우리는 목표와 동기 부여에 관한 몇 가지 중요한 문제를 어떻게 극복해야 할지 모릅니다. 손을 흔들며 "어쨌든 우리가 기계를 더 영리하게 만들 거야"라고 말하기는 쉬워요.

정말 중요한 기술적 한계들이 있습니다. 예를 들어, 우리는 뇌가 하는 것과 같은 일을 하기 위해 서로 다른 다양한 세포 유형들이 필요한지 여부를 알지 못합니다. 제가 보여드렸듯 우리 뇌의 피질에는 서로 다른 세포 유형들이 매우 법칙적인 방식으로 배열되어 있습니다. 기계 학습 장치에서는 모든 단위가 동일하고, 맨 위에 있든 중간에 있든 밑바닥에 있든 전혀 문제 되지 않습니다. 하지만 생물학적 뇌에서는 위치에 따라 모든 것이 달라집니다. 즉 기술적인 문제가 많습니다. 좀 무례하게 들릴지도 모르지만 닉 보스트롬이 "초지능들이 생길 테니 우리 모두 조심하는 게 좋아"라고 말한 건 좀 경솔했다고 생각합니다.

타터 퍼트리샤, 제가 보기에 곧 걸림돌이 될 것 같은 일들 중 하나는 실제로 이런 신경망 블랙박스들이 어떻게 작동하는지 잘 모른다는 사실입니다. 우리는 이런 신경망들이 자기 안에 어떤 편견을 심어놓았는지, 혹은 우리가 애초에 그런 편견들을 넣었는지 잘 모릅니다.

처칠랜드 대규모 신경망의 수학에 대해서는 우리가 아직 이해하지 못한 것이 많습니다. 소형 신경망, 즉 두세 개 층으로 구성된 신경망은 거의 다 이해했지만 당신 말처럼 수백 개 층과 수백만 개의 모조 뉴런과 수십억 개의 모조 시냅스를 가진 학습 기계의 수학적 메커니즘을 우리는 잘 모릅니다. 수학자들이 매우 흥분하는 이유는 자신들이 그것을 풀 수 있다고 생각하기 때문이죠. 그럴 수도 있겠지만 현재 우리가 그런 수학적 메커니즘을 제대로 파악하지 못한 건 사실입니다.

생물학적 뇌와 관련해 뇌가 왜 그런 식으로 되어 있는지, 뇌가 어떻게 작동하는지, 그리고 어떻게 까마귀가 어렵고 새로운 특정 문제의 해결 방법을 한 번의 시도로 배울 수 있는지 등 우리가 이해하지 못하는 근본적인 점들이 있습니다. 어떤 기계 학습 장치도 까마귀가 할 수 있는 일을 할 수 없습니다. 왜일까요? 이런 한계 중 일부는 우리가 실제 신경망을 모방한 칩을 얻으면 극복할 수 있을 겁니다. 그러면 기계의 학습 횟수를 수백만 번이 아니라 수십만 번으로 줄일 수 있을 겁니다. 하지만 그래도 생물학적 유기체가 할 수 있는 일과는 매우 다릅니다. 포유류의 학습에 대해 우리가 아직 확실히 이해하지 못한 부분이 있습니다.

글레이제르 네, 그건 단순히 공학적인 문제가 아닙니다.

처칠랜드 글쎄요, 우리는 몰라요. 그게 어떤 문제인지 모른다고 생각해요. 그건 어느 정도는 신경생물학적 문제예요. 뇌가 실제로 무엇을 하고 있는지 알아낼 수 있는 개념적 도구가 지금으로서는 없는 것 같습니다.

글레이제르 제 생각에 백만 달러짜리 질문은 '이 기계들이 지능을 가질 수 있다면 의식을 가질 것인가'입니다.

처칠랜드 아, 전 잘 모르겠어요. 우린 아직 포유류의 생물학적 뇌에서 의식을 일으키는 메커니즘을 이해하지 못했으니까요. 하지만 앞서 말했듯 의식은 패턴 인식이 아닙니다.

글레이제르 맞아요. 그건 복잡한 질문이에요, 안 그런가요? 어쨌든 기계는 영리할 테고, 많은 일을 할 거고, 많은 면에서 우리보다 훨씬 영리할 겁니다.

처칠랜드 아니, 그렇지 않아요.

글레이제르 음, 그들은 계산이 빠르고 우리는 그들을 이길 수 없습니다. 그렇지 않은가요?

처칠랜드 저는 컴퓨터를 끈다 해도 아무런 문제가 없습니다.

글레이제르 여기 있는 분들 중 아무런 문제가 없는 분이 얼마나 있을지 궁금하군요.

처칠랜드 전 모르겠어요. 전 의식의 본질이라는 문제에 관심이 많습니다. 제 친구 데이비드 차머스와 달리 저는 의식이 생물학적 기능이라고 생각합니다. 데이비드는 의식이 질량과 전하와 함께 우주의 기본 속성이라고 생각해요. 저는 의식이 생물학적 창발 현상이라고 생각하지만 우리가 뇌에 대해 아직 이해하지 못한 게 많습니다. 여기 오기 전에 데이비드와 저는 이 점에 대해 이야기하고 있었어요.

우리는 뇌가 뭔가를 배울 때 어떻게 변하는지 어느 정도 이해하고 있습니다. 제가 여러분에게 첫 키스를 기억하는지 물으면 여러분 대부분이 기억한다고 말씀하실 겁니다. 우리는 그런 기억이 어떻게 떠오르는지 모릅니다. 전혀 모르죠. 그러면 저는 이렇게 말할 수 있겠죠. "기억은 아마 질량, 전하와 함께 우주의 기본 속성일 겁니다. 그러면 모든 게 설명됩니다." 하지만 저는 그렇게 말하지 않을 겁니다. 의식에 대해서도 마찬가지입니다. 만일 LSD나 프로포폴을 사용하거나 머리에 일격을 가해 의식에 영향을 줄 수 있다면, 그리고 잠들면 의식이 사라졌다가 깨어났을 때 의식이 다시 나타난다면 그건 생물학적이라는 뜻입니다.

글레이제르 의식은 생물학적이죠. 하지만 그렇다고 해서 이해하기 쉽다는 뜻은 아닙니다.

처칠랜드 의식이 생물학적이라는 말은 이해하기 쉽다는 뜻이 아니라 의식은 질량이나 전하 같은 것이 전혀 아니라는 의미입니다.

글레이제르 맞아요. 어쩌면 우리는 지능에 대해 다른 종류의 관점이 필요할지도 몰라요. 그러면 그것과 비교할 두 가지 관점이 있으니 문제가 해결될 거예요.

타터 한 가지 예만 있을 때는 무엇이 필수적이고 무엇이 부수적인지 알아내기가 정말 어렵죠. 다양한 예가 있을 때 비로소 '아, 이런 식이었구나' 하고 알 수 있습니다.

질문 3 저는 퍼트리샤가 말한, 우리가 뇌에 대해 아직 이해하지 못한 것이 얼마나 많은가에 대해 여쭤보고 싶어요. 우리 뇌에서 실제로 사용하는 부분은 아주 작은 비율이라고 하죠. 그런데 승려들은 생각만으로 체온을 바꾼다는 증거가 있습니다. 우리가 뇌에 대해 알지 못하는 것들, 우리가 아직 활용하지 못한 뇌의 엄청난 잠재력이 이 문제에 대한 여러분의 생각에 얼마나 영향을 미칠까요? 오늘 이 자리에서 현재 우리가 우리 자신과 우리 세계를 이해하는 방식에 대해 여러 관점을 들었습니다. 그리고 다른 의식에 여러분이 뭘 기대하는지도 들었습니다. 다른 생명체들이 도구나 불 등 우리가 생존하는 데 필요한 걸 가지려면 그 생명체들에게는 뭐가 필요한지에 대해서도 들었고요. 하지만 우리가 알지 못하는 뇌 부위가 여러분이 그런 문제를 어떻게 생각하는지에 얼마나 영향을 미칠까요? 그런 가정을 하지 않을 때에 비해서 말이죠.

처칠랜드 흥미로운 질문입니다. 먼저 한 가지 말씀드리자면 여러분은 어느 순간에 뇌의 모든 뉴런을 사용하고 있지 않습니다. 그건 사실이죠. 하지만 시간이 지나면서 뇌에 있는 모든 뉴런이 일하게 될 겁니다. 뇌에서 뉴런을 몇 개쯤 제거해도 아무 일도 일어나지 않는 것은 아닙니다. 피질하 구조들에서는 더욱 그렇습니다. 그 영역의 모든 것은 정말 중요해 보여요. 예를 들어 여러분이 뇌졸중으로 피질 한 조각을 잃는다면 자서전적 사건들을 기억하는 능력은 다소 줄어들지 몰라도 사는 데는 아무 지장이 없을 겁니다. 하지만 시상에서는 아주 적은 양만 손실돼도 궁지에 처하게 됩니다. 만일 뇌간 일부를 잃는다면 여러분은 의식을 잃을 것이고, 심장과 폐에 대한 통제력도 잃게 될 겁니다.

지난 30여 년 동안 우리는 개별 뉴런에 대해, 그리고 그 뉴런들이 어떻게 작용하는지에 대해 많은 걸 알아냈습니다. 뉴런은 학습 기계에서처럼 간단하지 않습니다. 놀라울 정도로 복잡하죠. 뉴런은 그 자체로 일종의 컴퓨터 장치입니다. 또 우리는 다양한 심리학 데이터와 뇌 스캔 등을 이용해 시스템 수준에서도 꽤 많은 것을 알아냈습니다.

시스템과 세포 사이를 조직하는 구조는 신경망입니다. 거대 신경망, 미세 신경망 그리고 많은 연결 경로가 존재합니다. 신경과학에서 현재 우리가 이해하고 있는 바에 따르면 신경망은 수수께끼투성이입니다. 개별 뉴런이 다른 뉴런들과 어떻게 협력해 정보를 처리하고, 기억을 불러오고, 저 장기 계획보다 이 장기 계획을 택하고, 저렇게 말하기보다 이렇게 말하기로 결정하는지 우리는 모릅니다. 신경망이 어떻게 작동하는지 우리는 기본적으로 아무것도 몰라요. 한 가지 희망은, 기계 학습 연구(인공 신경망 연구)와

생물학적 신경망 연구에 협업이 이뤄져 뇌가 결정과 목표 설정은 물론 학습과 기억 같은 일들을 실제로 어떻게 하는지 더 잘 이해할 수 있게 되는 겁니다. 그런다면 많은 결실이 있을 거라고 생각합니다.

글레이제르 어쩌면 지능의 미래는 저 밖에 있는 것이 아니라 바로 여기, 즉 생물학적 우리와 미래 기술을 연결해 우리의 생물학적, 생리학적 능력을 증진하는 데 있을지도 모르겠군요. 바로 사이보그죠!

처칠랜드 기계와 뇌를 연결하는 인터페이스는 곧 가능할 겁니다. 하반신 마비 환자들이 자신의 뇌를 사용해 커서를 움직이고, 10년 만에 처음으로 의사소통하는 모습을 본다면 정말 멋질 거예요. 저는 그게 더 큰일로 확대될 작은 실마리가 될 거라 믿고, 큰 희망을 걸고 있습니다. 세상에는 장애를 가진 사람이 많으니까요. 그들에게는 이런 기술이 절대적으로 이득이 될 겁니다.

타터 그럼 AI를 뒤집어 IA, 즉 '지적 증강'Intelligent Augmentation이라고 불러야 할까요?

4장 영성의 본질
과학과 종교의 대화

리베카 골드스타인과 앨런 라이트먼

리베카 골드스타인Rebecca Goldstein은 찬사받는 철학자이자 소설가입니다. 소설로 수많은 상은 물론 구겐하임 펠로십과 맥아더 펠로십 등의 장학금을 받았습니다. 2012년 미국 휴머니스트협회가 뽑은 올해의 휴머니스트로 선정되었고, 2015년에는 오바마 대통령에게 미국 인문학 메달을 받았습니다. 『플라톤, 구글에 가다』*Plato at the Googleplex*와 멋진 소설 『신의 존재를 증명하는 36가지 논증』*Thirty-Six Arguments for the Existence of God*을 포함해 열 권의 책을 펴냈습니다. 현재 뉴욕 대학교 초빙 교수로 계십니다.

앨런 라이트먼Alan Lightman은 물리학자이자 소설가, 수필가입니다. MIT에서 과학과 인문학으로 이중 교수직을 임명받은 최초의 인물이죠. 저는 앨런이 무척 부럽습니다. 앨런은 소설 다섯 권, 수필집 두 권, 한 권 분량의 이야기 시 그리고 과학 관련 논픽션을 많이 펴냈습니다. 소설 『아인슈타인의 꿈』*Einstein's Dreams*은 세계적인 베스트셀러가 되어 30개 언어로 출판되었죠. 최근 저서로는 『워싱턴 포스트』*Washington Post*가 2015년 최고의 책 중 하나로 선정한 『스크리닝 룸』*Screening Room*과 『액시덴탈 유니버스』*The Accidental Universe*가 있습니다. 최신작은 과학과 영성에 영감을 주는 개인적 명상인 『메인 섬의 별 찾기』*Searching for Stars on an Island in Maine*이죠. 이 외에도 동남아시아의 젊은 여성들에게 리더십과 비판적 사고력을 길러주는 일을 하는 비영리 단체 '하프스웰 재단'을 창립한 공로로 캄보디아 정부로부터 인도주의적 봉사 금메달을 받았습니다.

앨런과 리베카 두 분 모두 미국 예술과학아카데미 회원입니다. 두 분은 과학과 인문학이 머리를 맞대고 우리 시대의 큰 문제를 해결해야 한다는 사명을 연구와 인격을 통해 몸소 보여주고 있습니다. 대담의 주제는 신앙의 본질과 과학과 종교의 관계입니다. 이 대담은 과학과 종교의 관계는 많은 사람이 묘사하듯 적대적인 종류의 갈등이 아니라 대화가 되어야 한다는 생각에서 출발했어요. 흔히 과학은 객관적인 반면 믿음은 눈에 보이지 않는다고 생각합니다. 하지만 여러분이 과학과 종교에 대해 진지하게 생각해본다면 둘 모두에 주관적 요소가 있다는 점을 알게 될 겁니다. 둘 다 나름의 방식으로 세계를 알고, 만물의 큰 체계 속에서 우리의 자리는 어디인지 이해하고, 우리는 누구이며 우리 삶의 목적은 무엇인지 이해하고자 하는 실존적 욕구를 다룹니다.

종교는 수천 년 동안 이 질문들에 답했거나 답하려고 시도해왔고, 지난 400여 년 동안 과학도 똑같이 시도했습니다. 하지만 21세기에 과학을 다룰 수 있을 정도로 진보하면서 이제 우리는 앎의 방식들을 융합할 수 있게 되었습니다. 한때 종교의 영역이었던 질문들은 이제 과학적인 질문이기도 합니다. 예를 들어 우주의 기원, 생명의 기원, 의식의 본질, 인공지능에 대한 윤리적 결정, 노동의 자동화 등 우리가 직면하고 있는 매우 근본적인 문제들은 과학자와 인문학자가 한자리에 앉아 공동의 해법을 고민할 것을 요구합니다. 우리가 나아가려면 서로 다른 앎의 방식들을 통합하는 다자적 접근 방식이 필요하다는 것이 저의 확고한 신념입니다.

라이트먼 제 아내와 저는 수년간 메인주의 작은 섬에서 여름을 보냈습니다. 면적이 12만 제곱미터 정도밖에 안 되는 섬이죠. 섬으로 가는 페리도 다리도 없어서 모두 자기 배가 있어야 입도할 수 있습니다. 제가 홀로 배를 타고 섬으로 돌아오던 어느 여름밤에 있었던 일입니다. 아주 늦은 밤이었죠. 저는 섬의 모퉁이를 막 돌았습니다. 달 없는 밤이었고 쥐 죽은 듯 고요했어요. 별들이 하늘에서 미세하게 떨리고 있었죠. 저는 그 기회를 틈타 배의 모든 주행등과 엔진을 끄고 배에 그저 누워 하늘을 올려다봤습니다. 어두운 밤에 바다에서 별을 올려다보는 건 신비로운 경험이에요.

　몇 분 뒤 제 세계는 사라지고 하늘만 남았습니다. 배도, 제 몸도 사라졌어요. 무한으로 빠져드는 기분이었죠. 별들과 연결되어 있다는 것처럼 느껴졌고, 제가 태어나기 전의 무한한 과거에서 제가 죽은 뒤의 무한한 미래로 이어지는 광대한 시간이 점으로 압축되는 듯했어요. 별뿐 아니라 자연의 전부, 나아가 우주와 연결되어 있다고 느꼈습니다. 나 자신보다 훨씬 큰 무언가와 하나 되는 것을 느꼈죠. 일종의 대통합이랄까요. 잠시 뒤 저는 일어나 앉아 다시 시동을 걸기 시작했습니다. 거기에 얼마나 오랫동안 누워 있었는지 알 수 없었어요.

저는 오랫동안 물리학자로 일했고, 줄곧 순수하게 과학적인 세계관을 가지고 있었어요. 즉, 세계는 완전히 물질적이고, 물리적 힘과 법칙을 따르며, 인간과 별을 포함한 물리적 세계의 모든 것은 결국 분해되어 그 구성 성분으로 환원된다고 생각했습니다. 심지어 열두세 살의 나이에 저는 세계의 이치와 물질성에 깊이 감명받았어요. 저만의 사제 실험실도 있었죠. 제가 만든 것 중 하나는 낚싯줄에 낚시 추를 달아 만든 진자였습니다.

『대중 과학』*Popular Science*이나 비슷한 잡지에서 진자가 한 번 왔다 갔다 하는 데 걸리는 시간은 줄 길이의 제곱근에 비례한다는 내용을 읽었습니다. 저는 스톱워치와 자로 이 멋진 법칙을 확인해 봤어요. 제가 보기에 모든 것에는 논리와 패턴, 원인과 결과가 있었고, 모든 것은 분석과 정량적 테스트의 대상이었죠. 저는 초자연적 존재를 믿을 이유가 없다고 생각했고, 그 생각은 지금도 대체로 비슷합니다.

하지만 오랜 시간이 흘러 메인주의 배 안에서 그런 경험을 한 뒤, 저는 영적인 세계의 강력한 매력을 이해했습니다. 비물질적 존재와 정신세계의 매력을 이해했습니다. 모든 것을 아우르는 변치 않고 영원하고 신성한 것들 말입니다. 역설적일지도 모르지만 그런 동시에 저는 여전히 과학자로 남아 있습니다. 저는 물질세계에 계속 매진했죠. 캄보디아에 있는 제 친구는 존경받는 불교 승려인데, 이따금 저는 그 친구와 영적인 문제와 과학적인 문제에 대해 이야기를 나눕니다. 몇몇 분은 아시겠지만 불교도들은 사성제四聖諦를 믿습니다. 이는 고苦, 집集, 멸滅, 도道를 말합니다. 즉 괴로움의 세계라는 현실, 그 고통의 원인, 괴로움이 소멸한 세계, 그리고 괴로움을 소멸하는 길을 말하죠. 승려인 제 친구의 말에 따르면 불교도들은 세계를 직접 경험함으로써 사성제에 이르지만 그 밖에도 우주가 끝없이 돌고 돈다고 믿는다고 합니다. 그들은 오로지 싯다르타 가우타마Siddhartha Gautama라는 이름으로 태어난 인간인 석가모니의 말씀만을 믿습니다. 석가모니는 세간해世間解, Locavit라고도 불렸으며, 이는 '세상의 이치를 깨달은 분'이라는 뜻입니다. 저는 속으로 이렇게 생각했죠. 부처가 세상의 이치를 깨달았다는 걸 우리가 어떻게 알지? 아인슈타인과 다윈도 세계의 이치를 알고 있지 않았나? 물리적 우주와 영적 우주에 대해 우리가 믿는 것들, 그런 지식에 우리는 어떻게 도달할까, 그리고 무슨 근거로 그렇게 할까?

과학과 종교는 진리와 믿음에 도달하는 방식이 크게 다릅니다. 종교와 신학에서는 진리와 믿음의 근원이 두 가지입니다. 첫 번째는 성경, 코란, 베다, 팔리 캐논 같은 신성한 책(성서)입니다. 신자들은 이 책들이 신 또는 다른 깨달은 존재들이 실제로 한 말을 구현한다고 믿습니다. 그렇다면 그 책들에 나오는 가르침의 권위는 그 존재들로부터 나오겠죠. 종교의 진리와 지식의 두 번째 근원은 더 개인적인 경험, 즉 초월적 경험입니다. 자, 이제부터 종교에서 다루는 두 종류의 지식에 대해 간단히 말씀드린 다음 과학에서 다루는 종류의 지식에 대해 말씀드리겠습니다.

성서에 적힌 말들은 우주의 기원부터 자유의지, 번식생물학의 세부적 내용까지 진리를 선언하는 일에 사용됩니다. 오늘날에도 여전히 많은 종교 사상가가 신성한 계시라고 불리는 성서에 절대적 권위와 진리가 있다고 생각합니다. 교황 바오로 6세가 승인한 제2차 바티칸 공의회 성명 일부를 읽어보죠. "성서는 하느님께서 구원을 위해 성경에 넣기를 원하신 그 진리를 견고하고 충실하며 오류 없이 가르치는 것으로 인정되어야 한다."

저는 신과 신성한 존재에 대한 관념을 존중합니다. 하지만 제가 고집하는 것이 한 가지 있습니다. 물리적 세계와 관련해 성서에 기록된 진술들을 포함해, 신성한 존재들이 했다는 진술들은 검증되어야 합니다. 물리적 세계에 대한 진술은 그 무엇도 진리로 추정될 수 없습니다. 그것은 필요에 따라 검증과 수정을 거쳐야 합니다.

영적 세계는 그만의 고유한 영역이 있습니다. 물리적 세계는 과학의 영역입니다. 물리적 세계에서는 한 법칙이 어떤 현상에는 적용되고 어떤 현상에는 적용되지 않는다거나, 어떤 때는 적용되고 또 어떤 때는 적용되지 않을 수 없습니다. 공기 역학의 원리가 제 비행들 중 일부에만 작용하고 다른 일부에는 작용하지 않는다는 건 있을 수 없는 일입니다.

대부분 종교는 신이 물리적 세계 밖, 시간과 공간을 초월한 곳에 존재한다고 생각합니다. 과학은 물리적 세계에 국한되기 때문에 결코 신의 존재를 반증할 수 없습니다. 저는 과학적 논거를 사용해 신에 대한 믿음에 도전하는 리처드 도킨스Richard Dawkins나 래리 크라우스Larry Krauss 같은 이른바 신무신론자들을 참기 어렵습니다. 제가 보기에 신무신론자들은 요점을 놓치고 있습니다. 우리는 결코 신의 존재를 증명할 수 없습니다. 신에 대한 믿음은 신앙에 기초해야 합니다.

이제 초월적인 경험으로 넘어가겠습니다. 과학자이자 인문주의자로서 저는 초월적인 경험이 영적인 우주를 뒷받침하는 가장 강력한 논거라고 생각합니다. 초월적인 경험이란 자신보다 큰 무언가와 연결되는 즉각적이고 생생한 경험입니다. 우주에 존재하는 어떤 보이지 않는 질서를 느끼는 일입니다. 그날 밤 메인주에서 별을 올려다본 경험은 초월적인 경험이었습니다. 저는 여러분 중 다수가 비슷한 경험을 했을 거라고 생각합니다. 초월적 경험은 신과 관계가 있을 수도 없을 수도 있습니다. 성서나 종교기관의 성명에 나오는 일반적 통념과 달리 초월적인 경험은 매우 개인적인 경험입니다. 그리고 그 경험의 권위는 경험 자체에서 나옵니다. 어떤 사람도 여러분이 느낀 것이 타당하지 않다고 주장할 수 없습니다. 그런 느낌이 틀렸음을 입증하는 건 불가능합니다. 대부분 초월적 경험은 실험실에서 재현할 수 없는 유일무이한 사건입니다.

지금부터는 과학에서 받아들여지는 종류의 지식과 우리가 그 지식에 도달하는 방법에 대해 간략히 말씀드리겠습니다. 과학적 지식에는 두 가지 유형이 있습니다. 하나는 빗방울의 크기나 질량 같은 물리적 사물의 속성입니다. 다른 하나는 자연법칙입니다.

최초로 자연법칙을 공식화한 사람 중 한 명은 2,000년 전의 아르키메데스였습니다. 부체floating body에 관한 법칙이었죠. 아르키메데스의 말을 인용하면 다음과 같습니다. "유체보다 가벼운 고체를 유체에 넣으면 고체가 물에 잠기면서 고체의 무게와 같은 무게의 유체가 빠져나갈 것이다."

우리는 아르키메데스가 어떻게 그 법칙에 도달했는지 추측할 수 있습니다. 당시 시장에서는 상품의 무게를 재기 위해 접시저울이 사용되고 있었습니다. 아르키메데스는 한 물체를 저울에 단 다음 그것을 액체가 담긴 직사각형 팬에 넣고 액체가 상승하는 높이를 측정했습니다. 그리고 팬의 면적에 상승한 높이를 곱해 빠져나간 액체의 부피를 구했습니다. 그런 다음 같은 부피의 액체를 다른 용기에 넣고 무게를 쟀습니다. 틀림없이 그는 그 법칙에 도달하기 위해 이 실험을 여러 번 했을 것입니다. 그리고 법칙의 일반성을 확보하기 위해 물 외의 다른 액체들로도 실험했을 겁니다.

물리적 세계의 모든 법칙은 아르키메데스의 법칙과 같습니다. 정확하고, 정량적이며, 광범위한 현상에 적용됩니다. 어쩌면 자연이 법칙을 따른다는 사실이 놀라워 보일지도 모릅니다. 하지만 법칙이 없다면 자연은 존재할 수 없을 겁니다. 법칙이 없다면 치명적인 모순이 발생할 겁니다. 이를테면 2 더하기 2가 어떤 때는 4이고, 어떤 때는 3이 됩니다. 법칙 없는 우주는 살기에 무서운 곳이겠죠.

지난 200년 동안 우리는 전기와 자기부터 원자 내부의 힘과 우주의 팽창에 이르기까지 모든 것을 지배하는 법칙들을 발견했습니다. 이 법칙들을 통해 우리는 행성 궤도부터 하늘의 색깔, 눈송이의 6면 대칭에 이르기까지 모든 것을 양적으로 자세히 설명할 수 있었습니다. 자연의 모든 현상이 법칙을 따르는 것은 아니라는 증거를 보지 못했습니다.

여러분이 집에 가서 스스로 확인해볼 수 있는 놀라운 자연의 법칙을 하나 소개합니다. 물체를 1.2미터 높이에서 바닥으로 떨어뜨리고 바닥에 부딪히는 데 걸리는 시간을 재보세요. 약 0.5초 걸릴 겁니다. 그다음 그 물체를 2.4미터 높이에서 떨어뜨리세요. 그럼 약 0.7초 걸릴 겁니다. 그걸 다시 4.8미터 높이에서 떨어뜨리면 1초 정도 걸릴 겁니다. 이렇게 몇 번 더 하면 높이가 네 배 증가할 때마다 시간이 두 배로 늘어난다는 규칙을 발견하게 됩니다. 이건 1590년 갈릴레이가 발견한 규칙이죠. 이 규칙을 통해 이제 여러분은 어떤 물체가 특정 높이에서 떨어질 때 바닥에 부딪히기까지 얼마나 걸릴지 예측할 수 있습니다. 물리적 세계의 법칙성을 직접 발견한 겁니다.

열두세 살 때 발견한 흔들리는 진자의 법칙을 제가 사실이라고 생각한 이유는 그 내용을 인기 있는 과학 잡지에서 읽었기 때문이 아니었습니다. 제가 그게 사실이라고 생각한 이유는 그게 사실이기를 원해서도, 유명한 갈릴레이가 그것이 사실이라고 말해서도 아니었습니다. 그걸 믿은 이유는 그 법칙이 잘 작동했기 때문입니다. 그 법칙은 누가 봐도 자연의 어떤 기본적인 성질을 표현하고 있었습니다.

과학의 방법과 방식을 대략 말씀드리겠습니다. 갈릴레이의 낙하하는 물체에 관한 법칙은 뉴턴의 운동과 중력에 관한 일반 법칙의 특수한 사례로 밝혀졌습니다. 뉴턴은 태양 주위를 도는 행성들의 궤도를 분석함으로써 자신의 법칙을 발견했습니다. 두 세기 동안 뉴턴의 법칙은 아름답게 작동했지만 19세기 새로운 망원경의 도입으로 정밀한 측정이 가능해지자 수성의 궤도를 뉴턴의 법칙으로 완전히 설명할 수 없다는 사실이 드러났습니다. 약간의 오차가 있었습니다. 아주 경미한 차이였죠. 100년마다 0.01도의 오차가 생겼습니다.

하지만 뉴턴의 법칙은 매우 정확했고 매우 신중하게 측정되었기에 몇몇 과학자는 걱정했습니다. 그 후 1915년 알베르트 아인슈타인이 새로운 중력 이론을 내놓았죠. 그 이론은 수성의 궤도를 설명해줬고, 중력파의 존재와 같은 다른 현상을 많이 예측했습니다. 요점은 이겁니다. 섬세하고 정확한 아인슈타인의 중력 이론도 수정이 필요하다는 겁니다.

과학자들이 발견한 모든 자연법칙은 잠정적인 것으로 여겨집니다. 더 근본적인 법칙의 근사치로 간주되죠. 새로운 실험 데이터가 발표되거나 새로운 가설이 제안될 때마다 그 법칙들은 끊임없이 수정됩니다. 사실 우리가 자연법칙이라고 부르는 건 자연법칙의 근사치로 불려야 합니다. 많은 과학자가 믿는 최종적이고 완벽한 자연법칙이 존재한다 해도 어느 한 순간에 우리가 알고 있는 것은 그 법칙들의 근사치일 뿐이기 때문입니다.

과학적 방법과 종교적 믿음의 가장 큰 차이는 검증과 수정 과정에 있습니다. 제가 말씀드렸듯 물리적 세계, 과학의 영역에서는 우리가 아는 모든 것이 수정 대상입니다. 모든 것은 검증되고 증명되어야 합니다. 신성한 책이나 개인의 초월적 경험에서 오는 종교적 지식은 수정에 처해지지 않습니다. 그것은 근사치가 아닙니다.

과학자들도 증명할 수 없는 뭔가를 믿는다는 말로 제 발표를 끝내려 합니다. 전 그걸 과학의 중심 교리라고 부릅니다. 그 교리는 이렇게 말합니다. 물리적 세계의 모든 자연 현상은 법칙의 지배를 받고, 그런 법칙들은 언제 어디서나 성립한다. 이 교리는 일종의 믿음으로 봐야 합니다. 세계가 지금껏 법칙을 아무리 잘 따랐어도 내일 법칙을 따르지 않는 발견이나 현상이 일어나지 않는다고 확신할 수 없기 때문입니다. 중심 교리는 근본적으로 설명이 불가능합니다.

수성의 궤도가 뉴턴 이론의 예측을 정확히 따르지 않는다는 사실이 밝혀졌을 때, 과학자들은 중심 교리에 대한 믿음을 버리지 않았습니다. 그들은 그런 오차가 기적이나 변덕스러운 신의 개입으로 일어났다고 생각하지 않았습니다. 대신 더 높은 수준의 이해를 요하는 문제를 알아차렸습니다. 실제로 저는 물리적 우주에서 과학으로 설명할 수 없는 기적이라 부를 만한 사건은 있을 수 없다고 생각합니다. 지금 당장 리베카의 의자가 갑자기 공중에 뜨기 시작한다 해도 저는 그 밑에 자기 부상기가 있는지 찾아보거나 아직 과학에 의해 알려지지 않은 어떤 새로운 힘이 있을 거라고 가정할 겁니다. 물론 그 새로운 힘은 초자연적인 힘이 아니라 법칙을 따르는 힘입니다. 요컨대, 저는 과학과 종교에서 지식을 획득하고 수정하는 방식에 큰 차이가 있음에도 둘 다 어느 정도의 믿음, 즉 증명할 수 없는 것에 대한 믿음과 헌신을 공유하고 있다고 주장하고 싶습니다.

과학은 특정한 현상에 대해 과학이 알고 믿는 모든 것을 실험적으로 검증하고 증명하지만 근본적인 믿음인 중심 교리에 대해서는 그렇게 할 수 없습니다. 중심 교리는 그냥 받아들여야 합니다.

저는 과학과 종교가 인류 문명을 형성한 가장 큰 두 힘이라고 생각합니다. 둘 다 우리 안에 있는 강렬하게 인간적인 뭔가를 반영합니다. 과학과 종교는 둘 다 사라지지 않을 것입니다. 그러니 대화는 계속되어야 합니다.

골드스타인 과학과 종교의 갈등 관계는 제가 기억하는 순간부터 지금까지 언제나 제 관심사였습니다. 이 문제를 이혼 재판의 언어로 말하면 '둘 간의 차이는 화해 불가능한 차이인가'가 되겠죠.

저는 종교적인 환경에서 자랐습니다. 그래서 자신이 무신론자라고 밝히는 다른 많은 사람과 달리 신에 대해 완벽한 믿음을 갖는 일이 어떤 건지 아주 잘 압니다. 그 신은 웅장한 우주와 아름답고 조화로운 자연법칙은 물론 우리 한 사람 한 사람을 존엄하게 창조함으로써 선과 악을 구별하는 능력을 주었습니다. 그 신은 우리, 즉 자신의 피조물들이 어떻게 살아야 하는지에 대한 의도를 지녔으며, 우리가 어떻게 사는지에 신경 씁니다. 저는 이런 신을 믿는 일이 어떤 것인지, 신의 의도가 우리 삶에 꼭 필요한 도덕적 토대를 제공한다고 믿는 일이 어떤 것인지 잘 압니다.

그러나 저는 오래전 그런 신에 대한 믿음을 잃었습니다. 심지어 더 근본적으로 신앙에 대한 믿음을 잃었습니다. 이제 신앙이 아쉽지 않다는 뜻입니다. 신앙은 제가 추구하는 정신 활동이 아닙니다. 정반대입니다. 그렇다고 해서 제 삶의 의미나 목적이 사라졌다거나 도덕적 의무가 없어졌다고 느끼지 않습니다.

하지만 종교에서 벗어나는 일이 쉬웠다고 거짓말할 생각은 없습니다. 그건 제가 사랑하는 사람들과 저를 끈끈하게 연결하는 전통과 단절하는 일이니까요. 사랑하는 사람들과 다르게 믿는 것, 그들이 인정하지 않는 방식으로 사는 일은 제가 원한 게 아니었어요. 그래서 저는 신앙을 잃은 뒤에도 전통과 의식을 오랫동안 지켰습니다. 어떤 의미에서 이건 어렵지 않았습니다. 전통과 의식은 제 안에 깊이 뿌리박혀 있어서, 신앙을 잃고 신앙에 대한 믿음을 잃은 뒤에도 수년 동안 아침에 일어나 아이들을 학교에 보내고 직장으로 달려가 철학과 교수로서 학생들에게 자기비판적인, 엄밀한 분석적 사고를 가르치기 전에 가장 먼저 한 일은 제가 세 살 때 암송하도록 배운 히브리 기도를 암송하며 제게 영혼을 되돌려준 하느님께 감사하는 것이었습니다. 저는 잠은 일종의 죽음이며, 날마다 우리가 다시 깨어나는 것은 오직 하느님의 사려 깊은 의도 덕분이라고 배웠죠. 매일 밤 죽는다고 생각하면 좀 무서웠어요. 그런 두려움이 제가 겪었던 수면 문제와 관련 있었을지도 모릅니다. 하지만 그런 두려움은 어떻게 저의 보잘것없는 삶이 전지전능한 신의 의지와 연결되어 있는지 알려주는 강력한 메시지였죠.

저를 신앙에 대한 믿음에서 멀어지게 한 경험과 성찰은 두 종류였습니다. 두 번째 종류는 발표를 마치기 전에 말씀드리겠습니다. 첫 번째 종류는 과학적 설명에 대한 사랑과 관계있었습니다. 이런 사랑을 알려준 건 책이었어요. 저희 가족은 안식일을 엄격하게 지켰기 때문에 안식일에는 해도 되는 일이 별로 없었어요. 저희가 한 건 독서였어요.

책은 비쌌기 때문에 저희 집에는 책이 별로 없었어요. 어린이책은 말할 나위도 없었죠. 하지만 일몰에 안식일이 시작되기 전 금요일마다 아버지는 저희를 도서관에 데려가서 안식일에 읽을 책을 빌렸어요. 어느 날 저는 『우리 친구 원자』*Our Friend the Atom*라는 책을 집어 들었다가 그 책에 매료되고 말았죠.

그 책을 통해 저는 제 경험 밖 세계가 제 머릿속에 떠오르는 방식과 매우 다르다는 걸 배웠어요. 바깥 세계는 눈에 보이지 않는 작은 조각들인 '우리 친구 원자'로 이뤄져 있었고, 그건 다시 더 작은 조각들인 전자와 양전자 그리고 중성자로 이뤄져 있었어요. 모든 것이 과학자들이 발견한 자연법칙에 따라 질서정연하게 움직이고 있었어요. 그래서 테이블처럼 단단해 보이는 물체들도 텅 빈 공간을 많이 가지고 있고, 거기서 눈에 보이지 않는 운동이 끊임없이 일어나고 있다는 걸 알았죠.

바깥 세계가 마음속으로 그리던 것과는 완전히 다르다고 생각하니 너무나도 놀랍고 짜릿해서 펄쩍펄쩍 뛰고 싶은 심정이었어요. 나이를 먹고 공립도서관에 다니면서는 자연 법칙에 대해 더 짜릿한 지식을 배웠습니다. 그 지식은 보이는 것과는 너무나도 다른, 저 밖에 있는 세계를 엿보여줬죠. 하이라이트는 아인슈타인의 상대성 이론에 관한 대중 과학책을 읽었을 때였어요. 상대성 이론은 공간과 시간에 대한 우리의 직관적인 개념을 바로잡아줍니다. 제 안에서 과학이라는 인간 활동에 대한 감탄이 신의 의도를 말하는 종교적 주장들에 대한 경외심을 밀어내기 시작했어요.

과학과 종교를 비교하는 건 제게는 당연한 일이었어요. 둘은 중첩되는 면이 있기 때문이죠. 종교와 과학 모두 우주의 보이지 않는 측면들, 우리가 직접 관찰할 수 있는 것 너머에 있는 힘들에 대한 견해를 가지고 있어요. 다시 말해 과학과 종교 모두 존재론, 즉 존재하는 것에 대해 어떤 주장을 해요. 과학에는 그 자체의 존재론이 있어요. 현 시점에서 그건 적어도 우주 공간의 4차원적 다양체manifold인 보손과 페르미온을 포함해요. 그리고 종교에도 존재론이 있어요. 그건 초월적인 신을 포함하죠. 신은 우리가 살고 있는 시공간적 세계 밖에 존재하지만 신의 의도는 시공간적 세계, 특히 그중 한 부분인 우리에게 초점이 맞춰져 있어요.

이렇듯 과학과 종교 모두 우리 경험 너머의 세계가 어떠한지에 대해 주장합니다. 과학의 존재론은 눈에 보이지 않는 것에 대해 주장을 펼치기 위해, 관찰된 사실을 설명하기 위해 공식화한 자연 법칙에 의존합니다. 앨런이 설명했듯 과학의 기본 전제는 자연이 법칙을 따른다는 거죠. 이 전제가 없다면 과학은 존재할 수 없어요. 저는 종교의 언어를 빌려 과학에서 우리가 반드시 받아들여야 하는 믿음이 있다고 말하느니, 차라리 자연의 법칙성에 대한 우리의 믿음을 작업가설로 묘사하는 게 낫다고 생각해요. 법칙에 대한 믿음은 과학의 근본적인 작업가설입니다. 과학을 하려면 그런 믿음이 전제가 되어야 하기 때문이죠. 만일 우리가 공식화된 자연 법칙의 관점에서 설명할 수 없는 뭔가를 관찰한다면 제도판으로 돌아가 자연법칙이 우리가 관찰한 모든 현상을 충분히 설명할 수 있을 만큼 포괄적으로 자연법칙을 다시 세워야 합니다. 과학은 이런 식으로 발전합니다. 이런 식으로 진실에 조금씩 근접합니다. 항상 자연법칙을 실험으로 검증하는 것, 이것이 과학을 경험적 활동으로 만듭니다.

그리고 이건 과학만의 독특한 방식입니다. 과학은 경험적 방법론을 채택함으로써 실재(우리 머릿속 밖의 세계)를 협력자로 삼습니다. 실재가 우리 생각을 바로잡을 수 있도록 우리는 매우 신중하게 실험을 설계합니다. 실험을 통해 불리한 입장으로 과감히 나아가 실재의 질책에 우리의 믿음을 내맡깁니다. 실재는 이렇게 질책합니다. '넌 동시성이 절대적인 거라고 생각해. 그렇지? 두 사건이 동시에 일어나는지 그렇지 않은지는 어떤 기준으로 측정하는가에 달렸다고 생각해본 적 없지? 어디 두고 보자고! 옳지. 아인슈타인의 상대성 이론이 우리를 바로잡아주는군.' '어디 두고 보자고'는 과학의 모토라고 할 수 있습니다.

하지만 자연의 법칙성에 대한 가정 자체는 결코 시험대에 오르지 않습니다. 그건 검증받을 수 없어요. 이론적 명제를 검증하는 과정 전체가 자연의 법칙성을 전제로 하니까요. 자연의 법칙성을 당연시하지 않는다면 이론 명제를 검증하는 일이 무엇을 의미하는지조차 파악할 수 없습니다. 하지만 그렇다고 해서 자연의 법칙성에 대한 우리의 믿음이 종교적 믿음 같은 신앙이 되지는 않습니다. 더 적절하게 말하자면 자연의 법칙성에 대한 우리의 믿음은 가장 근본적인 종류의 과학적 작업가설입니다. 과학이라는 사업 전체는 법칙성에 대한 이 가정이 얼마나 성공하느냐로 검증받습니다.

자연의 법칙성에 대한 가정은 지금까지 작업가설로서 멋지게 성공해왔습니다. 자연의 법칙성을 가정함으로써 우리는 지금까지 많은 걸 알아냈습니다. 어제보다 오늘 우주의 성질에 대해 많이 알고, 내일은 오늘 알고 있는 것보다 많이 알 것입니다. 그리고 과학 지식의 응용, 즉 기술은 우리의 삶을 탈바꿈시켰습니다. 그 결과에는 좋은 것도 있고 나쁜 것도 있습니다. 그리고 최악은 꽤 나쁠 가능성이 있습니다. 그 예로 우리가 절대 축적하지 말았어야 한 핵무기가 있습니다. 퍼스널 컴퓨터도 있죠. 우리가 컴퓨터에서 소통하는 데 이용하는 소셜미디어는 우리 안의 최악을 끄집어낼 수 있습니다. 하지만 이런 최악의 사례가 과학이 실재를 논하는 방식을 본질적으로 신뢰할 수 없음을 암시하지는 않습니다. 사실 정반대죠. 자연법칙에 대한 우리의 지식이 우리에게 응용 기술을 가져다준다는 사실만으로도 그 작업가설이 타당하다는 점이 소급적으로 확인됩니다. 설령 그 사실이 기술을 사용하는 최선의 방법을 알아내는 지혜를 우리에게 제공하지 않더라도 말입니다.

실재를 협력자로 삼는 과학의 경험적 방법론은 그 자체로 우리의 존재론적 직관이 얼마나 잘못될 수 있는지를 보여줍니다. 과학은 공간, 시간, 인과성과 같은 근본적인 범주에 대해서조차 우리의 직관이 얼마나 잘못되어 있는지를 증명했습니다. 아인슈타인 시공간은 유클리드 공간, 절대 시간과 같지 않습니다. 그리고 양자역학의 인과성은 우리가 당연하게 받아들이는, 원인과 결과 모두 서로에게로 한정되는 인과관계와 같지 않습니다. 제가 멋진 책 『우리 친구 원자』에서 처음 알았듯 과학의 누적된 진보가 우리에게 보여주는 세계는 우리가 머릿속에 그리는 세계와는 근본적으로 달라 이해하기조차 어려울 수 있습니다.

여기서 끌어낼 수 있는 일반적인 교훈은, 우리의 존재론적 직관은 믿을 수 없고, 그것을 바로잡을 수 있는 공통된 절차가 절실히 필요하다는 겁니다. 바로 실재 자체를 협력자로 삼는 방법론이죠. 이렇게 하는 건 과학뿐입니다.

그래서 존재론에 관한 한 그것을 신뢰할 이유를 제공하는 건 과학뿐입니다. 이는 과학이 지금 말하는 모든 것을 최종 진술이라고 생각한다는 뜻이 아닙니다. 그건 그 자체로 과학 활동의 신뢰성을 오해하는 것이기 때문입니다.

하지만 도덕은 어떨까요? 종교는 적어도 이 영역에서만큼은 과학보다 우월하지 않나요? 과학이 사실을 말하는 데는 우월할 겁니다. 하지만 우리는 사실을 아는 데 만족하지 않습니다. 우리가 더 절실히 알고 싶은 것은 가치 판단(무엇이 중요한가)입니다. 우리의 가장 근본적인 인간적 관심은 거기에 있습니다. 우리는 예를 들어 진실이 중요한지, 권력이 중요한지, 아니면 선과 정의가 중요한지 알고 싶어 합니다. 더 근본적으로, 우리는 우리 자신이 중요한지 알고 싶어 합니다. 그리고 만일 우리가 중요하다면 우리를 중요하게 만드는 것이 무엇인지 알고 싶어 합니다. 우리가 중요한 이유는 우리가 신에게 중요하고, 신의 형상대로 만들어졌기 때문일까요? 아니면 단순히 인간이기 때문일까요? 후자라면 왜일까요? 우리가 중요한 건 추론 능력 때문일까요, 도덕적 판단 능력 때문일까요? 자의식 때문일까요? 아니면 단지 감응력 때문일까요? 우리 가운데 일부가 나머지 사람들보다 중요할까요? 아니면 우리 모두 똑같이 중요할까요?

과학은 우리에게 사실을 알려주는 일에는 우월한 이점을 가지고 있을지 몰라도 무엇이 중요한지에 대해 말할 수 있는 지적 능력은 거의 없습니다. 물론 '진실에 대한 헌신이 중요하다'라는 생각이 과학에 내포되어 있지만 과학 자체로는 무엇이 중요한가라는 주제를 지적으로 다룰 수 없습니다. '진실에 대한 헌신이 중요하다'라는 점을 과학은 입증할 수 없습니다. 그걸 밝히기 위한 증거를 얻을 때 실재를 협력자로 삼을 수 없기 때문입니다. '그것이 무엇인가'(사실 관계)에 대한 사실들을 결정하는 일에서 과학을 우월하게 만드는 바로 그 방법론으로 인해 과학은 '중요한 게 무엇인가'(가치 판단)를 다루는 일에서는 아무 말도 할 수 없습니다.

그렇다면 진실이 중요한가를 포함해 '중요한 게 무엇인가'라는 문제와 관련해서는 사실 관계가 존재하지 않는다는 뜻일까요? 이 의견이나 저 의견이나 차이가 없으니 아픈 아이를 고통에서 벗어나게 하기 위해 소아과 의사를 찾아가나 퇴마사를 찾아가나 별반 다르지 않다는 뜻일까요? 힘을 거머쥐는 데 집착하고, 거짓말을 일삼고, 자신의 권리 외에는 관심이 없는 악랄한 나르시시스트가 되는 것이나 타인의 행복에 신경 쓰고 최선을 다해 그들을 돕는 사람이 되는 것이나 마찬가지라는 뜻일까요? '중요한 게 무엇인가'와 관련해서는 사실 관계가 존재하지 않고, 이는 과학이 이런 사실들을 입증할 수 없기 때문이라고 생각한다면 사실상 여러분에게는 퇴마사와 치료사, 악랄한 나르시시스트와 이타주의자를 구별할 근거가 없는 겁니다.

고생물학자였던 고 스티븐 제이 굴드Steven Jay Gould는 우리 의견을 사실 관계를 수반하는 것과 가치 판단을 수반하는 것으로 나눔으로써 종교를 위한 자리를 마련하려고 시도했고, 자신의 양원론을 중첩되지 않는 교도권non-overlapping masteria, 즉 NOMA라고 불렀습니다. 그는 사실 관계의 교도권은 과학에 속하고 가치 판단의 교도권은 종교에 속한다고 선언했습니다. 과학 자체는 가치를 판단할 수 없다고 인식했죠. 이는 사실이지만 그럼에도 그의 진술은 적절하지 않습니다. 그의 발언은 가치 판단의 영역에는 사실 관계가 존재하지 않는다고 암시하기 때문입니다. '중요한 게 무엇인가'와 관련한 사실 관계는 존재하지 않는다는 말이죠. 하지만 동시에 굴드는 가치 판단 권한을 다른 규범 체계(예를 들어 인문학, 쾌락주의, 백인 우월주의, 악마 숭배)가 아니라 종교에 부여함으로써 '중요한 게 무엇인가'에 관한 사실 관계가 존재한다는 사실을 인정하는 것처럼 보였습니다. 이는 일부 규범 체계가 다른 규범 체계보다 낫다고 말하는 게 됩니다. 다시 말해, 과학과 종교를 모두 수용하려던 굴드의 시도는 일관성을 잃었고, 그가 일관성을 잃은 이유는 가치 판단에 관한 '사실들'을 다루는 자기 교정적인 인지 분야인 '세속 철학'을 고려하지 않았기 때문입니다.

굴드의 양원론 뒤에는 실증주의라는 철학 사조가 숨어 있습니다. 이는 철학자들에 의해 처음 공식화된 다음, 과학의 자기 비판적인 방법론과 일맥상통하는 자기 교정적 방식으로 다시 철학자들에 의해 반박되었습니다. 실증주의는 어떤 질문을 경험적 수단으로 판단할 수 없다면 그 문제에 관한 사실 관계는 존재하지 않으므로 우리가 지지하는 어떤 답변도 기본적으로 임의적이라는 주장입니다. 그리고 굴드의 부적절한 발언에는 실증주의가 깔려 있습니다. 모든 사실에 대한 권한을 과학에 내어줌으로써 나치즘보다 종교를 지지하는 일을 완전히 임의적인 결정으로 만들었기 때문입니다.

실증주의를 전제로 한쪽은 사실 관계에 대해 발언하고 다른 쪽은 가치 판단에 대해 발언하게 하는 것보다는 서로 다른 두 종류의 사실 관계가 존재한다고 말하는 게 낫습니다. 즉 '그것이 무엇인가'(사실 관계)와 관련한 사실과 '중요한 게 무엇인가(가치 판단)'와 관련한 사실이죠. 두 종류의 사실에 대한 우리의 직관은 틀리기 쉽습니다. 그리고 가치 판단에 대한 잘못된 직관은 자신의 삶과 타인의 삶에 훨씬 심각한 영향을 미칩니다. 그러므로 어떤 종류의 엄밀한 학문 분야, 즉 가치 판단에 대한 우리의 직관을 (과학에서 사실 관계에 대한 직관을 조사할 때와 똑같이) 자기 비판적으로 조사할 수 있는 학문이 있다면 좋을 겁니다. 다행히 그런 학문이 있습니다. 우리는 그걸 철학이라고 부릅니다. 특히 인식론과 도덕철학은 가치 판단과 관련한 사실 관계를 중점적으로 다룹니다. 과학과 종교에 관한 굴드의 양원론은 철학적으로 신뢰를 잃은 실증주의에 기반을 둔 것으로, 세속 철학을 완전히 배제합니다.

앞서 저 자신을 신앙에 대한 믿음에서 서서히 멀어지게 만든 또 다른 종류의 경험이 있었다고 말씀드렸습니다. 그 경험을 들려드리면서 이야기를 마치겠습니다. 어릴 때 먼 친척 몇 명이 소련이 지배하는 헝가리에서 탈출해 한동안 저희와 살았습니다. 친척들은 정말 놀라운 이야기들을 들려줬어요. 처음에는 동화 같았던 지난날에 대해 이야기했어요. 파티와 소풍, 다뉴브강을 따라가는 여행으로 반짝이던 날들에 대해서요. 그러고는 갑자기 어린아이가 꾼 최악의 악몽에서 튀어나온 듯한 반전이 펼쳐졌어요. 자신들을 죽이려고 혈안이 된 사람들을 피해 이곳저곳으로 숨어 다닌 일에 대해 이야기했죠.

제가 들은, 전혀 이해할 수 없었던 그 이야기는 물론 홀로코스트였습니다. 제 이름과 형제자매나 사촌들의 이름 등 제게 매우 친숙한 이름을 많이 들었고, 우리의 이름은 모두 좋은 은신처를 찾지 못한 사람들의 이름을 따서 지어졌다는 사실을 서서히 알게 됐어요.

저는 그때 깨달았어요. 사람들의 가치 판단이 얼마나 잘못될 수 있는지를 말이죠. 그 사람들은 잘못된 집단에 속한 사람들을 죽이는 게 중요하다고 생각할 수 있었어요. 그래서 저는 뭐가 중요하고, 누가 중요한지에 대한 사실 관계 판단에 도움을 줄 수 있는, 그리고 제가 영영 만나지 못할 그 친척들이 중요하지 않다는 결론에 이른 그 사람들이 사실 관계에서 얼마나 틀렸는지를 증명할 수 있는, 과학과 유사한 일이 있는지 궁금했습니다. 그런 일이 있습니다. 과학과 마찬가지로 훈련이 필요한 그 일은 가치 판단에 대한 우리의 잘못된 직관을 바로잡아줌으로써 진실이 왜 중요한지, 정의가 왜 중요한지를 증명하고, 누가 중요한지에 대한 (우리모두에게 일어나는) 잘못된 직관도 바로잡아줍니다.

종교가 우리에게 중요하다는 느낌을 줄 수 있는 건 우리가 신이 원한다고 생각하는 대로 살고 있기 때문입니다. 설령 그렇지 않더라도, 즉 의지가 약하고 죄를 지어 신의 기분을 상하게 해도 여전히 우리는 하느님에게 중요한 존재라고 느낍니다. 그건 강력한 심리적 느낌이지만 엄밀하게 조사받지도, 수정에 응하지도 않습니다. 하지만 우리의 모든 직관은 검증과 수정을 거쳐야 합니다. 존재론적 직관뿐 아니라 도덕적 직관도 마찬가지예요. 도덕적 직관은 무거운 결과를 초래하기 때문에 특히나 그렇습니다.

글레이제르 두 분께 몇 가지 여쭤보겠습니다. 톰 스토파드는 희곡 『아르카디아』*Arcadia*에서 종교가 우리를 중요한 존재로 만든다는 생각을 뛰어넘는, 매우 의미심장한 말을 했습니다. 그는 우리를 중요하게 만드는 것은 알고 싶은 욕구라고 말합니다. 저는 그 말에 감탄했어요. 세속적이든 그렇지 않든 우리로 하여금 반복되는 일상을 초월하게 만드는 것은 우리 안에 내재된 알고자 하는 욕구임을 제대로 지적했기 때문이죠.

골드스타인 우리는 자신이 중요한지 알고 싶어 하는 종입니다. 자신의 존재를 정당화하고 싶어 하고, 나아가 그럴 필요를 느끼는 것은 우리 인간만이 가진 특징이죠. 중요한 존재가 되려는 이 의지는 실제로 우리를 중요한 존재로 만들까요? 아니면 우리를 단지 주제넘은 영장류로 만들까요? 중요한 존재가 되려는 의지는 우리가 온갖 종류의 방식으로 자신을 표현하는 동기로 작용합니다. 어떤 방식, 가령 예술, 과학, 수학, 봉사 같은 것들은 경이롭고 어떤 방식, 즉 인종주의, 성차별주의, 계급주의, 민족주의 같은 것들은 끔찍합니다. 스토파드의 말이 첫 번째 종류의 활동에 참여하는 사람들, 즉 창조적 방법으로 반복되는 일상을 초월함으로써 중요한 존재가 되려는 의지를 드러내는 사람들을 가리킨다면 저로서는 그것이 더 중요한 사람과 덜 중요한 사람을 구별하게 할까 봐 우려됩니다. 인간이 중요한 존재인가라는 질문에 대한 세속적 답변은 신이 빠진 상태에서 종교적 답변의 보편성을 가져야 합니다. 우리 모두가 중요한 존재인 이유는 신이 의도를 가지고 우리 각자를 창조했기 때문이고, 이것이 종교가 지금과 같은 힘을 갖는 이유 중 하나입니다. 종교는 아주 간단한 방법으로 보편성을 획득합니다. 우리 모두가 중요한 존재라는 결론에 이르는 데 훌륭한 철학적 추론은 필요 없어요. 스피노자가 증명한 바처럼 철학적 추론도 여러분을 같은 결론으로 이끌지만 그 내용은 머리 아플 정도로 복잡합니다. 저는 종교만이 우리를 중요한 존재로 느끼게 만들 수 있다고 말하는 게 아닙니다.

하지만 종교는 우리가 중요하다는 느낌, 우리가 신에게 중요하다는 느낌을 주는 강력한 심리적 근원입니다. 그건 한 개인에게 자신이 중요한 존재라는 웅장한 느낌을 줍니다. 이보다 뿌듯한 게 있을까요? 종교의 심리적 호소력은 종교를 매우 강력하게 만듭니다. 물론 그렇다고 종교가 사실인 건 아니죠.

글레이제르 그렇습니다. 하지만 많은 사람에게 의미가 있는 건 분명하죠. 저는 두 분께 단어 하나를 제시하고 싶습니다. 그 단어에 대해 많이 생각해봤는데, 그 단어를 엄격한 종교적 맥락에서 구해낼 수 있다는 생각이 듭니다. 그 단어는 종교에 납치당했다고 생각해요. 그래서 어떤 과학자가 s로 시작하는 그 단어를 사용할 때마다 사람들은 '정말?' 하는 반응을 보입니다. 여러분도 짐작하셨겠지만 그 단어는 '영성'spirituality입니다. 저는 이 단어가 멋지다고 생각합니다. 영성은 영감, 갈망에서 오니까요. 영성은 세계를 자기 안으로 빨아들여 자기 존재를 확장합니다. 영혼과 영성은 완전히 다릅니다. 적어도 제게는 그렇습니다. 저는 이 문제에 대한 여러분의 입장과, 과학과 영성이 사람들이 생각하는 것보다 훨씬 가까운 관계인지 알고 싶습니다. 앨런은 저서에서 이 문제에 대해 많이 이야기하셨죠.

라이트먼 영성은 전능한 창조주와 관련 있을 수도 있고, 없을 수도 있습니다. 제게 영성은 초월적 경험과 밀접합니다. 영성은 자기 자신보다 큰 존재와 연결되어 있다는 느낌입니다. 영원한 가치가 존재한다는 느낌, 우리가 믿을 대상이 존재한다는 느낌입니다. 제게 아름다움은 영적 세계의 일부입니다. 저는 영성이라는 개념과 과학의 일 사이에는 어떤 모순도 없다고 생각합니다.

글레이제르 배에서 하셨던 경험, 그걸 영적 경험이라고 부르시겠습니까?

라이트먼 그렇습니다.

글레이제르 리베카는 어떻게 생각하세요? 이제 당신을 곤혹스럽게 만들 차례군요. 이런 경험을 해본 적 있나요?

골드스타인 영성은 범위가 넓은 단어예요. 영성이 영혼이 존재한다는 주장이라면 저는 관심 없습니다. 하지만 그게 훨씬 더 원대한 존재로 끌려 들어가는 어떤 심리적 경험을 의미한다면, 그래서 나라는 개인에 대한 감각을 모두 잃고 어떤 다른 존재에 대한 경이로운 경탄에 빠지는 것을 의미한다면 당연히 관심 있습니다. 그게 아름다운 음악이든, 아름다운 수학적 증명이든, 아인슈타인의 상대성 이론이든, 별이 빛나는 밤이든지요. 그건 심리적 경험, 그것도 매우 아름다운 심리적 경험이니까요. 그런 의미에서 과학은 영성과 모순되지 않을 뿐더러 영성의 원천일 수 있습니다. 그리고 영성은 무신론자와도 완벽하게 양립할 수 있습니다.

스피노자는 이 문제와 관련이 많습니다. 그는 17세기 철학자로, 암스테르담의 유대인 공동체에서 파문당했습니다. 그래서 제가 가장 좋아하는 철학자인데, 그는 무신론자로 비난받았을 뿐 아니라 신에 취했다고 비난받았습니다. 시인 노발리스는 그를 신에 취한 사람이라고 불렀습니다. 이런 혼란이 빚어진 이유는 스피노자가 신을 자연 질서 자체와 동일시했기 때문이죠. 그는 이런 자연 질서, 즉 그 자체로 완전한 자연법칙은 궁극적으로 스스로를 설명한다고 생각했습니다. 우리는 자연법칙이 어떻게 스스로를 설명하는지 실제로 알 수 없습니다. 자연법칙이 그 자체로 완전하다는 사실을 이해하기에는 역부족이기 때문이죠. 하지만 그럼에도 자연법칙이 스스로를 설명한다는 건 알 수 있습니다. 스피노자는 이걸 증명했는데, 그의 증명은 그 자체로 매우 아름답습니다. 하지만 그 자체로 완전하고, 스스로를 설명할 정도로 완전한 자연법칙을 따르는 세계에 살고 있다는 것을 깨닫는 순간 우리는 정서적 충격을 느끼고, 그것은 지금 우리가 이야기하고 있는 초월적 경험의 일종입니다. 아인슈타인은 신의 존재를 믿느냐는 질문을 받을 때마다 이렇게 말했습니다. "나는 스피노자의 신을 믿습니다." 이건 해석하기 까다로운 표현입니다. "나는 우주를 창조한, 우주 밖에 있는 신을 믿지 않습니다. 나는 오직 자연적 우주만을 믿습니다. 아름답고 조화로운 법칙들에 따라 움직이는 자연적 우주는 경외할 가치가 있습니다." 이는 일종의 영성입니다.

라이트먼 또한 아인슈타인은 우리가 이해하는 신에 대해 매우 겸손한 견해를 가지고 있었습니다. 그는 누구든 생각하는 사람이라면 하느님의 가능성을 배제해서는 안 된다고 말했죠. 우리가 넓은 도서관에 들어가 그곳에 있는 모든 책을 보면서도 그 책들을 이해하지 못하고 누군가가 그 책들을 썼다는 것만 아는 아이들과 비슷하다고 말했습니다. 어떤 지적 존재가 그 책들을 썼죠. 신에 대한 견해를 물었을 때 아인슈타인이 한 말입니다.

글레이제르 합리적이고 법칙적인 우주에 대한 믿음을 표현한 거죠.

골드스타인 네, 동의합니다. 합리적이고 법칙적인 우주에 대한 믿음이죠. 아인슈타인은 우리를 신경 쓰는 의인화된 신 개념은 유치하다고 말했어요.

라이트먼 하지만 그의 진술은 또한…

골드스타인 아인슈타인이 말하는 건 스피노자의 신입니다.

라이트먼 하지만 그의 진술은 이 세계에는 우리가 이해할 수 없는 신비도 존재한다는 점을 암시한다고 생각합니다. 이는 우주가 법칙적이라는 진술과 모순되지 않고요.

골드스타인 물론이죠. 다시 말하지만 아인슈타인의 말은 스피노자의 관점입니다. 존재하는 모든 것을 설명하는 모든 법칙의 최종 이론이 존재한다는 생각이죠. 하지만 최종 이론을 알아내려면 우리보다 강력한 지능이 필요할 겁니다. 우리는 우리가 뭔가를 놓치고 있다는 것을 알 만큼만 엿볼 뿐이에요. 그래서 완전한 이론은 이론적으로만 존재할 뿐 실질적으로는 절대 이해할 수 없습니다.

라이트먼 우리는 우리가 최종 이론을 발견했는지 절대 알 수 없을 겁니다.

골드스타인 우리는 알 수 있을 거예요. 만일 최종 이론을 알아냈다면 그 사실을 알 겁니다. 그 일련의 법칙들이 스스로를 설명한다는 점을 증명할 수 있기 때문이죠. 이게 스티븐 호킹이 『시간의 역사』*A Brief History of Time* 마지막 부분에서 말한 내용입니다. 호킹은 그 책에서 아인슈타인은 가능한 유일한 우주가 무엇인지 우리는 아직 모른다고 말했다고 썼습니다. 그걸 알면 다른 모든 건 제외될 테고, 그건 스스로의 존재를 설명할 겁니다. 그건 스피노자의 견해예요.

라이트먼 하지만 내일 당신의 이론으로 설명할 수 없는 현상이 일어나지 않을 거라고 확신할 수는 없어요.

글레이제르 그건 아인슈타인의 말이고, 제 생각에 스피노자는 저 너머의 뭔가에 대해 이야기하고 있는 것 같아요. 제 책 『지식의 섬』*The Island of Knowledge*에서 정확히 그 점을 다뤘습니다. 저는 그 책에서, 우리가 모든 것에 대한 최종 이론에 도달할 수 없는 것은 모든 걸 아우르는 큰 체계 안에서 우리가 어디에 있는지 결코 알지 못할 것이기 때문이라고 밝혔습니다.

골드스타인 하지만 스피노자-아인슈타인-호킹의 말이 사실이라면 스스로를 설명할 수 있는 일련의 법칙들을 결코 이해하지 못한다 해도 우리는 그런 법칙이 존재한다는 걸 확신할 수 있습니다.

글레이제르 인간 조건이 이토록 좌절감을 주는 이유가 바로 거기에 있지 않을까요? 우리는 신성의 불씨(로고스—옮긴이)를 가지고 있지만 그건 단지 불씨일 뿐이죠. 우리는 전체를 파악할 수 없어요. 엿보기로 뭔가를 깊이 들여다볼 수 있지만 그게 전부일까요? 그럴 수도 있어요. 그런 것처럼 보이죠. 하지만 그러고 나서 쿵, 아니라는 게 드러나죠. 새로운 입자가 나오고, 모든 것이 무너집니다. 그러면 처음부터 다시 시작해야 합니다. 제 생각엔 그게…

골드스타인 우리가 정말 최종 이론을 가지고 있다면,

글레이제르 그러면 우린 그렇다는 사실을 알 거예요.

골드스타인 그러면 우리는 알 겁니다. 그때 임의적인 건 아무것도 없을 테니까요. 그것이 최종 이론에서 찾고 있는 신호죠. 모든 임

의적인 요소를 제거하는 것.

글레이제르 그래요. 바로 그거예요.

골드스타인 맞습니다. 우리 과학은 임의적인 것으로 가득해요. 이것은 이렇기 때문이고 저것은 저렇기 때문이라고 말하지만 우리는 왜 그런지 모르죠.

글레이제르 전 그걸 일신론적 과학이라고 불러요.

골드스타인 뭐라고 부른다고요?

글레이제르 모든 것의 이론에 도달하기 위한 일신론적 과학이요. 훌륭한 물리학자 스티븐 와인버그Steven Weinberg는 『최종 이론의 꿈』*Dreams of a Final Theory*이라는 책을 썼습니다. 당시 그는 우리가 최종 이론에 도달하고 있다고 진심으로 믿었습니다. 사실 많은 동료가 그렇게 믿고 있어요. 몇 년 전 우리는 거의 도달했다고 생각했어요. 네 가지 기본적인 힘, 초끈 이론 등만 봐도 그랬죠. 우리는 최종 이론에 도달할 거라고 생각했습니다. 하지만 그럴 수 없어요. 설령 언젠가 초끈 이론과 이 모든 아름다운 것을 이해하게 된다고 해도 가까운 시일 안에는 알 수 없어요.

골드스타인 우리는 우리가 모른다는 걸 압니다.

글레이제르 음, 그런 사람은 많지 않아요.

골드스타인 우리가 모든 걸 알지 못한다는 건 놀라운 일이 아니에요. 우리가 아는 것이 있다는 게 놀라운 일입니다. 우리가 이만큼이나 알고 있다는 게 놀라운 일이죠.

라이트먼 아인슈타인은 우주의 가장 놀라운 점은 이해할 수 있다는 것이라는 말도 했습니다, 그렇죠?

골드스타인 놀라운 사실이죠. 우리는 진화한 유인원입니다. 유인원의 원시적인 인지 능력들은 우리의 생존을 돕기 위해 진화했고, 결국 우주의 뭔가를 이해하는 데 필요한 종류의 추상적 영역으로 도약했습니다. 우리가 품는 직관은 틀릴 수 있고, 우리의 인지 능력이 어떻게든 이야기의 최종 결말, 즉 최종 이론을 알아낼 거라고 보장할 수 없음을 깨닫는 건 일종의 겸손입니다.

저는 자연이 법칙을 따른다는 생각에 믿음이라는 단어를 사용하는 걸 좋아하지 않습니다. 자연이 법칙을 따른다는 점을 우리가 증명할 수 없는 건 맞습니다. 우리는 자연이 앞으로도 자연법칙의 지배를 계속 받을 거라고 증명할 수 없습니다. 하지만 자연이 법칙의 지배를 받지 않는 날이 온다면 우리는 살아서 법칙의 붕괴를 목격할 수 없을 겁니다. 생물학 법칙, 신경생리학의 법칙은 우리가 존재하는 데 필수적이기 때문이죠. 하지만 우리는 미래에는 그런 법칙이 존재하지 않을 것임을 증명할 수 없습니다. 사실 우리가 그것을 증명할 수 없다는 걸 증명할 수 있습니다. 18세기 스코틀랜드의 위대한 철학자 데이비드 흄David Hume이 그랬죠. 그는 자신이 '자연의 동일성'(자연법칙은 변하지 않는다)이라고 부른 명제를 정당화할 방법이 없다는 걸 최종적으로 증명한 사람입니다. 명제를 정당화할 방법이 없는 이유는, 우리가 명제를 정당화하는 방법은 순수한 연역적 논리를 통해 정당화하거나 귀납을 통해 정당화하는 것, 두 가지이기 때문입니다. 자연의 동일성을 부정하는 과정은 모순을 수반하지 않습니다. 즉 순수한 논리적 추론에 의해 그것이 사실이 아님을 증명할 수 없다는 뜻입니다. 그러면 우리는 귀납적으로 그것을 증명할 수 있을지도 모릅니다. 하지만 아시다시피 그렇게 하려고 하면 순환 논리에 빠집니다. 귀납법은 과거에 한결같이 사실이었던 것은 미래에도 계속해서 사실일 것임을 전제로 하니까요. 그건 바로 우리가 증명하려고 하는 명제죠. 그래서 귀납적 결론을 정당화할 방법이 없습니다. 그런데 순환 논리를 피해 연역적 논리를 정당화할 방법 역시 없습니다. 어떤 것을 증명하려면 논리를 사용해야 하니까요. 그래서 교훈은 이겁니다. 이건 철학의 오래된 주제이기도 하죠. 즉 이성 그 자체를 정의하는 행위인 연역법과 귀납법이 스스로 정당화할 수 없는 것은 바로 그 행위들이 이성 그 자체를 정의하기 때문입니다. 그 행위들 없이는 사고가 불가능합니다. 하지만 이건 우리가 믿음에 대해 말할 때 의미하는 종류와는 매우 다른 상황입니다. 한 상황(과학)에서는 그 사고 행위들이 너무나 기본적이라 그것 없이는 일관된 사고가 불가능하지만 다른 상황(종교)에서는 믿음이 없어도 일관되게 생각할 수 있습니다.

라이트먼 저는 그 말에 동의하지 않아요. 세계는 99.99퍼센트가 논리적입니다. 세계는 우리가 존재하기에 충분히 논리적이고 법칙적입니다. 그렇다는 건 기본 입자들과의 상호작용에서 특정 대칭성이 수십억 개의 상호작용 중 단 한 번 깨지는 경우가 있다는 뜻입니다. 우리를 만들어내는 모든 생물학적 법칙은 법칙적인 세계의 99.99퍼센트에서 잘 통하는 법칙일 수 있습니다.

골드스타인 몇몇 법칙은 확률론적입니다. 모든 법칙이 절대적일 필요는 없습니다. 그래서 여러분도 아시다시피 확률론적 법칙이 있습니다. 그리고 때때로 법칙에 위배되는 현상이 일어나는 건 확률론적 법칙의 특성입니다. 그것은 확률론적 법칙의 성질이지, 법칙을 깨는 것이 아닙니다.

라이트먼 아니요, 아닙니다.

골드스타인 우리는 여기서 '믿음'이라는 단어 사용 문제를 빼고는 동의하는 것 같습니다. 종교가 아무리 위안과 의미를 가져다줄 수 있다 해도 종교의 존재론에서 믿음을 사용하는 상황과, 그것 없이는 일관성과 비일관성의 차이를 이해할 수조차 없는 기본적인 사고 방법과 관련해 우리가 처한 인식론적 상황에 똑같은 '믿음'이라는 단어를 사용할 수 있을까요? 과학에서 믿음이라는 단어를 사용할 때 저는 그런 의문이 듭니다. 하지만 일상생활에서 어떤 것을 이해하려고 할 때도 마찬가지입니다. 똑같은 단어를 사용하는 건 그저 합리성을 추구하는 것의 일부인 믿음과 일반적으로 사용되는 믿음이 똑같다는 잘못된 인상을 줍니다. 일반적으로…

글레이제르 종교에서 사용되죠.

골드스타인 저는 법칙을 따르는 세계를 원해요.

글레이제르 네, 맞아요. 그런 의미에서 이건 적절한 질문이라고 생각합니다. 앨런에게 물었지만 사실 우리 모두에게 묻는 질문입니다. 법칙이 없는 우주는 무서운 곳일 거라고 말씀하셨지만 지금 우리가 살고 있는 법칙 있는 우주도 무서운 곳일 수 있습니다. 허리케인을 보세요. 인문학자로서 당신의 감성을 위협하는 과학적 진실이나 미래의 과학적 탐구가 있나요?

라이트먼 그게 질문인가요?

글레이제르 네, 인문학자로서 당신의 감성을 위협하는 과학적 진실이나 과학적 탐구 분야가 있나요? 저는 하나 알고 있는데 일단 말하지 않을게요.

라이트먼 아무것도 생각나지 않아요. 죄송해요. 생각나지 않는군요.

글레이제르 그럼…

골드스타인 엔트로피는 어떤가요? 그건 결국 우리 모두를 종말로 몰아갈 과학적 진실입니다.

글레이제르 아뇨, 제 말은, 저는 탐구 분야를 말하는 거였지만, 맞아요, 엔트로피는 속수무책이죠. 저는 과학 탐구 분야를 생각하고 있었어요. 제가 생각한 건 트랜스휴머니즘이었어요.

라이트먼 음, 제게 감정적인 공명을 일으키는 과학적 탐구 분야가 많습니다. 신경과학, 생각이 무엇인지에 대한 탐구. 빅뱅과, 빅뱅 이전에 뭔가가 있었는지에 대한 의문. 이런 주제들은 확실히 직감적으로 와닿는 문제들이긴 한데 위협을 느끼지는 않아요. 제가 '위협적'이라는 말에 너무 집착하고 있나 봅니다.

골드스타인 당신은 어떻게 생각해요?

글레이제르 저는 트랜스휴머니즘에 대해 생각하고 있었어요. 트랜스휴머니즘이란 디지털 기술과의 공존과 공생 관계 때문에 우리가 완전히 다른 종류의 종이 되고 있다는 생각이죠. 가령 출근하는 장면을 떠올려보세요. 교통 체증에 갇혀 있는데 갑자기 집에 휴대전화를 두고 왔다는 걸 깨달아요. 하지만 돌아갈 수는 없어요. 그러면 회사에 지각할 테니까요. 그래서 여러분은 휴대전화 없이 온종일을 보내야 합니다. 대부분 사람에게 그건 절망적인 상황이에요. 왜냐하면 휴대전화는 이제 여러분의 일부이기 때문이죠. 휴대전화는 사람의 연장連墻이 되었어요. 휴대전화 없이는 더 이상 자신이 아닙니다. 그게 너무나도 필요하기 때문이죠. 실제로 여러 사람의 휴대전화를 들여다보면 똑같은 앱도 많지만 그중 일부는 그 사람과 그의 개인적 취향에 맞춰져 있어요. 마치 지문처럼 말이죠. 스마트폰은 실제로 당신의 디지털 연장이에요. 따라서 당신은 이미 인간인 동시에 기계인 셈이죠.

트랜스휴머니즘 운동은 그걸 훨씬 뛰어넘습니다. 아마 SF 영화에서 보셨겠지만 거의 인간으로 인식할 수 없는 수준까지 신경기능과 물리적 힘을 확장한다는 점에서 우리는 실제로 기계가 됩니다. 우리는 다른 뭔가가 됩니다.

라이트먼 알겠어요. 그럼…

골드스타인 저는 당신이 과학적 진실이 아니라 과학적 진실의 응용인 기술에 대해 이야기하고 있다고 생각합니다. 인문학자로서 우리를 불안하게 만들 만한 기술이 많으니까요.

글레이제르 네, 과학적 탐구 분야를 말한 겁니다.

골드스타인 맞춤 아기도 그렇죠? CRISPR로 자손의 유전자 구성을 설계한다고 생각하면 정말 무서워요.

글레이제르 다음 대담의 주제로 삼아도 좋겠군요. 맞춤 아기라, 정말 멋진 표현이에요.

골드스타인 맞춤 아기가요? 네, 멋진 표현이에요. 지금까지는 생각해본 적 없지만요.

라이트먼 지금 우리가 갖고 있는 스마트폰이 인간으로서의 저를 위협한다고 생각해요. 모든 사람이 접속한 상태이기 때문이죠.

글레이제르 그나저나 앨런은 이메일에 저항하는 걸로 유명하죠. 앨런은 이메일의 맹공에 저항하고 있어요. 매우 용감한 일이에요.
　　자, 이렇게 질문해볼 수 있겠어요. '성령이나 종교에 대해 들어본 적 없는 사람에게도 초월적 경험이 일어날 수 있다고 생각하나요? 만일 그렇다면 그 경험은 전통적인 서구 사회에서 성장한 사람의 경험과 어떻게 다를까요?' 그러니까, 초월적 경험에 일종의 보편성이 있을까요?

라이트먼 저는 그렇다고 생각해요.

골드스타인 예전에 희망봉에 갔을 때 멋지게 펼쳐진 바다를 바라

보고 있는데 바다 위로 완벽한 무지개가 떠올랐어요. 저는 꼼짝도 하지 않고 무지개를 바라봤어요. 초월적인 경험이었어요. 그때 앞쪽을 보니 비비 무리가 한 줄로 늘어선 채 바다에서 떠오르는 그 무지개를 바라보고 있는 거예요. 저만큼이나 몰입한 상태였죠. 비비는 매우 시끄러운 동물이라 한시도 가만있지 않고 수선을 피우기로 유명한데 그런 동물이 정적에 빠졌죠. 초월적 경험을 비비 무리와 공유하고 있다는 걸 깨달았을 때 저는 또 한 번 초월적 경험을 했어요.

라이트먼 하지만 비비가 신을 믿나요?

글레이제르 아마 그들에게는 무지개가 신이었겠죠. 이제 다음 질문을 드릴게요. 물질의 성질에 관한 최신 이론들을 고려하면 개인들이 이전 시대에 발생했던 삶과 사건에 대한 정보를 기억의 형태로 가지고 있을지도 모른다고 추측할 수 있을까요? 즉, 몸속 물질이나 에너지와 관련된 원소 안에 'DNA'의 에너지 형태가 담겨 있을 수도 있을까요? 말하자면 원자 기억의 일종이라고나 할까요?

많은 티베트 불교도가 그런 걸 믿습니다. 그래서 이건 일종의 환생 이론이죠. 두 분은 어떻게 생각하시는지 모르겠습니다.

골드스타인 저는 이런 종류의 것들에 대한 경험이 없습니다. 이따금 그런 일이 보고된다고 알고 있어요. 태어난 아이가 뭔가를 기억하는 것처럼 보이는 변칙적인 사건들 말이죠. 이게 실제로 어떤 현상이라는 확신은 있는데 이 아이들이 아는 것처럼 보이는 뭔가를 설명할 방법이 없고 보고에 속임수도 없다면 우리는 그 현상을 설명할 수 있는 자연법칙을 찾기 시작해야 합니다. 그리고 저는 무슨 소린지 잘 모르겠지만 질문자가 언급한 것이 답 또는 답의 일부가 될 수도 있겠죠. 하지만 제가 방금 증명했듯 저는 그에 대해 아는 게 없습니다.

글레이제르 마지막으로 질문이 하나 더 있습니다. 초자연 대 자연이라는 개념에 대해서요. 전 여러분이 이걸 어떻게 생각하시는지 알고 싶어요. 저는 다음과 같은 이유로 초자연적인 것들이 실제로는 말이 되지 않는다고 생각합니다. 제가 욕실에 있다가 유령을 봤다고 상상해봅시다. 제가 유령을 봤다는 사실은 그 실체가 무엇이든 그게 어떤 형태의 전자기 에너지를 방출했으며, 그것이 제 눈에 영향을 미치고 제 시각 피질에 닿아 제가 그것을 볼 수 있었다는 뜻입니다. 이런 의미에서 그건 불가사의하긴 해도 완벽히 자연적인 현상으로 보입니다. 초자연적인 현상을 경험한다는 건 그 현상을 자연스러운 걸로 만듭니다. 그런 경험을 하려면 정보 교환이 필수적인데, 이는 원칙적으로 초자연적인 것들이 할 수 없는 일이기 때문입니다. 초자연적인 현상은 다른 종류의 실재에 살기 때문이죠.

라이트먼 당신이 유령을 봤는데 그게 전자기 에너지 방출 때문에 일어난 현상이 아니라면요? 그건 과학적인 설명입니다. 만일 눈을 감고도 유령을 볼 수 있다면요?

글레이제르 그렇다면 마음속으로 유령을 봤다는 말인데, 그건 다른 겁니다. 그런 일이 가능하다면 저는 일종의 환각 현상이라고 생각합니다. 머릿속에 유령이 나타나는 게 아닐까요?

라이트먼 당신은 과학의 중심 교리를 지키는 분이니 그렇게 말씀하시겠죠.

글레이제르 제게 어떤 목소리가 들린다면 그 목소리는 외부에서 오는 거죠. 그렇지 않다면 저는 문제가 있는 거고 정신과 의사를 만나봐야겠죠. 마찬가지로 제가 머릿속에서 뭔가를 본다면 그것도 틀림없이 뭔가 잘못된 거예요. 안 그래요? 우리 세계와 평행하는 초자연적 실재가 존재한다는 개념은 물질물리학의 관점에서는 복잡한 겁니다.

라이트먼 음, 하지만 초자연적인 것이 뭔지 알려면 먼저 자연적인 것이 뭔지 알아야 해요.

글레이제르 맞습니다. 우리가 오만한 이성으로 초자연적 현상의 가능성을 폐기해서는 안 되는 이유죠. 이성을 항상 날카롭게 유지해야 하는 것과는 별개로 말이죠. 초자연과 자연의 경계는 어디쯤일까요?

골드스타인 초자연적인 존재의 가능성을 배제하는 것이 아니라 그런 것이 존재한다고 생각하기 위해서는 근거가 있어야 합니다. 어떤 개인에게 그런 일이 일어난다면 불행한 정신병적 경험을 하고 있을 것일 가능성이 훨씬 높습니다. 하지만 우리 모두 그걸 봤다면, 즉 모두 같은 걸 봤다면 나중에 그게 같은 것이라는 데 동의할 겁니다. 여기에 이해할 수 없는 게 있나요? 저는 없는 것 같아요. 자연의 법칙을 바꿀 필요조차 없다고 생각해요. 단지 그 현상을 일으키는 경계 조건들이 매우 특별하고 일어날 법하지 않은 것일 뿐입니다. 제 의자가 공중부양을 한다 해도 저는 믿지 않을 겁니다.

글레이제르 초자연적인 것을 믿으세요.

골드스타인 저는 믿지 않지만 만일,

글레이제르 무서울 텐데요.

골드스타인 저는 버틸 겁니다. 제 말은, 만일 우리가 갑자기 밖으로 나가서 하늘을 올려다봤는데 별들이 유대인의 큰 별인 '다윗의 별'로 뭉치고 있다면 그건 우리에게 생각할 거리를 줄 겁니다.

글레이제르 그러려면 죽치고 앉아서 그런 걸 기다려야겠군요.

골드스타인 네.

글레이제르 하지만 앨런, 당신이 배에서 했던 그 경험은 매우 자연스러운 거예요. 이런 초월적인 느낌은 완벽하게 자연스럽습니다. 저는 열다섯 살 때 그런 경험을 적어도 한 번 이상 했던 것 같아요. 제 형 루이스와 함께 제가 자란 리우 남쪽의 멋진 섬들로 주말을 함께 보내러 갔습니다. 당시 저는 한 발은 현실에 한 발은 환상에 둔 신비주의적 소년이었죠. 형이 말했어요. "신비주의적인 경험을 하고 싶어? 바다 앞에 있는 저 바위에 앉아서 잠자코 지켜봐." 저는 아주 오랫동안 그곳에 있었고, 물질이 해체되는 듯한 느낌에 휩싸였어요. 제 개인의 본질이 사라지며 물아일체가 되는 느낌이었죠. 그건 정말 감동적인 경험이었어요. 그런 일들은 종종 일어납니다. 하지만 초자연적인 차원과는 아무 상관 없다고 생각해요. 그런 경험을 할 때면 실재의 의미에 더 깊이 빠져들게 되죠. 저는 그때 실재의 의미에 빠져든 것 같고, 아직도 탐색하는 중입니다.

5장 시간의 신비
과학사가와 물리학자의 대화

히메나 카날레스와 폴 데이비스

이번 대담은 매우 평범하고도 신비로운 주제인 '시간'에 대한 것입니다. 시간은 누구나 아는 주제입니다. 우리는 모두 시간에 대해 이야기하고, 시간이 충분하지 않다고 불평하며, 시간의 본질에 대해 혼란을 느낍니다. 제가 관찰한 한 가지 사실은 나이가 들수록 시간이 더 빨리 흐르는 것처럼 느껴진다는 겁니다. 그건 무척 부당한 일입니다. 이게 사실일까요? 손에 잡히지 않는 시간의 속성은 물리학자의 시간에 대한 정의와 관련 있을까요? 아니면 그것과는 완전히 다른 주관적 경험일까요? 두 종류의 시간이 있을 수 있을까요? 하나는 과학의 정확한 시간이고, 다른 하나는 좀더 개인적이고 심리학적인 시간이죠. 만일 두 종류의 시간이 있다면 둘은 양립 가능할까요? 아니면 주관적인 시간은 과학적 설명에 적합하지 않을까요? 그리고 훨씬 어려운 질문이 하나 있습니다. (사실은 많이 있습니다!) 시간에 대한 과학적 설명이 우리가 시간의 본질을 이해하는 데 조금이나마 도움이 될까요? 아니면 우리가 시간을 더 정확하게 측정한다 해도, 시간은 여전히 신비롭고 궁극적으로 주관적인 것으로 남을까요?

히메나 카날레스Jimena Canales는 멕시코에서 자랐고, 그 후 미국으로 건너가 하버드 대학교에서 과학사로 석사와 박사 학위를 받았습니다. 하버드에 머물면서 수년 동안 학생들을 가르쳤고, 일리노이 대학교로 옮겨 과학사 토마스 시벨 교수the Thomas Siebel Professor of the History of Science를 지냈습니다. 최근에는 글쓰기에 전념하기 위해 매사추세츠주 케임브리지로 돌아왔죠. 많은 전문지와 학술지에 기고했으며, 『10분의 1초: 역사』A Tenth of a Second와 『물리학자와 철학자』The Physicist and the Philosopher를 썼습니다.

『물리학자와 철학자』는 큰 찬사를 받았습니다. 2015년 NPR 〈사이언스 프라이데이〉Science Friday와 마리아 포포바의 『브레인 피킹스』Brain Pickings 선정 최고의 과학 책, 『인디펜던트』Independent 최고의 책, 『태블릿』Tablet 올해의 책 중 한 권이었죠. 히메나의 첫 책 『10분의 1초』는 『가디언』Guardian의 '시간에 관한 10대 책' 중 한 권으로 꼽혔습니다. 히메나는 또한 『뉴요커』New Yorker 『애틀랜틱』Atlantic 『와이어드』Wired, BBC 등 여러 매체에 에세이를 다수 썼습니다.

『물리학자와 철학자』에서 말하는 물리학자는 알베르트 아인슈타인이고, 철학자는 1920년대 유럽 지식인계의 최고 슈퍼스타였던 앙리 베르그송Henri Bergson입니다. 믿거나 말거나, 베르그송은 당시 아인슈타인보다 훨씬 유명했죠. 1922년 4월 6일, 두 사람은 시간의 본질에 대해 이야기하기 위해 파리에서 한자리에 앉았습니다. 그날 저녁에 일어난 일은 시간이 무엇인가에 대한 우리의 이해를 바꿔놓았죠.

폴 데이비스Paul Davies 교수는 세계적으로 유명한 이론물리학자입니다. 우주론, 우주생물학, 천체물리학 그리고 블랙홀 이론 등을 연구하고 있습니다. 많은 책을 집필했고, 이곳 애리조나 주립대학교 교수이자 같은 대학 산하, 과학의 기초 개념을 위한 초월센터Beyond Center for Fundamental Concepts in Science 소장으로 재직 중입니다.

폴은 세 권의 책을 썼는데 모두 시의적절한 내용이었습니다. 그중 한 권은 1974년에 펴낸 전문서 『시간 비대칭성의 물리학』 *The Physics of Time Asymmetry*입니다. 다음으로 일반 독자를 위한 책을 두 권 썼습니다. 1995년 『시간에 대해』*About Time*를 냈고, 2001년에는 저도 알고 싶은 『타임머신 만드는 법』*How to Build a Time Machine*을 썼습니다. 어쩌면 폴은 지금 이 자리에 없을지도 모릅니다. 우리를 방문한 건 미래의 그일지도 모릅니다.

폴은 템플턴상을 포함해 상을 다수 수상했어요. 켈빈 메달은 물론 과학에 대한 대중의 이해에 기여한 사람에게 주어지는 패러데이상을 받았죠.

카날레스 저는 과학사가입니다. 20년 동안 주로 역사적 관점에서 과학을 연구해왔습니다. 하지만 동시대 과학에도 관심이 많습니다. 저는 첫 책 『10분의 1초』를 쓰면서 과학사가의 길에 들어섰고, 농담 삼아 가장 짧은 시간에 대해 가장 긴 책을 쓴 사람이라고 말하곤 합니다. 이 책은 일상생활에는 중요하지 않은 아주 짧은 시간을 측정하는 일에 왜 우리가 관심을 갖기 시작했는지에 대한 책입니다.

이 책은 19세기 중반 무렵에서 시작합니다. 당시 프랑스 천문학자 프랑수아 아라고François Arago는 0.1초를 잴 수 있는 시계는 더 이상 '실속 없는 사치품'이 아니며, 과학계는 이런 시계를 도입해야 한다고 주장했어요. 그 후로 더 짧은 시간을 측정하기 위해 경주가 일어납니다. 그 경주는 지금도 진행 중이라고 생각합니다.

그때부터 짧은 시간을 측정하고 정확한 측정 기준을 마련하는 일이 문명과 문명화된 문화의 표식이 되었습니다. 그것이 제 저서의 주된 관심사였습니다.

그 책을 쓰기 시작했을 때 젊은 역사학자였던 저는 정치사 자료를 많이 읽었습니다. 대통령과 왕들에 대해 읽었죠. 그런데 수업에서 배운 역사 대부분을 포함해 제가 읽은 역사 자료들 중 어느 것도 현대성의 본질을 제대로 잡아내지 못한다는 생각이 들었어요. 왜 우리 손가락이 지금 키보드 위에 있고, 왜 우리 눈이 스크린에서 떨어지지 않을까요? 어쩌다 우리는 0.1초 안에 반응을 이끌어내는 시스템들에 둘러싸이게 되었을까요? 그것이 제가 그 숫자(0.1초)에 관심을 갖게 된 이유입니다. 전신기의 키에서 자동 페달에 이르기까지 이런 시스템들은 현대성을 대표하게 되었습니다. 이런 것들은 왜 그렇게 널리 퍼지게 되었을까요?

저는 시간 측정 도구들을 반응 시간의 역사, 천문학의 역사 그리고 실험심리학의 역사와 함께 들여다봅니다. 상호 관련된 이 학문들은 우리가 현대성의 본질, 현대성의 감각-운동 질서를 이해하는 데 도움을 줄 수 있다고 생각합니다. 왜 우리의 눈과 손가락이 다른 장치가 아니라 특정 장치에 놓이게 되는지에 대한 답을 찾는 데 도움이 될 것입니다.

집필 막바지 자료 조사를 하다가 저는 19세기 말과 20세기 초 가장 유명했던 철학자 중 한 명이 프랑스 철학자 앙리 베르그송이라는 점을 알게 되었습니다.

베르그송은 사실상 아인슈타인보다 유명했고, 무엇보다 시간에 대한 전문가였습니다. 1907년에는 그를 세계적으로 유명하게 만든 『창조적 진화』*Creative Evolution*라는 책을 썼습니다. 베르그송은 진정한 대중 지식인이었습니다. 그는 라디오에 출연한 최초의 지식인 중 한 명이었어요. 국가수반들과 허물없이 어울렸고, 윌슨 대통령이 참전하도록 설득하는 데 영향력을 발휘했습니다. 그가 뉴욕에서 강연할 때는 최초로 교통 체증이 생겼다는 소문도 있습니다.

윌리엄 제임스도 베르그송을 존경했어요. 제가 베르그송을 연구하기 시작했을 때의 일이 기억납니다. 사람들이 "베르그송은 윌리엄 제임스를 읽었어요"라고 말하면, 저는 "아니요, 윌리엄 제임스가 베르그송을 읽었습니다"라고 답하곤 했죠. 이렇게 저는 오늘날 그리 유명하지 않은 이 인물에 대해 알게 되었습니다. 15년 전쯤 버클리에서 학회가 열린 것을 마지막으로, 지난 15년 동안 미국에서 앙리 베르그송에 대한 주요 학회는 개최된 적이 없어요.

그리고 저는 우연히, 아인슈타인이 파리에서 했던 연설의 녹취록이 실린 이 문서를 접하게 되었습니다. 그날 청중 가운데는 앙리 베르그송이 있었어요. 믿을 수 없었죠. 저는 이 문서가 역사적인 보물이라고 생각했고, 수많은 사람이 이 사건에 대해 썼을 거라고 생각했습니다. 우리는 모두 아인슈타인이 중요한 인물임을 알고 있고, 몇몇 사람은 앙리 베르그송의 중요성도 알고 있었으니까요. 그들은 서로 무슨 말을 했고, 그 회의에서는 무슨 일이 있었을까요?

놀랍게도 1922년 4월 6일에 있었던 그들의 만남에 대한 책 분량의 기록은 없었습니다. 그래서 저는 그날 일을 조사해보기로 했습니다. 그날에 대해 알아낼 수 있는 한 많은 것을 알아내고, 제가 품은 의문들에 대한 답을 찾기로 결심했죠. 왜 오늘날 베르그송은 잘 알려져 있지 않을까요? 그건 정말이지 흥미로운 이야기입니다.

아인슈타인은 1919년 매우 유명한 물리학자가 되었습니다. 일식 관찰에서 그의 일반 상대성 이론이 확인된 뒤죠. 간단히 말해 중력이 태양 주위의 빛을 굴절시킨다는 사실이 입증되었어요. 영국 천문학자인 프랭크 다이슨Frank Dyson과 아서 에딩턴Arthur Eddington이 이걸 측정했고, 그들은 최초로 언론 보도를 이용한 과학 발표라는 큰 이벤트를 기획했습니다. 그들의 관찰은 여러 가지로 설명 가능했습니다. 물론 초미의 관심사는 중력이 빛을 휘게 할 수 있는가였죠. 하지만 제출된 논문에 의하면 그 결과가 의미할 수 있는 건 세 가지뿐이었어요. 첫째, 중력이 빛에 전혀 영향을 미치지 않았다. 둘째, 중력이 빛에 어느 정도 영향을 미쳤다. 그리고 셋째, 중력이 아인슈타인이 예측한 정도로 빛을 휘게 했다. 결과는 세 번째와 일치했어요.

전 세계 신문들이 일제히 이 사건을 보도했습니다. 아인슈타인은 그때까지만 해도 유명하고 존경받긴 했지만 논란 속에 있었던 물리학자였는데, 이 일로 세계적인 스타가 되었어요. 사진사들에게 쫓길 정도였죠. 그가 쓴 기록에 따르면, 당시 베를린의 모든 아이가 사진으로 그의 얼굴을 알고 있었다고 해요. 그의 얼굴은 할리우드 스타들보다 유명했어요. 이때는 1910년대로, 할리우드와 영화 산업이 시작되던 때였죠. 한번은 아인슈타인이 캘리포니아에 갔다가 영화를 보러 갔는데 그 당시 할리우드 최고 스타였던 메리 픽포드가 아인슈타인에게 인사하고 싶어 해서 영화가 중단된 일도 있었다고 해요. 아인슈타인은 메리 픽포드와 악수했지만 그녀가 누구인지 몰랐어요.

이건 과학자의 역할에 반전이 일어난 매우 흥미로운 사건이었습니다. 과학자가 대중 지식인이 된 상징적인 사건이었죠. 헬름홀츠, 파스퇴르, 다윈 같은 과학자들은 대중에게 매우 유명했지만 신문에 정기적으로 보도되지는 않았어요. 하지만 이때부터 일간지는 사람들이 과학 소식을 듣는 매체 중 하나가 되기 시작했습니다. 당시는 1차 세계대전이 끝난 뒤였고, 독자들은 대학살과 폐허, 나쁜 독일인들과 나쁜 프랑스인들에 대한 이야기뿐 아니라 경이로운 이야기를 듣고 싶어 했어요. 과학이 이 역할을 하기 시작한 거죠.

아인슈타인은 프랑스로부터 연설해달라고 초청받았습니다. 무엇보다 그는 평화주의자였고, 독일의 재무장에 반대하는 글을 썼기 때문이죠. 아인슈타인은 독일계 유대인으로 스위스에서 활동했어요. 고국에서의 관계가 불편했거든요. 그는 일식 탐험을 이끌었던 영국 천문학자들을 매우 좋아했습니다. 프랑스에는 그의 이론을 진심으로 지지하는 사람들이 있었고요. 놀랍게도 이들은 물리학자가 아니라 철학자들이었어요.

아인슈타인을 초청한 곳은 물리학회Société de Physique가 아니었습니다. 그를 초청한 곳은 콜레주 드 프랑스Collège de France였어요. 또한 1922년 4월 6일에는 제가 관심을 갖고 있는 더 중요한 회의인 프랑스 철학학회Société Française de Philosophie 회의에 초대받았습니다. 그가 강연하는 모습과 이 위대한 스타를 보기 위해 문으로 들어가려는 사람들의 광경이 사진으로 몇 장 남아 있어요.

아인슈타인은 기차를 타고 빛의 도시 파리에 도착했습니다. 그가 파리 북역에 도착하자 많은 기자가 그를 기다리고 있었죠. 그는 군중을 피하기 위해 "들어가지 마시오"라고 적힌 곳에서 우회해 다른 길로 도망쳤어요.

그날 회의는 큰 이벤트였습니다. 아인슈타인은 프랑스 철학학회에서 매우 서투른 프랑스어로 연설하기 시작했어요. 그는 프랑스어를 잘하지 못했습니다. 우리 모두는 아인슈타인이 학교에서 공부를 잘하지 못했다는 신화를 알고 있는데, 그건 프랑스어 말하기를 제외하고는 거의 신화입니다. 그는 정말 프랑스어를 좋아하지 않았어요. 아인슈타인이 베르그송을 처음 언급한 자료에는 이렇게 적혀 있어요. 프랑스어를 잘하기 위해 프랑스어로 적힌 뭔가를 읽자고 제안한 친구에게 아인슈타인은 "아니, 나는 베르그송의 재미없는 글을 읽을 생각이 없어"라고 말했다고 해요.

하지만 수년이 흘러 아인슈타인은 프랑스에 와 있었습니다. 그의 서신은 아인슈타인이 그날 연설에서 매우 긴장했음을 보여줍니다. 그는 프랑스어로 말해야 해서 매우 긴장했어요. 그에게는 폴 랑주뱅Paul Langevin이라는 좋은 친구가 있었는데, 그는 바로 우리에게 '쌍둥이 역설'이라고 알려진 이론을 발전시킨 사람이죠. 기자들에 따르면, 폴 랑주뱅이 그날 저녁 아인슈타인에게 답변을 속삭여줬다고 합니다.

그날의 완전한 녹취록이 존재한다니 저는 역사학자로서 흥분을 감출 수 없었습니다. 게다가 녹취록에는 두 사람이 말한 모든 내용이 적혀 있어요! 때때로 어조까지 괄호 안에 표시되어 있죠. 그날 저녁 행사는 아인슈타인의 짧은 개회사로 순조롭게 시작되었고, 그다음 토론이 이어졌습니다.

그때 아인슈타인은 그날 저녁의 뇌관이 된 말을 합니다. 청중 속에 앙리 베르그송이 앉아 있는 가운데 회원들이 시간의 본질, 그리고 주관적 시간이 무엇인지에 대해 이야기를 나누던 중 아인슈타인이 "철학자들의 시간은 없다"라고 말한 겁니다. 사람들은 서로 툭툭 치기 시작했고, 한 회원은 주최자에게 "베르그송이 이곳에 있으니 베르그송에게 직접 발언할 기회를 주는 게 좋겠다"라고 말했습니다. 그러자 베르그송은 "나는 듣기 위해 왔습니다.

말할 생각으로 온 것이 아닙니다. 하지만 철학학회의 정중한 요청에 따르겠습니다"라고 말했습니다. 그리고 약 15분 만에 철학자들의 시간은 없다는 이 선동적인 주장에 응답했습니다.

그날 저녁 무엇이 걸려 있었는지에 대해, 그리고 이후의 반응에 대해 좀더 말씀드리려고 합니다. 하지만 시간을 조금 뒤로 돌려 아인슈타인의 말과 관련해 베르그송이 그렇게 불쾌하게 생각한 것이 무엇이었는지, 그리고 그 후 무슨 일이 일어났는지 이야기해보겠습니다.

베르그송은 결국 아인슈타인의 상대성 이론에 대한 반론으로 『지속과 동시성』*Duration and Simultaneity*이라는 책을 쓰게 되었습니다. 그 책은 이미 제작되고 있었어요. 그는 10년 이상 아인슈타인의 업적을 연구해왔으니까요. 베르그송은 폴 랑주뱅이 쌍둥이 역설을 처음으로 논한 볼로냐 강연들 중 하나에 참석했었고, 그의 책은 1922년 말 두 사람의 논쟁이 있은 지 몇 달 뒤 출판됐습니다.

그해는 아인슈타인이 노벨상을 받은 해이기도 합니다. 아인슈타인은 수년간 노벨상을 받기를 희망해왔고, 심지어 전 부인에게 노벨상 상금으로 위자료를 주겠다고 약속까지 했었죠. 하지만 정작 노벨상을 받았을 때 그는 자신을 유명하게 해준 상대성 이론으로 상을 받은 게 아니었어요. 그는 주로 광전 효과와 브라운 운동에 대한 연구로 노벨상을 받았습니다.

노벨상 시상자의 발언은 매우 노골적이었습니다. 그 사람은 상대성 이론에 상이 주어지지 않은 이유는 철학자 베르그송이 파리에서 이 이론에 이의를 제기한 사실을 모두가 알고 있기 때문이며, 상대성 이론의 옳고 그름을 판단하는 건 실험이 아니라고 말했습니다. 그들에게 필요한 일은 실험이 아니었어요. (실험은 이미 일식 관찰로 실시됐습니다. 만일 누군가가 그 이론에 대한 실험적 입증을 찾고 있었다면 이미 입증되었다고 말할 수 있었을 거예요. 수십 년 전에도 마이컬슨–몰리 실험이 실시됐고요.) 시상자는 상대성 이론의 옳고 그름은 인식론적으로 판단해야 한다고 말했습니다. 과학자들이 상대성 이론을 채택해야 하는지 채택하지 말아야 하는지를 알기 위해 사람들은 과학 외의 해법을 찾고 있었죠.

상대성 이론의 실험적 검증에 대해 쓴 문헌이 많고, 저는 그것에 조금도 이의가 없습니다. 그러나 당시에는 그 똑같은 실험 결과를 보고 나서 이 주제를 연구한 가장 중요한 과학자 앙리 푸앵카레Henri Poincaré와 헨드릭 로렌츠Hendrik Lorentz를 비롯해 많은 학자가 이런 결론을 내렸습니다. "이는 사실이고, 아인슈타인의 말도 사실이지만 일상의 시공간 개념을 완전히 혁신할 필요가 있다고는 생각하지 않는다. 우리는 아인슈타인과 실험 물리학자들이 설명하는 것과 같은 방식으로 중력에 의해 빛이 구부러지는 현상을 설명할 수 있고, 시간 지연과 길이 수축(길이가 관측자에 따라 달라지는 상대적인 것이라는 개념—옮긴이)을 설명할 수 있다. 하지만 우리가 일상생활에서 공간과 시간에 대해 생각하는 방식을 버릴 필요는 없다. 그것이 우리에게 합리적이기 때문이다."

여러분도 아시다시피 아인슈타인이 시공간을 설명하는 방식은 몇 가지 현실적인 역설을 수반합니다. 그것과 관련한 몇몇 쟁점은 머리가 지끈지끈할 정도로 어려워요. 아인슈타인은 그에 개의치 않았어요. 그는 우리가 시간의 흐름을 느끼는 건 환상이라고 말했죠. 그의 친구 미켈레 베소Michele Besso가 세상을 떠났을 때 그는 베소의 여동생에게 유명한 메모를 남겼어요. "믿음을 가진 물리학자에게 과거, 현재, 미래의 차이는 지속적인 착각에 불과하다."

우리는 3차원에 익숙한 감각적 한계를 가지고 있지만 물리학자처럼 생각한다면, 수학을 사용한다면 공간과 시간이 4차원을 갖는 다른 시공간 이론에 도달할 것입니다. 일반 상대성 이론에 따르면 시간과 공간은 동등한 입장에 놓입니다. 우리가 이해하기에는 어려운 개념임이 분명해요. 일상에서는 길을 잃어 동쪽이 아닌 서쪽으로 갈 수 있지만 상대성 이론에 따르면 여러분은 길을 잃은 게 아니라 어제나 내일의 자신이 되는 것입니다.

우리가 시공간을 경험하는 방식에는 차이가 있습니다. 다른 역설들도 있지만 특히 쌍둥이 역설이 유명하죠. 여기서 그 역설에 대해 자세히 다루지는 않겠지만 아마 여러분도 고등학교 시절에 배운 기억이 있을 거예요. 지구 상에 두 쌍둥이가 있는데 그중 한 명이 지구를 떠나 빛의 속도에 가깝게 여행한다면 그는 지구에 머문 쌍둥이보다 덜 늙을 거예요. 그가 지구에 돌아온다면 그 사실을 확인하게 됩니다.

베르그송은 저서에서 이 역설에 대해 썼습니다. 그는 이렇게 썼어요. "여행하는 쌍둥이는 허구의 쌍둥이이다. 그것은 허구이다." 하지만 과학에 따르면 그건 틀린 말입니다. 그래서 1922년 베르그송의 저서 『지속과 동시성』이 나왔을 때 아인슈타인은 여러 통의 편지에 베르그송이 실수했으며, 그 실수는 물리학적 실수였다고 썼어요. 위대한 인물, 위대한 대중 지식인이었던 앙리 베르그송이 시간의 본질에 대해 이야기하는 바통을 물리학자에게 넘겨주는 상징적 순간이었죠.

오늘날 여러분이 시간에 대해 깨달음을 얻고 싶다면 아우구스티누스를 읽거나 시를 읽겠지만 시간이 무엇인지 알고 싶다면 아마 스티븐 호킹이나 다른 물리학자의 책을 읽을 겁니다. 저는 시간에 대해 말할 수 있는 권한이 누구에게 있느냐에 관한 이 변화가 매우 흥미롭다고 생각합니다. 마지막으로, 저는 책을 집필할 때 시간이 무엇인가(즉 시간의 본질)에 대한 또 한 권의 책을 쓰고 싶지는 않았다는 말씀을 드리고 싶어요. 그런 책은 이미 많이 쓰였다고 생각합니다. 제가 쓰고 싶었던 책은 시간에 대해 발언할 권한이 누구에게 있는가, 우리의 공동체나 사회가 어떻게 그 권한을 부여할 것인가, 그리고 그 권위가 어떻게 특정 직업, 특정 인물에 의해 유지되고, 특정한 방식으로 유포되는가에 대한 책이었습니다.

데이비스 시간은 무한히 매혹적인 주제입니다. 모두 시간에 대해 생각합니다. 저는 시간에 대해 수없이 이야기했고, 몇 년 전에는 이런 행사를 위해 지금 제가 매고 있는 특별한 넥타이를 사는 수고까지 했습니다. 물론 사람들이 알고 싶어 하는 건 과거로 돌아가서 시험 성적을 고칠 수 있는지, 또는 어떤 여성이 아무리 멋져 보여도 그녀와 데이트하지 않기로 결정할 수 있는지 따위죠. 우리는 "시간이 끝날 때까지 너를 사랑할 거야"와 같은 표현을 사용합니다. 시간의 끝? 그게 뭘까요? 시간의 끝이 있나요? 시간의 시작이 있을 수 있을까요? 신은 어떤가요? 시간이 다 되었다거나 영원하다는 말은 어떤가요? 그게 뭘 의미하죠? 영원한 생명은 뭘 의미할까요? 언제까지나 영원히? 우리는 이런 말들을 주고받습니다. 하지만 저는 물리학자이고, 따라서 저는 이 토론에 어느 정도 정확성을 부여하고 싶습니다.

저는 지난 1000년대에 처음으로 시간의 본질에 관심을 갖게 되었습니다. 정확히 1967년이었어요. 그때 런던 왕립학회에서 열린 영국 우주론 학자 프레드 호일Fred Hoyle의 강연에 참석했습니다. 프레드는 그날, 라디오 방송국을 설치하고 프로그램을 전송하면 청취자는 라디오 방송국이 전송하는 것보다 조금 늦게 듣게 된다고 말했습니다. 전파가 그 사이의 공간을 가로질러 전해져야 하기 때문이죠. 전파가 약간 더 일찍 도착하는 법은 절대 없습니다. 그러나 전파가 어떻게 움직이는지를 설명하는 법칙들은 시간 대칭적입니다. 그 법칙들은 과거와 미래를 구분하지 않습니다.

물리 법칙에 따르면, 라디오 프로그램이 전송된 뒤가 아니라 전송되기 전에 그것을 듣는 것은 아무 문제 없는 일입니다. 호일은 역설처럼 보이는 이 문제를 어떻게 해결할 것인지 고민하고 있었습니다. 일상생활에서 우리는 시간의 화살, 즉 사건의 방향성이 존재한다는 압도적인 인상을 받습니다. 미래는 여러 면에서 과거와 달라 보입니다. 영화나 일상의 한 장면을 골라 거꾸로 재생하면 모두 웃습니다. 너무 터무니없기 때문이죠. 기본적인 물리 법칙의 대칭성을 깨고 일상 세계에 시간의 화살을 제공하는 것은 무엇일까요?

잠시 뒤 그 이야기를 이어가기로 하고, 저는 더 심오한 질문으로 시작하고 싶습니다. 많은 면에서 더 어려운 질문이죠. 그건 바로 '시간에 시작이 있는가?'입니다. 시간의 기원이 있을까요? 저는 시간의 끝만 말했지만 시간의 시작은 어떤가요? 시간의 시작점은 영원히 과거로 거슬러 올라가나요? 저는 10대 때 이런 고민을 하느라 잠을 이루지 못했습니다. '시간이 영원하다면 왜 나는 다른 시간이 아니라 지금 살고 있는 걸까?'

요즘 우리는 시간의 기원을 우주론, 우주의 기원 그리고 이 모든 것을 시작한 빅뱅과 연결해 생각하는 경향이 있습니다. 제가 학생이었을 때(그때는 2000년대가 오기 전이었습니다)는 빅뱅이 물질과 에너지뿐 아니라 공간과 시간의 기원이라는 것이 정설이었습니다. 즉, 빅뱅 이전에는 시간이 없었다고 생각했죠. 빅뱅은 시간의 시작이었습니다.

만일 제가 저녁 파티에서 이 이야기를 꺼낸다면 사람들은 이렇게 말할 겁니다. "오, 하지만 그건 속임수야, 빅뱅 이전에 무슨 일이 일어난 게 틀림없어. 아니면 빅뱅 이전에 뭔가가 일어나고 있었던 게 분명해. 빅뱅의 순간에 시간이 시작될 수는 없었을 거야." 하지만 시간에 시작이 있었다는 생각은 사실 오래됐습니다. 아우구스티누스는 5세기에 이미 세계는 시간 속에서가 아니라 시간으로 만들어졌다고 말했습니다. 그가 그렇게 말한 첫 번째 사람도 아니었죠.

시간 자체가 물리적 실재, 우주와 함께 생긴다는 개념은 아주 오래되었습니다. 현대 우주론의 가장 간단한 버전인 빅뱅 이론에 따르면 실제로 그랬습니다.

자, 그에 대해 자세히 말할 시간이 없지만 여러분은 이렇게 물을 수 있습니다. "왜 시간은 임의적 순간에 탁 켜졌죠? 그 스위치를 켠 게 뭐였나요? 우리가 그걸 이해할 수 있나요?" 글쎄요, 저로서는 스티븐 호킹과 제임스 하틀James Hartle이 1980년대에 세운 이론에 따르면 시간은 영원히 과거로 가지 않는다고 지나가듯 말할 수밖에 없군요. 그러나 역설적으로, 시간이 영원히 과거로 가지는 않지만 시간과 공간이 갑자기 짠 하고 생기는 특별한 마법의 순간이나 사건이나 특이점은 없습니다. 그 이유는 양자물리학과 관련 있습니다. 여기서 그에 대해 설명할 수는 없습니다. 그러면 강의가 될 테니까요. 다만 저는 현대 우주론의 가장 간단한 버전에 따르면 빅뱅이 시간의 기원이라는 점을 강조하고 싶습니다. 스티븐 호킹이 말했듯 빅뱅 이전에 무슨 일이 일어났는지 묻는 것은 "북극의 북쪽에 무엇이 있느냐?"라고 묻는 것과 같습니다. 답은 '아무것도 없다'입니다. 북극의 북쪽에 어떤 신비한 무의 땅Land of Nothing이 있어서가 아니라 '북극의 북쪽'과 같은 장소는 존재하지 않기 때문입니다. 똑같은 기하학적 추론을 적용하면 '빅뱅 이전'과 같은 시간은 존재하지 않습니다.

저의 존경하는 동료 로런스 크라우스Lawrence Krauss가 그렇듯 만일 여러분이 우주가 무에서 나왔다고 주장한다면 그 말은 곧 우주를 만들기 위해 기다리고 있는 어떤 종류의 '무'가 존재한다는 뜻일까요? 아니, 그렇지 않습니다. 우주가 무에서 솟아났다는 말의 진정한 의미는 우주의 기원 이전에는 장소도, 시간도, 아무것도 없었다는 겁니다.

하지만 지난 20년 동안 우주론자들 사이의 의견은 이렇게 바뀌었습니다. 아마도 실재는 영원할 것이고, 우리가 줄곧 우주라고 불러온 것이 그런 종류의 '무'라는 겁니다. 우주는 단지 단편 같은 것, 구성 요소일 뿐입니다. 우주는 시공간에 흩어져 있는 많은 '뱅' 중 '하나'이고, 이것들이 모두 함께 다중 우주를 형성하며, 그 다중 우주는 영원합니다. 따라서 여러분은 두 입장의 장점을 모두 취할 수 있습니다. 영원한 다중 우주가 존재하는 동시에 태어나 살고 죽는 개별 우주가 존재하는 것이죠.

이게 현재 유행하는 견해이지만 솔직히 말해서 우리는 모릅니다. 덧붙여 말하자면 프레드 호일은 그 견해를 마음에 들어 했습니다. 그는 빅뱅을 받아들였지만 동시에 빅뱅에 회의적이었죠. 그는 우주가 영원하고, 시작도 끝도 없으며, 팽창하면서 그 틈을 메우기 위해 새로운 물질이 만들어진다고 생각했습니다. 증거에 따르면 실제로는 그렇지 않지만 그건 시간의 기원 문제를 해결하기 위한 초기의 영웅적인 시도였습니다.

이제 모든 사람을 매료시키는 시간 여행으로 넘어가겠습니다. 우리가 시간 여행을 할 수 있을까요? 시간 여행이 원칙적으로 가능할까요? 제 대답은 가능할 뿐 아니라 우리가 이미 해냈다는 겁니다. 우리는 이미 시간 여행을 했습니다. 사실 우리는 항상 시간 여행을 하고 있습니다. 시간 여행은 실제로는 매우 간단합니다. 하지만 어쩌면 이건 베르그송의 문제일 수도 있는데, 우리는 우주 전체에 공통된 시간이 있다고 생각하는 경향이 있습니다. 아인슈타인이 보여준 것은 시간이 상대적이라는 겁니다. 여러분의 시간과 제 시간은 같지 않습니다. 우리는 보조가 맞지 않을 가능성이 있기 때문입니다. 어떻게요? 우리는 두 가지 방법으로 어긋날 수 있습니다.

하나는 이동입니다. 히메나가 이미 이걸 언급했죠. 흔히 쌍둥이 효과라고 불립니다. 만일 제가 비행기를 타고 런던으로 갔다가 다시 돌아온다면 제 시간과 여러분의 시간은 몇 나노초 차이가 납니다. 이 차이는 현대 시계로 쉽게 측정할 수 있습니다. 정말입니다. 실제로 GPS는 근본적으로 아인슈타인이 20세기 초에 예측했던 시간 뒤틀림time warping 효과 또는 시간 이동time shifting 효과에 의존합니다. 따라서 고속으로 이동하는 일은 서로 다른 관찰자들의 시간이 어긋나게 되는 한 가지 방식입니다.

다른 하나는 중력입니다. 시간은 지하실보다 옥상에서 조금 더 빨리 흐릅니다. 이번에도 여러분은 시계로 이 현상을 테스트할 수 있습니다. 건물 안에서보다 큰 효과를 얻기 위해 허공에 시계를 놓고 바닥에 내려놓은 시계와 초침을 비교하면 됩니다. 둘은 전혀 보조가 맞지 않습니다. 이 두 가지 시간 뒤틀림 효과를 고려하지 않으면 GPS는 작동하지 않습니다. 그래서 우리는 두 가지 효과가 진짜라는 점을 압니다.

두 경우 모두 뒤틀림 효과가 여러분의 시간을 조금 앞당깁니다. 한 쌍의 쌍둥이를 상상해보세요. 한 명은 집에 있고 다른 한 명은 여행 중입니다. 여행하는 쌍둥이, 즉 '중력 우물' 속으로 더 깊이 들어가는 쌍둥이는 집에 있는 쌍둥이보다 (조금이나마) 미래를 여행하고 있는 셈입니다. 현재 보유하고 있는 기술 상태에서 우리가 이야기할 수 있는 수준은 '닥터 후' 유형의 시간 여행을 하기에는 충분하지 않은 나노초 수준입니다. 하지만 훨씬 빠르게, 빛의 속도에 가깝게 여행한다면 여러분은 훨씬 먼 미래로 도약할 수 있습니다. 빛의 속도에 가깝게 여행하거나 블랙홀 표면에 가까이 가면 미래에 더 빨리 도달할 수 있죠. 블랙홀 표면에서는, 멀리 있는 관찰자와 비교해 시간이 문자 그대로 정지합니다.

우리는 이런 시간 뒤틀림 효과가 진짜라는 걸 압니다. 그건 측정할 수 있습니다. 예를 들어, 제가 빛의 속도에 매우 가까운 속도로 근처 별에 갔다가 로켓 우주선에서 2년을 보내고 돌아오면 지구에서는 20년이 지나 있을 것입니다. (이건 이른바 쌍둥이 효과의 구체적인 예입니다. 제 설명에 사용한 숫자는 임의로 쓴 겁니다. 여러분은 자신이 원하는 숫자를 사용할 수 있습니다.) 사실상 저는 지구의 미래로 18년을 도약한 겁니다. 이건 큰 도약이지만 다시 돌아갈 수는 없습니다. 여러분은 우주에서 왕복 여행을 반복할 수 없고, 따라서 여러분이 떠났던 시간으로 돌아갈 수 없습니다.

시간을 거슬러 올라가는 것은 훨씬 더 골치 아픈 문제지만 아인슈타인의 일반 상대성 이론에는 그걸 금지할 만한 게 아무것도 없습니다. 시간을 거슬러 올라가는 것을 불가능하게 하는 물리학의 다른 측면들이 있을 수 있지만 현재로서 시공간에 대한 최선의 이해는 상대성 이론이고, 그 이론은 원칙적으로 시간을 거슬러 올라가는 여행이 가능하다고 말합니다.

여기 계신 많은 분은 아인슈타인이 나치 유럽에서 도망쳐 프린스턴 고등학술연구소에 보금자리를 마련했다는 사실을 알고 계실 겁니다. 그는 자신이 그곳에 일하러 간 이유는 오직 오스트리아의 논리학자 괴델과 함께 집으로 걸어가기 위해서라고 말하곤 했죠. 약간 미치광이 같은 성격에 매우 괴팍했던 괴델은 논리학자이자 수학자였지만 시간을 거슬러 여행할 수 있다는 생각에 사로잡혀 있었습니다.

그는 아인슈타인의 상대성 이론으로 들어가 관찰자가 우주의 언제 어디로든 갈 수 있는 '회전하는 우주' 모형을 찾았습니다. 회전하는 우주에서 시간 여행자는 과거로 돌아가 자신의 과거를 관찰할 수 있었습니다. 아인슈타인은 그에 대해 깊은 고민에 빠졌습니다. 그는 자신의 이론에서 그런 종류의 제한 없는 시간 여행을 원하지 않았습니다. 하지만 회전하는 우주는 완벽하게 훌륭한 해결책이어서 그것을 배제하지는 않았습니다.

웜홀 등과 관련한 다른 해결책들도 있습니다. 오늘 밤 그 모든 걸 다루지는 않을 겁니다. 그러나 괴델은 확실히 시간 여행의 전망에 몹시 흥분했습니다. 프리먼 다이슨은 괴델이 종종 자신에게 다가와 "아직 못 찾았나요?"라고 물었다고 제게 말했습니다. 그는 회전하는 우주를 언급하고 있었습니다. 우주가 회전한다면 시간 여행을 할 수 있기 때문입니다.

시간이 다 되어가니 속도를 올리겠습니다. 제가 시간의 화살에 대한 이야기를 다루고 싶었던 이유는 그 이야기가 지뢰밭이기 때문입니다. 우리는 매일매일 시간이 흐르거나 움직이거나 지나가고 있다는 압도적인 인상을 받습니다. 시간의 강, 시간의 흐름, (셰익스피어가 묘사한) 시간의 소용돌이 등 이를 표현하는 은유가 많죠. 시간의 경과는 우리가 시간을 인식하는 방식의 기초가 됩니다.

자세히 설명하면 우리는 지금 이 순간이 존재하고, 지금은 어떤 식으로든 미래로 나아가고 있다고 생각합니다. 그 느낌은 압도적입니다. 문제는, 물리학에서는 그것이 전혀 말이 되지 않는다는 겁니다. 저는 목에 칼이 들어와도 이렇게 말할 겁니다. 나는 아인슈타인과 마찬가지로 과거, 현재, 미래는 환상이라고 생각한다고(히메나가 이미 인용한 말이죠). 그게 사실이라면 시간은 경과하지 않습니다. 사실 저는 시간의 경과에 대해 말하는 것조차 의미가 없다는 입장입니다. 어릴 때는 크리스마스까지 끔찍이 시간이 안 갔지만 지금은 아내에게 "다음 주가 벌써 크리스마스인데 아무 계획도 안 세웠어!"라고 말하는 걸 보면 마르셀루가 이야기한 것처럼 시간이 빨리 간다고 느껴지기는 하지만요.

이렇듯 우리는 항상 시간이 흘러간다고 표현하지만 그건 과학적으로 말이 되지 않습니다. 이렇게 질문해보면 압니다. 시간이 얼마나 빨리 지나갈까요? 1초마다 1초씩입니다. 무언가가 흐르거나 움직인다는 생각은 그것을 측정할 또 다른 시간이 있을 때만 말이 됩니다. 우리는 공이 얼마나 빨리 움직이는지 말할 수 있습니다. 이를테면 1초에 1미터 움직인다고 말할 수 있죠. 하지만 시간 자체는 움직이거나 흐를 수 없습니다.

저는 이 혼란이 어디서 오는지 알 것 같습니다. "시간은 항상 지나가고 있는 것처럼 보이므로 지금 이 순간은 특별하다"라고 말할 때 우리는 자기 자신, 즉 자신의 정체성이 보존된다고 생각합니다. 정말 그렇습니다. 의견이나 취향이 아무리 바뀌어도 저는 태어날 때부터 지금까지 똑같은 사람입니다. 이런 생각은 나는 그대로 있고 흐르는 시간에 따라 매번 다른 순간을 경험한다는 잘못된 인상을 초래합니다.

하지만 실은 그 반대입니다. 변하는 것은 시간이 아니라 나입니다. 내일의 나는 어제의 나와 아주 조금 다릅니다. 그러니까 결론은 이렇습니다. 시간 자체는 그냥 거기 있을 뿐이고, 변하는 것은 나이다. 잠시 뒤의 나는 조금 전의 나와 다릅니다. 각 순간의 나는 그 순간 세계의 상태와 상호 관련이 있습니다. 우리는 이것을 시간이 흐르고 있다거나 움직이고 있다고 착각합니다. 시간은 흐르거나 움직이지 않습니다. 시간은 공간과 마찬가지로 거기 있을 뿐입니다. 여러분은 시공간의 한 지점에 있는 겁니다. 마치 지도상의 한 지점에 있는 것처럼 말이죠. 물리학자들은 시공간은 단지 거기 있을 뿐 아무 일도 일어나지 않는다고 생각합니다. 나중의 순간과 이전의 순간은 있지만 움직임이나 흐름은 없습니다.

시간의 화살은 있습니다. 그것은 이전과 이후의 구분입니다. 하지만 그건 시간의 흐름과는 다릅니다. 많은 문학 작품과 많은 철학(저는 그것을 나쁜 철학이라고 부릅니다)은 화살이라는 말의 두 가지 의미를 혼동합니다. 화살은 이중 비유입니다. 하나는, 여러분이 화살을 쏘면 화살이 날아간다는 것을 의미합니다. 그것은 움직임에 대한 은유이죠. 하지만 나침반 바늘이나 풍향계에도 화살이 있습니다. 이 경우 화살은 움직이지 않고 단순히 특정 방향을 가리키기만 합니다.

우리가 시간의 화살에 대해 이야기할 때 올바른 은유는 후자입니다. 화살은 미래를 가리킬 뿐 미래를 향해 움직이지 않습니다. 이치에 맞는 물리적 의미를 지닌 '시간의 화살'이라는 용어를 시간이 흐른다는 환상을 묘사하는 데 사용하지 말아야 합니다.

그럼 시간이 흐른다는 감각은 어떻게 생길까요? 저는 시간이 흐른다는 환상을 현기증에 비유합니다. 제가 시범을 보여드리겠습니다. 자리에서 일어나 이렇게 빙글빙글 돌면 여러분은 우주가 회전하고 있다는 압도적인 느낌을 받게 됩니다. 우주는 사실 회전하고 있지 않습니다. 우주가 회전하지 않는다는 걸 저는 압니다. 그런데도 우주가 빙글빙글 도는 것처럼 느껴집니다. 마찬가지로 시간이 앞으로 쏜살같이 나아가는 것처럼 느껴지지만 가만 생각해보면 그럴 리 없습니다. 변하는 건 나 자신입니다.

저는 시간이 흐른다는 환상이 뇌가 작동하는 방식, 우리의 기억 같은 것들과 관련 있다고 생각합니다.

글레이제르 제가 질문하기 전에 서로 하고 싶은 질문이 있으십니까?

카날레스 네, 변하는 건 시간이 아니라 우리라고 말씀하신 것에 대해 질문이 있습니다. '변화하는 나'는 무엇인가요? 그 뒤에 숨겨진 다른 뭔가가 있다는 말씀인가요?

데이비스 그렇습니다. 우리는 자아 감각을 가지고 있습니다. 우리는 자아가 보존된 실체라고 착각하며 삽니다. 비록 그 자아가 자신의 성격적인 면을 포함해 여러 다른 면면을 경험할지라도 변하지 않는 '나'라는 내적 본질이 있다고 생각합니다.

하지만 자아는 실제로는 모든 경험과 자기 성찰 등의 총합일 뿐입니다. 그리고 매일 조금씩 다릅니다. 이것을 전문 용어로 표현하면 "오늘의 폴 데이비스와 어제의 폴 데이비스 사이에 매우 높은 수준의 상호 정보가 존재한다"라고 말할 수 있습니다. 다섯 살의 폴 데이비스와 오늘의 폴 데이비스 사이에는 상호 정보가 그보다는 적습니다. 이들 각각은 다른 실체이고, 다른 마음 상태를 지녔으며, 이런 마음 상태는 당시 그들 세계의 물리적 상태와 상관 관계가 있습니다. 매 순간 1946년의 폴 데이비스와 2018년의 폴 데이비스라고 말할 수 있는 마음 상태와 물리적 상태가 존재합니다. 그리고 바라건대(!) 미래에도 어떤 (약간 다른) 폴 데이비스가 있을 겁니다.

하지만 그게 다입니다. 세계에 대한 모든 것을 시간 중립적인 용어로 표현할 수 있습니다. 우리는 시간의 경과나 흐름이라는 말을 쓸 수 없습니다. 시간의 흐름, 이동, 경과를 언급하는 모든 진술은 그것을 언급하지 않는 다소 지루하고 무감정한 언어로 다시 표현할 수 있습니다. 하지만 심지어 물리학자 중에도 그렇게 생각하지 않는 사람들이 있고, 철학자 중에는 많습니다. 저는 호주 철학자 스마트J. J. C. Smart의 영향을 많이 받았습니다. 그는 시간이 움직이고 있다는 생각을 무너뜨리는 데 누구보다 많이 기여했습니다. 하지만 물리학에서는 그 전통이 아인슈타인으로부터 시작됩니다.

저는 당신의 관점을 알고 싶습니다. 물론 일상생활에서 우리는 모두 시간이 움직이고 있다고 느낍니다. 하지만 당신이 철학자로서 그 점을 검토할 때는 어떻게 생각하십니까?

카날레스 그건 아인슈타인과 베르그송이 벌인 논쟁의 핵심이었죠. 아인슈타인은 블록 우주block universe 개념(우주를 3차원의 우주가 시간에 따라 바뀌는 것이 아니라 이미 존재하는 하나의 4차원 대상으로 바라보는 관점—옮긴이)을 주창했고, 헤르만 민코프스키Hermann Minkowski와 헤르만 바일Hermann Weyl은 그 개념을 채택했습니다. 당신이 말했듯 우리의 일상생활을 떠올려보면 그 생각은 대단히 터무니없습니다. 베르그송의 견해는 그 개념과 반대됐죠. 그는 시간은 서로 다른 요소들로 이뤄진 혼성이라고 생각했습니다. 그에게 시간은 절대적으로 새로운 것의 분출이고, 불확실한 것이었죠. 시간은 단지 조각들의 재활용이 아니었습니다. 시간과 화살과 역사를 통계적인 열역학 이론으로 해석하는 건 있을 수 없는 일이었습니다. 그건 단지 재활용일 뿐이니까요. 베르그송에게 시간은 삶의 무대에 새로움이 폭발하는 것과 같았습니다.

베르그송은 매우 오만한 철학자였습니다. 그는 뒤돌아보며 이렇게 단언했습니다. 자기 이전의 지난 1,000년 동안 모든 사람이 사물은 정적이고 고정되어 있다고 이야기해왔다고요. 하지만 우리의 일상, 시와 음악 같은 예술, 우리의 관심사, 우리의 감정 등 우리 세계의 많은 것이 정적이고 고정된 것과는 정반대인 데서 탄생합니다. 베르그송의 주장은 아주 간단한 것이었습니다. 그는 그리스 철학자들 사이에 있었던 동맹자들을 찾기 위해 플라톤주의자들인 플로티누스, 헤라클레이토스로 돌아가야 했습니다.

그는 다윈의 진화론에 반대하는 책을 썼습니다. 허버트 스펜서 Herbert Spencer가 설명한 방식은 이미 존재하는 유기물 조각들을 재활용하는 것일 뿐 진정한 창조적 진화가 아니었기 때문입니다. 그리고 베르그송은 과학의 이런 면을 아쉬워했습니다. 그에게 과학은 멋지고 유용한 것이었으니까요. 과학은 이 멋진 기계들을 창조하게 했고, 일식 같은 천문학적 사건들을 예측할 수 있게 해줬죠. 하지만 그가 보기에 과학은 우리의 기본적인 실재, 즉 우리에게 정말 중요한 것들을 설명하지 못했어요.

제 저서에서 저는 블록 우주나 베르그송의 관점 중 어느 한쪽을 편들지 않습니다. 하지만 양자역학이 비결정론을 가지고 돌아왔을 때 베르그송과 그의 몇몇 동료는 베르그송이 과학에 잘못한게 아니라 과학이 베르그송에게 잘못한 거라고 말했죠.

이건 심지어 과학자들 사이에서도 논쟁거리입니다. 리 스몰린 Lee Smolin과 애덤 프랭크Adam Frank 같은 당신 동료들을 포함해 요즘 과학자들 중에는 베르그송과 그를 따르는 몇몇 대륙 철학자에게 영감을 얻은 사람들이 있습니다.

결론적으로, 이 사태는 진정으로 비극이며 그게 20세기를 설명한다는 것이 제 관점입니다. 이 사태는 과학과 인문학, 예술과 과학, 경험의 세계와 합리성의 세계가 어떻게 분리되었는지 설명합니다. 그건 분열된 세기를 상징하는 사건입니다. 폭력으로 얼룩진 한 세기, 그리고 학문 영역들, 대규모 집단들끼리 서로 말하지 않았던 한 세기를 말이죠. 대학에서는 인문계와 이공계 그리고 예술계 사이에 침묵이 감돌고 있습니다.

우리가 이런 것들에 대해 이야기하고 생각할 때 어떤 의미에서는 우리 자신의 경험에도 분열이 일어납니다. 우리는 특정 시간대로 갑자기 점프해 '지금 나는 객관적인 시간에 대해 이야기하고 있고, 지금 나는 우리가 시간을 어떻게 느끼는지에 대해 이야기하고 있다'라고 생각합니다. 영화에서 촬영 기계는 이런 모순을 구현합니다. 프레임은 모두 등거리이고 시간 간격이 동일하지만 이야기 전달 방식은 앞과 뒤로 점프합니다. 플래시백이 있고, 전조가 있습니다. 엄밀하게 시간순으로 쓰인 소설은 거의 없습니다. 사실 시간에 대해 시간순으로 쓰인 책도 거의 없습니다. 이건 아이러니 그 이상입니다.

이 분열과 관련해 저는 한 가지 감각을 다른 감각보다 편드는 대신 이 분열이 어떻게 우리가 아는 20세기를 대표해왔는지 보고, 우리가 다른 유형의 대화로 나아갈 수 있기를 희망합니다.

글레이저르 1922년 토론 뒤에 등장한 복잡한 문제가 있습니다. 폴이 언급했듯 우주 자체에 역사가 있다는 걸 발견한 거죠. 우주 시간이라는 감각은 우주론적 시간으로, 어떤 의미에서는 진정으로 보편적인 시계입니다. 우리는 두 은하 사이의 거리를 측정할 수 있습니다. 그리고 이 두 은하는 처음에 충분히 떨어져 있다면 나중에는 더 멀어질 겁니다. 이 운동에는 시간의 화살이 내포되어 있습니다.

데이비스 하지만 우주 공간의 어느 한 위치에서 우주 시간에 해당하는 기준틀은 하나밖에 존재하지 않는다는 점을 설명할 필요가 있습니다. 그 기준틀 안에서 관측자는 우주 배경 열복사가 균일하게 분포되어 있다고 봅니다. 우주 공간 각 위치에서의 시간은 해당 위치의 고유한 기준틀에 상대적이지만 그 기준틀은 다른 위치에서의 기준틀과는 다릅니다. 그러나 관측자가 어디에 있든, 그 관측자가 속한 기준틀에서 우주 마이크로파 배경 복사가 등방성^{等方性}인 한, 그들은 "빅뱅은 138억 년 전에 일어났다"와 같은 진술에 대해 다른 우주 관측자들과 동의할 겁니다.

글레이제르 물론입니다. 하지만 우주에 역사가 있다는 발견은 무척 흥미롭습니다. 그건 우주 자체가 변했다고 말해주니까요.

데이비스 아, 네, 물론이죠. 시간의 화살은 존재하고, 그건 분명 객관적으로 거기 있습니다. 아무도 우주가 변하지 않는다고 말하지 않을 겁니다. 우주의 후기 상태들은 초기 상태들과는 확연히 다릅니다. 지금이 더 크고, 더 차갑고, 엔트로피가 더 큽니다. 우주가 변하는 데는 온갖 종류의 방법이 있습니다. 하지만 어떤 것도 흐르거나 움직이거나 하지는 않습니다.

시간의 경과가 세계의 성질이 아니라 시간 자체에 내재된 성질이라고 확신한, 제가 만나본 가장 저명한 과학자는 일리야 프리고진Ilya Prigogine이었는데, 그는 화학자였습니다. 우리는 생각이 다르다는 데 동의했어요.

카날레스 프리고진은 이자벨 스탕제Isabelle Stengers와 아인슈타인과 베르그송의 논쟁에 대해 쓰기도 했죠.

데이비스 오, 맞아요, 그랬죠. 두 사람이 책을 썼어요.

글레이제르 혹시 시간과 물질의 비대칭성에 대해 언급하고 싶으신가요? 저는 그게 매우 중요하다고 생각하거든요. 우린 아직 그에 대해서는 이야기하지 않았습니다.

데이비스 CPT 정리라고 불리는, 물리학의 거의 모든 이론에서 지켜지는 정리가 있습니다. 우리가 시간의 화살에 대해 이야기할 때, 그리고 화살의 방향(흐름이 아니라!)에 대해 생각할 때 그 화살을 뒤집으면 그것이 시간의 반전입니다. 흔히 문자 T로 표시되는 연산이죠. T를 물리 법칙에 적용하면 시간 T가 나타나는 곳마다 -T가 생깁니다. 다른 하나인 C는 전하를 나타냅니다. 양전하가 있는 C 연산을 뒤집으면(C 변환) 음전하가 생깁니다. 그래서 양성자는 반양성자로, 전자는 양전자로 변하게 됩니다. 마지막으로 P는 패리티(반전성, 反轉性), 즉 오른손잡이와 왼손잡이를 나타냅니다. 그렇다면 거울에 비친 사물의 물리 법칙들은 거울 밖에 있을 때와 같을까요, 그렇지 않을까요?

CPT 정리는, 세 가지 연산을 모두 결합하면(즉 C와 P와 T를 한꺼번에 변환하면) 그 계에는 변환 이전의 물리 법칙이 똑같이 적용된다는 것입니다. 여러분이 전하, 패리티, 시간을 거꾸로 뒤집어도 아무것도 바뀌지 않습니다. 그런데 결합된 CPT 연산하에서는 그렇지만 개별 구성 요소하에서는 꼭 그렇지 않습니다. 물질/반물질 비대칭은 CP 부분을 언급하는 것입니다. 따라서 CPT가 보존된다는 점을 고려할 때 T가 깨지면 CP도 깨질 겁니다. 그리고 실제로도 그렇습니다. T와 CP를 모두 테스트한 실험은 이런 대칭이 자연에서 아주 약간 깨진다는 점을 보여줍니다.

이것은 매우 중요한 발견입니다. 우주의 가장 큰 미스터리 중 하나는 '그 모든 반물질은 어디에 있을까'입니다. 우리는 실험실에서 물질을 쉽게 만들 수 있습니다. 우리는 매일매일 물질을 새로 만듭니다. 그런데 우리가 물질을 만들 때마다 같은 양의 반물질이 만들어집니다. 양성자를 만들면 반양성자가 생기고, 전자를 만들면 양전자가 생깁니다. 만일 빅뱅이 에너지를 물질로 바꿨고, 우리가 이 물질로 만들어졌다면 그때 생긴 그 모든 반물질은 어떻게 되었을까요?

물질의 법칙과 반물질의 법칙 사이에 비대칭이 있는 게 틀림없다는 느낌이 듭니다. 빅뱅 직후에는 물질이 약간의 우세한 가운데 둘이 거의 같은 양이었을 겁니다. 그다음 물질과 반물질이 쌍소멸하며 우주에 에너지를 제공하는 광자들을 만들어냈고, 물질의 남은 잔재는 별과 행성을 이뤘습니다.

하지만 이 모두는 시간의 반전과 함께 갑니다. 처음에 제가 시간 반전 시 물리 법칙들이 대칭성을 갖는다고 말했죠. 전자파를 지배하는 법칙들의 경우 그건 사실입니다. 그리고 일상에서 일어나는 거의 모든 현상에서 그렇습니다. 그러나 원자의 방사성 붕괴를 일으키는 일부 아원자 입자 사이의 상호작용인 약력은 그렇지 않습니다. 앞으로 감기와 뒤로 감기 사이에 대칭성이 약간 깨지는데, 매우 조심스러운 입자 물리학 실험에서 이런 현상이 나타납니다. 이런 현상은 커피에 크림을 넣고 저으면 섞이고, 아무리 저어도 다시 분리되지 않는다는 사실에는 영향을 주지 않습니다.

그래서 근본적인 입자 물리학의 수준에서는 매우 신기한 형태의 비대칭성이 나타나는데, 그게 없다면 우리는 여기 없을 겁니다. 우리가 아직 완전히 이해하지 못한 어떤 방식에 따라 물질/반물질의 CP 대칭이 깨져서 오직 물질만으로 된 우주가 생성되기 때문입니다.

글레이제르 히메나, 당신은 권한에 대해 그리고 누가 권한을 갖는가에 대해 이야기했고, 그건 당신 책에서 가장 중요한 주제 중 하나였습니다. 그렇다면 시간을 정의할 권한이 누구에게 있으며, 그 이유는 무엇일까요?

카날레스 역사적으로 말하면, 아인슈타인과 베르그송의 논쟁은 우리가 반전을 목격한 순간이었습니다. 물리학자들이 시간을 정의하는 역할을 맡기 시작한 순간을 상징하죠. 그 역할은 점점 강조되기만 했습니다. 이제는 아무도 시간에 대한 진실을 찾기 위해 예술가나 시인을 찾아가려고 생각하지 않습니다. 철학자와 인문학자의 역할은 그 어느 때보다 가장자리로 밀려났습니다.

하버드 대학교에서 저의 스승이었던 철학자 힐러리 퍼트넘 Hilary Putnam이 쓴 중요한 논문이 있습니다. 그는 1967년 철학은 시간이라는 문제에 대해 말할 것이 없다는 요지를 사실상 되풀이하는 논문을 썼습니다. 그가 나중에 쓴 많은 문헌이 그 초기 진술과 모순되지만 당시 그 주장은 매우 중요했습니다.

그리고 우리는 닐 디그래스 타이슨Neil DeGrasse Tyson부터 리처드 파인만Richard Feynman에 이르기까지 대중 영역에서 철학이 이 문제에 대해 말할 것이 없다고 주장하는 논평을 계속 봐왔습니다. 철학은 조류학이 새에 도움 되는 만큼만 물리학자에게 쓸모 있다고 파인만은 말하기도 했죠. 시간의 본질에 대해 세미나가 열린다면 그 자리에는 반드시 폴 데이비스 같은 물리학자가 있을 겁니다. 그들은 우리가 사회적으로 시간의 본질에 대해 이야기할 수 있는 권한을 부여한 사람들이니까요.

제가 흥미롭게 생각하는 건 우리가 이야기할 때나 영화감독과 소설가들이 작품에 사용하는 '시간 보는 법'과는 분명히 모순되는데도 물리학자의 역할이 계속된다는 겁니다. 그 분리에 대해 우리가 할 수 있는 일이 뭘까요? 저는 이 일에 관심이 있습니다.

데이비스 철학을 옹호하자면, 저는 바로 지난주에 프랭크 윌첵 Frank Wilczek의 강연에 다녀왔습니다. 프랭크 윌첵은 이 대학 물리학부 동료 중 한 명이죠. 강연 제목은 "시간의 미스터리를 구성하다"Plotting Mysteries of Time였습니다. 그는 청중들에게 시간의 본질을 나타내는 열네 가지 측면에 대한 최종 발언은 나오지 않았다고 말했습니다. 저는 시간의 본질과 관련한 온갖 종류의 것에 대해 물리학자들이 꽤 신뢰할 수 있는 설명을 제시할 수 있다고 생각합니다. 그리고 제가 이미 언급했듯 우리가 수행할 수 있는 실험적 검증들이 있습니다. 하지만 여전히 해결되지 않은 질문들이 있습니다.

저는 시간이 경과하지 않는다는 생각을 설파하고 있음에도 마음이 완전히 편안하지는 않습니다. 시간의 흐름이 착각이라면 그건 포기할 수 없는 착각이기 때문입니다. 자유의지와 마찬가지죠. 수많은 과학자와 철학자는 자유의지를 믿지 않지만 우리는 그걸 포기할 수 없습니다. 포기하면 정상적인 삶이 불가능해지니까요.

글레이제르 이제 질문을 받겠습니다.

질문 1 한 물리학 교수가 시간의 방향을 엔트로피 법칙의 결과로 설명했습니다. 무질서에서 질서를 만들 수 없다는 법칙이죠. 저는 그 설명에 언제나 지적인 만족을 느꼈습니다. 혹시 제가 그 설명에 그렇게 쉽게 만족하지 말았어야 할 이유가 있을까요?

데이비스 두 가지 이유가 있습니다. 간략하게 말씀드리죠. 첫째, 되도록 열역학 제2법칙에 대해 언급하지 마시기 바랍니다. C. P. 스노는 인문학과 과학의 간극을 나타내는 한 예로 열역학 제2법칙을 들었습니다. 여러분이 케임브리지의 바 테이블에 앉아 "윌리엄 셰익스피어에 대해 들어본 적이 없다"라고 말하면 부끄러울 테지만 "열역학 제2법칙에 대해 들어본 적이 없다"라고 말한다면 그건 괜찮습니다.

열역학 제2법칙은 우주가 시간이 지남에 따라 점점 더 무질서해지거나 혼란스러워진다는 겁니다. 이 사실은 왜 화살이 존재하는지 한 가지 이유를 제공합니다. 다른 화살들도 있지만 그것이 가장 널리 퍼져 있는 화살입니다. 열역학 제2법칙은 우주는 질서정연한 상태로 시작되어 시간이 지남에 따라 점점 더 무질서해진다는 말입니다.

그러면 우리는 이렇게 되물을 수 있습니다. 왜 우주가 처음에 질서정연한 상태였는가? 초기 우주가 질서정연한 상태처럼 보이지 않는다는 사실은 그 수수께끼를 더욱 복잡하게 만듭니다. 초기 우주는 열역학적 평형 상태, 즉 엔트로피가 최대인 상태로 보입니다. 평형을 이루지 않았던 건 중력이었습니다. 그리고 엔트로피의 중력 측면은 여전히 해결되지 않았습니다. 그건 아직 해결되지 않은 프로젝트입니다.

그리고 또 다른 문제는 엔트로피가 시간의 화살을 초래했다고 말하는 게 그리 간단한 문제가 아니라는 겁니다. 존 휠러가 말했듯 "원자에게 시간의 방향을 물으면 원자는 당신 면전에서 비웃을 것"입니다. 재치 있는 표현이죠. 개별적인 원자 수준에서는 전진하거나 후퇴하는 시간 따위는 존재하지 않으며 시간의 방향은 단지 수많은 입자가 만들어내는 행동일 뿐이라는 뜻입니다.

간단한 예로 여러분이 카드 한 벌을 새로 구입하면 숫자 순서대로 정리되어 있습니다. 그걸 섞으면 무질서해질 테죠. 그럼 카드를 계속 섞으면 원래의 질서 있는 상태로 되돌아갈까요? 원칙적으로는 그렇습니다. 대신 아주 오랫동안 카드를 섞어야 할 겁니다. 하지만 개별 카드에는 질서나 무질서 개념이 해당되지 않습니다. 그건 오직 카드 한 벌을 모아놓은 데만 해당됩니다. 그런 의미에서 보면 시간의 화살은 다소 주관적인 개념이 됩니다. 시간의 화살이라는 개념은 세계에 대한 우리의 관점과 관련이 있습니다. 우리는 개별적인 원자를 볼 수 없습니다. 그것이 라플라스의 악마입니다.

우리는 우주의 현재 상태를 과거의 결과이자 미래의 원인으로 간주할 수 있다. 어떤 지적 존재가 특정 순간에 자연을 움직이는 모든 힘과 자연을 구성하는 모든 입자의 모든 위치를 알고, 이 모든 데이터를 분석할 만큼 능력이 대단하다면 그 지적 존재는 우주의 가장 큰 물체들과 가장 작은 원자들의 움직임을 하나의 공식에 담을 수 있을 것이다. 그런 지적 존재에게는 그 무엇도 불확실하지 않을 것이고, 미래가 마치 과거처럼 눈앞에 펼쳐질 것이다.

—피에르 시몽 라플라스[Pierre Simon Laplace], 『확률에 관한 철학적 에세이』[A Philosophical Essay on Probabilities] 중에서

이는 흥미로운 신학적 쟁점입니다. 만일 신이 전지전능해서 모든 원자를 알고 있다면 신에게는 화살도, 시간의 흐름도 없을 겁니다. 우리는 신이 모르는 걸 알고 있는 셈이죠. 이건 신학자들이 풀어야 할 문제입니다.

질문 2 역사학자께 질문이 있습니다. 저는 베르그송과의 논쟁에서 아인슈타인이 보인 철학관을 지적한 당신의 논평에 흥미를 느꼈습니다. 움직이는 물체의 전기 역학에 대한 아인슈타인의 1905년 논문은 제가 보기에는 완전히 철학 논문이기 때문입니다. 아인슈타인은 실험 데이터를 전혀 언급하지 않고, 논문의 초점을 오직 전자기 법칙의 미적 불균형에만 맞추고 있습니다. 시간이 지나면서 그의 관점이 바뀌었나요? 자신의 질문이 더 철학적으로 변해간다는 점을 아인슈타인은 알고 있었나요?

카날레스 좋은 질문입니다. 아인슈타인은 암묵적인 철학을 가지고 있었고, 대부분 과학자가 그와 마찬가지죠. 과학자들의 암묵적인 철학은 대체로 유물론과 환원주의입니다. 철학을 밀어내고 싶어 하는 과학자들의 문헌을 읽어보면 그들은 철학적 관점을 가지고 있지만 그것을 노골적으로 드러내지는 않습니다. 여러분이 철학이나 역사를 공부한다면 그런 과학들을 특정한 철학 학파에 집어넣을 수 있을 겁니다.

당시 철학에 대한 아인슈타인의 반발은 사실 베르그송을 포함한 철학자들의 권위에 대한 반발이었습니다. 이런 철학자들은 이

전까지 시간에 대해 말할 권리를 가지고 있었고, 사람들이 시간에 대해 생각할 때 찾았던 이들이었죠. 그 논쟁 도중 아인슈타인은 다시는 하지 않을 말을 했습니다. 그는 시간에 대한 자신의 정의가 유일한 객관적 정의라고 말했습니다. 그리고 나중에 계속해서 말하길 형이상학은 과학에 발붙일 곳이 없고, 철학은 주관적이라 과학만이 답이 될 수 있다고 이야기했습니다. 하지만 나이가 들면서 실제로는 그 말을 철회하고 입장을 바꿨죠.

처음에 아인슈타인은 실제 감각에 기반을 둔 철저한 조작주의 철학자였던 에른스트 마흐Ernst Mach의 철학에서도 영감을 많이 받았지만 이후 그것이 전혀 도움 되지 않는다고 말했어요. 또 그는 논리적 실증주의자들(그중 일부는 아인슈타인을 실제로 옹호하며 상대성을 실현 가능한 최고의 과학의 본보기로 삼았죠)이 형이상학을 배척했다고 생각하고, 우리에게는 사실 형이상학이 필요하다고 이야기했죠. 말년에는 물리학과 형이상학의 차이가 종류의 차이가 아니라 정도의 차이라고 생각했어요. 확실히 변했죠.

데이비스 후기의 아인슈타인과 초기의 아인슈타인은 동일한 사람이 아니었어요.

질문 3 그리스인들은 카이로스(kairos, 특별한 의미가 부여된 시간—옮긴이)와 크로노스(chronos, 자연스럽게 흘러가는 물리적 시간—옮긴이)라는 개념을 가지고 있었습니다. 베르그송의 지속과 아인슈타인의 시간의 차이를 주체와 객체의 차이로 봐도 될까요?

카날레스 그렇게들 이해했죠. 베르그송은 시간에 대한 주관적인 개념을 옹호한다고 여겨졌습니다. 그러나 정작 베르그송 본인은 자신의 철학을 이렇게 간주하는 데 찬성하지 않았습니다. 그는 객관적인 것과 주관적인 것을 하나로 묶는 정박점인 고정점point de capiton에 관심 있었어요. 그는 단순히 객관적인 뭔가가 있을 뿐이라고 생각하는 건 부조리하다고 여겼죠.

예를 들어, 아인슈타인은 시간을 시계가 표시하는 것으로 정의했어요. 이건 아주 타당한 정의입니다. 우리는 시계를 가지고 있고, 시간은 시계가 측정하는 겁니다. 7시가 되면 제 시곗바늘이 7을 가리키고 기차가 역에 도착하죠. 이 관점에 대해 베르그송은 이렇게 반응했습니다. "왜 시계가 만들어질까? 왜 사람들이 시계를 살까? 그건 우리가 이미 시간에 대한 개념을 가지고 있기 때문이다. 우리는 사건에 관심이 있고, 어떤 장소에 가고 싶어 한다." 따라서 그는 시간을 시계가 표시하는 것으로 정의하는 건 부조리하다고 생각했어요.

흥미로운 점이 또 하나 있습니다. 아인슈타인의 서신과 사적인 글을 보면 그는 베르그송이 묘사한 방식으로 시간이 경과하는 데 집착합니다. 그는 항상 시간이 부족한 사람이었습니다. 대단히 바빴고, 시간에 강박 관념이 있었어요. 특정한 시기의 거의 모든 편지에 이런 강박 관념이 나타납니다. 그는 지겨운 후렴구처럼 시간이 없다는 말을 달고 살았어요. 이렇게 아인슈타인의 내면에는 객관적인 것과 주관적인 것 사이의 모순이 존재했죠.

질문 4 저는 시간은 다른 양의 관점에서 정의할 필요가 있는 거라고 생각해왔습니다. 입자의 속도라든지 운동 자체 같은 것 말입니다. 하지만 전하와 같은 기본적인 양은 그럴 필요가 없어 보입니다. 시간은 근본적인 것이라고 생각하시나요? 아니면 유용한 허구로 이해해야 한다고 생각하시나요?

데이비스 아주 좋은 질문입니다. 한 예로 우리는 아인슈타인의 일반 상대성 이론에서 시간을 근본적인 것으로 취급합니다. 공간과 시간은 그냥 거기 존재합니다. 시공간은 무대가 아니라 자연의 일부입니다. 그것은 고유의 역학, 텅 빈 시공간에서 퍼져나가는 고유의 중력파를 가지고 있습니다. 시공간은 단순히 우주의 기질 같은 것이라서 우리는 그것을 근본적인 양으로 받아들입니다.

하지만 시간, 실은 시공간이 창발적 속성일 거라고 생각하는 사람들의 오랜 전통이 있습니다. 그중 한 사람이 사전기하학pre-geometry이라는 막연한 개념을 가지고 있었던 존 휠러입니다. 그가 사용한 비유는 고무 덩어리였습니다. 고무 덩어리는 연속적으로 보이고, 시공간처럼 뒤틀릴 수 있습니다. 하지만 여러분이 원자 수준으로 내려간다면 서로 결합된 원자들을 보게 될 것이고, 연속적인 매질이라는 개념은 깨집니다. 마찬가지로 시공간도 어떤 구성 요소를 가지고 있고, 거기서 공간과 시간이 생겨날지도 모릅니다.

로저 펜로즈도 비슷한 개념을 가지고 있었습니다. 실제로 '어디어디에서 생겨나는 시공간' 이론을 세우기 위한 시도가 많았습니다. 끈 이론가들은 그들 이론의 물리적 과정에서 시공간이 나오기를 원했죠. 아직은 그렇게 되지 않았지만요.

저는 어떻게 생각하느냐고요? 아마 그럴 거라고 생각합니다. 우리에게는 거기서 시공간, 물질 그리고 심지어는 관찰자도 생겨나는, 좀더 근본적인 개념이 필요합니다. 우리는 그것을 어떻게든 통합할 필요가 있습니다. 그렇게 생각하지 않는 사람들도 있지만요.

질문 5 데이비스 교수님은 빅뱅 이전에는 아무것도 없었다고 말씀하셨습니다. 하지만 빅뱅을 야기한 뭔가가 있었을 겁니다. 그리고 그 뭔가가 빅뱅을 야기할 때까지 일정 시간이 걸렸을 테고요. 그렇다면 아무것도 없었다는 건 무슨 뜻인가요?

두 번째 질문은, 시간이 움직이지 않는다면 제 시계의 째깍거림은 무엇을 의미하는 걸까요?

세 번째로, 교수님이 시간은 정적이라고 말씀하셨듯 시간이 움직이지 않는다면 시간을 우리 또는 세계가 움직이는 나선형 궤도로 볼 수는 없을까요? 저는 매일 새벽 1시를 만나지만 오늘의 새벽 1시는 어제의 새벽 1시와 같지 않기 때문입니다.

데이비스 가장 간단한 질문부터 대답하자면 시계는 시간의 흐름을 측정하는 것이 아니라 시간의 간격을 측정합니다. 시계는 이 사건과 저 사건 사이의 길이를 말해줄 뿐 흐름과는 아무 상관이 없습니다. 그게 시계입니다.

인과관계, 그러니까 '원인'에 대해 말하자면 평소 일상생활에서 결과는 원인을 따릅니다. 우리가 우주의 기원을 일으킨 원인에 대해 이야기할 때 시간이 존재하지 않는다면 그 이야기는 의미가 없습니다. 그래서 더 좋은 질문은 "우주가 어떻게 생겨날 수 있는 가"라고 묻는 겁니다. 어떻게 무에서 시공간이 생겨날 수 있었을까요?

물리 법칙에 따라 그 일이 일어날 수 있다면 그건 설명입니다. 그건 원인이 아니라 설명입니다. 그러면 우리는 다시 돌아가 이렇게 물을 수 있습니다. "물리 법칙은 시간 안에 속하는가, 아니면 시공간을 초월하는가?" 물리 법칙은 우주와 함께 왔을까요, 아니면 수학처럼 독립적으로 존재할까요? 저는 이 물음을 폭넓게 다루는 책에서 이 모든 것을 조심스럽게 풀어냈습니다. 바로 『골디락스 수수께끼: 왜 우주는 생명에 적합한가?』*The Goldilocks Enigma: Why Is the Universe Just Right for Life?*입니다. 이런 측면들을 쉽고 매우 신중하게 설명한 이 책을 질문자께 소개해도 될까요? 사람들은 원인과 결과 같은 단어들을 매우 헷갈려 하기 때문이죠.

질문 6 시간에 대한 인식이 유기체의 크기와 대사율, 그러니까 시간의 관찰자에 따라 상대적이라고 생각하시나요?

데이비스 스케일링 법칙scaling law이 있습니다. 작은 것들은 빨리 살고 일찍 죽습니다. 쥐 같은 동물들이 그렇죠. 코끼리는 몸집이 거대하고, 인간은 그 중간쯤 됩니다. 여러분의 평생 심박 수는 정해져 있습니다. 허둥지둥 바쁘게 돌아다니는 쥐는 모든 걸 빠르게 돌리는 영화처럼 보고 있을까요? 물론 우리는 알 수 없습니다.

하지만 반응은 알 수 있습니다. 이 지점에서 생리학과 신경과학에 한 발 더 들어서게 됩니다. 저는 미로슬라프 홀럽Miroslav Holub이라는 사람을 만난 적 있는데, 그는 『현재 순간의 지속 시간』 *The Duration of the Present Moment*이라는 책을 썼습니다. 그는 음악에 관심이 있었고, 우리가 음악을 뇌에서 통합하는 방식에 관심이 있었습니다. 우리는 분할하지 않습니다. 여러분의 의식은 넓게 퍼져 있습니다. 그는 지속 시간이 1.3초라고 말한 것 같아요. 그러니 0.1초는 잊으세요. 좀더 길지도 모릅니다.

테니스 선수를 보고 테니스공의 속도를 알아도 우리는 '음, 공이 시속 50마일로 날아오고 있으니 지금 비켜야 해'라고 생각할 수 없습니다. 그럴 수 없어요. 모든 건 사고의 속도보다 훨씬 빨리 일어나고 있습니다. 시간의 흐름, 또는 사건이 연속적으로 일어나고 있다는 인식은 뇌가 사건 이후에 재구성하는 이야기입니다.

앞에서 우리는 우리 자신을 단일한 실체로 생각한다고 말했습니다. 즉, 우리 안에 자아가 있고, 이 모든 감각 데이터가 거기로 들어온다고 생각합니다. 제가 지금 이 순간 의식하고 있는 건 이 대화입니다. 이건 지금 이 순간의 의식적인 경험이지만 모두 허구입니다. 실험해보면 뇌가 다양한 초안들을 편집하고 있다는 사실을 알게 됩니다. 뇌는 거슬러 올라가 때때로 사건의 순서를 뒤집기도 합니다.

한 사람의 뇌에 신호를 보내 특정한 손가락이 따끔따끔하다고 느끼게 만든 다음 실제로는 다른 손가락을 찌르는 실험을 하면 의식하는 주체가 경험의 순서를 거꾸로 뒤집는 것을 볼 수 있습니다. 뇌 안에서는 엄청나게 많은 편집이 일어나고 있습니다. 각 다귀에게 어떤 다른 일들이 일어나고 있는지는 아무도 모르죠. 각 다귀는 순식간에 결정을 내릴 수 있을까요? 테니스 선수보다 테니스를 잘 칠 수 있을까요? 그 답을 저는 모르지만, 아는 사람도 있을 겁니다.

질문 7 시간의 흐름이 존재하는지 여부와 관련해 여러분이 할 수 있는 실험이 있나요?

데이비스 어떤 게 있을까요? 만일 여러분이 내일 아침에 일어나 누군가에게 이런 말을 들었다고 가정해봅시다. "간밤에 끔찍한 일이 일어났어요. 시간이 두 배로 빨라졌어요." 그건 이런 말과 같습니다. "우리 모두 두 배로 커졌지만 그건 우주도 마찬가지다."

비교할 대상이 필요하다는 말이죠. 여러분은 이렇게 말해야 합니다. "우리가 아직 발견하지 못한 또 다른 시간과 비교해 시간의 속도를 측정할 수 있는 뭔가가 여기 있다." 우리는 그렇게 할 수 있어요. 던J. W. Dunne이라는 사람이 수년 전 쓴 『시간 실험』An Experiment with Time이라는 책이 있습니다. 그 책에서 그는 우리의 시간과 비교할 수 있는 '또 다른 시간'이 있을 거라고 말했습니다. 그러면 '그 또 다른 시간'과 비교할 또 다른 시간이 있을 것이고, 다시 그 시간과 비교할 또 다른 시간이 있을지도 모릅니다. 여기서 우리는 난국에 봉착하죠. 저는 이런 생각들이 별 도움이 되지 않는다고 생각합니다. 결국 변하는 건 시간이 아니라 기본적으로 우리라는 제 주장으로 돌아갑니다.

6장 사이보그, 미래주의자, 트랜스휴머니즘
신경과학자와 작가의 대화

에드 보이든과 마크 오코널

이번 주제는 트랜스휴머니즘, 육체와 기계의 융합입니다. 우리는 이 길의 어디쯤 왔을까요? 앞으로 얼마나 멀리 갈 수 있을까요? 그리고 아마도 가장 중요한 질문은 '우리는 어디까지 가야 할까'일 겁니다. 이 질문들은 분명히 과학적 관점과 인문학적 관점을 모두 요구합니다. 이 질문들에 답하는 건 흥미롭고 멋진 과학적 도전이지만, 동시에 우리의 인간으로서의 정체성에 직접적으로 영향을 미칩니다. 또한 우리 종 전체의 미래에 영향을 미친다고 말해도 과언이 아닐 겁니다. 탄소와 실리콘의 결합이 우리의 진화적 운명일까요? 인공지능과 로봇화는 새로운 종류의 전문가와 기술 훈련을 요구함으로써 현재의 직업에서 많은 사람을 밀어낼 겁니다. 새로운 기술은 고용 시장에도 실질적인 영향을 미칩니다. 이 주제는 꼬리에 꼬리를 물고 끝없는 추측을 낳습니다.

이 주제의 최첨단에서 일하는 선도적인 신경과학자 중 한 명인 에드 보이든Ed Boyden은 합성신경생물학 그룹Synthetic Neurobiology Group의 수장이자 MIT 미디어 연구소와 맥거번 뇌 연구소의 생명공학, 인지과학 부교수를 맡고 계십니다. 에드는 뇌가 의식을 어떻게 발생시키는지, 그것이 무엇을 의미하는지, 그리고 우리가 이 과정을 인공지능이나 다른 것으로 재현할 수 있는지에 관한 어려운 질문들에 답하려 노력하고 있습니다.

마크 오코널Mark O'Connell은 저널리스트이자 인문학자로, 트랜스휴머니즘과 그것이 개인으로서 그리고 종으로서 우리에게 무엇을 의미하는지 탐구하고 명상하는 책 『트랜스휴머니즘』*To Be a Machine: Adventures Among Cyborgs, Utopians, Hackers and the Futurists Solving the Modest Problem of Death*에서 이런 질문들을 다뤘습니다. 이 책은 2018년 영국의 매우 권위 있는 상인 웰컴 도서상을 수상했습니다.

에드 보이든 저는 MIT에서 뇌 공학 연구팀을 이끌고 있습니다. 우리 연구팀은 뇌에서 일어나고 있는 일들에 대한 지도를 작성해 오류를 복구하는 방법들을 찾고 있습니다. 지난 세기 동안 우리는 전쟁에서 부상을 당했거나 질환으로 병변이 생긴 환자들을 대상으로 신경과학 및 정신의학 연구를 실시함으로써 인간 뇌의 각 부위가 의사결정, 회상 그리고 감정에 어떤 중요한 역할을 하는지 많은 것을 밝혀냈습니다. 한 예로, 뇌의 한 부위에 부상을 입은 환자들은 두려움을 느끼지 못하는 반면, 뇌의 다른 부위에 변화가 일어난 환자들은 기억을 형성할 수 없습니다.

21세기 들어 우리는 뇌 기능을 이해하고 복구하는 데 도움이 되는 새로운 기술이 많다는 사실을 목도하고 있습니다. 따라서 오늘 저는 여러분께 빠르게 변하고 있는 몇몇 분야를 간단히 소개한 다음 그것이 사이보그와 트랜스휴머니즘 같은 주제들에 어떤 영향을 미치는지 말씀드리려고 합니다. 우리는 뇌에서 일어나고 있는 일을 시뮬레이션할 수 있을까요? 우리는 인간 조건에 대해 더 많은 것을 이해함으로써 자신을 계몽할 수 있을까요? 우리는 뇌를 증강할 수 있을까요?

인간의 뇌는 엄청나게 복잡합니다. 뉴런(신경세포)이라 불리는 뇌세포가 약 1000억 개 있고 그것들은 서로 연결되어 있습니다. 뉴런은 각각 약 1,000개의 다른 뉴런과 연결되어 있죠. 이 뉴런들은 전기 펄스를 이용해 계산하고, 화학 물질로 신호를 전달합니다. 여러분이 인간의 뇌를 (뇌를 이루는 초미세 구조, 개별 생물 분자들을 볼 수 있을 만큼) 충분한 해상도로 스캔할 수 있다고 상상해보세요. 그 데이터를 작은 하드 드라이브에 저장해 차곡차곡 쌓아 올리면 한 사람의 뇌인 그 하드 드라이브의 탑은 우주까지 닿을 겁니다. 저는 지금 뇌가 얼마나 복잡한지 말씀드리는 겁니다.

게다가 우리는 우리의 생각, 감정, 감각, 행동을 산출할 수 있게 해주는 뇌의 필수적인 정보 처리 과정을 포착하려면 인간의 뇌에서 (또는 어떤 뇌에서든) 뭘 조사해야 하는지도 모릅니다. 예를 들어 지난 10~20년 동안 우리는 뇌세포가 마리화나의 활성 성분과 다르지 않은 효과를 지닌 분자인 카나비노이드를 만든다는 사실을 밝혀냈는데, 이 분자들이 수행하는 계산 기능을 우리는 아직 완전히 이해하지 못했습니다. 여러분이 뇌 지도를 만들고 싶다면 정보를 얼마나 많이 획득해야 할까요? 지금 시점에서 대답은 '확실히 모른다'입니다.

사이보그나 트랜스휴머니즘에 대해 이야기할 때 자주 제기되는 또 다른 질문은 이겁니다. 만일 여러분이 여러분의 뇌를 컴퓨터상에 시뮬레이션할 수 있다면 그것은 여러분일까요? 물론 우리 앞에 놓여 있는 가장 큰 질문 중 몇 가지는 '경험이란 무엇인가' '의식이란 무엇인가' '주관적 느낌이란 무엇인가'입니다. 인류 역사의 현 시점에서 우리는 의식을 직접 창조하거나 감지할 수 없기 때문에 이 질문들은 아직 미스터리로 남아 있습니다.

여러분이 이 분야의 최전선을 엿볼 수 있도록 몇 가지 첨단 기술에 대해 말씀드리겠습니다. 그리고 나서 더 미래주의적인 방향으로 가보겠습니다.

생각하는 사람의 뇌를 스캔한 자기 공명 영상을 보면 불이 켜진 점들이 보이는데, 그 점들은 혈류의 변화를 나타냅니다. 뇌 활동의 결과로 뇌의 혈류가 간접적으로 변하는 겁니다. 문제는(우리 분야의 숨기고 싶은 비밀 중 하나인데), 여러분이 이 점들을 볼 때 점 각각은 수백만 개, 어쩌면 수십억 개의 서로 다른 뇌세포를 포함하고 있으며 그 세포 각각은 매우 다른 일들을 하고 있을 것이란 점입니다.

앞서 우주 공간에 닿는 하드 드라이브 탑을 예로 들며 우리가 다루는 대상이 얼마나 복잡한지 말씀드렸습니다. 하지만 우리가 다루는 규모는 그 비유로는 다 표현할 수 없을 만큼 압도적입니다. 만일 여러분이 어떻게든 인간의 뇌를 도시 한 구역 크기만큼 부풀릴 수 있다면 시냅스라고 불리는 뇌세포들 사이의 연결은 모래 알갱이 크기일 겁니다. 그리고 그 연결은 분자들로 가득 차 있습니다. 전기 펄스를 생성하는 분자들, 화학적 정보를 교환하는 분자들이죠. 그리고 연결들 하나하나는 원칙적으로 저마다 다른데, 이는 뇌에 정보가 어떻게 저장되는가를 설명하는 한 가지 가설이죠.

그래서 우리 연구팀을 포함한 여러 연구자들이 해결하려는 한 가지 질문은 '뇌의 상이한 공간적 척도들을 실제로 지도화할 수 있는가'입니다. 뇌세포들은 거대합니다. 뇌세포들의 면적은 수센티미터에 이릅니다. 그런데 뇌세포 사이의 미세한 연결은 엄청나게 작습니다.

우리가 실험하고 있는 한 가지 방법은 물리학에서 아이디어를 빌린 것입니다. 이 개념의 유래는 약 40~50년 전의 이른바 반응성 중합체responsive polymer에 대한 연구로 거슬러 올라갑니다. 반응성 중합체는 아기 기저귀 재료를 폼 나게 말하는 방법입니다. 아기가 기저귀를 사용하면 무슨 일이 일어날까요? 여기 계신 분들 중 일부는 경험해보셨을 겁니다. 물이 이 중합체들을 부풀게 하죠. 중합체는 삼투압에 의해 물을 흡수해 부풀어 오르며 커집니다.

우리가 실험하고 있는 것은 이 기술을 이용해 뇌를 물리적으로 확장시켜 세포들 사이의 아주 작은 연결과 그 연결 부위에 있는 분자들을 지도로 나타내는 일입니다. 만일 우리가 생체 분자들 주변과 생체 분자들 사이에 이 중합체 실을 화학적으로 엮어 넣을 수 있다면 어떨까요? 제대로만 하면 기저귀 재료가 부풀어 오를 때 생명체를 이루는 모든 기본 단위가 서로 멀어질 겁니다. 이런 식으로 충분히 멀어지면 우리는 뇌의 상세한 모습을 촬영할 수 있습니다. 여러분의 휴대전화에 있는 것 같은 저렴한 카메라를 사용해도 될 겁니다.

우리는 쥐의 뇌 조직을 사용해 뇌의 화학적 활동을 알아내는 데 시간을 많이 들였습니다. (쥐는 신경과학에서 모델로 흔히 사용되는 동물입니다. 인간의 뇌로는 우리가 원하는 모든 걸 할 수 없기 때문이죠. 이 실험은 물론 보존된 뇌에서만 효과가 있습니다. 살아 있는 조직은 그런 식으로 확장할 수 없습니다.) 우리는 아기 기저귀 같은 중합체를 쥐의 뇌 조직 전체에 형성한 다음 물을 첨가했습니다. 저속 촬영 기법으로 속도를 약 50배 높인 영상에서 여러분은 이 뇌 조직이 커지는 모습을 볼 수 있습니다. 표본의 부피를 100배, 심지어 1만 배까지 부풀릴 수 있죠. 이런 식으로 뉴런들 사이의 작은 연결 부위와 연결 부위에 있는 분자들을 우리 시야로 불러올 수 있습니다. 연결 부위와 분자들을 눈으로 구별할 수 있을 때까지 부풀려 서로 떨어뜨리면 됩니다.

우리가 이 세포, 조직, 회로 들을 별자리에 떠 있는 별들처럼 만들면 어떨까요? 분자들을 고분자 그물 위에 서로 떨어뜨려 고정시켜놓는 거죠. 우리의 목적은 아주 세밀한 뇌 지도를 만들어 뇌 작동을 컴퓨터에서 시뮬레이션하는 겁니다. 많은 연구팀이 개발하고 있는 교묘한 화학 기법들(예를 들어, 뉴런들이 각기 다르게 보이도록 색을 입히는 방법이 있습니다)을 이런 기술에 결합하면 아주 정확한 뇌 지도를 만들 수 있지 않을까요?

이것이 첫 번째 기술입니다. 이 기술의 함의에 대해 이야기하기 전에 두 번째 기술에 대해 말씀드리겠습니다. 뇌 조직을 확대하는 일은 보존된 조직에만 효과가 있습니다. 보존된 조직이란 죽은 조직을 완곡하게 표현하는 말이죠. 하지만 우리는 뇌세포가 발생시키는 고속 전기 펄스와 뉴런들 간의 빠른 화학적 교환을 살아 있는 상태에서 관찰할 필요가 있고, 이상적으로는 그것을 제어할 수 있어야 합니다. 만일 우리가 뇌세포를 활성화시킬 수 있다면 그 뇌세포가 어떤 행동이나 결정 또는 감정을 유발할 수 있는지 알아낼 수 있을 겁니다. 또 뇌세포를 불활성화시키면 그 뇌세포가 무엇에 필요한지 알 수 있을 겁니다. 그러면 기억을 일시적으로 삭제하거나 뇌전성 발작 또는 파킨슨병의 떨림을 없앨 수도 있지 않을까요?

이런 일을 위해 우리는 뇌세포에 사실상의 '태양 전지판'을 장착하는 방법을 연구해왔습니다. 바로 빛을 전기로 변환하는 분자들이죠. 뇌는 통증을 느끼지 못하기 때문에 광섬유를 뇌에 심을 수 있습니다. 피험자 약 30억 명 이상이 이미 파킨슨병이나 청각 장애를 완화하기 위해 신경계에 전극을 이식했습니다. 하지만 우리는 뇌에 전극을 삽입하는 대신 광섬유를 통해 빛 펄스를 전달할 수 있습니다.

문제는, 뉴런은 눈에 있는 것을 제외하고는 대체로 빛에 반응하지 않는다는 점입니다. 그래서 '광유전학'이라 불리는 이 기술이 잘 작동하게 하기 위해서는 박테리아와 조류 같은 단세포 미생물의 도움을 받아야 했습니다. 단세포 조류는 꽁무니에 붙어 있는 작은 꼬리인 편모의 방향을 이리저리 바꾸는데, 이때 안점이라 불리는 세포 소기관에서 보내는 신호를 따릅니다. 안점을 확대해보면 태양 전지판 역할을 하는 분자들을 발견할 수 있죠. 적절한 색깔의 빛(이 경우에는 푸른빛)을 비추면 분자들은 작은 구멍을 열어 전하를 띤 입자들, 즉 이온을 통과시킵니다. 이게 바로 우리가 원하는 겁니다. 이런 전기 신호는 뉴런(뇌세포)이 활성화될 때 발생하는 신호와 유사합니다.

이 분자를 한 뇌세포에 집어넣고 그 세포에 빛을 비추면 빛이 분자에 닿아 구멍을 열고 이온을 통과시킵니다. 그러면 뇌세포가 활성화되죠. 제가 이 단어들을 말하는 동안 여러분 뇌의 뉴런들도 이와 똑같은 방식으로 반응했습니다.

우리는 운이 매우 좋았습니다. 이 분자는 작은 유전자가 지정하는 단백질이었고, 우리는 그 유전자를 추출할 수 있었습니다. 그리고 매우 흥미로운 분야인 유전자 치료 기술을 이용해 그 유전자를 뇌세포에 이식할 수 있었습니다. 그러자 놀랍게도 유전자를 이식한 뇌세포가 그 단백질을 생산했고, 심지어 더 놀랍게도 그 단백질을 알맞은 곳에 가져다 놓았습니다. 솔직히 말해 이건 얻어걸린 행운입니다. 우리는 빛을 의미 있는 신경 전기 신호로 변환하는 데 이 단백질 분자들을 이용할 수 있다는 점을 알아냈습니다. 연구자들은 뇌를 이해하기 위한 온갖 연구에 이 기술을 사용하고 있고, 그 결과로 이뤄진 발견들에 힘입어 몇몇 회사는 뇌 질환을 치료하는 새로운 방법들을 탐색하고 있습니다.

제가 연구하고 있는 한 가지 사례를 소개하겠습니다. 우리가 이런 도구들을 어떻게 사용할 수 있는지 잘 보여주는 예라고 생각합니다. MIT에서 저와 협업하는 가까운 동료인 차이 리훼이Li-Huei Tsai는 알츠하이머병 전문가입니다. 리훼이의 연구팀은 알츠하이머에 걸린 뇌를 치료할 수 있는 뇌 활동 패턴을 알아내는 데 우리 기술을 사용했습니다.

리훼이의 팀은 우리가 미생물에서 찾아낸 분자를 뇌에 있는 비교적 드문 세포 집단에 집어넣고 특별한 주파수인 초당 40번(40헤르츠)의 빛을 쪼여 그 세포들을 활성화시켰습니다. 40헤르츠는 신경과학에서 마법의 숫자입니다. 예를 들어, 여러분이 특정한 것에 주의를 기울일 때 관련된 뇌 영역에서는 40헤르츠에서 활성화되는 활동이 증가합니다. 리훼이 팀의 실험 결과, 알츠하이머 모델 쥐(인간에게 알츠하이머를 유발할 수 있는 돌연변이들과 유사한 돌연변이를 갖도록 유전자 조작된 쥐)의 뇌에 이 주파수의 빛을 쪼이자 뇌의 면역 체계가 활성화됐습니다. 그리고 쥐의 뇌는 아밀로이드 플라크와 알츠하이머병의 특징적인 분자들을 청소하기 시작했습니다.

리훼이의 연구팀은 이 발견을 바탕으로 이런 뇌 활성화 패턴을 비침습적으로 유도하는 방법을 연구하고 있습니다. 물론 유전자 치료는 매우 정확합니다. 뇌를 연구하는 훌륭한 방법이죠. 그러나 인간을 대상으로 하는 유전자 치료는 비용이 많이 들고 실행하기가 어렵습니다. 그래서 리훼이가 이끄는 우리 연구팀은 공동 연구자인 에머리 브라운Emery Brown과 함께 이런 뇌 활동 패턴을 눈을 통해 유도하는 실험을 시작했습니다. 여러분이 보는 영화가 이런 뇌 활동 패턴을 유도할 수 있다면 어떨까요? 쥐 모델에서는 이 방법이 효과 있었습니다. 그래서 리훼이와 저는 회사를 공동 설립했고, 현재 알츠하이머병을 치료하는 영화를 만들 수 있는지 알아내기 위해 사람을 대상으로 임상시험을 진행하고 있습니다. 또 뇌의 심부 구조에 접근할 수 있게 해주는 비침습적인 다른 기술들도 연구하고 있죠.

우리가 이런 연구를 하는 동기는 대체로 뇌 질환과 관련 있습니다. 뇌졸중과 중독 그리고 그 밖에 뇌와 관련 있는 병을 포함하면 전 세계에서 10억 명 넘는 사람이 뇌 질환을 앓고 있습니다. 뇌 질환이 특히 무서운 이유는 수명을 앞당길 뿐 아니라 자신의 정체성과 사랑하는 사람들과의 관계를 바꾸기 때문입니다. 게다가 어떤 뇌 질환도 완전히 치료될 수 없죠. 제 할머니가 알츠하이머병을 앓고 있다는 사실과, 무엇보다 뇌 질환의 세계적인 부담을 알게 된 것이 제 연구의 핵심 동기가 되었습니다.

오늘 저녁 제 목표 중 하나는 병리학적 치료를 뛰어넘어 뇌 조작을 탐구하는 것입니다. 뇌를 시뮬레이션하거나 증강하거나 변화시킬 수 있는 미래는 어떤 모습일까요?

앞으로 5년에서 25년 사이에 현실이 될 일로, 우리가 당장 생각해봐야 할 세 가지 분야에 대해 말씀드리겠습니다. 우리가 지향하는 방향에 대해 우리는 한 종으로서 무엇을 원할까요? 우리 생각을 올바른 방향으로 이끌려면 윤리적으로 어떤 점을 고려해야 할까요?

시뮬레이션부터 시작해봅시다. 요즘 인공지능이 화제입니다. 체스나 바둑을 스스로 배울 수 있는 프로그램에 대해 들어보신 적 있을 겁니다. 이런 프로그램들은 세계 최고의 게임 플레이어들을 이기기도 했죠. 제가 생각하기에 가장 흥미로운 방향 중 하나는 앞서 소개한 기술들과 관련된 쪽입니다. 뇌 조직을 확장해 뇌 배선에 대한 아주 세밀한 분자 지도를 만들 수 있다고 말씀드렸죠. 그런데 만일 뇌와 흡사한 인공지능을 만들 수 있다면 어떨까요? 예를 들어 지금까지 인공지능은 게임을 하거나 우리도 대체로 방법을 아는 문제들을 해결하는 데 능했습니다.

하지만 창조적이고, 현실 세계의 문제를 해결할 수 있으며, 윤리적 속성을 지닌 인공지능을 만들면 어떨까요? 뇌의 일부를 지도로 만들면 우리가 의사결정에 사용하는 알고리즘을 이해하는 데 도움이 될까요? 앞서 언급했듯 여기서 대두되는 아주 흔한 질문은 '뇌 지도를 만들어 뇌를 시뮬레이션하면 그것이 당신일까?'라는 것입니다. 말씀드린 것처럼 의식을 직접적으로 감지하거나 창조할 방법은 없습니다. 사실 여러분은 제가 의식하고 있는지 확신할 수 없습니다. 그렇지 않은가요? 물론 여러분이 저를 의심하지 않기를 바라지만 말입니다.

여기서 온갖 종류의 흥미로운 질문이 나옵니다. 요즘에는 초지능에 대한 두려움이 널리 퍼져 있습니다. 사람들은 그런 두려움을 널리 퍼뜨리고 있습니다. 다른 한편으로는 지능을 끌어올리고 싶은 욕구가 존재합니다. 문제를 해결할 더 큰 힘을 갖기 위해서죠.

지능을 증강할 필요가 있다는 생각과 초지능에 대한 우려 사이의 긴장은 주목받을 가치가 있는 토론 주제일 겁니다.

우리 연구팀은 수많은 공동 연구자와 협업하고 있습니다. 우리의 목표 중 하나는 앞으로 5~10년 안에 물고기나 벌레의 뇌처럼 작은 뇌를 시뮬레이션해보는 것입니다. 이 시도의 맥락을 설명하자면, 생물학의 많은 분야에서 연구하는 작은 벌레는 수백 개의 뇌세포(뉴런)를 가지고 있을 겁니다. 작은 물고기는 뉴런이 그보다 1,000배, 어쩌면 10만 배 많을 겁니다. 물고기의 뇌보다 쥐의 뇌에, 그리고 쥐의 뇌보다 인간의 뇌에 뉴런이 1,000배가량 많습니다.

따라서 인간의 뇌처럼 복잡한 것을 시뮬레이션하려면 여러 번 도약해야 합니다. 앞서 제시한 예들을 통해 엄청난 양의 데이터를 처리하는 것이 얼마나 벅찬 일인지 여러분도 짐작하셨을 겁니다.

한편 유기 기질로 뇌를 만드는 일도 상상해볼 수 있습니다. 접시에서 뇌세포를 배양할 수 있다면 어떨까요? 한 예로 몇몇 회사는 채식주의자용 고기를 배양하기 시작했습니다. 동물의 생명을 희생시킬 필요 없이 접시에서 고기를 배양할 수 있다면 접시에서 실제 뇌 회로를 만들 수 있는 날도 머지않았을 겁니다. 그런 날이 온다면 어떤 결과가 초래될까요? 그 결과(기술적, 인문학적, 윤리적, 그 밖의 결과)는 향후 연구 방향에 대한 우리의 사고방식을 지배하게 될 것입니다.

이렇듯 시뮬레이션은 뇌가 무엇을 하는지에 대해 많은 것을 알아낼 수 있는 분야라고 생각합니다. 우리에게는 새로운 종류의 인공지능을 만들어낼 잠재력이 있고, 저는 지금이 그 결과와 경로에 대해 생각해보기 시작할 때라고 봅니다.

두 번째 분야는 계몽입니다. 저는 인간 조건을 과학적인 관점에서 이해하고 싶어 신경과학에 입문하게 되었습니다. 불가능할 수도 있지만 그건 적어도 제가 뇌에 관심을 갖게 된 동기 중 하나였습니다. 문화, 사회, 종교의 역할 중 하나는 우리가 집단적으로나 개인적으로 고통을 극복할 수 있는 방법을 이해하도록 돕는 것입니다.

그런데 흥미롭게도 요즘 윤리나 판단에 아주 가까운 질문들, 그리고 거의 철학의 영역이라고 말할 수 있는 것에 근접한 질문들을 조사하는 데 기술이 이용되고 있습니다. 저는 이 분야에서 매우 흥미로운 연구를 진행하고 있는 동료들의 사례 두 가지를 소개하고 싶습니다.

제 MIT 동료인 리베카 색스Rebecca Saxe는 몇 년 전 타인의 행동에 대한 사람들의 윤리적 판단을 조사하는 실험을 했습니다. 그런 연구에서 흔히 그러듯 연구팀은 사람들에게 이야기를 들려준 다음 이야기 속의 인물들을 판단하라고 요청했습니다.

가령 앨리스가 밥을 독살하려 하고, 밥이 죽는다고 가정해봅시다. 거의 모든 사람이 앨리스가 나쁘다고 생각합니다. 그런데 만일 앨리스가 밥을 독살하려 했지만 제대로 하지 못해 밥이 살았다면 어떨까요? 커피에 독을 타려다 실수로 설탕을 넣었을 수도 있으니까요. 그렇다 해도 대부분 사람은 여전히 앨리스가 나쁜 사람이라고 생각합니다. 리베카와 연구팀은 뇌의 특정 부위(기술적

용어로 오른쪽 측두정맥 접합)를 자극하면 피험자들은 두 번째 경우일 때 앨리스를 의심만으로 비난하지 않는다는 점을 알아냈습니다. 사람들은 "오, 밥이 살았으니 괜찮아요"라고 말했죠. 사람들은 의도보다 결과를 중시했습니다. 그렇게 만들기 위해 연구팀은 이 특정 뇌 부위를 자기 펄스로 자극했습니다. 뇌 바깥쪽 두피에 전선 코일을 붙이고 코일에 전류를 흘려보내 그 밑에 있는 뇌 부위의 전기 활동을 비침습적으로 방해했습니다.

이 실험 결과는 많은 질문을 야기합니다. 윤리적 판단을 내리는 뇌 기질이 이런 가소성을 가지고 있다면 우리가 윤리적 판단을 내리는 동안 뇌에서 무슨 일이 일어나는가의 관점에서 그것이 무엇을 의미할까요?

두 번째로 데이유 린Dayu Lin과 데이비드 앤더슨David Anderson의 연구 사례를 살펴보겠습니다. 그들은 앞서 설명한 광유전학 기술을 사용해 쥐의 뇌에서 공격성이나 폭력성을 유발하는 부위를 찾으려고 시도했습니다. 그들은 뇌 깊숙한 곳에서 아주 작은 세포 덩어리를 찾아내 우리가 미생물에서 분리해낸 유전자를 거기에 집어넣었습니다. 그러고는 광섬유로 뇌에 빛을 쏘이니 쥐들은 자기들 옆에 있는 것은 무엇이든, 설령 그것이 고무장갑일지라도 공격했습니다. 그들은 윤리와 판단, 심지어는 정의와 관련된 행동을 일으킬 수 있는 회로를 찾아낸 겁니다.

뇌를 관찰하고 조작하는 기술이 과학 연구에서 점점 더 보편화됨에 따라 우리 앞에 다음과 같은 질문이 던져졌습니다. 현재 치료 목적으로 연구되고 있는 이런 기술들이 앞으로 우리가 우리 자신을 이해하고 개선하는 데 어떤 도움을 줄 수 있을까요?

두 가지 간단한 예를 들어보겠습니다. 어떤 것에 이름을 붙이는 일에는 매우 강력한 효과가 있습니다. 정신질환의 오명을 벗기는 시도는 아직 완성되지 않았지만 현재 진행 중입니다. 누군가가 정신질환을 앓고 있다면 이제 더 이상 악마가 들렸기 때문이라거나 누군가의 잘못이라고 말하지 않습니다. 더는 정신질환을 앓고 있다는 사실이 한 사람의 정체성을 규정하는 부분으로 간주되지 않습니다. 우리는 어떤 것에 이름을 붙임으로써 그것과 거리를 둘 수 있습니다. 저의 한 가지 바람은 왜 우리가 지금과 같은 방식으로 결정하는지 이해하는 겁니다. 이는 우리 행동에 대한 통찰을 제공하지 않을까요? 가령 우리는 더 잘 공감할 수 있지 않을까요? 우리의 동기를 뇌의 메커니즘 수준에서 이해할 수 있지 않을까요?

더 장기적으로 윤리나 판단 또는 다른 종류의 철학적 요인에 영향을 미치는 방식으로 뇌 기능을 변화시키기 위해 뇌를 직접 통제하는 연구는 흥미로운 토론 주제가 될 것입니다. 여러분 모두 〈시계태엽 오렌지〉A Clockwork Orange 같은 디스토피아 영화를 보신 적 있을 겁니다. 그런 기술은 분명 올바르게 사용할 수 있지만 나쁘게 쓰일 수도 있는데, 그 논의를 지금 시작해야 한다고 생각합니다.

제가 세 번째로 다루고 싶은 주제는 증강입니다. 증강은 현재 뜨거운 주제이기도 합니다. 한 예로 요즘 학교에서는 리탈린이나 애더럴처럼 집중력을 높이는 약물을 사용합니다. 또 훈련을 통해 뇌 기능을 끌어올리는 다양한 시도가 일어나고 있습니다. 뇌에 직접 정보를 입력할 수 있는 기술이 존재하는 시대에, 방금 언급한 시도들 다음에는 무슨 일이 일어날까요? 앞서 언급했듯 30억 명 넘는 사람이 이미 신경 장치를 이식받았습니다. 대부분 파킨슨병을 치료하기 위한 뇌 심부 자극과 청각 장애인을 위한 달팽이관입니다.

이런 기술들이 점점 더 광범위하게 사용됨에 따라 과학계는 기억력을 높이거나 감정을 바꾸는 일들도 할 수 있다고 생각하고 있습니다. 이를테면 우울증 환자들에게 뇌 심부를 자극하는 치료를 시도하고 있죠. 지난 수십 년간 항우울제가 밟아온 궤적을 돌아보면 사용 범위가 점점 넓어지는 추세이고, 현재는 증강 목적을 위한 사용도 고려되고 있습니다.

인류는 알맞은 속도로 점점 증강해가려는 소망을 지닌 것 같습니다. 어떤 기술이 환자를 치료하는 데 사용되어 안전하고 효과적이라고 증명되면 의학의 역사가 보여주듯 그런 기술은 점점 사용 범위를 넓혀 증강 목적으로 쓰이게 됩니다.

유전체 편집 같은 생물학의 더 성숙한 영역에서 힌트를 얻을 수 있습니다. 1974년 노벨상 수상자인 폴 버그Paul Berg는 캘리포니아 아실로마에서 기자들을 불러놓고 회의를 열었습니다. 과학자, 변호사, 학자 등 다양한 집단이 참석했습니다. 당시는 정부에 대한 불신이 깊었죠. 그리고 재조합 DNA, 즉 유전자를 인위적으로 재조합해 다른 유기체에 이식하는 기술에 대한 두려움이 널리 퍼져 있었습니다. 그곳에 모인 다양한 사람들은 그 자리에서 몇 가지 결정을 내려야 한다고 말했습니다. 그들이 자신을 통제하려면, 이런 기술들을 긍정적이고 윤리적인 방식으로 발전시키려면 그들이 무엇을 하고 싶고, 무엇을 하고 싶지 않으며, 무엇을 할 수 있는지 이야기해야 한다고 말했습니다. 또한 피해를 최소화하고 이해관계자들을 대표할 수 있도록 지침과 원칙을 논의해야 한다고도요.

그로부터 거의 반세기가 흘렀고, 누군가는 이 회의의 영향이 엄청났다고 주장할 수 있을 겁니다. 그 수십 년 동안 우리는 수많은 치료법이 등장하는 모습을 지켜봤습니다. 혈우병 치료법, 인간 성장 인자들, 온갖 종류의 치료법, 그리고 재조합 DNA와 유전자 복제를 이용한 치료법까지 등장했죠. 어쩌면 지금이 뇌의 아실로마 회의라고 부를 수 있는 것을 열어야 할 때인지도 모릅니다. 과학 연구에 이미 사용되고 있으며 임상시험에도 쓰이기 시작한 기술들은 강력한 기술입니다(달팽이관 이식이나 뇌 심부 자극의 경우 일반인을 대상으로 승인된 형태로 임상시험이 시행되고 있습니다). 우리는 한 종으로서 결정을 내려야 한다고 생각합니다. 우리가 무엇을 하기를 원하는지 말이죠. 그런 기술들이 실제로 유행하기 시작하는 지금, 질병을 이해하고 치료에 도움을 얻기 위해 기술을 발명하고 배치할 때 우리는 과연 자신을 통제할 수 있을까요? 그리고 그런 기술이 현재의 증강 기술과 연결될 때 우리는 문제에 한 발 앞서 그것을 강력한 해법으로 만들 수 있을까요?

오코널 정말 흥미롭습니다. 정말 충격적이군요. (입이 근질근질해서 죽는 줄 알았습니다.)

시작하기 전에 먼저 두 가지를 말씀드리고 싶습니다. 하나는 주의점이고, 다른 하나는 정의입니다. 저서 『트랜스휴머니즘』이 출판된 뒤로, 저는 이 책에 대해 공개적으로 말할 때마다 이 두 가지를 꼭 말해야 한다는 걸 분명히 알게 되었습니다. 이따금 말하는 걸 깜빡하면 우리가 어떻게 불멸의 존재가 될지, 또는 어떻게 인공지능과 융합할 것인지에 대한 이야기를 언제 꺼낼지 청중들이 궁금해하기 때문입니다. 따라서 의심을 피하기 위해 단서를 답니다. 저는 트랜스휴머니즘 운동의 일원이 아니었고 지금도 아닙니다.

이제 정의를 말하겠습니다. 트랜스휴머니즘을 주제로 한 이야기를 듣고 있다고 해서 반드시 트랜스휴머니즘이 무엇인지 아는 것은 아니라는 점을 알았기 때문입니다. 그래서 트랜스휴머니즘의 요지를 간략하게 말씀드리자면, 이는 인간 조건의 경계를 확장하기 위해 기술을 사용할 수 있고 사용해야 한다는 확신에 기초한 운동입니다. 트랜스휴머니스트들은 이런 프로메테우스의 이상을 내세워 온갖 종류의 이상하고 불안한 생각과 행동에 몰두합니다. 피부 밑에 마이크로칩을 삽입해 초인적인 초감각 능력을 얻거나, 사실상 사이보그가 되거나, 기술이 충분히 발전한 미래의 어느 시점에 부활할 수 있도록 사후 극저온 동물처럼 자신의 몸을 액체 질소에 얼립니다.

트랜스휴머니스트들은 미래에 자신의 뇌를 스캔해 그 데이터를 기계에 업로드함으로써 불멸을 얻게 될 것이라 믿습니다. 에드가 이야기하고 연구하고 있는 것들을 극단으로 끌고 간다고 보면 되죠.

트랜스휴머니즘의 근본 원리, 즉 트랜스휴머니즘 운동가들이 미래에 대해 갖고 있는 다양한 종류의 열정과 신념을 떠받치는 원리는 살과 피로 된 몸을 초월해 지금의 동물적 존재보다 나은 뭔가가 되는 것이 우리 종의 운명이고, 필수적인 일인 동시에 바람직한 일이라는 생각입니다. 이야기를 진행하며 좀더 자세히 말씀드리겠습니다. 하지만 그것이 기본적인 정의입니다. 이 정도로도 여러분은 제가 무슨 말을 하는지 알 수 있으실 겁니다. 정의를 알고 계시면 도움이 됩니다.

과격한 생각인 이 트랜스휴머니즘 운동은 실리콘 밸리에 깊이 뿌리내리고 있으며, 그곳에는 이런 미래의 어떤 버전을 실현하는 데 헌신하는 힘과 영향력을 가진 사람들이 있습니다. 구글 창립자들은 노화 문제를 해결하는 데 전념하고 있으며, 2014년 유전학 수준에서 노화 문제의 해결책을 찾겠다는 목표를 노골적으로 내세운 생명공학 연구개발회사 캘리코 연구소Calico Laboratories를 설립했습니다.

피터 틸Peter Thiel은 (저는 저서에서 이 사람에 대해 꽤 많은 분량을 썼습니다) 페이팔을 창립한 억만장자 벤처 자본가인데, 그는 기술을 통해 불멸을 달성하는 프로젝트에 상당한 돈을 투자했습니다. 무엇보다 자기 자신의 불멸을 달성하기 위해서겠죠. 틸의 전 페이팔 동료인 일론 머스크는 인공지능의 부상은 우리 종을 쓸모없게 만들 것이고, 우리가 하등 영장류보다 고등하게 진화한 것처럼 AI는 우리보다 높은 수준으로 진화할 것이며, 우리가 이 운명을 피할 수 있는 유일한 길은 진화를 우리 손에 넣어 뇌와 기계를 연결하는 인터페이스를 발전시키고 우리의 마음을 AI와 융합하는 것이라는 본인의 확신을 공개적으로 밝혔습니다.

이 모든 것이 미친 짓처럼 들리지만, 그리고 제 소박한 의견으로는 그 대부분이 미친 짓이지만 이것이 기술 세계의 가장 높은 수준에서 볼 수 있는 종류의 사고임을 명심해두는 게 좋습니다.

트랜스휴머니즘 운동 자체와 그 운동이 생각하는 인류의 미래에 대해 좀더 이야기하기 전에 먼저 제가 어떻게 이 주제를 탐구하게 되었는지, 그리고 왜 그것에 끌렸는지에 대해 말씀드리고 싶습니다. 저는 제 자신을 과학 작가라고 생각하지 않습니다. 사실 저는 과학적으로 문맹을 겨우 탈출한 수준입니다. 아마도 오늘 저녁 대화 속에서 여러분은 그 점을 점점 더 분명하게 아실 겁니다. 제가 책을 쓸 때 그게 문제가 되지 않았다고는 말 못 하겠지만 여러분이 상상하는 정도로 문제있지는 않기를 바랍니다. 저는 영문학 박사학위를 가지고 있으며 문학평론가로 활동해왔습니다. 인간 존재에 대해 우리가 느끼는 낯선 느낌, 특히 죽음에 대한 실존적 불안이 어디서 오는지 탐구하려 하는 예술과 신화에 유독 관심을 느꼈습니다.

저는 수년간 성경의 타락 이야기에 사로잡혀 있었습니다. 성경의 타락 이야기는 제가 보기에 인간이라는 존재에 대해 우리가 느끼는 낯선 느낌, 즉 자신을 있는 그대로 동물로 받아들이지 못하는 태도에 대한 놀랍도록 풍성하고 심오한 시적 설명입니다. 저는 타락 이야기의 심리적 중심이자 신화적 핵심은 우리는 원래 이렇지 않았다는 개념이라고 생각합니다. 다시 말해 우리는 고통과 죽음, 인간의 연약함으로부터 해방될 운명이었고, 따라서 이런 조건은 우리가 자신에게 일종의 벌로서 부여했다고 봅니다.

저를 언제나 강하게 매료시켰던 것은 인간 본성을 초월해야 할 뭔가로 보는 개념입니다. 인간에 대한 환원 불가능한 사실들과 화해하지 못하는 이런 태도는 어떤 의미에서는 예로부터 줄곧 인간 조건을 규정하는 한 측면이었습니다.

제 아들이 태어났을 때인 지금으로부터 5년 전, 저는 제 자신이 이런 것들에 대해 꽤 많이 생각하고 있다는 점을 알게 되었습니다. 아내가 출산하는 것을 지켜보고 이 작고 연약한 존재의 지속적인 행복에 책임을 느낀 뒤 한동안 저는 죽음과 취약함에 집착했습니다. 저만 그런지는 모르겠지만 삶에서 중요한 사건을 겪을 때마다 저는 항상 죽음에 집착하게 됩니다. 저만 그런 건지도 몰라요. 결혼했을 때도 그랬습니다. 지금이 결정적 시점이다, 이 시점 이후로는 죽는 시점을 향해 가는 거라고 생각했죠. 아이를 낳았을 때도 그랬어요. 아마 저만 그럴 겁니다.

제가 트랜스휴머니즘에 대한 문헌을 본격적으로 읽기 시작한 건 이 무렵이었습니다. 저는 죽음이라는 조건에서 벗어날 수 있는 방법, 기술을 통해 인간 본성을 초월하는 방법을 분명하게 제시하는 이 운동의 사상에 상당히 집착하기 시작했습니다. 처음에는 이 사상에 완전히 매료됐어요. 이 사상이 타락 신화 밑에 깔려 있는, 그리고 이런 것들에 점점 몰두하는 저 자신의 집착 이면에 도사리고 있는 인간 조건에 대한 실존적 불안에서 나오는 것처럼 보였기 때문입니다.

트랜스휴머니즘은 저를 매우 이상한 장소로 데려가고 매우 불편하고 이질적인 사상과 마주치게 했지만 제가 쓴 책『트랜스휴머니즘』은 그 사상에 대한 철두철미한 동일시와 공감에서 비롯되었습니다. 트랜스휴머니스트들이 지향하는 지점이 마음에 들지는 않았지만 그들이 어디서 왔는지 완전히 이해했습니다.

돌이켜보면 저는 정신분석학자들이 승화라고 부르는 과정을 겪고 있었던 것 같습니다. 죽음에 대한 불안과 초보 부모로서의 두려움을 트랜스휴머니즘에 대한 집착으로 표출하고 있었던 거죠. 이 집착이 프로젝트가 되었고 프로젝트는 책이 되었습니다. 저는 이것이 작가가 되는 몇 안 되는 달콤한 거래 중 하나라고 생각합니다. 누구나 자신의 불안을 생산적인 뭔가로 바꾸는 방법을 찾을 수 있습니다.

트랜스휴머니즘은 이와 관련된 또 다른 이유로 제 마음에 와닿았습니다. 제게 트랜스휴머니즘은 일종의 극단적인 은유로 보였습니다. '극단적인 은유'는 J. G. 발라드J. G. Ballard의 책 제목입니다. 발라드는 그런 것들을 매우 좋아했죠. 트랜스휴머니즘은 자본주의, 그리고 자본주의의 무자비한 힘에 대한 극단적인 은유입니다. 자본주의는 그 무자비한 힘으로 인간과 기계의 경계를 흐리고, 그럼으로써 인간의 삶에 냉혹한 도구주의적 논리를 적용합니다. 기술을 통해 영원히 살고 기계와 결합함으로써 동물로서의 제약을 벗어나 진화적 도약을 이루는 미래를 상상한다는 점에서 트랜스휴머니즘의 모든 고려는 상당히 불편한 질문 하나를 야기할 수밖에 없습니다. 바로 '누가 혜택을 받는가?'라는 겁니다. 이 놀라운 기술 혁신에서 누가 혜택을 얻을까요? 여러분이나 저일까요, 아니면 피터 틸이나 일론 머스크 같은 0.01퍼센트의 사람들일까요? 그건 어떤 세상일까요? 초부자들은 인간 존재를 초월하고 그 밖의 나머지 사람들은 생물학적 빈곤 상태에서 허우적거리는 세상 아닐까요.

보시다시피 저는 이 운동이, 세계가 그동안 굴러온 방식에 대한 불안감에 직접적으로 호소하고 있다고 봤습니다. 상황을 기괴하게 강화해서 보여주는, 일종의 유령의 집 거울인 셈이죠. 트랜스휴머니즘은 제가 삶에서 접한 기술, 제가 살아온 방식, 제가 내린 결정들, 그리고 이미 보이지 않는 알고리즘에 의해 매개되고 있는 소비에 대해 제가 느꼈던 불안감을 건드렸습니다.

트랜스휴머니즘은 제게 이 모든 것에 대해 생각하는 한 가지 방법이었습니다. 미래를 예측하기보다는 현재를 더 깊이 이해하는 일이었죠. 제 말이 거만하게 들릴지도 모르지만, 그렇다면 그건 제 마음속에 거만함이 있다는 뜻이겠죠.

자주 인용되는 필립 라킨Philip Larkin의 말처럼 우리 대다수는 "우리보다 오래 살아남는 것은 사랑"이라는 생각으로 자신을 위로합니다. 트랜스휴머니즘은 어떤 면에서 이와는 매우 다르고 훨씬 덜 추상적인 해법을 제공합니다. 트랜스휴머니즘의 관점에서 우리보다 오래 살아남는 것은 데이터입니다. 우리보다 오래 살아남는 것은 코드입니다. 트랜스휴머니즘이 제시하는 비전은 우리 마음이 0과 1로 번역되는 미래, 그런 식으로 마음이 몸을 벗어나 기계에 업로드됨으로써 완전히 다른 플랫폼으로 옮겨지는 미래입니다.

마음을 업로드한다는 개념은 트랜스휴머니스트들의 핵심 신조입니다. 그것은 불멸의 미래로 가는 열쇠입니다. 이 개념의 가장 유명한 지지자 중 한 사람이 미래학자 레이 커즈와일Ray Kurzweil이죠. 커즈와일은 평판 스캐너를 포함해 기발한 장치를 많이 발명했고, 스티비 원더와 함께 커즈와일 뮤직 시스템스Kurzweil Music Systems를 설립하기도 했습니다. 그리고 몇 년 전에는 구글 이사들에 의해 엔지니어링 이사로 영입되었죠. 그는 아마도 2005년 출판한 책『특이점이 온다』The Singularity Is Near로 가장 유명할 겁니다. 여러분 중 이 책을 아는 분도 계실 겁니다. 이 책에서 그는 2045년이라고 시일을 못 박은 아주 가까운 미래에 인공지능이 매우 정교하고 강력해질 것이며, 우리는 마음을 AI 슈퍼컴퓨터에 업로드하고 AI와 융합함으로써 생물학적 존재에서 최종적으로 해방될 것이라고 비전을 제시했습니다.

이것이 특이점입니다. 종종 '괴짜들의 휴거'Rapture of the Nerds로 폄훼되곤 하지만 이 평가가 완전히 부당하기만 한 건 아닙니다. 커즈와일이 그리는 미래는 가속화되는 기술 진화가 인류 진화의 주요 원동력이 될 때까지 기술이 계속 소형화되고 강력해지는 세계입니다. 그때가 되면 우리는 더 이상 컴퓨터를 가지고 다니지 않을 것이며, 오히려 컴퓨터를 우리의 몸, 뇌, 혈류로 옮겨 인간 경험의 본질을 바꿀 것이라고 그는 주장합니다.

커즈와일이 그리는 미래 비전은 주로 스스로 이미 기계라고 생각하는 사람들에게 매력적으로 들릴 겁니다. 바로 인간의 뇌는 기계에 살을 붙인 고깃덩어리 기계meat machine라는, 인공지능의 선구자 마빈 민스키Marvin Minsky의 말에 동의하는 사람들이죠. 이 관점에서 보면 우리는 궁극적으로 기계인데, 그렇다면 자신의 성능을 업그레이드하지 않을 이유가 있을까요? 기계가 특정 작업을 수행하도록 구성된 장치라면 기계로서 우리의 임무는 가능한 한 높은 수준에서 생각하고 계산하는 것이 분명합니다.

이런 도구주의적 관점에서 인간의 삶을 보면 계산 성능을 높여 기계로서 가능한 한 오래, 가능한 한 효율적으로 작동하는 것은 거의 우리의 의무에 해당합니다. 그것이 우리가 애초에 존재하는 의미입니다.

『특이점이 온다』에서 레이 커즈와일은 이렇게 썼습니다. "버전 1.0의 생물학적 신체는 취약해 정기적으로 번거롭게 유지 보수해야 할 뿐 아니라 고장 모드에 무수히 처한다. 인간의 지능은 이따금 창의성과 표현력 면에서 뛰어날 수 있지만 인간의 사고 대부분이 파생적이고, 쩨쩨하며, 제한적이다. 특이점이 오면 우리는 생물학적 몸과 뇌가 지닌 이런 한계를 초월할 수 있을 것이다. 우리는 자신의 운명을 지배할 힘을 얻게 될 것이다. 우리의 죽음은 우리 손에 달려 있을 것이다. 우리는 원하는 만큼 오래 살 수 있을 것이며, 이는 영원히 산다고 말하는 것과는 미묘하게 다르다. 우리는 인간의 사고를 완전히 이해해 기능을 연장하고 범위를 확장할 것이다. 금세기 말이 되면 우리 지능의 비생물학적 부분이 타고난 지능보다 수조 배 강력해져 있을 것이다."[1]

커즈와일의 이런 말은 천년왕국 예언자들이 수백 년 동안 말해온 내용의 한 버전이라고 봅니다. '우리는 마침내 인간 존재의 타락한 조건을 벗어나 살을 벗게 될 것이다. 우리는 인류가 타락하기 전의 완전한 상태로 복원될 것이고, 이 최종 결합에서는 기술이 신의 자리를 대신하게 될 것이다.' 요컨대 이것은 일종의 종말론적 비전입니다.

커즈와일은 계속해서 이렇게 씁니다. "특이점은 우리의 생물학적 사고와 존재를 기술과 융합하는 시도의 정점에 해당한다. 그 결과로 우리가 맞이할 세상에서 우리는 여전히 인간이지만 생물학적 근원을 초월하게 될 것이다. 특이점 이후의 세계에서는 인간과 기계 또는 물리적 현실과 가상현실의 차이가 없을 것이다."[2]

커즈와일은 이런 융합이 우리의 인간적 성질을 없앨 것이라는 견해에 대해 생각해왔고, 여기에 이렇게 답했습니다. '반대로 그 융합은 인간이라는 종을 규정하고 다른 종과 구별해왔던 성질인 신체적, 정신적 한계를 초월하고자 하는 우리의 끊임없는 갈망이 정당함을 입증할 것이다.'

이런 의미에서 트랜스휴머니즘은 신체 그 자체에 대항하는 서

---

1   Ray Kurzweil, *The Singularity Is Near: When Humans Transcend Biology* (New York: Penguin, 2005), 9.

2   Kurzweil, 9.

구 문화의 한 조류와 맥을 같이합니다. 기독교 신학의 많은 부분에서 그런 태도가 명백히 드러납니다. 『신국론』City of God에서 성 아우구스티누스는 독자들에게 본인이 '보편적 지식'이라고 부른 상태를 상상하라고, 우리가 현재 상상할 수 있는 것보다 훨씬 원대한 것을 상상하라고 요구하면서, 보편적 지식은 신의 은총을 받은 사람들에게 주어질 것이라고 말합니다. 아우구스티누스는 이렇게 썼습니다. "이 지식이 얼마나 위대하고, 얼마나 아름답고, 얼마나 정확하고, 얼마나 확실하고, 얼마나 쉽게 습득될 수 있을지, 그리고 우리가 어떤 몸을 갖게 될지 생각해보라. 영에 완전히 종속된 몸, 그리고 영에 의해 유지되는 몸은 다른 어떤 음식도 필요치 않을 것이다."[3]

제가 『트랜스휴머니즘』을 쓸 때 어울렸던 다소 급진적인 트랜스휴머니스트들 중 피츠버그 출신의 소프트웨어 엔지니어 팀 캐넌Tim Cannon이 있었습니다. 팀은 피츠버그에 있는 '그라인드하우스 웨트웨어'Grindhouse Wetware라는 바이오해커 집단의 수장이었습니다. 그들은 팀의 집 지하실에서 일하면서 신체에 이식하는 기술을 설계하고 개발했죠. 이 기술은 이론상으로 초인적인 능력을 주지만 실제로는 그 능력을 약간 줬을 뿐입니다. 자기 나침반의 북쪽을 감지하거나 손을 흔들어 전기문을 여는 것 같은 능력입니다.

---

3   Saint Augustine(Augustine of Hippo), *City of God*, trans. Marcus Dods (Digireads.com, 2017), 705.

인상적이지만 딱 그 정도였죠.

그 회사에서 최근에 일을 시작한 한 친구가 RFID 칩을 손에 이식했습니다. 하지만 그건 그가 최근에 입사한 탓에 해커들이 일하는 공간에서 기밀정보를 취급할 수 있는 허가증을 받지 못했기 때문이었습니다. 그 칩은 사실상 아무 기능을 하지 않았죠. 저는 이것이 트랜스휴머니즘의 정곡을 찌르고 있다고 생각했습니다.

팀은 이 모든 것을 둘러싼 주요 철학적 질문들 중 하나에 대해 흥미로운 관점을 가지고 있었습니다. 그건 에드가 몇 번 언급했던 질문으로, 업로드와 관련 있습니다. 업로드된 마음이 '당신'인가 하는 질문이죠. 업로드된 마음은 정확히 무엇일까요? 팀은 8년마다 인간의 몸이 모든 세포를 대체하고 재생한다고 말했어요. 따라서 우리는 말 그대로 8년 전과 같은 사람이 아닙니다. 우리는 기본적으로 창립 멤버가 한 명도 남아 있지 않은데도 계속해서 같은 이름으로 순회공연을 다니는 록 밴드와 같습니다.

팀의 요점은, 존재론적으로 말하면 우리 마음을 기계에 업로드한 것은 우리 자신과 다르지 않다는 것이었습니다. 하지만 그와 이야기한 뒤 그게 정말인지 조사해보니 사실이 아니었습니다. 우리 뇌에는 대뇌피질이라는 부분이 있는데, 이곳의 세포는 일생 동안 그대로 남아 있습니다. 그러니까 우리는 창립 멤버 없이 순회공연을 다니는 록 밴드가 아닙니다. 우리가 록 밴드 플리트우드 맥Fleetwood Mack이라면 우리의 대뇌피질은 드러머 믹 플리트우드Mick Fleetwood인 셈입니다. 에드, 제가 과학적으로 틀린 부분이 있다면 바로잡아주세요. 약간 빗나갔을 수도 있으니까요. 대중문화에 대한 언급도 마찬가지고요.

저와 나눈 한 대화에서 팀은 트랜스휴머니즘의 숨은 종교적 메시지를 드러냈습니다. 저는 그 말에 꽤 감동했습니다. 그는 알코올 중독으로 허우적거렸던 과거, 분노를 잘 조절하지 못하는 점, 자신의 동물적 충동에 대해 꽤 많이 이야기했습니다. 그리고 인간 신체의 원시적이고 시대에 뒤떨어진 기능에 제한받고 있는 절망적 느낌에 대해 이야기했습니다. "전 여기 갇혀 있어요. 이 몸속에 갇혀 있어요"라고 말했죠. 그는 수십만 년 전 아프리카 사바나에서 살기 위해 진화한 동물의 몸에 자신의 생각과 신체적 가능성이 제한받기를 원치 않았습니다. 자신의 살과 뼈의 제한된 메커니즘을 뛰어넘는 무엇, 인간을 초월한 뭔가가 되고 싶어 했습니다.

팀의 이런 말에서 종교적인 감정이 진하게 묻어난다고 말했죠. 그의 말은 우리는 육체에 갇힌 신성한 영이며 육체는 악하다고 믿었던 초기 기독교의 이단 종파 영지주의Gnostics에서 했던 말과 매우 흡사했습니다. 팀은 이 종파와 관계없었습니다. 대부분 트랜스휴머니스트는 자신들의 사상을 종교에 비교하는 일에 분명히 선을 긋습니다. 그들은 종교와 트랜스휴머니즘은 둘 다 육체의 최종적인 초월, 죽음의 최종 면제를 약속한다는 점에서 공통점이 있긴 하지만 기술은 종교가 결코 할 수 없는 방식으로 그 약속을 이행할 수 있다는 점에서 종교와는 차이가 있다고 말합니다. 그들은 트랜스휴머니즘이 종교가 아닐 뿐더러 어떤 의미에서는 종교의 종말이라고 주장합니다. 우리 자신의 권리로 신이 될 수 있는 가능성을 제공한다는 점에서 말이죠. 저는 이것이 가장 중요한 포인트라고 생각합니다.

이 말씀을 드리면서 제 발표를 마치도록 하겠습니다. 결국 저는 트랜스휴머니즘을 일종의 역설적인 사건의 지평선으로 이해하기 시작했습니다. 가장 급진적인 극단으로 치달은 합리주의는 신앙이라는 암흑 물질 속으로 사라지기 때문입니다. 저는 트랜스휴머니즘을 기술이 신을 대신하는 일종의 마술적 합리주의로 보게 되었습니다.

글레이제르 여기에 우리가 생각해봐야 할 점이 몇 가지 있어 보입니다. 올해가 『프랑켄슈타인』*Frankenstein*이 출판된 지 200주년 되는 해라는 걸 여러분도 알고 계실 겁니다. 정말 놀라운 우연의 일치죠. 저는 『프랑켄슈타인』이 최초의 과학 고딕 소설이라고 생각합니다. 그 책을 읽자마자 메리 울스턴크래프트 셸리Mary Wollstonecraft Shelley가 당시 과학계에 무슨 일이 일어나고 있었는지 알고 있었다는 사실을 알아차리게 됩니다. 당시의 최첨단 과학은 갈바니즘galvanism이었습니다. 즉, 죽은 조직에 전류를 흘려보내면 그 조직이 움직이며 움찔하는 반응을 보이는 현상을 말하죠.

그건 놀라운 발견이었고, 이는 필연적으로 생명의 비밀이 전기일지도 모른다는 생각으로 이어졌습니다. 사람이 죽으면 충분한 전류를 몸에 흘려보내 되살릴 수 있다고 빅토르 프랑켄슈타인은 생각했습니다. 과학은 인간을 신으로 바꿀 것처럼 보였죠. 불행히도 그건 쉽지 않습니다. 거의 죽은 사람에게 제세동기를 갖다 대면 비슷한 일이 일어나긴 하지만 말이죠. 어쨌든 제가 지적하고 싶은 점은 『프랑켄슈타인』은 최첨단 과학의 남용을 경고하는 이야기라는 겁니다. 메리 셸리가 『프랑켄슈타인』의 부제를 "현대의 프로메테우스"라고 붙인 건 우연이 아닙니다. 그 불쌍한 티탄^{Titan}이 어떻게 되었는지 우리 모두는 압니다. 저는 우리가 그로부터 200년 뒤 다시 그 자리에 섰다고 생각합니다. 과학은 인간을 신으로 바꾸고 있습니다. 적어도 바꾸려고 시도하고 있습니다.

또한 저는 〈엑스파일〉X-Files의 한 에피소드인 '위대한 무타토' The Great Mutato도 떠오릅니다. 미친 과학자에 대한 이야기였죠. 그 과학자는 서로 다른 종류의 유전자 코드를 섞어 다양한 생명체를 합성함으로써 사실상 괴물 종족을 창조합니다. 그러던 어느 날 FBI 요원 폭스 멀더가 실험실에 들이닥쳐 그에게 묻습니다. "왜 이런 일을 하는 거죠? 당신이 뭘 만들고 있는지 안 보여요? 대체 왜 이런 일을 하죠?" 그 과학자는 한 치도 망설이지 않고 이렇게 대답합니다. "할 수 있으니까."

이건 매우 중요한 포인트입니다. 에드가 마지막에, 함께 머리를 맞대고 이 연구의 방향과 그것을 맹목적으로 추구하는 일의 잠재적 위험에 대해 논의할 필요가 있다고 말했죠. 그리고 마크, 당신은 누가 이 기술의 혜택을 얻을지 물었죠? 저는 그 질문을 반드시 짚어봐야 한다고 생각합니다.

다음은 제 첫 번째 질문입니다. 우리가 논의를 시작해야 한다는 데 동의합니다. 그런데 '우리'란 누구를 의미하죠? 누가 결정을 내릴까요? 뭐가 옳고 뭐가 그른지 누가 결정할까요? 누가 결정할지를 우리는 어떻게 판단할까요? '우리'에는 정치인, 과학자, 철학자, 신학자, 일반 대중 등 모든 사람이 포함될까요? 어떤 종류의 안전장치가 마련되어 실제로 시행될 수 있도록, 그리고 각계각층의 관점이 반영되도록 공정한 의사결정 과정을 확립하려면 어떻게 해야 할까요?

보이든 의료 윤리(동정적 사용, 해를 끼치지 마라 등)에는 지침의 역할을 훌륭하게 수행했던 원리들이 있습니다. 그리고 제가 생각하는 한 가지 방향은 뇌의 아실로마 회의입니다. 지금이 종교 지도자, 변호사, 과학자, 의사 등 다양한 이해관계자들을 한자리에 모을 적기입니다. 이는 모든 사람에게 영향을 미치는 결정이기 때문입니다.

공정성의 문제도 논의해야 합니다. 규제나 가격 같은 측면에서 기술에 대한 어떤 종류의 접근이 허용될까요? 저는 이 논의가 중요하다고 생각합니다. 그리고 지난 반세기 동안의 선례에서 희망을 보았습니다. 유전공학 시대의 여명기에 사람들은 앞으로 나아가기로 결정했지만 그 방식은 투명성과 개방성 그리고 토론을 허용하는 형태였습니다.

오코널 저는 그 대화가 절대적으로 필요하다고 생각합니다. 제가 책을 쓰면서 점차 깨달은 사실이 있습니다. 특히 기술, 그러니까 지난 15~20년 동안 우리 삶 구석구석에 침투한 종류의 기술에 관한 한 미래 또는 우리가 살고 있는 현재는 대규모 민주적 대화의 산물이 아니라는 점입니다. 실제로는 매우 의욕적이고 지적이며

(대부분) 매우 부유한 소수의 사람이 만들어낸 거죠.

제가 지금 말하는 건 소비자 기술입니다. 우리가 살고 있는 현재에 대해 말하자면 우리 중 누구도 그것을 선택하지 않았습니다. 저는 그렇게 말해도 무방하다고 생각합니다. 미시적인 차원에서 선택했을 수도 있습니다. 우리는 페이스북에 로그인하거나 어떤 사이트에 가입했을지도 모르죠. 하지만 기술적 현재를 설계하는 데는 어떤 역할도 하지 않았습니다. 그렇다면 훨씬 더 급진적인 기술과 관련해 이 사실로부터 우리가 배울 게 있지 않을까요? 저는 그러길 바랍니다.

글레이제르 지적하고 싶은 점이 또 하나 있습니다. 과학자로서 연구 보조금을 충분히 받기가 어렵기 때문에 우리는 연구에 자금을 대줄 회사나 산업체와의 협력 관계를 점점 더 강화하고 있습니다. 그런데 이 회사들에는 물론 이사회와 주주들이 있습니다. 그들의 이해는 우리가 할 수 있고 해야 하는 도덕적이고 윤리적인 선택과 상충될 수 있습니다.

정말 문제입니다. 많은 사람이 세상을 구하기 위해서가 아니라 돈을 벌기 위해 이 기술들을 사용하고 싶어 할 겁니다. 빅테크 회사들에서 볼 수 있듯 그런 일은 이미 일어나고 있습니다. 처음에는 몇몇 기술 선각자의 꿈에 불과했던 것이 지금 거대한 돈벌이 기계로 변모해 세상을 변화시키고 있습니다. 이 문제는 처음부터 테이블에 올려놓고 논의해야 합니다.

보이든 기술에 대한 윤리적 의사결정의 성격에 대해 생각해보세요. 여러분은 미래의 특정 시점에 긍정적인 영향을 미치는 결정을 내리지만 그 결정이 훨씬 나중에 부정적인 영향을 미칠 수도 있습니다. 의료계를 생각해보면 적어도 뇌에 관한 한 시중에 출시된 거의 모든 치료제가 일종의 부작용을 가지고 있습니다. 다른 예로 상품 생산에 엄청난 양의 에너지를 투입할 수 있게 해주는 기술이 기후 변화를 초래하고 있고요.

중요하게 다뤄져야 할 질문 중 하나는 해당 기술이 미치는 영향을 미래의 각기 다른 시점에서 고려해보고, 단지 이윤을 추구하는 단기적인 관점이 아니라 10년, 50년, 심지어 100년 뒤의 인류가 어떻게 될지 장기적인 관점에서 생각해보는 겁니다.

오코널 『트랜스휴머니즘』을 쓸 때 런던에서 열린 한 행사에 간 적이 있습니다. '런던 퓨처리스트'라는 단체의 회의였죠. 회의 주제는 인지 능력을 높이는 일, 특히 이런 종류의 증강을 분배하는 일의 윤리성이었어요. 누가 혜택을 받을까요? 인지력 증강이 필요하다면 모두가 혜택을 누릴 수 있도록 일종의 사회주의적인 과정이 있어야 할까요, 아니면 그저 시장에 맡겨야 할까요?

인류가 마음을 기계에 업로드하고 인지 능력을 업그레이드하는 트랜스휴머니즘 미래에 대한 큰 그림에 저는 회의적이지만 만일 그것이 현실이 된다면 그런 기술들은 거의 필연적으로, 그리고 아마도 절대적으로 그것을 감당할 여력이 있는 사람들의 손에 우선적으로 떨어질 가능성이 높아 보입니다. 다른 건 제쳐두고 제약

산업만 놓고 보면 이익 동기가 가장 우선할 겁니다.

2012년 아니면 2013년에 『뉴요커』에서 피터 틸의 인물 소개를 읽었는데, 주요 항목 중 하나가 급진적인 수명 연장에 대한 투자였습니다. 틸의 인물 소개를 작성한 기자는 틸에게 이렇게 물었습니다. "당신이 투자하고 있는 그 기술들이 사회적 현실이 된다면 우리 사회에 이미 존재하는 종류의 구조적 불평등을 근본적으로 악화시키는 결과를 초래하지 않을까요?" 이 질문에 대한 틸의 대답은 제가 지금껏 들어본 가장 놀라운 것으로, 저는 그것이 트랜스휴머니즘 운동의 사고방식을 아주 잘 보여주는 예라고 생각합니다. 그는 "나에게 존재하는 가장 극단적인 형태의 불평등은 살아 있는 사람과 죽은 사람 사이의 불평등입니다"[4]라고 말했습니다.

글레이제르 와!

좋아요, 이 대화를 현재 일어나고 있는 일로 옮겨 오면 어떨까요? 예를 들어 자율주행 자동차나 트럭처럼 매우 높은 수준의 기계 학습과 인공지능을 수반하는 기술이 현존합니다. 이런 기술은 이미 존재하며 빠르게 발전하고 있습니다. 최근 애리조나주 템페에서 자율주행차가 보행자를 치어 숨지게 한 사고가 있었다는 걸 여러분 모두 잘 알고 계실 겁니다. 물론 냉정하게 말하자면 모든

4　George Packer, "No Death, No Taxes", *New Yorker*, November 20, 2011.

최첨단 기술은 처음에는 실패할 겁니다. 그게 우리가 과학에서 발전을 이루는 방법이니까요. 우리는 실수를 통해 발전하는 방법을 배웁니다. 하지만 제가 하고 싶은 말은 그게 아니라 일자리를 잃는 것, 시장 변화에 대해서입니다.

저는 최근에 쓴 에세이에서 미국에는 트럭 운전사 약 150만 명과 스쿨버스 운전사 약 50만 명이 있다고 언급했습니다. 기계 학습과 인공지능에 의존하는 이런 자동화 기술들이 점점 확대되면 수백만 명이 생계를 유지하고 있는 많은 일자리가 쓸모없어질 겁니다. 이 사람들은 실직 뒤 뭘 할까요? 그리고 이런 기술을 개발하고 있는 기업들은 어떤 대책을 내놓아야 할까요? 이런 기술들은 수많은 사람의 직장과 목표를 앗아갈 테고, 그들 대다수는 너무 나이 들어 새로운 직업을 갖기 위해 재교육을 받을 수 없을 겁니다. 그렇다면 사회적으로 기업 윤리를 요구해야 하지 않을까요?

오코널 '이런 자동화 기술 개발을 주도하는 사람과 기업 들이 과연 자신들이 하는 일의 윤리적 여파를 진지하게 고민할까?'라고 묻는다면 저는 상당히 회의적입니다. 저는 자본주의 논리 중 하나가 노동으로 인한 간접비용을 줄이는 것이라고 생각합니다. 이 비용을 줄이는 가장 효과적인 방법은 당연히 노동을 자동화하는 것이고요. 자동화는 자본주의에 스테로이드 주사를 투여한 것과 같습니다.

그것이 초래하는 명백한 문제는 사회 구조가 불안정해지는 겁니다. 사람들이 직업이 없고 그 상황을 감당할 수 없을 때 사회는 어떻게 지속 가능한 시스템을 유지할 수 있을까요?

흥미롭게도 이 문제를 다루는 대화가 이미 이뤄지고 있습니다. 제가 아는 한 실리콘 밸리에서 정말 진지하게 이야기하고 있어요. 예로부터 자유주의자 또는 자유지상주의자들은 보편적 기본 소득 같은 아이디어를 제기해왔습니다. 그걸 둘러싼 정말 진지한 대화가 이뤄지고 있는 것 같습니다. 불안감, 즉 우리가 마주하고 있는 것에 대한 불안감이 이런 대화를 이끌어내는 것 같아요. 우리는 대규모 사회 불안, 대규모 실업에 직면해 있을까요? 그런 미래에서 우리는 어떻게 살아갈까요?

여기서 우리는 '우리가 무엇을 개발하고 있는가'라는 문제로 되돌아갑니다. 우리는 이런 기술을 꼭 개발해야 하는가에 대해 논의해야 할까요? 가능한 일은 일어나게 되어 있다는 논리가 기술 개발에 내재되어 있는 것 같습니다. 당연히 돈도 걸려 있고요.

글레이제르 인공지능 과학자들이 정말 이런 것들에 대해 이야기하나요? 여러분은 연구실 사람들이나 마크 같은 사람들 또는 저와 같은 과학자들과 이런 대화를 나누나요? 이런 것들을 실제로 걱정하나요? 저는 몹시 궁금합니다. 저는 이런 움직임과는 관련 없는 사람이라 정말 모르겠어요. 제가 하는 일은 매우 다릅니다. 제 연구 주제는 우주론과 우주의 기원입니다. 다행히도 제 분야에서는 당장 인공 우주AU를 만들 계획이 없습니다. AU는 아마도 먼 미래일 겁니다.

보이든 네, 저는 그런 대화를 많이 하려고 노력합니다. 특히 신경과학 분야에 진출한 기술의 충격이 그런 대화의 속도를 가속화하고 있다고 생각합니다. 오바마 대통령이 브레인 이니셔티브^Brain Initiative를 시작했을 때 이 프로젝트의 목표는 뇌 지도를 만들어 뇌의 오류를 복구하는 신기술을 만드는 것이었고, 최우선 과제는 인간 실험의 윤리적 측면을 고민하는 윤리위원회를 설치하는 것이었습니다. 그래서, 저는 그런 대화가 이뤄지고 있다고 생각합니다.

제가 바라는 것은, 제가 모두 발언에서 넌지시 언급했듯 기업들과 그 밖의 이해관계자를 더 많이 포함하도록 대화의 폭을 넓히는 겁니다. 기업들이 그런 대화에서 빠진다면 그들은 그런 대화를 심각하게 여기지 않을 겁니다. 하지만 우리가 기업들을 대화에 포함시킬 수 있다면 최선의 경우 사람들이 따를 더 나은 해결책이 나올 수 있습니다. 그리고 최악의 경우라도 참석자들에게 모종의 책임을 요구할 것이고, 이 정도도 나쁘지 않습니다. 이런 대화를 사람들이 나누고 싶어 하게끔 만들 수 있는 방법이 있을까요?

저는 사람들이 뇌에 대한 대화를 꺼릴까 봐 걱정됩니다. 예전에 업계 대표들과의 회의에 패널로 참석한 적이 있습니다. 패널 의장을 맡은 사람이 청중을 향해 인지력을 향상시키는 약물을 복용해본 사람은 손을 들어보라고 요청하자 아무도 손 들지 않았습니다. 그러자 의장은 회의 전에 실시한 비밀 여론조사 결과를 공개했습니다. 그에 따르면 청중의 약 20퍼센트가 손을 들어야 했습니다. 사람들은 그런 약물을 복용한 사실에 대해 말하고 싶어 하지 않았습니다. 저는 사람들이 '내 뇌가 이런 행동을 일으키고 있다'는 말에서 비인간화를 느낄까 봐 염려됩니다. 자신의 정체성에서 행위의 주체가 제거된다고나 할까요. 저는 우리에게 새로운 언어가 필요하다고 생각합니다. '이건 나, 이건 내 뇌가 하는 일'을 동시에 의미하는 언어가 필요합니다. 지금의 용어가 초래하는 비인간화를 피할 수 있게 해주는 언어 말입니다. 그래서 뇌가 사람들이 이야기하고 싶어 하는 주제가 되었으면 좋겠습니다. 저는 아직 그 문제를 풀지 못했지만 언어적으로 해결할 수 있는 문제일지도 모른다는 생각이 듭니다.

글레이제르 드라마 수위를 약간 높일 수 있습니다. 우리는 원자력 기술에 대해 이렇게 말할 수 있습니다. '인류는 역사상 처음으로 스스로 말살할 수 있는 불안한 힘을 가지게 되었다.' 이제 생명공학에 인공지능을 더해봅시다. 그러면 우리는 이렇게 말할 수 있습니다. '인류는 역사상 처음으로 스스로 재창조할 수 있는 힘을 갖게 되었다. 우리는 다른 무언가가 될 것이기 때문에 이건 예삿일이 아니다.' 그 무언가가 무엇인지 우리는 정확히 알지 못하고, 그게 무서운 일입니다. 잘 말씀하셨듯 (그리고 뇌에 대해 우리가 정보를 어떻게 얻어야 하는지 모르는 부분이 너무 많다고 겸손하게 말씀해주셔서 정말 고맙습니다) 우리가 전체 그림을 파악할 수 있는 방법은 없습니다. 우리가 무엇을 시뮬레이션하거나 만들어내든 그건 세세한 부분까지 인간의 뇌와 같지는 않을 겁니다. 하지만 우리는 작은 뇌 버전을 시뮬레이션한 다음 그걸 점점 키워갈 수 있습니다. 물론 복잡성의 규모가 매우 비선형적인 방식으로 커진다 해도 말이죠. 이것이 우리를 어디로 끌고 갈지 예측하는 건 불가능합니다.

보이든 다른 방식으로 볼 수도 있습니다. 이 대담에서 제가 증강이라는 개념보다 먼저 계몽이라는 개념을 제시한 데는 이유가 있습니다. 이 기술은 휴머니즘적 의미와 현실적인 의미를 모두 가지고 있습니다. 현실적인 측면을 살펴보자면 이해하지 못하는 것을 증강하면 역효과를 부를 수 있습니다. 예를 들어 파킨슨병을 앓고 있는 사람들을 위한 신경 이식물은 도움을 주고 있지만 어떤 뇌 회로가 교란되고 있는지는 모릅니다. 시뮬레이션도 우리가 예측할 수 없는 감정적 변화나 인지력 변화를 초래할 수 있습니다.

저는 머리에 전류를 흘려 비디오 게임의 수행 능력을 향상시키는 DIY 뇌 자극 커뮤니티를 보고 깜짝 놀랐습니다. 솔직히 말해 그런 자극을 몇 달 또는 몇 년에 걸쳐 가할 때 학습이나 사고 또는 창의력에 어떤 일이 일어나는지에 대한 장기적 연구를 해본 사람이 있는지 의문입니다. 한 가지 이유는 이런 기술들이 그리 오래되지 않았기 때문입니다. 다른 한 가지 이유는 우리가 뇌를 어떻게 취급하느냐와 관계있습니다. 만일 여러분이 뇌를 조작 가능한 것으로 취급하기를 원한다면 그런 조작의 원칙은 무엇일까요? 만일 여러분이 컴퓨터를 만들거나 자동차 같은 기계를 만들고 있다면 어디가 잘못될 수 있는지 알고 있기 때문에 이런 것은 하고 이런 것은 하지 말아야 한다는 특정한 설계 원칙이 존재합니다. 뇌에 대해서는 아직 그런 지식이 없습니다. 아직 역사가 얼마 되지 않았으니까요.

오코널 에드의 발표를 들으면서 제가 생각한 점 하나는 기본적인 인간 기능을 향상시키는 일과 치료적 적용을 명확하게 구분하기 어렵다는 것이었습니다. 우리가 트랜스휴머니즘 같은 용어를 사용할 때 그 둘의 경계선이 어디쯤인지 명확하지 않은 경우가 많은 것 같습니다. 트랜스휴머니즘을 정의하는 한 가지 방법은 인간 조건을 개선하기 위해 과학을 사용할 의무라고 말하는 겁니다. 그건 실제로 과학의 정의이기도 하죠. 적어도 의학의 정의인 건 확실하고요. 여러분이 이야기했던 많은 것이 기술을 사용해 개선을 추구하는 전통적 영역 안에 있되 경계선 근처에 있다는 생각이 듭니다.

보이든 어쩌면 정도의 차이일지도 모릅니다. 인간의 변화는 일정한 속도로 일어나고, 항상 진행 중입니다. 물론 100년 전으로 돌아가면 컴퓨터와 비행기 같은 것들이 없겠죠. 어쩌면 오늘은 100년 전의 누군가에게 트랜스휴머니스트의 세계로 보일지도 모릅니다. 마크의 발표를 들으며 제가 생각했던 것 중 하나는 희망과 현실적인 길이 일치하지 않는다는 겁니다. 당신은 그런 간극이 종교적 인식으로 이어진다고 생각하나요?

오코널 그렇다고 생각합니다. 저는 트랜스휴머니즘이 그 경우에 해당한다고 생각해요. 그 간극은 당신(에드)이 이야기한 것과 트랜스휴머니스트들이 이야기하는 것의 차이를 설명하는 또 다른 방법입니다.

보이든 간극이 좁혀지면 인간은 그걸 당연하게 여기는 경향이 있죠. 페니실린이 극단적인 예일 겁니다. 세균들이 우리 몸을 항상 침략하고 있고, 그러면 우리는 약을 먹어 그 세균들을 소탕합니다. 여러분은 이걸 극적으로 표현할 수 있습니다. 이런 식으로 묘사하면 거의 마법처럼 들립니다. "그 약은 지금까지 수십억 회분 투여되어 생명을 셀 수 없이 많이 구했다." 그리고 그건 평범해집니다. 우리의 기대와 현실이 일치했기 때문이죠.

오코널 우리는 이미 포스트휴먼입니다. 인간의 정의는 어떤 면에서 인간을 초월하는 것입니다. 트랜스휴머니스트들은 우리 모두가 이미 사이보그인 면을 지적하기를 즐기고, 저는 그 지적은 옳다고 생각합니다. 여러분이 안경을 쓰거나, 페이스메이커를 장착하거나, 목소리를 키우는 장치를 얼굴에 붙이고 있다면 여러분은 이미 기술과 일종의 사이보그 관계에 있는 겁니다. 어디부터 사이보그라고 말할 수 있는 분명한 선은 없어요.

글레이제르 저는 스마트폰이 몸의 기계적 연장이라고 생각합니다. 언젠가 여러분이 집에 휴대전화를 두고 왔던 날을 떠올려보세요. 꽤나 난감합니다! 스마트폰 없는 여러분은 누구일까요? 스마트폰은 곧 여러분입니다. 여러분과 스마트폰은 하나입니다. 여기 있는 모든 사람의 휴대전화를 훑어보고 각종 앱을 조사해보면 분명히 많이 겹칠 겁니다. 하지만 휴대전화 하나하나는 각자만의 독특한 것입니다. 어떤 의미에서 여러분이 누구인지를 알려주는 디지털 지문이기 때문이죠. 인간과 기계의 융합은 이미 일어나고 있습니다. 앞서 퍼트리샤 처칠랜드와 질 타터의 대담에서 이 사실을 지적했듯 휴대전화는 탄소로 된 우리 몸을 디지털로 연장한 것입니다.

오코널 제가 당신 전화를 만진다면 개인 공간을 침범당한 것처럼 느낄 거예요.

글레이제르 이제 질문을 몇 가지 받겠습니다.

질문 1 마크, 당신은 특이점에 대해 두 가지를 언급했습니다. 대뇌피질의 세포는 죽지 않는다는 점, 그리고 언젠가 이런 기술이 이용 가능해진다면 '누가 이런 기술을 사용할지를 누가 결정하는가'라는 문제입니다. 당신은 대뇌피질의 세포들이 그런 결정을 어떻게 하는지 보여주는 모델이라고 보십니까? 그 세포들은 몸에서 불멸의 존재인 것처럼 들립니다.

오코널 그 세포들은…

질문 1 죽지 않습니다.

M 오코널 남아 있다고 했죠.

질문 1 네.

오코널 에드, 계속하기 전에 그게 사실인지 확인해줄 수 있나요?

보이든 뇌세포는 그냥 죽습니다. 뇌세포는 대부분 교체되지 않습니다. 실제로는 논란의 여지가 있는 것으로 밝혀졌지만 뇌 일부분은 평생 동안 뇌세포를 재생하기도 합니다. 하지만 손상이 있거나 노화가 진행되면 피질 세포가 분해됩니다.

다른 견해를 제시하신다면 유용할 것 같은데, 다른 비유가 있나요?

오코널 어렵군요. 저의 대뇌피질은 상당히 느립니다. 이번에도 제가 잘못된 언어를 사용한 것 같네요. 질문하신 내용으로 돌아가보면, 대뇌피질이 결정하는 곳인지 묻는 건가요?

질문 1 거의 맞는 것 같아요. 우리가 뇌세포를 모델로 사용한다면 저는 어느 누가 결정하는 일은 없을 거라고 생각합니다. 이 세포들은 대뇌피질에서 영원히 살 수 있고, 다른 모든 세포들은 7일마다 재생할 수 있습니다.

오코널 좋아요. 그러니까 질문자의 말씀은 종의 수준에서…

질문 1 네, 세포 수준에서 결정되는 건 아닐 겁니다. 저는 사회가 인체이고 우리가 그 안의 세포라고 말하고 싶습니다.

오코널 흥미로운 비유입니다. 우리의 특정 부분이 계속되고 발달하는 한 종은 진화한다는 의미에서 그건 약간 다원주의적인 관점일까요? 이 지점에서 약간 헷갈리네요.

글레이제르 다음으로 넘어가죠. 가능하다면 많은 분께 질문할 기회를 드렸으면 좋겠어요.

질문 2 이번 주 초에 우연히 트랜스휴머니즘을 다룬 기사를 읽었습니다. MIT 앨런 재서노프Alan Jasanoff의 『생물학적 마인드』 *The Biological Mind*라는 책에 관한 기사였습니다. 그 책에서 재서노프는 우리가 뇌를 하드웨어에 다운로드할 수 있을 거라는 생각에 이의를 제기했습니다. 뇌는 생물학적 시스템을 이루는 엄청나게 복잡한 부분이고, 그 시스템 안에서 우리 의식을 담당하는 부분들은 신체의 각기 다른 부위들에 들어 있다고 그는 말했습니다. 에드는 구체적으로 우리 뇌가 미생물 군집에 의해 어떻게 영향받는지에 대한 가설을 제기했습니다. 저는 당신이 그것에 대해 생각해본적 있는지 묻고 싶었습니다. 그 가설이 트랜스휴머니즘 개념에 어떤 도전을 제기한다고 생각하나요? 그 가설이 우리에게 어떤 영향을 미치나요? 즉 인간으로서의 우리의 정체성을 어떻게 변화시키나요?

보이든 앨런 재서노프와 저는 MIT 신경생물공학센터 공동 소장을 맡고 있습니다. 우리는 가끔 이런 것들에 대해 이야기하죠. 저는 전적으로 동의합니다. 질문자께서 지적하셨듯 현재 우리는 장내 미생물이 뇌에 영향을 미칠 수 있다는 점을 알고 있습니다. 뇌와 면역계는 대화합니다. 우리가 먹는 것, 커피 마시는 일을 포함해 우리 환경은 명백히 우리에게 영향을 미칩니다. 이것이 '체화된 인지'embodied cognition 개념입니다. 생각, 느낌, 의식을 시스템으로 취급해야 한다는 생각이죠. 저는 맞는 말이라고 생각합니다.

저는 어떤 것을 이해하는 기능을 뇌 밖으로 연장할 수 있다고 생각합니다. 실제로 우리 연구팀은 면역계와 신체의 나머지 부분을 지도화하려고 생각하고 있습니다. 우리가 감각 환경을 어떻게 통합하는지, 신체와 환경의 상호작용을 뇌에 어떻게 통합하는지에 대해서도 연구하고 있습니다.

엄밀한 과학적 의미에서 보자면 저는 우리가 뇌 지도를 만들기 위해 개발한 기술들을 다른 신체 시스템에도 사용할 수 있다고 생각합니다. 하지만 그렇다고 해서 복잡성을 대수롭게 여기는 건 아닙니다. 이런 일들은 엄청나게 복잡하지만 도구가 점점 좋아지고 있으니 상황이 생각만큼 나쁘지 않을지도 모릅니다.

질문 3 두 분 모두 우리가 기술을 얻은 뒤의 결과에 대해 이야기하셨습니다. 제가 궁금한 것 중 하나는 치료가 필요한 것이 무엇인지를 누가 결정하는가입니다. 뭐가 문제인지를 누가 정하죠?

두 분의 대화에서 제가 많이 생각했던 것 중 하나는 LGBTQ 사람들을 '해결'한다는 식의 대화였습니다. 그건 해결할 문제가 아니라고 생각합니다. 제가 미국 수어를 공부할 때 본 걸 말씀드리겠습니다. 미국 수어를 배울 때 가장 눈에 띄는 점 하나는 청각 장애인을 고유명사로 여기는 사람들과 일반명사로 인식하는 사람들의 차이입니다. 고유명사로서의 청각 장애인은 청각 장애인으로 태어나 청각 장애인 집단에서 자란 사람입니다. 그들은 비장애인이 경험하지 못하는 문화를 경험한 사람들입니다. 청각 장애인 공동체에서 많이 나오는 이야기들 중 한 예는 달팽이관 이식이 청각 장애인 문화를 파괴하느냐 하는 문제입니다. 그래서 제가 궁금한 건 뭐가 문제인지, 애초에 해결해야 할 문제가 무엇인지 결정하는 것은 누구인지, 그리고 우리가 이런 기술적 연구와 교정을 시작하기 전에 그런 대화가 이루어지고 있는가입니다.

보이든 다시 말하지만 저는 이 논의가 의사나 과학자뿐 아니라 더 넓은 지역사회를 포함할 수 있도록 확대될 필요가 있다고 생각합니다. 저는 인생의 어느 시점에 주의력결핍장애로 진단받아 리탈린을 복용했습니다. 1년 뒤 이런 생각이 들었어요. '그냥 생긴 대로 살아도 괜찮지 않을까. 어쩌면 주의력 결핍은 문제에 접근하는 다른 방식일지 모르고, 어쩌면 나는 특정한 것에는 능숙하지만 다른 것들에는 그리 능숙하지 않을지도 모른다. 그건 그냥 내 방식일 뿐이다'라고 말이죠. 10대에 그 일을 겪고 오랜 시간이 지난 뒤, 저는 어떤 것을 질병 상태로 규정할 것인지 결정하는 사람은 누구인가에 대해 많이 생각하게 되었습니다.

제가 생각하는 한 가지 목표는 상호 교육을 촉진하는 겁니다. "봐, 이게 내가 느끼는 방식이고 내가 생각하는 방식이야. 물론 내가 배워야 할 다른 것들도 있어." 그런 상호 교육 과정이 위협적이지 않은 방식으로 이뤄질 수 있다면 실천해봐도 좋을 것 같습니다. 사실 그런 종류의 말을 하는 건 불편합니다. 실제로 저는 리탈린 복용 이력을 남들에게는 잘 말하지 않습니다. 약간 거북하고, 낙인찍힐까 봐 두렵기 때문이죠. 하지만 더 많이 이야기할수록 편하게 말할 수 있습니다.

오코널 정말 흥미로운 질문이고, 트랜스휴머니즘이라는 이념 전체의 급소를 건드리는 듯하군요.

책을 쓰기 위해 제가 어울렸던 사람들 중 한 사람이 생각납니다. 그는 졸탄 이스트반Zoltan Istvan이라는 이름의 남성으로, 2016년 대통령 선거에 출마했습니다. 그는 트랜스휴머니즘당을 결성했고, 저는 그와 함께 선거 운동을 다녔습니다. 졸탄은 어떤 종류의 의견이든 정책으로 제시하는 부류였습니다.

제가 그와 함께 지낼 때, 그는 아주 논란이 많은 칼럼을 psychology.com이나 『사이콜로지 투데이』Psychology Today에 발표했습니다. 그는 LA 출신인데, LA는 도시 안의 휠체어 접근성을 높이기 위해 수백만 달러의 공적 자금을 책정하고 있었습니다. 졸탄은 그 칼럼에서, 트랜스휴머니즘 관점에서 LA에 휠체어 접근성을 높이는 일은 합리적이지 않다고 지적했습니다. 정부는 휠체어 사용자들처럼 일반 사람들을 업그레이드하기 위한 공적 자금을 책정해야 한다는 것이었죠.

그의 의견은 엄청난 논란을 불러일으켰고, 당연하게도 많은 사람의 분노를 자아냈습니다. 졸탄은 그 칼럼에 사람들이 왜 그렇게 화내는지 잘 이해하지 못했죠. 많은 트랜스휴머니스트와 마찬가지로 그는 우리가 인간의 몸 안에 갇혀 있기 때문에 장애인이고, 따라서 우리 모두 자신을 업그레이드할 필요가 있다고 생각했기 때문입니다.

그 생각은 제 안의 발작 버튼을 눌렀습니다. 그런 종류의 도덕이 어디서 왔는지는 잘 모르겠지만 그 지점에서 저는 트랜스휴머니스트들과 아주 단호하게 선을 그었습니다. 우리가 어떤 식으로든 불충분하기 때문에 업그레이드할 필요가 있다는 생각은 저를 불편하게 하고, 대부분 사람도 마찬가지라고 생각합니다.

질문 4 커넥톰 하모닉스connectome harmonics라는 용어를 잘 아십니까? 저는 잘 모릅니다. 과학과는 거리가 먼 제 머리로 이해한 바로는 40헤르츠에서 일어나는 뇌파 활동이 80헤르츠에서 일어나는 뇌파 활동과 동시에 일어난다는 개념입니다. 저는 음악 교수이니 음악에 대한 비유를 계속하겠습니다.

예를 들어 어떤 음악이 있다고 해봅시다. 저는 아까 말씀하신 록 밴드 비유를 떠올리고 있는데, 제가 이상하다고 생각한 것 중 하나는 믹 재거가 떠나고 직 매거가 무대 위에 오르면 밴드의 본질을 잃는 것처럼 말씀하신 부분입니다. 하지만 그들이 연주하는 음악은 여전히 똑같습니다. 교향곡에 대해서는 그렇게 생각하지 않으실 겁니다. 보스턴 심포니를 생각해보면 연주자들이 끊임없이 들어오고 나가지만 음악은 그대로입니다.

의식의 정의, 즉 우리가 누구인지(우리의 정체성)에 대해 생각할 때 저는 이 사람이 어떤 결정들을 내릴지를 생각합니다. 그 정의에 따르면 지금의 저는 마이크가 건네졌던 20초 전의 저와 같은 사람이 아닙니다.

어떻게 생각하시나요?

오코널　아름답군요. 음, 그건 다른 질문일 수도 있다고 생각합니다. 당신은 교향악단인가요, 아니면 음악인가요, 아니면 둘의 이상한 조합인가요? 그 질문은 실제로는 록 밴드에서 교향악단으로 비유를 옮기는 거라고 생각합니다.

글레이제르　지휘자를 잊지 마세요. 보스턴 심포니는 때마다 다른 지휘자와 함께 연주합니다. 그래서 베토벤 5번 교향곡은 악보상으로는 같은 곡일지라도 매번 다릅니다. 다르게 들리죠. 지휘자 고유의 독창적인 각인이 새겨져 있어요.

보이든　저는 시간의 흐름과 정체성의 관계가 정말 흥미롭다고 생각합니다. 지금의 저는 어떤 면으로 10년 전과는 매우 다릅니다. 그리고 5초 전과는 미묘하게 다릅니다. 정체성을 정의하는 건 신경과학이 아직 잘할 수 없는 일입니다. 새로운 종류의 뇌 영상 기술이나 뇌 지도 기술이 나온다면 차이점과 유사점을 정의해 그때 그때의 정체성을 파악할 수 있을지도 모릅니다. 언젠가 그런 일을 할 수 있을지 궁금합니다.

질문 5 종교와 영성에는 영원히 살 수 있는 영혼이라는 개념이 있습니다. 트랜스휴머니즘에 그것에 상당하는 개념이 있는지, 아니면 컴퓨터에 의식을 업로드한다는 개념만 있는지 궁금합니다.

오코널 트랜스휴머니즘을 접하며 빠르게 깨달은 점 중 하나는 제가 아주 강경한 합리주의자들, 유물론자들을 만나고 있다는 것이었습니다. 특히 마음을 업로드한다는 개념에는 흥미로운 모순이 있습니다. 그 개념이 매우 강경한 유물론적인 관점에서 비롯되었음에도(모든 것은 물리적이다, 모든 것은 발화하는 뉴런이다 등등) 그 안에는 유물론과 정반대되는 요소(그걸 뭐라고 하죠?)가 존재한다는 겁니다.

보이든 이원론인가요?

오코널 네, 이원론이요. 마음을 업로드한다는 개념에는 일종의 이원론이 내재되어 있어요. 뇌에서 추출할 수 있는 비물질적인 뭔가인 마음이 존재한다고 생각하기 때문이죠. 거기에는 일종의 모순이 있습니다. 영혼은 마음에 대해 이야기하는 또 다른 방법일 뿐이라고 생각합니다. 마음에 대해 이야기하는 더 오래된 종교적인 방법일 뿐이죠. 하지만 제가 모두 발언에서 말했듯 일반적으로 트랜스휴머니즘은 종교와 어떤 관계도 없습니다. 베이 지역에서 열린 종교와 트랜스휴머니즘에 대한 학회에 참석한 적이 있는데, 트랜스휴머니스트들이 보이콧하는 바람에 참석률이 매우 저조했어요.

불교 트랜스휴머니스트, 이슬람 트랜스휴머니스트, 그리고 많은 모르몬교 트랜스휴머니스트 같은 흥미로운 혼종들이 존재하는데, 어떤 이유에서인지 저는 그 근원을 전혀 파악하지 못했습니다.

7장 인간과 행성의 수명
환경주의자와 의사의 대화

엘리자베스 콜버트와 싯다르타 무케르지

이 대화는 인간과 지구의 수명에 대한 것입니다. 둘은 서로 떼려야 뗄 수 없는 관계가 분명하기 때문이죠.

저는 수명에 대해 다양한 시간 척도에서 대화를 나눠보면 아주 흥미로울 거라고 생각했습니다. 물론 우리는 인간의 관점에서 생각해볼 수 있습니다. 우리 인간은 매우 난처한 딜레마에 처해 있습니다. 우리는 자의식을 지닌 생명체로, 지구에서의 생이 한정되어 있음을 압니다. 삶과 죽음이 있다는 점을 말이죠. 즉 우리는 시간의 경과를 의식하는 동물입니다. 또 우리는 두 가지 상충하는 본성이 기이하게 중첩된 존재입니다. 한편으로 우리는 동물입니다. 머리카락과 손발톱이 자라죠. 대부분 포유류처럼 번식합니다. 육체적 고통과 배고픔을 느낍니다. 우리는 자연 환경에 깊이 의존합니다. 다른 한편으로 숭고한 것을 생각합니다. 우리는 무한을 생각하고, 초월적인 것에 대해 생각할 수 있습니다. 변화와 변신에 대해 생각합니다. 그리고 우리가 살아 있다는 것과 그것이 무엇을 의미하는지 압니다.

문화인류학자 어니스트 베커Ernest Becker는 1973년 『죽음의 부정』Denial of Death을 펴내 1974년 퓰리처상을 받았습니다. 이 책에서 그는 죽음이라는 문제를 정밀하게 파헤칩니다. 동물과 반신半神이라는 양극단이 공존하며 우리를 서로 다른 방향으로 잡아끌 때 우리는 인생의 의미를 어떻게 찾을까요? 이건 매우 복잡한 대화이고, 이 대화에는 실존적 불안이 도사리고 있습니다.

베커가 이 책을 출판한 무렵인 1970년대, 기후 변화의 첫 번째 모델이 개발되고 있었습니다. 이런 연구들은 첫째, 인간이 날씨에 영향을 미치고 있으며 둘째, 이 영향이 우리의 집단적 미래에 파괴적인 영향을 초래해 우리 종은 물론 무수한 다른 종의 존재를 심각하게 위협할 수 있다는 깨달음을 공론화했습니다. 오늘 밤 우리는 죽음, 생명 연장 그리고 인간과 행성의 두 가지 시간 척도에서 바라본 멸종에 대해 이야기 나눠보려고 합니다.

엘리자베스 콜버트Elizabeth Kolbert는 1999년부터 『뉴요커』필진으로 활동해왔습니다. 지구 온난화에 관한 3부작 시리즈 〈인간의 기후〉The Climate of Man는 2006년 내셔널 매거진 어워드 공익 부문상 수상을 비롯해 여러 영예를 안았습니다. 또한 2006년 란난 문학 펠로십Lannan Literary Fellowship, 2010년 하인츠상 그리고 2010년 내셔널 매거진 어워드 평론상을 받았습니다. 이 밖에도 『사랑의 예언자: 그리고 권력과 기만의 이야기』The Prophet of Love: And Other Tales *of Power and Deceit*『재앙에 대한 현장 보고서』*Field Notes from a Catastrophe*, 2015년 퓰리처상 일반 논픽션 부문 수상작『여섯 번째 대멸종』*The Sixth Extinction*을 썼습니다. 최신작은『화이트 스카이』*Under a White Sky*입니다.

싯다르타 무케르지Siddhartha Mukherjee는 선구안을 지닌 의사이자 종양학자 그리고 작가입니다. 과학계에서 매우 영향력 있는 목소리를 가진 그는 2011년 퓰리처상 수상작『암: 만병의 황제의 역사』*The Emperor of All Maladies: A Biography of Cancer*와『워싱턴 포스트』와『뉴욕 타임스』가 2016년 가장 영향력 있는 책 중 하나로 선정한『유전자의 내밀한 역사』*The Gene: An Intimate History*로 가장 잘 알려져 있습니다.『암: 만병의 황제의 역사』는 영화감독 켄 번스에 의해 다큐멘터리로 각색되었고『타임』*Time*이 선정한 100대 논픽션에 꼽혔습니다.

무케르지 한 가지 사고 실험으로 이야기를 시작해볼까 합니다. 만일 여러분이 1850년대로 가서 "늙는다는 건 어떤 느낌일까? 쉰 살넘게 살면 어떨까?"라고 질문한다면 누군가는 이렇게 답할 겁니다. "생각만 해도 끔찍해. 이가 몽땅 빠지고, 머리카락이 세고, 피부가 쭈글쭈글해질 텐데. 끔찍해. 우리가 할 일은 인간의 경계와 위엄을 지키고, 사람들이 50세에 조용히 죽도록 내버려두는 거야."

그러고 나서 시간을 몇 년 뒤로 빠르게 돌리면 이 모든 현실(쭈글쭈글해지는 피부, 세는 머리카락, 무너지는 몸과 마음)이 갑자기 변하기 시작합니다. 갑자기 우리는 중요한 진보들을 이룩하기 시작합니다. 과학적 진보, 문화적 진보, 공공 보건과 위생의 진보. 갑자기 50세가 한계선이 아니게 됩니다. 그리고 조금 전 "그냥 50세에 죽으면 안 될까? 그러고 사는 건 끔찍한 일이야"라고 말했던 사람이 이제는 이렇게 말하기 시작합니다. "60세까지 살 수 있다면 좋지." 그리고 60세는 곧 70세가 됩니다.

육체의 수명을 바라보는 데는 두 가지 관점이 있습니다. 한쪽은 죽음과 노화 그리고 종말은 필연적인 것임을 끊임없이 상기시킵니다. 그건 물론 사실이지만 다른 한쪽에서는 이렇게 말합니다. "죽음이 뭐가 필연적이야? 어떤 생물들은 훨씬 오래 살아. 생물학적 한계가 뭐지?" 생물학적 한계는 우리가 그것을 어떻게 이해하고 어디까지 밀어붙이느냐에 따라 정해집니다.

의사이자 종양학자 그리고 암 연구자로서 저는 여러분이 이 두 가지 관점을 모두 느낀다고 생각합니다. 여러분이 "100세까지 살자"라고 말하기 시작할 때 일종의 존엄성 붕괴가 일어납니다. 정말 그렇습니다. 그 말은 문화에 대한 특정 사고방식들을 바꾸고 왜곡합니다. 다른 한편으로 100년 전 사람들은 50세를 넘겨 사는 일이 끔찍하다고 말했다는 점도 잊지 맙시다.

이것을 배경지식으로, 저는 여러분께 장수 또는 불멸에 대해 세 가지 비전을 제시하려고 합니다. 각각의 비전은 서로 상당히 다르고, 인간의 미래에 대한 우리의 사고방식에 매우 다른 결과를 초래합니다. 첫 번째 비전은 가장 전통적인 것입니다. 이 비전은 우리가 태어나 자라면서 문화적으로 습득한 것입니다. 그것은 죽음에 대한 부정, 어떤 의미에서는 이중 부정입니다. 간단히 말해 우리를 죽게 하는 요인을 모두 죽이면 무한한 수명, 적어도 진정한 장수를 얻을 거라는 생각입니다. 제가 과학자가 될 때 바로 이전 비전을 가지고 있었습니다. 질병을 없애라. 암, 심장병, 기타 질환, 감염병을 제거하라는 것이었죠.

인류 역사를 돌아보면 지난 100년은 놀라웠습니다. 전염성 질환, 이른바 감염병을 정복해 수명이 길어졌기 때문이죠. 공공 보건과 위생 조치로 이뤄졌든, 백신과 항생제 사용으로 이뤄졌든, 그 모든 것의 조합으로 이뤄졌든 그것은 인간 질병의 역할을 바꿔놨습니다. 그러지 않았다면 여기 계신 분 대부분은 지금 살아계시지 않을 겁니다. 100~120년 전이라면 우리는 모두 죽었을 겁니다. 사실상 이 자리에 아무도 없었을 거예요.

그 후 인간 질병의 얼굴, 즉 역학이 바뀌기 시작했고, 이제는 이른바 비감염성 질환에 초점을 맞추게 되었습니다. 요즘은 비감염성 질환과 감염성 질환, 전염병과 비전염병을 구분하는 일이 마치 포유류를 소와 소가 아닌 동물로 구분할 수 있다고 말하는 것과 약간 비슷한 느낌입니다. 소가 아닌 포유류, 즉 비감염성 질환에는 심장병과 암이 포함됩니다. 여러분이 상상할 수 없는 나라들, 심지어는 탄자니아처럼 감염성 질환의 부담이 어마어마한 곳들에서조차 질병 패턴이 극적으로 바뀌고 있어서, 10년 안에 감염병의 다양한 합병증으로 죽는 사람보다 고혈압 합병증으로 죽는 사람이 많을 거라는 예상이 나옵니다. 역학의 성격이 바뀌고 있는 것 같습니다.

만일 여러분이 여러분을 죽게 만드는 요인을 모두 죽인다면,

장수에 대한 제약이나 장벽을 모두 제거한다면 인간 수명은 실제로 엄청나게 늘어날 것입니다. 이건 어느 정도 사실이죠.

그다음으로 두 번째 비전이 등장하기 시작했습니다. 이 비전은 다양한 원천에서 비롯되었는데, 그에 대해서는 잠시 뒤 말씀드리겠습니다. 극단적으로 오래 사는 사람들, 120년, 118년, 108년, 110년을 사는 사람들의 흥미로운 점은 그들이 병마에 굴복하는 게 아니라는 겁니다. 사실 그들은 우리가 질병으로 생각하지 않는 질병으로 죽습니다.

그들은 특이한 형태의 박테리아 패혈증으로 죽고, 면역 체계가 붕괴해서 죽습니다. 때로는 골절로 죽기도 합니다. 실제로 제 실험실에서는 뼈를 만드는 줄기세포를 찾아냈습니다. 우리가 지금 진행 중인 프로젝트의 목적은 극단적으로 오래 사는 사람들을 찾아 '그들 뼈 속의 줄기세포에서 무슨 일이 일어나는지' 살펴보는 것입니다. 우리는 이 줄기세포를 몇 년 전 발견했습니다. 지금은 그 줄기세포를 인체에 되돌려놓으려 시도하고 있습니다. 이 세포들은 무엇보다 뼈와 연골을 만듭니다.

두 번째 비전은 이겁니다. 병마를 제거하거나 죽이는 방법도 있지만 그 외에 유전적, 생물학적, 후성유전학적 변화 또는 인간의 수명을 연장해주는 다른 변화들이 있을지도 모른다는 생각입니다. 다시 말해, 수명을 적극적인 방법으로 바꿀 수 있는 유전자나 식생활 또는 생체 공학적 메커니즘이 존재한다는 얘깁니다.

제가 작은 동물에서 수명을 엄청나게 연장시키는 유전자를 찾는다고 상상해보세요. (그런 유전자가 실제로 발견되었습니다.) 흥미롭게도 그런 유전자 중 다수가 대사 조절과 관련 있습니다. 그 유전자들에서는 암으로 바뀔 가능성과 그렇지 않은 상태 사이의 균형이 매우 신중하게 유지되고 있습니다. 이런 까다로운 균형이 존재하지만 이따금 우리는 인간 수명의 한계를 바꾸는 유전적 수단을 찾을 수 있습니다.

이로 인한 흥미로운 한 가지 결과는 '모든 병마를 죽이겠다는 생각은 잊어라. 우리는 수명을 연장하기 위해 인간 게놈을 조작해야 할지도 모른다'라는 사고방식입니다. 모든 효과를 억누르는 유전자를 도입한다는 뜻이죠. 그런 유전자들은 다른 모든 효과를 무시할 것이고, 특정 질병에만 작용하지도 않습니다. 그 유전자들은 본질적으로 모든 질병의 영향을 무시할 것입니다.

그런 유전자가 존재할까요? 네, 있습니다. 다른 동물들에 존재합니다. 벌레와 파리에 있죠. 여러분은 다른 벌레들보다 세 배 오래 사는 벌레를 만들 수 있습니다. 흔히 이런 유전적 수단들은 매우 특정한 경로를 따라 모입니다. 대사 경로에 모이죠. 인간에게서는 (수명을 연장할 수 있는 인간의 자연발생적 유전자 변이인 유전적 돌연변이가 갑자기 나타나지 않는 한) 이런 생리적 기능을 조작하는 일이 매우 어렵습니다. 하지만 확실히 다른 동물들에서는 이런 생리적 기능을 조작할 수 있습니다. 앞에서 말했듯 벌레에서는 가능하죠.

우리는 새로운 유전자 도구를 사용해 원칙적으로 인간의 게놈을 조작할 수 있습니다. 다시 말씀드리지만 조작하는 데는 두 가지 방법이 있다는 점을 기억하세요. 첫째, 제약 조건을 제거할 수 있습니다. 하지만 적극적인 방향으로 바꿀 수도 있습니다. 단지 제약을 제거하는 것이 아니라 작은 동물에서처럼 적극적인 방향으로 영향을 미칠 수 있습니다.

여기서 세계는 일반적으로 두 종류의 진영으로 나뉩니다. 한 진영은 수명을 포함한 모든 형질은 너무 복잡해서 많은 유전자가 관여하고 있을 거라고 말합니다.

어느 정도 복잡한지 가늠할 수 있도록 이렇게 설명해보겠습니다. 인간 게놈을 표준 인쇄 형식으로 출력하면 게놈 하나가 브리태니커 백과사전 예순여섯 권 분량이 될 겁니다. 이 방 전체가 엘리자베스의 게놈으로 채워지겠죠. 그리고 과거에는 게놈을 대체로 이해할 수 없었습니다. 게놈은 딱 네 개의 문자로 쓰여 있습니다. 한 권을 펼치면 A-C-T-G-C-T-T-G-C(제가 지어낸 유전 코드입니다)라고 적혀 있을 겁니다.

과거에는 그 정보를 읽을 수 있는 능력이 매우 제한적이었습니다. 가령 36권 72쪽을 펼치면 낭포성 섬유증 유전자를 지정하는 염기서열이 나옵니다. 이 염기서열을 이루는 문자 하나를 다른 문자로 바꾸면 정상적인 낭포성 섬유증 유전자가 비정상 유전자로 바뀔 수 있습니다. 그리고 여러분이 그 비정상적인 유전자를 두 카피 가지고 있다면 결과를 몇 가지로 예상할 수 있습니다. 낭포성 섬유증 같은 질환은 유전자의 한 염기에 변화가 일어날 때 생기는 것으로, 우리는 그 변화와 질환을 일 대 일로 연결할 수 있었습니다.

현재 우리는 유전체 정보를 해독하는 데 막강한 수준에 이르렀습니다. 자, 이 기술이 얼마나 막강하고 얼마나 파괴적일 수 있는지 알려드리겠습니다. 저는 2주 전 견본 인쇄 단계인 논문을 한 편 읽었습니다. 그 논문에서 연구자들은 사람의 키를 형질로 간주했습니다. 키는 매우 흥미로운 형질입니다. 아시다시피 키는 유전성이 높기 때문입니다. 키가 큰 부모는 키가 큰 아이를 낳는 경향이 있고 키가 작은 부모는 키가 작은 아이를 낳는 경향이 있습니다. 이 사실은 오래전부터 알려져 있었죠. 하지만 수십 년 동안 연구자들은 이른바 '키 유전자', 즉 키에 관여하는 단일 유전자를 찾으려고 시도해왔습니다. 인간의 변이를 찾아내는 일은 대체로 매우 어려웠습니다. 게다가 수만 개 변이가 있겠죠. 유전자는 2만 개에 지나지 않지만 그 문자들은 게놈상에서 서로 멀찌감치 떨어져 있습니다. 사람의 키는 각기 작은 효과를 미치는 수만 개의 변이에 의해 결정될 겁니다.

물론 키라는 형질을 해독하려면 모든 사람과 그 사람들의 키를 총망라해 정리하고, 그들의 게놈 서열을 알아내고, 염기서열 분석기, 컴퓨터 그리고 게놈 서열과 키의 연관 관계를 찾아낼 수 있는 알고리즘을 개발해야 합니다. 이 모든 자원은 그동안 존재하지 않았지만 이제는 존재합니다. 그리고 그 논문에서 연구자들은 강력한 계산 알고리즘을 사용해 유전 정보만으로 인간의 키를 예측합니다. 매우 중요한 제약 조건인 영양실조를 가정하지 않고, 환경 변화도 가정하지 않습니다. 오직 인간의 유전자 정보만으로 키를 예측합니다.

잠깐 생각해보세요. 이는 원칙적으로 태어나지 않은 태아의 키를 예측할 수 있다는 뜻입니다. 여러분은 아기의 키가 얼마나 클지 알 수 있습니다. 그리고 이제 이걸 다른 형질로 확장한다고 생각해보세요. 머리색, 피부색 등으로 말입니다. 여기부터는 갑자기 우리 모두 조금 불편해지는 영역으로 들어갑니다.

수명도 비슷한 원리를 따릅니다. 우리는 수명의 근본 원리를 모르지만 수명의 상속 가능한 부분, 즉 유전될 수 있는 부분이 곧 밝혀지기 시작할 겁니다. 실제로 그것은 현재 진행 중인 프로젝트입니다. 야심찬 바이오뱅크(생물학적 샘플을 저장하는 바이오 저장고로, 유전체학 및 개인 맞춤 의학 등을 지원한다―옮긴이) 프로젝트들 중 하나죠. 그러면 우리는 수명을 읽어낼 수 있을 겁니다. 수명에 매우 강력한 영향을 미치는 유전자나 부정적인 방향으로 강력한 영향을 미치는 유전자가 있다면 우리는 잠재적으로 그것을 바꿀 수 있습니다.

이미 한 가지 유력한 후보가 있습니다. APOE라 불리는, 신경증후군(알츠하이머병, 신경퇴행질환)의 위험을 증가시키는 유전자죠. 조지 처치George Church 같은 사람들은 이와 관련해 설득력 있는 주장을 펼칩니다. 왜 인간 게놈에서 그 유전자를 제거하면 안 되는가? 그런 제약을 감수할 필요가 없는데 왜 감수하는가? 이것이 장수의 두 번째 비전입니다. 우리가 죽음의 먼 가장자리에 이를 수 있다는 생각이죠. 불멸이 아니라 죽음의 먼 가장자리입니다.

자, 마지막 비전이 아마도 가장 흥미로울 겁니다. 저는 사고 실험을 통해 이에 대해 오랫동안 생각해왔습니다. 그리고 얼마 전 이렇게 질문해봤습니다. '불멸의 약한 버전이 있을까? 우리가 그것을 해낼 수 있을까?'였죠. 즉, 불가능한 새로운 도구를 발명할게 아니라 이미 존재하는 도구상자를 누군가에게서 받는다면 약한 불멸이 가능할까요? 저는 다음과 같은 사고 실험에 대해 생각하기 시작했습니다.

엘리자베스, 당신을 예로 사용해봅시다. 우리는 당신을 복제할수 있다고 꽤 확신합니다. 우리는 포유류 대부분을 복제할 수 있습니다. 쉽지는 않지만 어느 정도까지는 복제가 가능하다는 사실이 점점 분명해지고 있습니다. 그리고 복제까지는 아니더라도 복제의 약한 버전은 가능합니다. 즉 당신의 정상 세포에서 정자와난자를 유도해 둘을 결합하면 기본적으로 클론의 약한 버전을 재창조할 수 있습니다. 그것은 돌리 버전의 클론이 아닙니다. 돌리는 더 복잡합니다. 또 다른 세포를 꺼내 핵을 제거한 뒤 당신의 핵을 주입해 클론을 만들어야 하죠. 우리는 클론을 다양한 방법으로만들 수 있습니다. 기본적으로 누군가의 세포에서 정자와 난자를만든 다음 둘을 결합하면 됩니다.

우리가 클론을 만들 수 있다고 잠시 가정해봅시다. 그런 다음이런 실험을 해봅시다. 놀랍게도 여러분의 경험을 디지털로 기록하는 비용이 극적으로 감소하고 있어서 앞으로 여러분은 기본적으로 고프로를 착용하고 돌아다닐 수 있고, 여러분의 고프로를 편집할 수 있을 겁니다. 나이가 들면 여러분의 고프로를 편집하며이렇게 말할 수 있을 겁니다. "이 기억들은 내게 정말 중요했어.이때는 리우에 가서 해변에 앉아 있었고, 저때는 빙하를 봤지."

저는 우리가 스스로를 복제해 그 클론에게 고프로를 제공한다면 어떨지 묻고 싶어요. 고프로를 이용해 여러분의 클론에게 여러분 삶을 속성으로 알려주는 겁니다. 이런 고프로 수업에서 여러분의 클론은 여러분이 근본적으로 중요한 부분이라고 생각하는 걸 흡수하고 심지어는 경험할 수도 있습니다. 여러분은 여러분의 일부를 흡수한 2세대 자신을 갖게 될 겁니다.

이 실험에서 흥미로운 것은 무한 반복할 수 있다는 점입니다. 클론이 클론을 만들고, 그 클론에게 고프로를 제공하는 일을 무한 반복할 수 있죠. 물론 정보는 사라집니다. 그건 여러분의 인생이 아닙니다. 하지만 제 머릿속을 계속 맴도는 질문이 있습니다. 그 생각이 머리에서 떠나지 않습니다. 만일 내가 그 일을 한다면 어떨까? 그러면 내 종말에 대한 불안을 조금이나마 덜 수 있을까? 하는 것이죠. 저는 끝나겠지만 저의 매우 중요한 부분들이 남아 있을 테니까요. 유전적 복제본이 남아 있을 거예요. 그리고 제가 소중히 여겼던 것들, 저의 가장 중요한 기억들이 남을 겁니다.

물론 이런 생각은 디스토피아적이지만 어제의 디스토피아는 내일의 오래된 뉴스입니다. 이런 사고 실험은 우리에게 생각할 거리를 던져줍니다. 물론 이건 어디까지나 사고 실험입니다. 저는 여기까지 하겠습니다. 개괄적인 소개였지만 불멸의 가장자리로 들어가는, 장수에 대한 저의 세 가지 비전이었습니다.

콜버트 디스토피아를 언급하신 건 제 이야기의 완벽한 서론이었어요. 저는 여기서 인문학을 대표해 발언하기로 되어 있습니다. 지금 이곳에 과학자 두 분과 함께 있는데, 인문학자들은 항상 불리한 입장에 있습니다. 부당하게 오해받죠. 싯다르타는 불멸에 대해 이야기했는데, 저는 그걸 뒤집을 겁니다. 이건 정말 흥미로운 대화라고 생각해요. 사실 대화라기보다는 훨씬 험악한 것일지도 몰라요. 난투극이랄까요. 이건 인간이 지구 상의 나머지 종들에게 어떤 의미를 지녔는지에 대해 이야기하는 일이니까요.

우리는 지구 상에 생물종이 정확히 얼마나 있는지 모릅니다. 대략적인 추정치는 약 1000만 종입니다. 우리는 그중 약 150만 종을 명명했습니다. 통계상으로 많은 종을 밝혀냈지만 2018년 시점에도 여전히 그들을 다 파악하지 못했습니다. 우리가 아는 것은 우리가 그 종들을 꽤 빠르게 파괴하고 있다는 겁니다. 우리가 질병을 모면하고 인구를 불리고 우리 자신을 먹여 살리는 데서 거둔 엄청난 성공의 이면이죠. 이 모든 것 덕분에 인구는 현재 76억 명이 되었고, 몇 년 안에 80억 명이 될 겁니다. 정확히 알고 싶다면 세계 인구 시계를 보세요. 그 시계가 돌아가는 게 보일 겁니다. 몇 분마다 인구는 하나, 둘, 셋이 아니라 수만 명씩 늘어납니다.

저는 우리가 대멸종을 일으키고 있다는 책을 썼습니다. 대멸종이 무엇일까요? 대멸종은 매우 간단한 개념입니다. 지질학적 척도에서 비교적 짧은 기간에 어떤 이유로든 지구의 다양성이 붕괴하는 겁니다.

여섯 번째 대멸종이 일어나고 있다는 개념은 이전에 다섯 번의 대멸종이 있었음을 암시합니다. 실제로 다섯 번의 대멸종이 있었어요. 첫 번째는 오르도비스기로 알려진 시대인 4억 4000만 년 전 발생했는데, 생명체가 주로 물속에 살 때였죠. 모든 해양 종의 약

4분의 3이 멸종했습니다. 육지에서는 소수의 종이 멸종했습니다. 육지에 사는 생물은 거의 없었으니까요.

우리가 가장 잘 아는 대멸종은 6600만 년 전 공룡이 멸종한 다섯 번째 대멸종입니다. 소행성 충돌이 원인이라는 것이 현재 정설로 받아들여지고 있습니다.

오랫동안 사람들은 이런 대멸종의 공통 테마를 찾으려 했습니다. 그 멸종들을 초래한 하나의 이유가 존재할까요? 대멸종은 불규칙한 주기로 일어났습니다. 아직 아무도 무엇이 대멸종을 일으켰는지 열쇠를 찾지 못했죠. 하지만 대멸종의 일반적인 테마는 진화가 따라잡을 수 있는 속도보다 세계가 어떤 식으로든 빨리 변한다는 겁니다. 이 모두는 결국 유전학으로 귀결됩니다.

제가 벌레나 식물이라면 환경 변화를 따라잡기 위해 가소성이나 적응력이 충분히 필요할 겁니다. 이곳에 갈 수 없으면 저곳에 가고, 이 식량원을 이용할 수 없다면 저 식량원으로 갈 것입니다. 모든 유기체는 일정량의 가소성을 가지고 있어요. 아니면 돌연변이, 유전자, 진화를 통해 적응하는 방법도 있습니다. 즉 자신이 진화하는 겁니다. 새로운 생명체가 되는 거죠. 진화는 지난 35억 년 동안 생명을 추동한 원동력이었습니다.

상황이 정말 빠르게 변하는데 가소성이 없고 충분히 빨리 진화할 수도 없다면 그 종은 곧 종말을 맞을 것입니다. 그 종은 거기서 끝입니다.

그러면 우리 인간은 이에 어떻게 대처하고 있을까요? 우리는 정말 중요한 의미에서 진화를 초월했습니다. 싯다르타 말씀과 일맥상통하는 이야기입니다. 우리는 진화할 때까지 기다리지 않습니다. 새로운 병원체, 예컨대 독감 바이러스가 나타나면 그 바이러스가 새로운 바이러스로 진화하는 동안 여러분은 백신을 맞고 진화를 건너뜁니다. 그 독감이 항체 없는 모든 사람을 죽이지는 않습니다. 우리는 그 독감을 앞서갑니다. 그것이 우리가 그동안 잘 살아온 비결이고, 생명을 연장할 수 있었던 비결이며, 이렇게 성공한 비결입니다.

하지만 그 이면에서 우리는 지구에 지질학적 규모의 거대한 변화를 일으키고 있습니다. 이 자리에 있는 모든 분이 우리가 새로운 지질학적 시대인 '인류세'에 살고 있다는 개념에 대해 들어본 적 있을 겁니다. '세'는 지질학자에게는 사실 아주 짧은 시간입니다. 완전히 새로운 지질학적 시기, 큰 지질학적 분기점을 맞은 것은 우리가 지구를 아주 빠른 속도로, 그리고 아주 큰 규모로 변화시키고 있기 때문이라고 많은 사람은 생각합니다.

저는 우리가 지구를 변화시키는 몇 가지 방법을 이야기할 겁니다. 불행히도 이에 대해 밤새도록이라도 얘기할 수 있지만 그러지 않기로 했습니다. 이 문제는 대화로 넘기겠습니다. 우선 우리는 기후를 아주 빠르게 바꾸고 있습니다. 이산화탄소를 대기 중으로 아주 빠르게 방출하고 있습니다. 아마도 지구 역사상 가장 빠른 속도일 겁니다. 그도 그럴 것이 이산화탄소를 대기 중으로 내보내기란 정말 어려운 일이기 때문입니다. 우리가 태우는 모든 화석 연료는 식물이 일생 동안 흡수한 탄소입니다. 그 식물이 죽은 뒤 복잡한 지질학적 이유로 인해 분해되지 않고 화석 연료가 된 겁니다. 그 과정은 수억 년이 걸렸어요. 우리는 지금 그 화석 연료의 저장고를 캐내고 있습니다. 우리는 몇 세기 안에 그걸 다 태울 겁니다. 정말 빠른 속도입니다. 인간이 없었다면 어떻게 그런 일이 일어날 수 있을까요?

게다가 우리는 바다를 산성화시키고 있습니다. 우리가 대기 중에 토해내 기후를 변화시키는 그 이산화탄소가 바다의 화학적 성질도 변화시키고 있습니다.

우리는 또 지구 표면을 매우 빠르게 바꾸고 있습니다. 아마존이나 미국에서 대초원을 베어내고 옥수수를 심으면 그것은 단일 재배가 됩니다. 그곳은 아주 극소수의 생물만 생존할 수 있는 땅입니다. 군주나비의 개체 수가 어떻게 감소하고 있는지 들어보셨을 겁니다. 우리가 군주나비의 서식지였던 곳에 가서 땅을 갈고 제초제를 뿌리고 옥수수를 심은 결과 군주나비가 먹을 것이 없어졌기 때문이죠. 아주 단순합니다.

우리는 다른 방법으로도 지구를 변화시키고 있습니다. 우리는 사람을 포함해 모든 것을 전 세계로 옮기고 있습니다. 이 일은 관심을 충분히 받아야 하지만 그렇지 못합니다. 지금의 대륙들은 막대한 진화적 시간에 걸쳐 갈라졌습니다. 모든 대륙은 약 2억 5000만 년 전 우리가 판게아라고 부르는 대륙으로 뭉쳐 있었습니다. 그러고 나서 대륙이 갈라져 우리가 알고 있는 세계가 생겨났죠. 진화적 계통들은 수천만 년 동안 따로 진화해왔으나 우리는 그들을 모아놓습니다. 여러분은 아프리카로 가고, 아프리카에서 다른 누군가가 여기로 옵니다. 여러분은 아시아로 가고, 아시아에서 다른 누군가가 옵니다. 우리는 상품을 옮기고, 사람들을 이동시키고, 바이러스를 옮기고, 곰팡이를 옮기고 있습니다.

가까운 예를 하나 들어보겠습니다. 미국 전역에서 박쥐를 죽인 백색 소음 증후군에 대해 들어보셨을 겁니다. 그건 진균병이었습니다. 유럽에서 들어왔죠. 아마 누군가가 자기도 모르게 들여왔겠지만 그게 박쥐 수백만 마리를 죽였습니다.

사람들은 흔히 인류세가 시작된 기점으로, 화석 연료를 사용하기 시작한 때와 전쟁 이후 인간 집단이 불어나기 시작했을 때를 듭니다.

'우리 삶을 향상시키기 위해 무엇을 할 것인가'라고 질문할 때 우리는 불행히도 우리와 지구를 함께 쓰고 있는 다른 모든 종을 희생시킵니다. 불행히도 저는 그것이 필연적인 대립이라고 생각하게 되었습니다. 지구 상의 공간은 정해져 있고, 자원은 한정되어 있으니까요.

이 상황을 제자리로 돌려놓기 위해 우리는 이런 질문들을 할 수 있을 겁니다. '우리는 이걸 죽였고, 저걸 죽였다. 그걸 소생시킬 수 있을까? 우리가 게놈을 이용할 수 있을까?' 현재 우리에게는 정교한 기술이 있습니다. 그리고 네안데르탈인의 게놈을 확보했습니다. 그러면 우리는 네안데르탈인을 부활시킬 수 있을까요? 인간 세포를 다시 프로그래밍해 네안데르탈인을 만들고, 코끼리 세포를 다시 프로그래밍해 매머드를 만들 수 있을까요? 100퍼센트 확신할 수는 없지만 지금으로부터 100년 뒤에도 오늘날과 같이 기술적으로 발전된 사회에 산다면 이런 질문들이 더욱 절박해

질 겁니다. 그리고 그 문제들에 대해 아주 치열하게 토론하겠죠.

무케르지 그러면 고프로 클론이 그리 나쁘진 않겠네요?

콜버트 자신을 복제하는 것 말씀인가요?

무케르지 네, 자신을 복제하는 거요.

콜버트 무슨 말인지 알겠어요. 아이들이 없어서 인구가 줄어들고 있죠.

무케르지 네, 인구가 줄어들고 있어요.

콜버트 우리가 힘을 합칠 수 있겠네요.

무케르지 맞아요. 바로 그겁니다.

글레이제르 훌륭한 말씀 잘 들었습니다. 이 두 서사 사이에는 분명히 긴장이 존재합니다. 한 서사는 과학을, 죽음을 포함한 만병의 정복자로 봅니다. 죽음과 죽음의 원인은 어떤 식으로든 치료돼야 할 질병이죠.

저는 과학자이지만 과학주의를 대단히 본능적으로 혐오합니다. 과학주의란 과학이 실제로 모든 질문에 대해 답을 가지고 있다는 생각이죠. 하지만 분명 그렇지 않습니다. 죽음이 우리가 다룰 수 있는 어떤 것이란 생각은 여러 이유로 논쟁의 여지가 상당히 많습니다. 심지어 물리학과 열역학적 사이클(시스템 안에서 압력, 온도 및 기타 상태 변수를 변화시키면서 시스템 안팎으로 열과 일을 전달하는 과정으로, 결국 시스템을 초기 상태로 되돌린다—옮긴이)을 상기시킵니다. 문제를 해결할 때마다, 즉 병마를 하나 죽일 때마다 다른 병마가 나타난다는 의미에서 말이죠. 싯다르타, 당신은 최고의 의학사가 중 한 명이니 이게 사실이라는 걸 알 겁니다. 그럼 우리는 이렇게 물을 수 있습니다. 이 사이클이 과연 끝날까요? 이건 단지 생명이 자신을 드러내는 방식 아닐까요?

다른 쪽에는, 말씀하신 것처럼 다른 서사가 있습니다. 바로 파괴입니다. 우리가 한 종으로서 머릿수를 불리고 번영하기 위해 첫 번째로 필요한 것은 에너지입니다. 환경입니다. 그리고 거기에는 분명히 막대한 비용이 따릅니다. 이건 두 분께 드리는 질문입니다. 저로선 어떻게 대답해야 할지 알 수 없기 때문입니다. 엘리자베스, 사람들에게 여섯 번째 멸종에 대해 이야기하고, 사람들 앞에 자료를 내놓고, 교양 있는 사람들과 이에 대해 논의할 때 그들은 상황을 이해하면서도 행동을 바꾸지 않습니다. 왜죠? 저는 그걸 어떻게 이해해야 할지 모르겠습니다.

콜버트 이건 실제로 답이 되지 않겠지만 사람들은 이 프로젝트, 즉 진화를 극복하는 목표를 매우 오랫동안 추구해왔습니다. 저로서는 논쟁의 여지가 있는 문제라고 생각하지만 대부분 과학자는 (이번에도 과학자들의 말을 존중하겠습니다) 인간이 대형 동물을 파괴했다고 말합니다. 대형 동물의 멸종은 일찍부터 시작되었습니다. 인간은 5~6만 년 전 호주에 도착했죠 그때 큰 동물들이 줄줄이 멸종했습니다. 인간은 약 1만 5,000년 전에서 2만 년 전 북아메리카에 도착했습니다. 이번에도 멸종의 물결이 휩쓸고 지나갔습니다. 오늘날 뉴욕에는 매머드나 마스토돈이 돌아다니지 않습니다. 매머드 골격은 많지만 말입니다.

불행히도 이건 우리가 오랫동안 추구한 프로젝트라고 생각합니다. 단지 우리의 도구가 훨씬 좋아졌을 뿐입니다. 현재의 변화 속도를 생각해보면, 예를 들어 여러분의 아이폰을 생각해보면 온갖 것이 지구 어딘가에서 오고 또 지구 어딘가에 영향을 미칩니다. 지구 상에 76억 명이 있을 때 필요한 변화들이 있을 것이고, 이는 순식간에 심각한 갈등을 일으킵니다. 설령 모두에게 먹을 게 필요하고 그게 인간의 기본 요건, 즉 일종의 기본권이라 말한다 해도 말이죠.

이때 여러분이 이렇게 말한다면 최선의 제안입니다. "최선을 다하자, 우리가 할 수 있는 절대적인 최선을 다하자. 우리는 지구 상의 모든 사람이 인간답게 살기를 원하지만 그럼에도 지구의 나머지 부분을 가능한 한 많이 보존하고 싶다." 윌슨E. O. Wilson의 책에서 인용한 말입니다. 윌슨은『지구의 절반』Half-Earth이라는 책을 썼는데, 그 책에서 그는 우리가 지구 표면의 절반을 다른 생물들을 위해 따로 떼어두어야 한다고 말합니다. 정말 중요한 생각이라고 봅니다. 하지만 이와 같은 다국적 프로젝트는 말을 꺼내기조차 어렵습니다.

글레이제르 저는 그게 사람들이 개인적 수준에서 느끼는 압력의 양과 관련 있다고 생각합니다. 압력이 충분하지 않으면 문턱에 도달하지 못할 것이고, 여러분은 아무것도 하지 않을 겁니다. 여러분은 샤워 시간을 단축하지 않을 겁니다. 육식을 줄이지 않을 겁니다. 그게 뭐든 모든 일에는 대가가 따른다는 걸 안다 해도 말이죠. 정부 차원이 아니라 개인 차원에서 사람들이 뭔가를 하려면 어떤 조치가 필요할지 생각해보면 재미있을 것 같습니다.

우리는 소비자로서 힘을 행사할 수 있으니까요. 현재 기업 윤리라는 완전히 새로운 개념이 부상하고 있는 것 같아요. 일부 기업의 경우 소비자는 마음에 들지 않는 회사의 제품을 사지 않으니 회사가 변해야 한다는 점을 이해하기 시작했습니다. 유기농 제품 따위를 판매할 거라고는 전혀 기대하지 않았던 기업들도 동참하고 있죠.

이건 반드시 생각해봐야 할 일입니다. 유전자 조작의 윤리에 대한 논의는 어떻게 되어가나요? 그 대화에서 우리는 어디쯤 왔나요?

무케르지 먼저 기술에 대해 이야기한 다음 유전자 조작의 윤리에 대해 조금 이야기해봅시다. 이번에도 배경지식은 '읽기와 쓰기 패러다임'입니다. 우리가 백과사전 예순여섯 권을 읽고 해독할 수 있는 계산 능력을 확보해가고 있다는 점을 기억하세요. 다음 순서는 쓰기입니다. 많은 사람이 알다시피 오랫동안 게놈의 한 부분을 작성하는 방법, 즉 게놈의 전망을 바꾸는 방법은 이렇게 지시하는 것이었습니다. "66쪽으로 가서 그 단어를 지우시오."

글레이제르 단어라면 A-C-T-T 같은 걸 말하나요?

무케르지 "A-C-T-T를 C-C-T-T로 바꾸시오." 이 말은 유방암을 유발하는 BRCA1 유전자의 돌연변이 서열을 바꿔 유방암을 유발하지 않는 정상 변이체(즉 Y형 변이체)로 만든다는 뜻입니다.

그 프로젝트는 정체에 빠졌어요. 그럴 만한 이유가 있었습니다. 아주 근본적인 이유였습니다. 생물학적으로 근본적인 이유였죠. 어떤 게놈에서 정보를 제거한다고 상상해보세요. 그건 세포를 위기에 몰아넣는 거죠. 세포는 게놈의 변경에 대단히 민감하게 반응합니다. 당연히 그럴 수밖에 없는데, 게놈에 변경이 일어나면 대개 매우 심각한 결과가 초래되기 때문입니다. 가장 심각한 결과 중 하나가 암입니다. 암은 돌연변이에 의해 일어나죠.

우리 연구팀이 이 사실을 알아냈고, 많은 연구실에서 이를 연구하고 있습니다. 세포는 이런 종류의 변화에 굉장히 민감해서 일반적으로 변화를 일으키는 일이 매우 어려웠습니다.

돌파구는 예상하지 못했던, 아주 특이한 곳에서 왔습니다(방법은 이번에도 진화를 빠르게 통제하는 겁니다). 그 돌파구는 미생물인 박테리아에서 왔습니다. 진화 덕분이었죠. 미생물의 세계는 자원이 몹시 한정되어 있어 미생물들 사이에 '먹고 먹히는 게임'이 끊이지 않기 때문입니다.

아주 오래전 미생물계에서 어떤 박테리아에 바이러스가 침입하기 시작했습니다. (참고로 이 모든 것은 우리가 재구성한 스토리입니다. 우리는 이것이 사실인지 모릅니다.) 바이러스는 일종의 기생충입니다. 자신의 사본을 더 많이 만들기 위해 박테리아 세포를 이용하죠. 바이러스는 전통적인 의미의 생물이 아닙니다. 이들은 사본을 더 많이 만들기 위해 박테리아의 유전 장치에 기생합니다. 그게 바로 바이러스입니다.

우리는 이 사실을 알고 있었지만, 우리가 최근에 이해하기 시작한 것은 박테리아가 역진화 메커니즘을 가지고 있다는 점입니다. 박테리아는 바이러스의 DNA를 찾아내 잘라내는 메커니즘을 진화시켰습니다.

이 분야는 오랫동안 정체 상태였지만 과학자들은 일부 박테리아가 인식 서열을 가질 수 있다는 점을 알아차리기 시작했습니다. 그런 박테리아들은 바이러스 서열을 인식해 그곳으로 가위를 보낼 수 있습니다. 자기 게놈의 다른 부분은 건드리지 않았습니다. 가위는 그 서열에만 특이적으로 작용했습니다.

다시 말해, 박테리아는 A-C-T-C-C-C-G-G-C-T-T-T를 인식하고, 그 부분을 잘라 A-C-T-G-C-T-T-T로 바꿉니다. 여기서 여러분이 조금 앞을 내다본다면 이렇게 말할 수 있을 겁니다. "박테리아가 그런 일을 할 수 있다면 그 박테리아를 조작해서 인간 세포에 넣고 '바이러스를 자르는 대신 인간 게놈의 A-C-T 서열을 자르는 게 어때?'라고 지시하면 어떨까?" 박테리아가 갖고 있는 이 장치는 대상이 바이러스인지 인간 게놈인지 구별할 수 없습니다. 그걸 구별할 기본 메커니즘이 없습니다.

실제로 그런 일이 일어났습니다. 지난 5년 동안 우리는 항바이러스 시스템으로 작용하는 이런 박테리아 면역 체계를 게놈을 자르는 용도로 사용해왔습니다. 이렇게 지시를 내리는 겁니다. "인간 브리태니커 백과사전 66쪽으로 가서 인간 유전 물질을 지시한 대로 변경하라."

인간 세포는 굴복하지 않았습니다. 아직도 저항하고 있습니다. 세포들은 "아니, 아니, 잠깐만. 난 준비가 안 됐어"라고 말하고 있습니다. 그리고 때로는 스스로 기능을 멈춥니다. 하지만 유전자 편집 기술은 기본적으로 굉장히 간단합니다. 제 실험실의 박사 후 과정 연구생이 인간 줄기세포에 지정된 유전적 변화를 일으키는 데는 몇 주에서 몇 달이면 충분했습니다. 지금은 이틀이면 할 수 있고, 사실상 전부 성공합니다.

글레이제르 그게 크리스퍼CRISPR인가요?

무케르지 네, 크리스퍼입니다.

콜버트 질문이 있습니다. 아기나 어른의 세포 전체를 바꿀 수 없잖아요? 그렇다면 잉태 시점으로 가야 하나요?

무케르지 매우 중요한 질문입니다. 유기체에 변화를 가하는 방법은 세 가지이고, 우리는 그것을 모두 알 필요가 있습니다. 그중 한 종류는 인간 외의 모든 유기체에 변화를 가합니다. 이 방법은 크리스퍼를 이용해 변형 작물, 변형 동물 등을 만드는 것입니다. 이 경우 우리는 정자와 난자를 바꾸게 됩니다. 실제로는 정자와 난자를 바꾸는 것이 아니라 정자와 난자를 만드는 줄기세포를 바꾸는 것이지만요.

이 방법의 최대 윤리적 쟁점은 생물 다양성과 생물학적 안전성입니다. 그리고 이 쟁점은 엘리자베스 당신이 주로 생각하는 문제들과 맞닿아 있습니다.

두 번째는 광범위한 방법으로, 인간의 세포를 바꾸지만 정자와 난자는 건드리지 않습니다. 대상은 혈액을 형성하는 줄기세포, 췌장을 만드는 줄기세포, 피부를 만드는 줄기세포 등 정자와 난자가 아닌 세포로 한정됩니다. 줄기세포를 사용하는 이유는, 줄기세포에 변화를 가하면 이 세포들이 몸 안에서 그 변화를 전파할 수 있기 때문입니다.

이 방법의 경우, 조작된 세포를 받는 사람에게 일어날 수 있는 결과와 관련한 안전성 문제가 존재합니다. 그중 가장 큰 문제가 암이죠.

1번과 2번은 이미 시행되고 있습니다. 우리는 향후 5년 안에 최초의 크리스퍼 기반 치료법을 찾을 겁니다. 이 치료법을 적극적으로 연구하고 있죠. 크리스퍼 같은 기술을 사용해 인간 줄기세포를 바꾸는 실험은 지금도 하고 있습니다. 과학에서 그건 이제 '어제 뉴스'입니다.

이 연구에는 인간에 대한 임상시험이 필요합니다. 사람들이 걱정하는 것처럼 그게 암을 유발할 거라고는 생각하지 않습니다. 일부는 그럴 수도 있겠죠. 이는 매우 활발히 연구되고 있는 분야이고, 아직 논쟁거리가 많습니다.

세 번째 방법은 누가 뭐래도 가장 어렵고 가장 논란이 되는 방법으로, 인간의 정자와 난자 혹은 정자와 난자를 만드는 줄기세포에 변화를 주는 것입니다. 세 번째 영역은 다른 두 영역과는 성격이 다릅니다. 이 변화는 인간 게놈을 통해 영구적으로 유전될 수 있기 때문입니다. 이건 미래를 바꾸는 일입니다. 기술적으로는 불가능할 이유가 없습니다.

적어도 제게 지난 3년 동안 가장 놀라운 장면은 유력한 집단들(미국 국립아카데미와 국립연구소)이 한자리에 모인 일입니다. 인간의 유전자를 바꾸는 일만은 "절대 안 돼"라고 말할 줄 알았던 사람들이죠. 하지만 실제로 그들이 한 말은, 인간에게 특별한 고통을 주는 질병의 경우 인간을 위해 이 분야를 탐구할 수 있도록 허용해야 한다는 것입니다. 그게 그들의 첫 번째 권고였습니다.

앞으로 더 바뀔 겁니다. 이 대화는 진화하고 있지만 아직 모래 위에 두껍게 금이 그어져 있습니다. 우리는 그 선을 넘을 수 있을 겁니다. 인간에게 특별한 고통을 유발하는 질병들에 대해, 잠재적으로 APOE와 같은 유전자에 대해 인간의 정자와 난자에 유전적 변화를 가할 수 있어야 한다고 말하게 될 겁니다. 이 문제는 폭넓은 토론이 필요하며, 하루아침에 끝나지 않을 겁니다. 이것이 우리의 현주소입니다.

글레이제르 흥미롭게도 올해가 『프랑켄슈타인』 출간 200주년이라고 말씀드렸죠. 『프랑켄슈타인』은 과학이 일을 크게 망치지 않고 얼마나 멀리 갈 수 있을지 경고하는 이야기입니다. 모든 사람이 이 소설을 영화로 보지만 소설에는 괴물의 뇌에 대한 이야기가 나옵니다. 괴물의 뇌는 '비정상인'의 뇌가 아닙니다. 괴물은 실제로는 천재로, 천재의 뇌를 가지고 있으며, 의사 빅토르 프랑켄슈타인에게 동반자, 여성 동반자를 구해달라고 조릅니다. 프랑켄슈타인 박사는 자신의 첫 실험이 성공했을 뿐 아니라 인간보다 훨씬 강하고, 힘세고, 똑똑한 '괴물' 종족을 만들어낼 수 있다는 점을 깨닫고 패닉에 빠집니다. 그렇게 드라마가 펼쳐지죠.

제가 이 이야기를 꺼낸 이유는 우리가 그 지점에 도달하는 상황, 우리가 이런 일을 할 수 있는 상황을 상상해보기 위해서입니다. 우리는 과학적 실행을 제한하는 법률을 만들 수 있지만 그건 판도라의 상자와 같습니다. 일단 과학적 아이디어가 세상에 나오면 다시 넣을 수 없습니다. 어떤 집단은 나쁜 목적으로 과학을 이용할 겁니다. 어떤 집단은 돈이 있기 때문에 과학을 이용할 겁니다. 또 처음에는 치료비가 매우 비쌀 테니 사회에 일종의 불균형이 생기기 시작합니다. 그 기술을 이용해 자식을 매우 영리하고 예쁘게 만들 수 있는 사람이 있는 반면 그럴 수 없는 사람들이 있습니다. 『멋진 신세계』*Brave New World* 같은 시나리오가 시작되는 거죠.

무케르지 거기에 찬물을 약간 끼얹자면…

글레이제르 네, 부탁합니다. 찬물을 끼얹어주세요.

무케르지 제가 말했듯 현재는 인간과 동물의 게놈을 조작하는 데 근본적인 제약이 있다고 생각하는 사람들이 우세합니다. 우리가 영향을 미치고 싶어 하는 전형적인 형질들의 경우, 그걸 만드는 유전 물질이 인간 게놈상의 수만 개 위치에 흩어져 존재하기 때문입니다. 다시 말해 그런 의미에서 우리는 크리스퍼를 사용할 수 없습니다. 조작해야 할 것이 너무 많기 때문이죠. 크리스퍼에게 수만 개의 유전자를 바꾸라고 명령할 수는 없으니까요. 크리스퍼는 제가 말했듯 인간 게놈상에서 지정된 위치에 지정된 변화만을 일으키도록 진화했습니다.

다른 한편으로는 수적으로는 열세지만 그게 사실이 아니라고 생각하는 진영이 있습니다. 그들에 따르면, 인간 게놈에는 한 가지 형질에 영향을 미치는 변이가 수만 개 있을 수 있다는 건 맞지만 생물학적으로는 존재하지 않는 합성 유전자를 만들거나 이 모든 효과를 무시하는 자연 발생적 돌연변이가 일어날 수 있습니다.

실제로 그런 사례들이 있습니다. 한 가지 좋은 예를 말씀드리겠습니다. 키를 조절하는 유전 인자는 인간 게놈상에서 수만 개, 어쩌면 수십만 개 위치에 흩어져 있을 겁니다. 하지만 마르판증후군 유전자와 같은 유전자는 이 인자들 전부 또는 대부분을 무시하고 인간의 키에 극단적인 변화를 일으킬 수 있습니다. 이와 비슷한 예가 몇 가지 더 있고요.

이 두 번째 진영은 그런 사례들이 더 있을 거라고 생각합니다.

무엇보다 매력적인 사례는 동물 연구에서 밝혀낸 것으로, 미로를 해결하는 동물의 인지 능력에 대한 것입니다. 미로 해결 능력은 수많은 유전자에 의해 조절된다고 알려져 있지만 그중 두세 개에 영향을 줌으로써 미로를 해결하는 천재 동물을 얻을 수 있습니다.

저는 후자의 진영이 소수라고 말하고 싶습니다. 복잡한 인간 변이를 이런 메커니즘으로 다루기는 어려울 거라고 생각하는 앞의 진영이 다수파입니다. 엘리자베스, 이와 관련해 한 가지 여쭤볼게요. 이 새로운 방법들을 이용해 생물 다양성을 복원하는 일을 어떻게 생각하시나요? 거기에 찬성하십니까?

콜버트 모든 길은 하버드 대학교 유전학자 조지 처치로 통하는 것 같습니다. 그는 매머드를 되살리는 일에 대해 말했죠. 실제로 아시아코끼리와 매머드는 유전적으로 매우 가깝습니다. 아프리카코끼리와 아시아코끼리의 관계보다 가깝고, 그래서 아시아코끼리를 변형하면 매머드를 얻을 수 있을지도 모릅니다.

저는 그와 관련해 많은 이야기를 할 수 있다고 생각합니다. 우리가 현존하는 장벽을 극복할 수 있다고 잠시 가정해봅시다. 그렇게 된다면 대단한 일이죠. 한 종이 멸종해 사라지면 그 종의 게놈을 재창조하는 일이 극도로 어려워지기 때문입니다. 그런데 우리가 한 종을 멸종 위기로 몰아가고 있다고 가정해봅시다. 그래서 그 종의 살아 있는 개체로 DNA 염기서열을 분석하고(이제는 아주 쉬운 일이 되었죠) 그 데이터를 유전자은행에 저장합니다. 그러고 나서 그 종이 멸종한 뒤 '이 종을 되살리자'라고 결정합니다. 여기서 우리가 해봐야 할 질문이 많습니다. 그중 하나는 '애초에 그 종이 왜 멸종했을까?'입니다. 만일 질병이나 포식자 침입 때문이었다면 그들을 되살려 야생으로 내보낼 경우 같은 문제가 또 발생할 겁니다. 따라서 우리는 그 문제를 처리해야 합니다.

하지만 저는 좀더 근본적인 질문을 해보고 싶습니다. 이 질문은 사실상 당신의 '고프로 클론'의 정체성은 무엇인가라는 문제로 돌아갑니다. 현존하는 사례가 하나 있습니다. 과학 소설에 나오는 이야기가 아닙니다. 아주 간단한 보존생물학 사례죠. 하와이까마귀 한 종의 개체 수가 크게 줄었습니다. 하와이 원주민들이 신성시하는 이 새는 미국 본토의 까마귀와는 다른 종으로, 개체 수가 스무 마리 정도까지 줄었습니다. 보존생물학자들은 이 종을 되살려내기 위해 온갖 시도를 했습니다. 번식 시설을 설치하고, 중복 산란을 시키고(알을 낳자마자 알을 꺼내면 새들은 알을 또 낳습니다), 그 새들을 기릅니다. 우리는 이 모든 일을 할 수 있습니다. 생물학자들은 개체 수를 150마리까지 되돌렸고, 최근에 그 새들 중 일부를 숲으로 돌려보냈습니다. 생물학자들은 그 숲에서 아주 조심스럽게 포식자들을 제거했습니다. 그런데 돌려보낸 첫 번째 무리는 매들에게 죽었습니다. 매로부터 자신을 방어하는 방법을 몰랐기 때문이죠. 그 까마귀들은 훈련을 받지 않았습니다.

동물은 그저 유전자 집합체가 아닙니다. 알면 알수록 문화가 많은 부분을 차지합니다.

무케르지 그 까마귀에겐 고프로가 필요했어요.

콜버트 바로 그거예요!

무케르지 어미 까마귀에겐 새끼의 고프로로 전송할 고프로가 필요해요.

콜버트 맞아요. 그런데 제 클론들에 대해 생각해보면 그들은 저의 기억을 원치 않아요. 제 기억에는 관심이 없어요.

무케르지 당신은 강요하게 될 거예요.

콜버트 제게는 실제로 클론이 있어요. 제 아이들은 일란성 쌍둥이거든요. 그러니 그들은 클론이죠. 아이들에게 '나는 클론이다'에 대해 글을 써보라고 했지만 아이들은 절대 하고 싶어 하지 않았어요. 쌍둥이는 사실 서로 매우 다른 사람입니다. 물론 그들은 매우 비슷한 경험을 했고, 같은 유전자를 가지고 있어요. 후성유전학적으로는 똑같지 않을 테지만 근본적으로 동일한 유전자를 가지고 있죠. 그렇다 해도 그들은 여전히 매우 다른 사람들입니다. 제가 핵심을 제대로 파악한 건지는 잘 모르겠지만요.

글레이제르 우리를 규정하는 건 대체로 기억입니다. 클론이 당신을 닮았을 수도 있지만 클론은 클론 자신일 뿐입니다. 더 이상 당신이 아니죠. 물론 여러분이 진짜 트랜스휴머니스트들과 이야기해본다면 그들은 이렇게 말할 거예요. "문제없어, 미래에는 의식의 정수를 뽑아 디지털 프로그램에 저장할 수 있을 테니까." 백업해두는 한 여러분은 자신의 의식을 계속 보유하게 됩니다. 클론의 뇌에 언제든지 다시 이식할 수 있죠.

무케르지 맞습니다. 그건 약한 버전의…

글레이제르 맞아요. 그건 고프로 플러스라고 불러야 합니다. 자, 이제 질문을 받겠습니다.

질문 1 체외 수정이 처음 나왔을 때 어떻게 인식되었나요? 배아를 변형하기 위해 크리스퍼를 사용하는 것도 결국에는 지금의 체외 수정처럼 받아들여질 거라고 예상하시나요?

무케르지 중요한 질문입니다. 원래 체외 수정은 아이를 갖고 싶지만 불임인 사람들의 끔찍한 부담을 극복하기 위한 방법으로 고안되었습니다. 그게 애초에 체외 수정을 탄생시킨 동기였죠. 그런데 흥미로운 점은 여러분도 잘 아시다시피 체외 수정은 여전히 불임을 해결하는 데 주로 쓰이지만 지금은 가능성을 부여하는 기술(사용자의 능력을 급격하게 향상시키고 그 이후 파생 기술의 빠른 발전을 가능하게 하는 발명이나 혁신—옮긴이)로도 쓰인다는 겁니다. 이걸 일반 원리로 만들면 질병을 해결하기 위한 목적으로 발명된 기술도 결국에는 질병과 관련 없는 유전적 변화를 일으킴으로써 '가능성을 부여하는 기술'이 된다는 겁니다.

다시 말해, 체외 수정에서는 난자가 인체 밖에 있기 때문에 인체 안에서는 할 수 없었던 일을 할 수 있다는 뜻입니다. 앞에서 말씀드린 일들을 포함해서 말이죠. 부모는 아기의 다양한 형질을 선택할 수 있습니다. 흥미롭게도 이 과정은 크리스퍼와는 관련이 없습니다. 게놈을 읽을 수 있기만 하면 됩니다. 체외 수정된 개별 배아들의 게놈을 읽을 수 있다면 여러 배아 중 하나를 선택할 수 있을 겁니다.

실제로 유전적 변화에 대해 연구하거나 생각하는 사람 대부분은 게놈을 읽는 일로 충분하다고 생각합니다. 인간 게놈에 완전히 이질적인 유전자를 도입하고 싶은 게 아니라면 그 이상은 필요하지 않습니다. 배아를 선택하는 것만으로 '특별한 고통을 초래할 경우'라는 조건이 붙은, 크리스퍼로 할 수 있는 사실상 모든 일을 할 수 있습니다. 그 기술만으로도 모든 형태의 특별한 고통을 제거할 수 있습니다.

질문 2 빠르게 변하고 있는 행성에서 인류가 맞이하게 될 미래에 낙관적이신가요, 아니면 비관적이신가요?

콜버트 이 문제를 복잡하게 만드는 것 중 하나는, 우리가 적응력이 매우 뛰어나고 대단히 영리하며 훌륭한 도구 제조자라서 지구 상에 있는 모든 것의 유전자를 망칠 생각을 하고 있다는 겁니다. 그밖에도 무수히 많은 예를 들 수 있을 겁니다. 그러면 전망은 낙관적일까요, 아니면 비관적일까요? 제 생각에는 '우리는 자멸할 것인가'라고 묻게 되는 상황에 처한 것 같아요. 그럴 가능성이 큽니다. 로버트 오펜하이머Robert Oppenheimer가 "이제 나는 죽음이 된다. 세계의 파괴자가 된다"라고 말한 뒤로 우리는 그렇게 할 능력을 가지고 있었습니다. 첫 번째 트리니티 실험을 했던 70년 전부터 그랬습니다. 게다가 우리가 지구를 파괴할 수 있는 능력을 가진 건 지구 역사로 보면 그리 오래되지 않았습니다. 그래서 우리가 아직 지구를 파괴하지 않았다는 사실이 저를 크게 낙관적으로 만들지는 않습니다.

무케르지 하지만 인간 게놈을 조작하면 안 된다는 일종의 '도덕 신드롬'이 생기고 있습니다. 저는 게놈을 조작하면 안 된다는 도덕 신드롬이 꼭 필요한지 모르겠습니다. 도덕이라는 게 뭐죠? 왜 하면 안 되나요?

한 법정에서 크리스퍼를 도입해야 한다는 주장이 나왔다는 사실을 떠올려보세요. 크리스퍼 도입을 가장 큰 목소리로 주장한 사람들은 환자 측 변호사들과 끔찍한 질병에 걸린 자식을 둔 부모들이었습니다. 끔찍한 말을 하는 건 쉽습니다(우리는 환경을 파괴했다 등등). 하지만 우리 과학자들이 그렇게 하지 않는 건 근본적으로 프랑켄슈타인주의자이기 때문이죠.

콜버트 전 당신을 개인적으로 비난하고 싶지 않았어요. 그리고 일반적으로 과학자들을 비난하고 싶지 않았어요. 아시다시피 우리는 모두 원하든 원하지 않든 매일 GMO를 먹고 있어요. GMO는 전 세계를 먹여 살리고 있죠. 그러니까 제 말은, 우리가 세계를 근본적인 수준에서 변화시킬 수 있는 능력을 갖고 있다는 거예요. 우리 자신을 날려 산산조각 내고, 대기를 변화시키고, 바다의 화학적 조성을 바꾸는 거시적 수준부터 미시적 수준까지 말이죠. 내기는 이미 끝난 것 같아요. 이 상황이 어디로 가고 있는지 모르겠어요.

무케르지 이건 GMO를 먹느냐, 유기농 매장에서 식품을 사느냐의 논쟁이 아닙니다.

콜버트 맞아요.

무케르지 현재 전 세계적인 GMO 논쟁은 GMO인가, 아니면 우리가 그동안 살충제를 뿌려 재배해온 CMO(화학적으로 변형된 작물)인가 하는 겁니다. 살충제는 바다에 두 배나 많은 독소를 투하하죠. 그게 현실입니다. 그래서 질문은…

콜버트 그 말은 철회하겠습니다. 많은 유전자 변형 작물이 화학약품을 더 많이 뿌릴 수 있도록 변형되고 있기 때문이죠. 그건 완전히 다른 문제입니다.

무케르지 좋습니다. 그러면 제가 질문하겠습니다. 당신은 이게 순전히 허황된 꿈이라고 생각하시나요? 먹여야 할 배고픈 입이 무수히 많습니다. 쌀이나 밀의 높은 수확량 없이도 인도 인구의 절반을 먹여 살릴 수 있을지는 의문입니다. 다른 방법이 있나요? 중도가 있을까요? 종자 은행을 만드는 게 중도인가요? 그런 길은 없나요? 결국 우리는 이 길로 갈 수밖에 없는 운명인가요? 우리는 자신을 제어하기 위해 결국 크리스퍼질을 하게 될까요? 제 말은 그것도 한 가지 방법이라는 겁니다. 그렇지 않은가요? 우리는 스스로 제어하기 위해 크리스퍼를 사용할 수 있을 겁니다. 우리는 다양한 방법으로 우리 자신을 억제할 수 있습니다.

중도라는 것이 정녕 있을까요? 아니면 이 길에 한번 들어서면 결말은 하나뿐일까요?

콜버트 이 모두는 이 세계에 일종의 질서가 있다는 것을 전제로 합니다. 과연 중간 길이 있을까요? 우리는 유전자 변형을 통해 마법의 작물을 개발하고, 특정 지역을 집중적으로 경작하는 반면 다른 지역은 경작하지 않은 채 두는 방법으로 인구가 감소하기 시작하는 순간까지 버틸 수 있을까요? 이론적으로는 그렇습니다.

하지만 오늘날 세계의 혼란을 보세요. 우리는 방법을 일일이 열거하고 나서 "과연 그렇게 될까?"라고 말합니다. 저는 평범한 미국인이 가질 만한 수준의 회의론을 거론하는 겁니다. 우리 각자가 결정해야 합니다. 탄소 배출을 줄이는 일을 세계 전체가 결정할 수는 없습니다. 이보다 간단한 일은 없습니다. 그게 가장 간단한 방법입니다. 우리는 탄소화를 줄여야 합니다. 그게 첫 번째 단계입니다. 우리는 이 문제에 흠집을 낼 기술을 가지고 있습니다. 그건 간단한 것으로, 풍차와 태양전지라고 불리죠. 하지만 우리는 그 간단한 일을 하지 않고 있습니다.

우리가 뭔가 멋진 방법을 생각해낼 거라고 생각하는 사람들도 있습니다. 네, 이론적으로는 가능합니다. 하지만 그렇게 될까요? 저는 극도로 회의적입니다.

질문 3 네 번째 시나리오는 어떻습니까? 우린 이미 불사신입니다. 어쩌면 다른 형태로 영원히 살지도 모릅니다.

글레이제르 제가 질문을 제대로 이해했는지 모르겠군요. 그러니까 진화론처럼 생명체가 시간이 지남에 따라 스스로를 재창조한다는 말인가요? 모르겠습니다.

무케르지 전 전혀 모르겠습니다. 종교적인 질문 아니었을까요.

글레이제르 좋아요, 트랜스휴머니즘에 대해 한 말씀 드리자면 진정으로 극단적인 트랜스휴머니즘은 육체를 완전히 제거하는 것입니다. 기본적으로 기계에서 기계로 계속 이동할 수 있는, 심지어는 기계조차 필요 없는 정보가 되는 것입니다. 이건 현대 기술적 측면에서 영혼을 재창조하는 게 아닐까요? 여러분은 단지 육체를 제거하는 겁니다. 육체가 문제입니다. 유전자를 자르는 것 같은, 우리가 하고 있는 일들을 한번 보세요. 육체를 제거하면 여러분이 가진 건 정보뿐입니다. 그게 사실이라면 우리는 단지 시간을 가로질러 비물질적으로 자신을 이동시킬 뿐입니다.

이 트랜스휴머니즘 운동의 핵심에는 어마어마한 종교적 요소가 있습니다. 과학자들은 분명 그런 식으로 생각하지 않습니다. 하지만 실제로 트랜스휴머니즘을 믿고 그 영향을 느끼고 싶어 하는 많은 사람에게 종교적 요소가 큰 역할을 한다고 생각합니다.

질문 4 책의 저자로서 여러분은 불멸의 존재입니다. 여러분의 저서들, 여러분의 말은 영원히 살아 있습니다. 그 점에 대해 어떻게 생각하세요?

무케르지 저는 방금 완성한 책의 66쪽에 그 단어를 넣지 말 걸 하고 생각합니다. 잘 모르겠습니다. 엘리자베스, 당신은 어때요?

글레이제르 다르게 표현해봅시다. 당신은 왜 책을 써야 한다고 느끼나요?

콜버트 와, 저는 제가 책을 써야 한다고 느끼는지 잘 모르겠는데요. 책을 쓰는 일은 일종의 고통입니다. 물론 고통이 지나간 뒤에는 어떤 만족감이 있죠. 또 타인의 생각을 바꾸기 위해 뭔가를 써서 세상에 내놓고 싶어 하는 사람들도 있습니다. 제가 그렇고, 싯다르타도 그럴 거라고 확신합니다. 불멸에 대해 말하자면 저는 대학가에 사는데, 한 번도 꺼내지지 않은 채 한 자리에 꽂혀 있는 책을 무수히 많이 봅니다. 그래서 책을 쓰는 일이 불멸을 달성하는 좋은 방법인지는 모르겠습니다. 싯다르타, 당신은 어때요?

무케르지 제 경우 왜 써야 하는지에 대한 아주 간단한 공식 또는 생각이 있습니다. 저는 모든 것에 문제 제기나 질문이 필요하다고 생각합니다. 제 책들은 대체로 개인적인 질문들에서 출발합니다. 첫 번째 책『암: 만병의 황제의 역사』는 한 환자의 한 질문에서 비롯했습니다. 항암 치료를 하는 도중 환자가 물었습니다. "우리는 이런 일들을 해서 어디로 가는 거죠?" 여러분은 그 질문을 있는 그대로 받아들일 수 있습니다. 즉 "우리는 어디로 가고 있는가?"라고 물을 수 있죠. 암은 우리와 질병과의 관계를 재정립한 질병입니다. 이제 우리는 사회를 암을 보는 렌즈로 사용하지 않고, 암을 사회를 보는 렌즈로 사용합니다. 이렇게 암은 우리 자신에 대한 인식, 미래에 대한 인식, 그리고 죽음에 대한 인식에 큰 영향을 미쳤지만 우리는 아직 암의 역사도 모르고, 로드맵도 없습니다.

『유전자의 내밀한 역사』에서는 '우리는 누구이며, 변화의 한계는 무엇인가?'라는 질문을 제기했습니다. 전반적으로 그게 제 접근 방식이었습니다. 그리고 제가 탐독한 엘리자베스의『여섯 번째 대멸종』도 질문을 제기하고 답을 제시하려는 책입니다. 저는 그런 일들이 재미있습니다.

소설도 그렇습니다. 제 아내는 조각가인데, 제가 스튜디오에 가면 아내는 "이 작품에 대해 어떻게 생각하는지 말해줘"라고 말합니다. 그러면 제가 항상 하는 첫마디는 "이 작품은 어떤 질문에 답하려는 거야? 이 그림은 어떤 질문에 답하려고 하지?"입니다. 여러분은 그렇지 않을지도 모르지만 저는 그림을 포함해 모든 것을 볼 때 '이것이 해결하려 하는 질문은 무엇인가? 그것은 무엇을 해결하려고 하는가? 그것은 '어떤 질문을 제기하는가'의 관점에서 접근합니다.

이는 세계를 보는 한 가지 방법입니다. 이 세계관은 모든 것이 일련의 질문에 의해 움직인다고 생각합니다.

글레이제르 결국 우리는 의미를 추구하는 생물인 것 같아요. 우리가 이 모든 일을 하는 이유는 의미를 찾고 싶기 때문입니다. 그렇죠? 그것은 여러분을 완벽하게는 아니더라도 적어도 좀더 완전하게 만듭니다.

질문 5 약한 불멸에 대해 말하자면 어떤 의미에서 우리는 이미 약한 불멸의 존재로 살고 있습니다. 우리 몸에서는 매년 세포 500억 개가 죽습니다.

글레이제르 500억 개가 맞나요?

무케르지 520억 개인가⋯ 모르겠어요!

질문 5 며칠 전의 몸은 오늘의 몸과 다릅니다.

글레이제르 흥미로운 질문이네요. 청사진은 어디에 있나요?

무케르지 이건 '테세우스의 배' 문제입니다. 철학자들이 오랫동안 수차례 제기한 유명한 난제죠. 만일 여러분이 배를 가지고 있는데 배의 모든 널빤지를 교체한다면 그 배는 여전히 같은 배일까요? 이건 실제로 여러분이 생각하고 있던 것들, 즉 정체성에 대한 질문과 매우 깊이 관련 있습니다. 만일 우리가 행성을 재창조해서 우리가 아는 모든 것을 이용해 그곳을 채운다면…

콜버트 그건 같은 행성일까요?

무케르지 같은 행성일까요? 이건 매우 근본적인 철학적 질문입니다. 거기에 정답이 있는지는 잘 모르겠지만 근본적인 차이는 자주성입니다. 다시 말하지만 이 문제는 그동안 우리가 생물학자로서 생각해왔던 것들입니다. 몸은 왜 항상 같은 몸일까요? 이건 '테세우스의 배' 질문입니다. 만일 여러분의 세포가 항상 교체된다면 왜 인간의 몸은 항상 같은 몸일까요? 그건 테세우스의 배입니다. 이 질문이 흥미로워지기 시작하는 지점은 여기부터입니다. 여러분의 몸이 같은 몸인 이유는 자주성을 가지고 있기 때문입니다. 몸은 자신을 위해 일합니다. 몸은 자신을 위해 뭔가를 합니다.

여러분이 부득이 클론을 만들면 (여기에도 지구와 유사점이 많습니다) 그 클론은 자주성을 갖습니다. 만일 여러분과 여러분의 클론 사이에 전쟁이 일어난다면 클론은 자기편을 들 겁니다. 여러분의 클론은 이렇게 말할 겁니다. "당신의 고프로 메모리를 가져가세요. 어디에 둬야 하는지 말해줄게요." 우리가 고프로 버전의 불멸을 원한다면 실제로 이런 일이 일어날 겁니다. 설령 우리가 극단적인 트랜스휴머니즘을 정보 운동으로 취급한다 해도 3세대에서 기계가 "나는 당신의 기억에 관심이 없다. 기억을 가져라. 난 나만의 새것을 원한다"라고 말하지 않는다는 보장은 없습니다. 아이러니하게도 우리는 결국 아이들이 "아빠가 『전쟁과 평화』를 읽어보라고 추천하셨지만 제가 알아서 할게요"라고 말하는 현재 시점으로 돌아오게 됩니다.

이 질문들은 심오하지만 결국 출발점으로 돌아오고, 이 은유들은 인간을 넘어 행성과 생태계로 확장됩니다.

글레이제르 마지막으로 하고 싶은 말이 있어요. 현대 천문학을 고려하면 우리는 우주 전체에 지구가 하나밖에 없다고 확신할 수 있습니다. 어느 정도 유사한 행성들이 있을지도 모르지만 어떤 행성도 우리 행성과 같은 역사를 가지고 있지는 않습니다. 이곳은 유일한 지구입니다. 게다가 우주에 다른 인간은 없습니다. 우주에 휴머노이드가 있을지도 모르죠. 누가 알아요? 우리는 전혀 모릅니다. 하지만 우리와 같은 종은 단 하나뿐입니다. 우리는 우리 행성의 매우 구체적이고 우발적인 역사의 산물이기 때문입니다. 우리, 즉 우리와 지구는 따지고 보면 매우 특별합니다. 그러니 그것을 보호하기 위해 뭔가를 합시다.

8장 인간이란 무엇인가
문학적 관점과 과학적 관점의 대화

제레미 드실바, 데이비드 그린스푼, 타스님 제흐라 후세인

글레이제르 인간이 되는 건 다차원적인 경험입니다. 우리는 어떤 의미에서 동물입니다. 잠을 자야 하고, 먹어야 합니다. 손톱이 자라고 머리카락이 자랍니다. 우리 존재에는 완전히 동물적인 차원이 있습니다. 다른 한편으로 우리는 별 부스러기로 만들어진 생명체입니다. 그 사실을 아는 것도 우리가 가진 특권입니다. 우리는 탄소와 질소 원자들로 이뤄져 있고, 이 원자들은 태양과 지구보다 오래됐습니다. 이 원자들은 약 50억 년 전 혹은 그보다 훨씬 전에 폭발한 별에서 왔습니다. 우리가 무엇으로 만들어져 있는지 이야기한다면, 우리 몸에 있는 물질에 대해 이야기한다면 우리는 정말로 아주 오래된 물질입니다. 우리뿐 아니라 이 지구 상의 모든 생명체가 마찬가지입니다. 한편으로 우리는 무한에 대해 생각할 수 있고, 신을 떠올릴 수 있으며, 영적이고 창의적인 존재가 될 수 있는 생명체이기도 합니다. 우리는 뭔가를 이해하고 싶은 욕구를 지니고 있습니다. 우리는 이 세계 그리고 우리 삶에서 중요한 존재가 되고 싶은 욕구를 지니고 있습니다. 인간이 되는 일의 이런 다차원적 경험이 이 대화의 중심 주제입니다.

타스님 제흐라 후세인Tasneem Zehra Husain은 이론물리학을 통해 글쓰기를 시작했습니다. 스웨덴 스톡홀름 대학교에서 박사학위를 받았고, 이후 미국으로 건너가 하버드 대학교에서 박사 후 연구원 생활을 마친 뒤 고향인 파키스탄으로 돌아와 이공계 엘리트 학교의 창립 교수진으로 합류했습니다. 타스님은 특히 과학 글쓰기를 할 때 과정과 정신 양쪽 모두에 충실한, 미묘하고 인간적인 패러다임이 필요하다고 강조합니다. CERN에서 진행 중인 시리즈를 포함해 과학자들을 위한 여러 글쓰기 워크숍을 진행했으며, 『노틸러스』Nautilus에 글을 기고해왔을 뿐 아니라 성인과 어린이를 위한 과학 선집을 다양하게 출판했습니다. 3quarksdaily.com의 정기 칼럼니스트이자 인기 과학 소설『자연은 가장 긴 실만을 써서 무늬를 짠다』Only the Longest Threads의 저자이기도 합니다. 타스님은 봉사 활동에 10년 이상 적극적으로 참여해왔습니다. 미국과 해외에서 K-12 교사, 고등학생, 정부 관계자 들과 함께 일했으며 도서 축제, 과학 축제, 글쓰기 콘퍼런스, 물리학 학회에 연사로 자주 초청받습니다. 타스님은 인간을 '이야기하는 생물'로 봅니다.

후세인 오늘 저녁 대화가 어떻게 흘러갈지 저는 모릅니다. 데이비드와 제리가 무슨 말을 할지는 모르지만 오늘 이 자리에서는 각자 자신의 관점에서 생각하면서도 다른 관점에 열려 있는 사람들 사이에 대단히 흥미로운 대화가 오갈 겁니다. 이런 개방성은 무엇보다 중요한데, 마르셀루가 말했듯 큰 질문들은 어느 한 관점에서 답할 수 있는 것이 아니기 때문입니다. 우리는 여러 관점을 하나로 모을 필요가 있습니다.

마르셀루에게서 오늘 대화의 주제를 들었을 때 곧바로 든 생각은 '너무 포괄적이지 않나?'였습니다. 주제가 '인간이란 무엇인가'라면 어디부터 시작해야 하지? 저는 떠오르는 생각을 모두 적기 시작했습니다. 제 머릿속에 떠오른 첫 번째 생각은 우리가 이야기꾼이라는 것이었습니다. 태곳적부터 전 세계 모든 사회에서 이야기는 문화와 전통을 전달하는 방법이었고, 지혜를 후대로 전수하는 수단이었죠. 하버드 대학교 생물학자이자 퓰리처상 수상자 E. O. 윌슨은 "우리가 하는 이야기들은 우리의 생존 매뉴얼이다"라고 말했는데, 저는 그 말에 고개를 끄덕이지 않을 수 없습니다.

이야기는 감정적으로 와닿게 만드는 방식으로 정보를 담습니다. 우리는 사실을 기억하는 것과는 다른 방식으로 이야기를 기억하기 때문에 누군가가 제게 뭔가를 수년 동안 기억하게 하려면 그에 대해 짧은 이야기를 지어내는 일이 도움 됩니다. 우리 조상들은 그 점을 직관적으로 알았죠. 옛이야기들은 오늘날에도 여전히 기억됩니다. "불이 비처럼 쏟아질 테니 우르릉거리는 산에는 가까이 가지 말라"와 같이 간단한 이야기들은 입에서 입으로 계속 되풀이될 것이고, 화산 근처에 가지 못하게 하는 데 경고보다 훨씬 효과적입니다.

이런 이야기들은 거의 모든 문화에 존재하고, 신화의 뿌리가 됩니다. 자연계를 보면 이해되는 점과 이해되지 않는 점이 있습니다. 그럴 때 우리는 이해의 틈을 연결해 일관된 그림을 만들 방법을 찾고 싶어 합니다. 왜 그런지 생각해보고, 그 질문에 답이 될 수 있게끔 이야기를 구성합니다. 그렇게 함으로써 무작위적인 현상처럼 보이는 것을 이해합니다. 토르가 망치를 내려쳐 천둥이 일어난다고 말함으로써 예측할 수 없는 삶에 질서를 되돌려놓습니다. 물론 모든 문화가 그들의 상황에 잘 들어맞는 설명을 생각해냈기 때문에 이야기는 문화마다 약간씩 다릅니다. 하지만 많은 신화적인 주제가 어느 한 장소와 그곳에 사는 사람들만의 고유한 것이라 해도 보편적인 주제도 놀라울 정도로 많습니다.

이야기에 신화만 있는 건 아닙니다. 사람들이 여행을 시작한 이래 여행자들은 이국땅에서 겪은 모험을 이야기로 들려주었습니다. 사람들은 여행기를 통해 다른 장소들에 대한 지식을 얻었습니다. 특히 수백 년 전 여행이 지금보다 훨씬 어렵고 오래 걸리고 드물었을 때는 탐사를 떠날 여행자를 지명해 다른 문화들에 대해 알아보게 했습니다. 15세기, 16세기, 17세기의 여행기를 읽어보면 작가들은 이국땅과 현지인들에 대해 마치 그곳에 무슨 마법이 일어나기라도 하는 것처럼 이야기합니다. 그들의 이야기가 꼭 말이 되는 것은 아닙니다. 어떤 특징들은 분명히 과장되어 있고, 흔히 환상의 요소가 가미됩니다.

저는 파키스탄에서 자랐는데, 그곳의 훌륭한 구전 전통 중 하나로 아미르 함자 이야기가 있습니다. 무굴 왕조 시대에 유명했던 서사시이니 적어도 서기 1500년부터 존재했죠. 이 이야기는 실존 인물인 아미르 함자와 그의 환상적인 모험을 바탕으로 쓰였는데, 이야기 속에는 사실처럼 들리는 부분도 있지만 그렇지 않은 부분도 있습니다. 언급된 장소는 대체로 알 수 있는 곳이고, 세세한 묘사들이 아주 자연스럽습니다. 그런데 느닷없이 아미르 함자가 정령(Djinn, 이상한 신화적 괴물의 일종)과 마주칩니다. 사실과 환상이 촘촘하게 얽히고설켜 분리하기 어렵습니다. 저는 아미르 함자 이야기는 여행기의 극단적인 사례라고 생각합니다. 이국땅은 완벽히 미지의 장소였고, 방문객이 보는 것들은 그들이 흔히 보던 것들과 비슷한 구석이 전혀 없는, 그들의 일상과 너무나도 동떨어진 것이었습니다. 그것을 표현할 적절한 어휘가 없을 때 여행자들은 자신들이 느낀 당혹과 매혹을 묘사에 투영하고, 자신들이 겪은 육체적, 정서적 경험을 이야기에 반영했습니다. 여행자들이 해외에서 목격한 사실들은 환상처럼 신기했고, 따라서 거기에는 미지의 것들이 섞여 들어갔습니다.

대략적으로 말하면 세상에는 자연계를 이해하기 위한 이야기와 우리 경험을 뛰어넘는 것들에 대한 이야기가 있습니다. 후자는 세계를 보는 우리의 시야를 넓혀줍니다. 무엇이 우리를 인간답게 만드는가에 대해 생각했을 때 제 머릿속에 가장 먼저 떠오른 것이 그것입니다. 즉, 우리는 보이는 것이든 보이지 않는 것이든, 눈앞에 있는 것이든 감춰진 것이든 그것에 대해 이야기를 구성함으로써 삶을 이해합니다.

인간만이 가진 또 하나의 본질적인 특징은 본능적으로 패턴을 찾는 것입니다. 사물들이 겉보기에 무작위적으로 섞여 있으면 우리는 그것들을 몇 가지로 묶어 어떻게든 이해하려고 합니다. 제각각인 사물들 사이의 관련성을 찾아 그 집단이 어떤 종류의 체계를 가지게끔 합니다. 우리는 조직하고 분류합니다. 우리는 패턴, 반복되는 모티프, 어떤 근본 구조를 발견하기 위해 단서를 찾습니다. 겉보기에 무작위적으로 보이는 것 속에서도 항상 어딘가에 숨어 있는 것이 틀림없다고 느껴지는, 좀 더 예측 가능하고 안정적인 구조를 무의식적으로 찾습니다.

이런 패턴 찾기가 주기율표를 탄생시켰죠. 수많은 원소가 발견되었지만 그것들이 꼭 서로 관련 있는 것 같지는 않았습니다. 어떤 것들은 분명히 관련 있었지만 다른 것들은 완전히 별개로 보였습니다. 왜 그런지, 얼마나 많은 원소가 더 발견될지 알 수 없었죠. 그래서 과학자들은 자신들이 아는 원소들을 원자량에 따라 납득 가능한 방식으로 분류하려고 시도했는데, 거기서 구조와 패턴이 보이기 시작한 겁니다.

분류의 힘은 단순히 우리 앞에 이미 존재하는 것을 정리하거나 대조하는 데서만 나오지 않습니다. 우리가 패턴을 찾는 이유는 다음에 무엇이 올지를 예측하고 싶어 하기 때문입니다. 여러분 앞에 무엇이 있든 여러분은 그것들을 몇 가지 방식으로 묶을 수 있을 겁니다. 하지만 진정한 재미는 대부분 조각을 끼워 맞췄지만 구멍이 몇 개 있을 때 찾아옵니다. 그리고 빠진 조각들이 나타나면 여러분이 예측한 구조가 맞았음이 밝혀집니다.

그런 일이 주기율표에서 일어났고, 더 최근에는 입자물리학의 표준 모델에서 일어났습니다. 알려진 모든 기본 입자를 납득 가능한 방식으로 묶을 수 있었지만 거기에는 틈새가 있었습니다. 그 틈새에 딱 들어맞아 전체 그림을 완성할 수 있는 속성을 지닌 새로운 입자가 발견되자 그 표준 모델이 옳은 구조임이 증명됐습니다. 단순히 패턴 완성을 토대로 아직 알려지지 않은 입자의 존재를 예측할 수 있었기 때문이죠. 직소 퍼즐과 비슷합니다. 거의 모든 조각을 맞췄는데 예닐곱 개가 없다고 칩시다. 누락된 조각이 이웃하는 조각과 일치하려면 어떤 모양이어야 하는지 여러분은 정확하게 예측할 수 있습니다. 그 조각들을 찾을 때 여러분은 '내가 퍼즐을 제대로 풀었어. 맞게 한 거야'라고 생각하죠.

우리 과학자들이 하는 일이 대체로 그렇습니다. 우리는 우리 주변 세계의 것들을 정리해 일관되고 논리적인 체계를 세웁니다. 그리고 거기서 찾아낸 패턴을 토대로 예측합니다. 이러이러한 일이 일어난다면 앞으로 이런 일이 일어날 거라고 예측하는 거죠. 그런 다음 그 예측을 검증합니다.

인간만이 가지고 있는 또 하나의 충동은 공백을 채우려는 것입니다. 블랙박스(내부 구조나 작동 원리를 몰라도 입력과 출력 가능한 장치―옮긴이)를 생각해보세요. 여러분은 거기로 무엇이 들어가고 무엇이 나오는지 볼 수 있지만 그사이에 무슨 일이 일어나는지는 알지 못합니다. 동물들은 보통 입력과 출력 사이의 상관관계를 학습하는 데 꽤 능합니다. 실제로 파블로프 반응은 동물을 훈련시키는 방법이죠. 동물들은 이렇게 하면 보상받고 저렇게 하면 벌받는다는 점을 학습합니다. 그러나 인간의 마음은 상관관계에 만족하지 않고 인과관계를 찾습니다. 그래서 우리는 본능적으로 블랙박스에 설명을 투사하기 시작합니다.

블랙박스가 입력-출력 주기를 충분히 거치면 여러분은 자동으로 그 내부에서 무슨 일이 일어나는지 추측하기 시작합니다. 물론 여러분은 의도와 목적에 따라 블랙박스를 얼마든지 많은 설명으로 채울 수 있습니다. 아이들을 위해서라면 이야기도 지어낼 수 있습니다. "기계 안에 작은 요정들이 있어서 이걸 하고 저걸 해. 그래서 그런 일이 일어나는 거야." 이런 식의 설명의 장점은 변칙적인 사건도 아우를 수 있다는 겁니다. 요정은 변덕이 심하기로 유명하니까요. 물론 요정 대신 신을 끌어들여도 마찬가지입니다. 신들이 변덕스럽다는 사실을 모르는 사람은 없으니까요. 따라서 우리는 모든 것이 계획대로 일어나고 있다고 설명할 수 있습니다. 토르는 늘 하는 일을 하고 우리가 늘 보던 일이 일어나지만 어쩌다 설명할 수 없는 이상한 일이 일어나도 "아, 짐작했다시피 토르가 오늘 일진이 안 좋아서 화가 난 거야"라고 말하면 됩니다. 신과 요정들이 등장하는 이야기는 어떻게든 끼워 맞출 여지가 있습니다. 예상을 벗어나는 일은 운명의 장난이라고 설명하면 됩니다. 따라서 이런 이야기는 과학이 아닙니다.

과학적 과정을 블랙박스에 비유할 수 있습니다. 무언가가 다른 무언가로 발전하고(또는 이어지고), 초기 상태와 최종 상태를 관찰하고 측정할 수 있지만 그사이의 과정은 보이지 않는다는 점에서 그렇습니다. 과정은 블랙박스 안에 있습니다. 그래서 여러분은 관찰한 것들의 관계를 설명할 수 있는 메커니즘을 구축합니다. 이것이 가설입니다. 그런데 가설은 이야기와 달리 맞는지 확인할 수 있습니다. 가설을 토대로 예측하고 실험을 통해 그 예측을 검증하는 겁니다. 예측한 것과 다른 결과가 나오면 여러분은 "아, 기계가 마음을 바꿨어요"라고 말할 수 없습니다. 여러분이 세운 가설이 틀린 겁니다.

이렇게 구축된 모델(이론)은 대체로 잘 작동하고, 반복된 실험에서 데이터를 재현합니다. 하지만 우리의 측정이 더 정확해지고, 사실에 대한 지각이 더 날카로워짐에 따라 우리는 지금까지 보이지 않던 불일치를 알아차리게 됩니다. 그때 우리가 상상했던 내부 메커니즘, 우리가 블랙박스에 투사했던 그림이 어딘가 틀렸다는 점을 깨닫습니다.

대표적인 예가 뉴턴의 중력 이론입니다. 뉴턴의 이론은 100년 전까지 모든 상황에 훌륭하게 들어맞았습니다. 하지만 측정이 점점 정확해지면서 그 이론이 수성의 궤도를 아주 근사치로 예측할 뿐 정확하게 예측하지는 못한다는 사실이 밝혀졌습니다. 수치상 차이는 크지 않았지만 논리적 간극은 일반 상대성 이론의 씨앗이 되기에 충분했습니다. 이론에서 도출된 예측이 아주 조금만 빗나가도 그 이론은 재고되며, 더 새롭고 현대적이고 최신식인 모델로 대체됩니다. 그리고 그 모델이 (현재로서는) 정확하게 예측한다면 (당분간) 받아들여집니다.

이런 면에서 과학은 깊은 진실이 담긴 다른 모든 심오한 이야기와 비슷합니다. 여러 버전이 있고, 우리는 성장함에 따라 미묘한 의미를 더 잘 알게 되죠. 다섯 살짜리 아이에게 들려주는 이야기는 살만 발라낸 것이지만 열다섯 살짜리 아이에게 들려줄 때는 다채로운 뉘앙스와 어감을 담을 수 있고, 이렇게 풍부해진 질감은 아는 이야기를 새롭게 또는 다르게 보게 합니다. 독자의 소양에 따라 묘사의 결(성긴지 치밀한지)이 결정됩니다. 어느 선까지만 정확하게 판별한다면, 즉 고양이와 개를 구별하는 데 관심이 있다면 묘사가 치밀하지 않아도 됩니다. 그러나 더 섬세하게 판별하고 싶다면, 예를 들어 무슨 품종인지 판단한다면 묘사가 더 치밀해져야 합니다. 과학에서도 마찬가지입니다. 지식이 증가함에 따라 우리는 미묘한 차이를 분간하기 시작하고, 전에는 몰랐던 서사의 틈을 알아챕니다. 이런 세부에 대한 탐구는 우리의 세계관을 완전히 바꿔놓을 수 있습니다.

저는 그것이 카메라에서 렌즈의 초점을 맞추는 일과 비슷하다고 생각합니다. 카메라 렌즈로 뭔가를 보는데 상이 흐릿해 일부 특징만 알아볼 수 있다고 해봅시다. 상이 선명해질 때까지 초점을 계속 맞추면 전체 구조가 잘 들어옵니다. 과학의 과정은 우리의 초점을 또렷하게 맞추는 활동이며, 새로운 그림이 시야에 들어옴에 따라 우리의 이론은 그것에 적합하게 수정됩니다. 저는 일반 상대성 이론에 반했지만 그것이 최종 답은 아니라는 점을 알고 있습니다. 양자 효과를 통합할 수 있도록 수정되어야 하기 때문이죠. 그런 일이 일어나면 우리가 중력이라고 부르는 것의 성격이 얼마나 바뀔까요? 우리도 모릅니다. 우리는 다음에 나타날 층위가 어떤 모습이라고 말할 수 없습니다. 하지만 그건 이미 있는 모든 다른 층위를 지우지 않고 그 위에 포개질 것입니다.

층위에 대해 이야기하자면, 수학 방정식과 신화적 서술은 한 현상을 매우 다른 층위에서 설명하는 것이지만 둘을 상호 배타적인 것으로 간주할 필요는 없습니다. 둘은 단순히 별개의 설명 층위일 뿐입니다. 우리는 자연의 톱니바퀴가 돌아가는 모습을 결코 볼 수 없을 테고, 따라서 물리적 우주에 대한 궁극적 진실을 영영 알 수 없을지도 모릅니다. 그리고 완전히 이해하지 못하는 상태에서는 모든 독특한 관점이 가치 있습니다. 충실하고 절대적인 최종 진실을 담고 있는 단 하나의 층위는 존재하지 않습니다. 하지만 우리가 우리 마음속에서 서로 다른 층위들을 모을 때 우리가 추구하는 것에 대해 더 미묘한 관점이 생길 수 있습니다.

혹시 손가락을 들고 한쪽 눈을 감은 다음, 그 눈을 뜨고 다른 쪽 눈을 감는 실험을 해본 적 있으신가요? 잠깐만 해보시겠어요? 무슨 일이 일어나는지 보면 재미있을 거예요. 손가락을 코 바로 앞에 놓고 한쪽 눈을 감으세요. 손가락이 한 장소에 있는 게 보일 거예요. 그리고 나서 다른 쪽 눈을 감으면 손가락 위치가 바뀌는 것처럼 보입니다. 그러면 어느 곳이 손가락의 정확한 위치일까요? 손가락 위치는 바뀌지 않았습니다. 그러면 왼쪽 눈이 본 것이 맞을까요, 오른쪽 눈이 본 것이 맞을까요? 사실 둘 다 맞습니다. 두 눈이 물리적으로 분리되어 있기 때문에 손가락이 다른 위치에 있는 것처럼 보이는 거죠. 두 눈의 분리는 공간의 깊이를 인식할 수 있게 해줍니다.

이해도 시각과 마찬가지입니다. 여러 관점을 가지고 충돌이나 중복 없이 각각을 별개의 층으로 취급할 수 있다면 한 가지 사고

방식만 고집할 때보다 인생에 대한 경험이 풍부해지고, 세상을 보는 시각이 넓어집니다.

사물에는 여러 의미의 층위가 있다는 사실을 우리는 어린 시절부터 직관적으로 압니다. 그것을 가상 놀이를 하기 시작하는 두세 살짜리 아이들에게서 볼 수 있습니다. 여러분은 아이에게 바나나를 주며 "자, 내가 너에게 전화를 걸 거야"라고 말할 수 있습니다(아날로그 전화기를 볼 수 없을지 모르는 10년 뒤에도 이 놀이가 통할지는 모르겠습니다. 평평한 태블릿처럼 보이는 뭔가가 되어야겠죠. 아무튼 여러분은 제 말을 이해하실 겁니다). 또 상자를 내려놓고 "이건 집이야"라고 말할 수 있습니다. 세 살짜리 아이라도 "집이라니요? 이건 상자예요"라고 따지지 않습니다. 그건 집일까요, 상자일까요? 아이들은 그것이 집이면서 상자라는 걸 압니다. 동시에 두 가지가 되고 거기에는 어떤 모순도 없습니다. 겉보기에는 상자이지만 그것을 집처럼 생각합니다. 아주 어릴 때부터 아이들은 사물을 있는 그대로 보는 동시에 다른 것으로 볼 수 있는 능력을 가지고 있어요. 그것은 선천적으로 타고나는 본능이고, 표상을 생성할 수 있게 해주기 때문에 중요합니다.

결국 우리는 상자와 같은 물리적 사물을 보고 다른 무언가를 떠올리는 '물리적 표상'에서 심적 표상으로 옮겨갑니다. 사물의 물리적 형태에서 본질적인 개념을 추출하기 시작하죠. 수학적 기호는 그렇게 추출한 개념을 나타냅니다. 각각의 기호는 어떤 물리적 개념, 여러분이 자연에서 보는 어떤 변수, 어떤 과정, 어떤 물체, 어떤 것의 온도를 나타낼 수 있고, 여러분은 마치 마법이라도 부리듯 기호만으로 이 모든 개념을 마음속에서 조작할 수 있다는 걸 알게 됩니다! 추상적인 사고 능력은 수많은 인간 활동의 뿌리이지만 그중에서도 특히 수학의 뿌리입니다(제가 수학을 해서 그걸 아주 잘 압니다). 그리고 가상 놀이처럼 있는 그대로를 보는 것이 아니라 해석하는 것을 배우는 데서 추상적 사고력이 길러집니다.

인간이란 무엇인가에 대해 생각하기 시작했을 때 제 마음속에 떠오른 것은 우리가 이야기꾼이라는 점, 패턴을 찾고 공백을 메우려고 노력하며 이론을 구축한다는 점, 그리고 마지막으로 추상적인 것을 생각할 수 있다는 점이었습니다. 나머지는 다 이야기했고, 마지막 능력만 남았습니다. 그 능력은 어떤 결과를 가져올까요?

저명한 물리학자 카를 슈바르츠실트Karl Schwarzschild는 1차 세계대전 때 을씨년스러운 참호 속에서 포탄의 궤적을 계산하며 아인슈타인의 일반 상대성 이론에 대해 생각하고 있었습니다. 슈바르츠실트는 유례없는 공포에 휩싸여서도 현실과 상상의 경계에 존재하는 땅으로 퇴각할 수 있었습니다. 아인슈타인의 새로운 이야기를 가져다 자신만의 놀라운 반전을 더했습니다. 그는 그 이론에 따르면 빛을 삼키는 어두운 별이 존재한다는 점을 알아냈습니다. 슈바르츠실트는 얼마 지나지 않아 참호에서 죽었고, 우리는 한 세기가 지난 지금에야 그가 한 세기 전 마음의 눈으로 본 것을 엿볼 도구들을 만들기 시작했습니다.

수많은 수감자가 신체를 가두는 교도소에서 자신을 해방시키기 위해 인간이 가진 이 능력에 의존했습니다. 대표적인 예가 마틴 루서 킹 주니어Martin Luther King Jr.와 마르코 폴로Marco Polo죠.

저는 제가 생각하는, 인간을 정의하는 자질의 목록을 보며 특수한 목적을 위해 임시로 모여 있는 것처럼 보이는 이 자질들에서 의미를 찾아내보기로 했습니다. 아시다시피 그게 우리 과학자들이 하는 일이니까요. 제가 생각해낸 의미는 이렇습니다.

우리는 패턴을 찾고, 의미를 만들고, 호기심이 많고, 의문을 제기하는 이야기꾼입니다. 우리는 주위를 둘러보며 "왜?"라고 묻습니다. 우리의 대답은 과학과 이야기와 신화의 씨앗이 됩니다. 우리는 이런 대답들과 함께 달리며 전에는 존재하지 않았던 시나리오를 창조하고 "다음은 뭐지?"라고 묻습니다. 우리는 있는 것을 가져다 그것을 곱하고, 심사숙고하고, 살을 붙입니다. 마음속으로 여러 갈래 길을 여행하고, 여러 사람이 되고, 가능한 장소와 불가능한 장소에서 있을 법한 미래와 있을 법하지 않은 미래를 살아갑니다. 저에게는 그것이 인간이란 무엇인가의 의미입니다. 그것은 '지금 여기'를 초월하고, 있는 그대로의 것과 가능한 것을 넘어서고, 무한한 시공간 속에서 일어날 수 있는 잠재적으로 무한한 경험에 참여하는 능력입니다.

글레이저르 제레미(제리) 드실바Jerry DeSilva는 다트머스 대학교 인류학 교수입니다. 최초의 유인원인 호미노이드와 인류의 초기 조상 호미닌의 이동을 전공한 고인류학자죠. 인간의 발과 발목에 대한 제리의 해박한 해부학적 전문 지식은 인간 계통에서 직립이 어떻게 기원하고 진화했는지에 대해 우리의 이해를 높였습니다. 제리는 우간다 서부에서 야생 침팬지를 연구하고, 동아프리카와 남아프리카의 박물관에서 초기 인류 화석을 연구했습니다. 1998년부터 2003년까지 보스턴 과학박물관에서 교육자로 일했고, 계속해서 과학 교육에 열정을 쏟고 있습니다. 제리, 무대로 올라오세요. 고맙습니다.

드실바 저는 인류 계통의 기원을 돌아보는 700만 년의 여행으로 여러분을 안내하려고 합니다. 왜냐하면 우리는 이야기꾼이니까요. 타스님은 여기에 딱 맞는 분입니다. 우리는 우리가 어디서 왔는지 알아내려 합니다. 저는 운 좋게도 우리가 인간이 된 경로를 재구성하는 데 도움이 되는 물리적 증거를 수집할 수 있는 위치에 있습니다. 지난 100년 동안 우리가 우리 자신에 대해 말할 수 있었던 과정은 진정으로 놀라운 이야기입니다. 저는 1871년에서 시작하려 합니다.

1871년 찰스 다윈Charles Darwin은 인간이 아프리카 대형 유인원과 가장 가까운 관계라는 가설을 제시했습니다. 『인류의 유래』 *The Descent of Man*라는 책에서였죠. 거의 150년 전 일입니다. 다윈은 인간이 아프리카 대형 유인원들과 가장 가까운 관계라고 말했지만 이 가설을 뒷받침할 데이터가 거의 없었습니다. 아프리카 대륙에서 화석이 아직 발견되지 않았을 때였죠. 분자유전학도 없었고 DNA도 발견되지 않았습니다. 그런데도 그는 옳았습니다. 그는 인류가 아프리카 대형 유인원과 가장 가까운 관계라는 점을 알아맞혔습니다. 인간은 침팬지 그리고 보노보라고 알려진 동물과 가장 가깝습니다. 보노보는 다윈 시대에는 알려지지도 않았죠. 1933년에야 서양 과학자들에 의해 발견되었습니다.

그때부터 우리는 우리 자신을 가장 가까운 친척인 침팬지와 비교하기 위해 애썼습니다. 우리가 침팬지와 공유하는 모든 종류의 유사점과 차이점에 주목했죠. 예를 들어 우리는 그들과 이동 방식이 다릅니다. 우리는 두 다리와 두 팔을 모두 사용하기보다 두 다리로 걷습니다. 이건 앞으로 15분 동안 제가 중점적으로 다룰 부분이기도 합니다. 게다가 우리는 뇌가 더 크고, 그 뇌로 언어와 추상적 사고를 발달시켰습니다. 우리는 기술을 개발했습니다. 하지만 제인 구달Jane Goodall이 해낸 몇몇 위대한 발견에 따르면 침팬지도 도구를 사용하고 변형할 줄 압니다. 그건 매우 놀라운 발견이었어요. 우리는 털 없는 유인원, 벌거벗은 유인원인 셈이죠. 우리 몸에는 침팬지처럼 털이 많이 나지 않아요. 침팬지보다 땀샘이 많아 달릴 때 몸이 과열되는 것을 막을 수 있습니다. 그다지 자랑할 만하지 않은 점들도 있는데, 우리는 침팬지보다 피하지방이 많고 엉덩이가 큽니다.

우리와 침팬지 사이에는 이런 놀라운 차이점과 유사점이 있습니다. 하지만 우리가 흔히 저지르는 실수 중 하나는 우리가 그런 동물들에서 진화했다고 가정하는 겁니다. 심지어 침팬지에서 직접 진화했다고 생각하는 사람도 있죠. 침팬지는 시간 여행자가 아닙니다. 침팬지는 우리 조상이 아닙니다. 그들은 우리 친척이에요. 침팬지는 지금도 살고 있죠. 그들은 우리 사촌이에요. 우리는 다윈의 생각 덕분에 우리가 (아마) 아프리카 대륙 어딘가에 살았던 침팬지와의 공통 조상으로부터 약 700만 년 전 갈라졌다는 점을 알게 되었습니다.

그게 사실이라면, 즉 인간과 침팬지가 서로 가까운 친척이라면 인간의 먼 조상에서 우리가 아침마다 거울 속에서 보는 모습으로 진화한 경로를 보여주는 화석이 있어야 합니다. 이 화석들을 잃어버린 고리라고 부릅니다. 하지만 우리는 그런 화석을 수천 점 가지고 있습니다. 그러니까 실제로는 잃어버린 것이 아닙니다. 우리는 우리의 진화 이야기를 재구성하는 데 도움이 되는 화석을 많이 발굴했습니다. 먼저 화석 일반에 대해 몇 가지 사실을 말하고 나서 이 화석들로부터 우리가 알아낸 것들에 대해 이야기하려고 합니다.

첫째, 이 화석들은 저마다 이야기를 품고 있습니다. 뼈는 이야기를 들려줍니다. 이 화석 하나하나가 우리 조상들에 대해 매혹적인 사실을 알려줍니다. 오늘 아침에도 발굴된 네안데르탈인의 이빨에 대해 새로운 과학적 분석이 나왔습니다. 과학자들이 그 이빨을 사용해 네안데르탈인의 이유 시기를 예측한 겁니다. 수유하는 네안데르탈인 어머니는 언제 아기의 젖을 뗐을까요? 과학자들은 그 이빨 조각을 토대로 이유 시기를 분석했습니다. 이런 화석들은 저마다 우리의 과거에 대해 놀라운 정보를 제공합니다.

둘째, 우리에게는 화석이 수천 점 있습니다. 제가 그 사실을 말하면 학생들은 약간 놀랍니다. "와, 수천 점이나요!" 우리 과학이 지난 100년 동안 발견한 것은 인상적인 수준입니다. 하지만 우리는 수백만 년의 시간 척도를 다루고 있습니다. 100만은 1,000에

1,000을 곱한 숫자입니다. 따라서 넉넉잡아 화석을 7,000점 가지고 있다 해도 1,000년당 화석을 한 점밖에 가지고 있지 않다는 말이 됩니다. 제가 마르셀루의 턱을 빌려 그것을 지난 1,000년 동안의 인류를 대표하는 화석으로 삼는다면 많은 것을 놓치게 됩니다. 새로운 화석을 발견할 때마다 우리는 다시 돌아가 오래된 가설을 재평가해야 합니다. 그건 재미있는 일입니다. 과학은 그런 식으로 돌아갑니다. 우리가 새로운 발견을 할 때마다 몹시 흥분하는 이유는 오래된 가설을 재평가해볼 수 있기 때문이죠.

셋째, 제가 여러분께 제시하는 그림은 언뜻 선형적으로 보일 겁니다. 하지만 지난 10~20년 동안 우리가 발견한 점은 인류 진화가 훨씬 복잡했다는 겁니다. 티셔츠와 커피 잔에 그려진 그림에서 흔히 보듯 침팬지가 서서히 인간으로 변해가는 선형적인 그림보다 훨씬 복잡했고, 솔직히 훨씬 흥미로웠습니다. 지난 700만 년 동안 온갖 종류의 인류 실험이 진행되었습니다. 이 세 가지 기본 규칙을 염두에 두고, 이제부터 인간의 화석 기록을 살펴봅시다.

지난 50년 동안의 발견을 통해 우리가 알아낸 사실은, 20세기에는 거의 아무것도 알려진 게 없었던 시기인 700만 년 전부터 400만 년 전까지 이 세계에는 아르디피테쿠스라고 알려진 동물들이 살고 있었다는 겁니다. 아르디피테쿠스는 아프리카에서 발견되었고, 많은 면에서 유인원과 아주 비슷했습니다. 손가락이 길고 굽었고, 팔은 길고 다리는 짧았죠. 이런 체형은 나무를 오르기에 좋았습니다. 아르디피테쿠스의 엄지발가락은 움켜쥐는 모양으로 매우 컸습니다. 뇌 크기는 침팬지 뇌와 비슷했고요. 하지만 그들은 두 가지 면에서 유인원보다는 여러분이나 저와 비슷했습니다. 첫째, 송곳니가 여러분이나 저의 송곳니와 비슷했습니다. 짧고 무디고 뭉툭한 형태죠. 둘째, 골반과 발의 몇 가지 특징으로 미루어 아르디피테쿠스는 나무에서 내려와 두 다리로 걸을 수 있었던 것이 분명합니다. 인류 계통의 맨 밑에서 이 경이로운 인류 실험이 막 시작되었을 때 우리와 우리의 가장 가까운 현생 친척을 갈라놓은 차이는 우리의 미소와 걷는 방식이었습니다. 모든 것은 그 차이로 귀결됩니다.

400만 년 전 아르디피테쿠스는 아프리카 대륙에서 우리가 오스트랄로피테쿠스(속)라 부르는 다른 동물로 진화했습니다. 루시라는 이름의 골격 화석으로 유명해진 종류죠. 루시는 1974년 에티오피아의 320만 년 전 퇴적층에서 돈 조핸슨Don Johanson이 발견했습니다. 루시는 고생물학의 아이콘입니다. 루시는 모두를 놀라게 했지만 혼자가 아니었습니다. 우리는 동아프리카와 남아프리카 전역에서 루시를 수없이 많이 발견했습니다.

오스트랄로피테쿠스는 아르디피테쿠스보다 뇌가 약간 컸습니다. 약 20퍼센트 더 컸죠. 또한 능숙한 이족 보행자였습니다. 그들은 여러분이나 저처럼 두 다리로 걸었습니다. 우리는 동아프리카와 남아프리카 전역에 흩어져 있는 오스트랄로피테쿠스속의 여러 종을 발견했고, 그들은 사는 환경에 따라 약간 다른 보행 방식을 진화시켰습니다. 이번에는 걷는 방식에서 여러 실험이 진행된 거죠. 그리고 새로운 발견들은 가장 오래된 석기 기술이 실제로는 오스트랄로피테쿠스 시대까지 거슬러 올라간다는 사실을 보여줬습니다. 흔히 석기가 우리 호모속과 관련 있다고 생각하지만 우리가 가진 가장 오래된 석기는 루시 시대로 거슬러 올라갑니다. 오스트랄로피테쿠스속은 최초의 석기 제작자였습니다.

200만 년 전으로 오면 아프리카 대륙에서 다른 종류의 동물인 호모속이 발견되기 시작합니다. 그들은 더 큰 뇌, 인간의 것과 더 비슷한 치아를 진화시켰습니다. 신체 비율은 인간과 유사하게 팔이 짧고 다리가 길었습니다. 약 180만 년 전 그들은 그 길어진 다리로 활동 범위를 아프리카 밖으로 넓혔죠. 그리하여 인류 계통에서 처음으로 유럽과 아시아에 초기 호미닌이 등장합니다. 그들은 불을 통제했고, 불은 게임의 판도를 바꿨습니다. 일단 불을 가지면 더 이상 나무에서 잠을 잘 필요가 없기 때문이죠. 나무에서 내려와 땅바닥에서 자도 됩니다. 우리가 처음으로 이야기하기 시작한 것도 모닥불 주위에서였을 겁니다.

호모속 구성원들은 유럽에서 네안데르탈인으로 진화했습니다. 아시아에서 그들은 주로 DNA로만 알려져 있는 집단인 데니소바인으로 진화했습니다. 하지만 30만 년 전 그들은 고향 아프리카에서 우리, 즉 호모 사피엔스로 진화했습니다. 그러니까 우리의 이야기는 아프리카 이야기입니다. 우리는 아프리카 계통입니다. 우리 속은 아프리카 출신입니다. 우리 종은 아프리카에서 기원했습니다.

우리 호모 사피엔스는 몇 가지 점에서 선조들과 다릅니다. 우리는 그들보다 얼굴이 작고, 두개골이 더 구형球形입니다. 하지만 뇌가 더 크지는 않습니다. 우리 종의 뇌가 가장 크다고 생각하기 쉽지만 네안데르탈인은 우리보다 뇌가 컸습니다. 데니소바인들도 우리보다 뇌가 컸을 가능성이 높습니다. 심지어 3만 년 전의 호모 사피엔스조차 오늘날 여러분보다 뇌가 컸습니다. 뇌는 점점 작아지고 있지, 커지고 있지 않습니다. 그 점에 대해 잠깐 생각해보세요.

우리는 창조적인 종입니다. 우리는 물건을 만듭니다. 우리는 예술품과 동굴 벽화를 만듭니다. 제 손에 있는 것은 3만 년 전 오스트리아에서 조각된 작은 조각상의 복제품입니다. 이건 앞에서 타스님이 말씀하신 내용을 보여주는 훌륭한 예입니다. 다시 말해, 이건 그저 사암을 조각한 것이지만 조각으로 뭔가를 표상하는 일은 인간만이 할 수 있습니다. 이 조각상은 아마도 3만 년 전쯤의 인간이 만든 다산의 상징일 겁니다.

지금부터 우리 호모 사피엔스 계통이 시작된 곳으로 여러분을 데려갈 겁니다. 700만 년 전의 출발점으로 여행을 떠나봅시다. 우리 계통의 시동을 건 것이 무엇이었을까요? 무엇이 우리로 하여금 이 놀라운 여정을 시작하게 했을까요? 그것은 우리의 이동 방식이었습니다. 우리는 다른 동물들과는 다른 방식으로 이동합니다. 여러분 모두는 오늘 이 방으로 걸어 들어오셨을 겁니다. 아마 자신이 어떻게 이동하는지 생각해보지는 않았을 테지만요. 하지만 남은 시간 동안 제가 이야기하고 싶은 것은 직립 보행 또는 이족 보행이 실제로 얼마나 특이한 이동 방식인가 하는 점입니다.

이족 보행은 포유류의 이동 방식으로는 믿을 수 없을 정도로 이상한 방법입니다. 물론 포유류는 갖가지 경이로운 방법으로 이동합니다. 날아다니는 포유류, 헤엄치는 포유류, 착 달라붙고 도약하는 포유류, 나뭇가지에 매달려 이동하는 포유류, 단거리 달리기를 하는 포유류, 너클 보행으로 나무를 오르는 포유류, 그리고 두 발로 깡충깡충 뛰는 포유류도 있습니다. 이들도 두 발로 이동하지만 우리가 이야기하는 이족 보행은 한 번에 한 발짝씩 이동하는 것입니다. 하지만 포유류 대부분은 소처럼 이동합니다. 염소, 양, 말, 개 또는 고양이처럼 네 발로 돌아다니죠. 그것이 포유류의 전통적인 이동 방법이지만 우리는 그렇지 않습니다. 우리는 길어진 뒷다리로 이동합니다. 괴이하죠. 포유류의 이동 방법으로는 이상한 방식입니다.

이족 보행이 얼마나 이상한 것인지 잘 말해주는 사례로, 우리는 다른 동물이 두 다리로 이동하는 걸 볼 때마다 웃습니다. 그 모습을 동영상으로 찍어서 유튜브에 올리면 250만 뷰는 거뜬히 달성할 수 있죠. '페달스'라는 이름의 곰이 앞다리를 다쳐 뉴저지 교외를 두 다리로 걷기 시작했을 때 실제로 그런 일이 일어났습니다. 이를 NBC 뉴스가 보도했고, CNN도 취재했죠. 다른 포유류가 두 다리로 이동할 때 그건 뉴스가 됩니다. 이는 이족 보행이 실제로 얼마나 이상한 것인지를 잘 보여줍니다.

그런데 과학자로서 솔직히 말하면 우리는 왜 이족 보행이 진화했는지 모릅니다. 하지만 이족 보행의 몇 가지 이점을 살펴보면 실마리를 얻을 수 있지 않을까요? 우리 조상들은 두 다리로 이동하면서 어떤 이점을 얻었을까요?

많은 연구자는 인간의 이족 보행이 매우 에너지 효율적이라는 사실을 알아냈습니다. 우리는 A 지점에서 B 지점으로 이동할 때 다른 동물들보다 연료를 덜 씁니다. 여기 있는 분들이 자리에서 일어나 약 1킬로미터를 걸었을 때 소모된 열량은 건포도 한 움큼이면 보충할 수 있습니다. 우리는 에너지 효율이 매우 좋아서 걸을 때 열량을 많이 소모하지 않습니다. 그것은 아마 우리 조상들의 생존에 도움이 되었을 겁니다.

하지만 두 발로 걷기의 가장 명백한 이점은 손을 자유롭게 쓸 수 있다는 겁니다. 이동하는 데 팔을 쓰지 않아도 되면 손으로 뭔가를 만들 수 있습니다. 아니나 다를까, 오스트랄로피테쿠스가 등장한 시기부터 석기의 증거가 나옵니다. 아마 그 이전에도 고고학적 기록에 보존되지 않았을 뿐 우리 조상들은 주변 재료들로 뭔가를 만들고 있었을 겁니다.

손이 자유로워진 것의 또 다른 이점은 아기를 안고 다니는 일과 관련 있습니다. 침팬지는 새끼를 등에 업고 숲을 돌아다닙니다. 나무를 오르는 동안에도 새끼는 등에 달라붙어 있습니다. 제인 구달과 다른 많은 연구자가 침팬지에게서 관찰한 흥미로운 사실 중 하나는, 침팬지들이 무리의 다른 어떤 동료에게도 새끼를 맡기지 않는다는 것입니다. 어미가 새끼를 남에게 맡기기까지는 최대 6개월이 걸립니다. 인간의 경우는 매우 다르죠.

인간이 아기를 등에 업으면 아기 띠가 없던 시절에는 바로 미끄러졌겠죠. 그래서 아이를 안고 다녀야 합니다. 그런데 인간의 진화 과정에서 아기가 점점 더 무력한 상태로 태어나면서 아기를 데리고 다니는 일이 점점 더 힘들어졌습니다. 여러분이 루시라고 상상해보세요. 여러분이 300만 년 전 오스트랄로피테쿠스인데 아기를 팔에 안고 있다고 생각해보세요. 나무를 올려다보니 잘 익은 과일이 달려 있습니다. 그 과일을 따고 싶지만 한 팔로 나무를 오르는 일은 여러분과 아기에게 위험합니다. 그러면 어떻게 해야 할까요? 아기를 도우미에게 맡기고 나무에 올라가 과일을 따야 합니다. 여러분은 아기를 맡긴 뒤 자신과 아기를 위해 충분한 자원을 따고, 땅으로 내려와 아기를 돌려받습니다. 하지만 그러려면 협력이 필요합니다. 신뢰가 필요합니다. 우리가 협력해 아이들을 키우기 시작하면서 우리 계통에서는 일찍이 신뢰가 발전했을 겁니다. 아이를 키우는 데는 한 마을이 필요하다는 생각은 아마 직립 보행의 시작으로 거슬러 올라가는, 진화적으로 매우 깊은 뿌리를 가지고 있을 겁니다.

또 자유로워진 손으로 음식을 나를 수도 있습니다. 음식을 많이 나를 수 있죠. 모두 팔이 자유로워져서 가능한 일입니다. 그런데 음식이 너무 많으면 다 먹지 못할 테죠. 그래서 그 음식을 나눠 먹기 시작합니다. 음식 공유가 호모 사피엔스 이야기의 중요한 부분이 된 것은 바로 우리가 팔을 벌려 자신에게 필요한 것보다 많은 양을 채집할 수 있게 된 결과입니다.

영화감독 스탠리 큐브릭Stanley Kubrick은 우리 조상들이 손을 자유롭게 만든 이유를 알고 있다고 생각했습니다. 그는 인간은 살인하는 유인원이라는 생각을 영화화했죠. 그는 우리가 이동하는 데서 손을 해방시킨 것은 무기를 들고 다른 집단의 구성원이나 먹이 동물을 죽이기 위해서였다고 생각했습니다. 이와 관련된 에피소드가 있는데, 1차 세계대전과 관련해 타스님이 이미 말씀하신 내용과 일맥상통하기 때문에 그 이야기를 여러분과 공유하고 싶습니다.

1차 세계대전 때 레이먼드 다트라는 이름의 의무병이 있었습니다. 레이먼드 다트는 참호에서 전쟁의 참혹한 결과를 직접 보았습니다. 그 후 남아프리카에서 해부학자로 일하게 되었죠. 남아프리카에서 그는 1940년대에 마카판스가트Makapansgat라는 화석 발굴지를 조사했습니다. 그가 그곳에서 발견한 것은 부서진 동물 뼈였습니다. 그것을 보고 그는 인류의 초기 조상들이 이 뼈를 무기로 사용하는 모습을 상상했습니다. 뼈로 서로 찌르고 다른 동물들을 공격하는 장면을 말입니다. 인류는 살인마 유인원이었던 거죠. 그는 1950년대 초 이 가설을 발표했고, 로버트 아드리Robert Ardrey라는 작가가 이 가설에 편승해 1960년대에 『아프리카 창세기』African Genesis라는 책을 출판했습니다. 이 책은 『뉴욕 타임스』베스트셀러가 되었죠. 이 가설은 영화 〈2001 스페이스 오디세이〉 시작 부분에 나오는 인류의 새벽 시퀀스로 시각화되었습니다. 우리를 인간답게 만든 것은 무기를 쓸 수 있도록 자유로워진 손이었습니다.

누가 이 연구자들을 비난할 수 있고, 누가 양차 세계대전 뒤 인간 본성을 이렇게 형성화한 것을 비판할 수 있을까요? 하지만 1970년대에 연구자들이 마카판스가트로 돌아가 이 뼈들을 조사했을 때 그들은 그 뼈들을 부순 범인이 인간이 아니었다는 사실을 알았습니다. 범인은 하이에나였습니다. 하이에나가 뼈를 부순 거였죠. 인간을 살인마 유인원으로 묘사한 내러티브는 데이터를 잘못 해석한 결과였습니다.

마지막으로 저는 살인마 유인원 가설을 뒤집고, 인간이 이족 보행으로 치른 비용에 대해 이야기하려고 합니다. 네, 이점도 있습니다. 하지만 이족 보행에는 막대한 비용이 따릅니다.

지구 상에서 가장 빠른 인간은 우사인 볼트입니다. 볼트는 시속 45킬로미터의 속도로 달릴 수 있습니다. 시속 45킬로미터라니! 굉장하지 않나요? 실은 그렇지 않습니다. 그것은 영양의 절반 속도, 사자의 절반 속도, 표범의 절반 속도에 불과합니다. 볼트는 표범을 앞지를 수 없습니다. 토끼, 다람쥐, 닭을 따라잡을 수 없습니다. 인간은, 가장 빠른 인간인 볼트를 기준 삼아도 이례적으로 느린 동물입니다. 이족 보행과 달리기를 잘하도록 진화하면서 우리는 질주 능력을 잃었습니다. 우리는 속도를 잃었고, 그 결과 아프리카 지형에서 취약한 존재가 되었습니다.

네 다리가 아니라 두 다리로 서면 자세가 엄청나게 불안정해집니다. 그래서 인간은 걸핏하면 넘어지죠. 다람쥐가 걸려 넘어지는 걸 본 적 있나요? 인간은 느리고, 넘어지고, 그래서 먹잇감이 되기 십상이었습니다.

최근 연구자들은 레이먼드 다트가 살인의 잔해라고 생각한 것을 발견했던 바로 그 장소 일부에서 하이에나와 표범에게 죽은 초기 인류의 유해를 발견했습니다. 우리는 사냥꾼이 아니라 사냥감이었던 겁니다. 이족 보행으로 취약해졌기 때문이죠.

이제 한 넓다리뼈 화석에 얽힌 이야기로 제 발표를 마치겠습니다. 1973년 케냐에서 버나드 응게네오^{Bernard Ngeneo}라는 고생물학자가 발견한 왼쪽 넓다리뼈로, 직립 보행을 했던 인간 조상의 것이죠. 넓다리뼈 머리는 고관절이 자리하는 곳에서 엉덩이 근육이 붙는 지점(볼기뼈의 절구)과 맞물립니다. 이 구조는 근육을 효율적으로 움직이게 해주고 근육에 지렛대를 제공하기 때문에 그 넓다리뼈의 주인은 한 걸음을 옮길 때마다 한쪽 다리로 균형을 잡을 수 있었습니다. 오직 인간만이 이런 해부 구조를 가지고 있습니다.

성장판이 없었기 때문에 그 넓다리뼈는 성인의 것이었죠. 크기가 작아 여성의 뼈로 추정되었습니다. 자, 여기 루시보다 몸집이 약간 큰, 체중이 30~40킬로그램 정도인 여성이 있습니다. 넓다리뼈 화석 주위의 화산재로부터 이 여성이 약 200만 년 전에 살았다는 점을 알 수 있었습니다. 이 여성은 아마 오스트랄로피테쿠스였을 겁니다.

여러분이 관심을 가졌으면 하는 부분은 이 여성의 넓다리뼈가 가진 몇 가지 이례적인 해부학적 특징입니다. 넓다리뼈 축에 불룩한 팽대부가 있고, 피질골(뼈에서 치밀뼈로 이루어진 표면의 얇은 층—옮긴이)이 두꺼워져 있습니다. 이런 특징은 오늘날 넓다리뼈에 나선 골절(골절선이 뼈 둘레를 돌면서 나선을 이룬 것—옮긴이)을 겪은 사람의 경우와 일치합니다. 즉 치유된 골절입니다. 이 불쌍한 여성은 아마 나무에서 떨어졌거나 뛰다가 구멍에 빠져 다리를 삐끗했을 것입니다. 어쨌든 그녀는 200만 년 전 넓다리뼈가 부러지는 사고를 당했습니다. 당시에는 병원이 없었습니다. 의사는 당연히 없었죠. 심지어 불을 갖기도 전이었어요. 집도 없었습니다. 그녀는 죽을 수밖에 없었습니다. 딱 표범에게 잡아먹힐 상황이었죠. 하지만 그렇게 되지 않았습니다. 그녀는 살아남았습니다. 집단의 다른 구성원들이 그녀를 나무 위로 데려간 것이 틀림없습니다. 뼈가 아무는 데는 6주가 걸렸을 겁니다. 그렇게 뼈가 아물었습니다. 그리고 굳은살은 그녀가 그 후로도 오래 살았음을 보여줍니다.

우리가 인간의 특징으로 인식하는 모든 것이 이족 보행에서 비롯되었습니다. 이족 보행 덕분에 우리는 손이 자유로워져 창의력을 뽐내고 기술을 개발할 수 있었죠. 우리가 하는 모든 멋진 일은 이족 보행 덕분에 가능했습니다. 하지만 이족 보행을 하면서 우리는 믿을 수 없을 정도로 취약해졌습니다. 그리고 마지막으로 꼭 알아둬야 할 중요한 사실은, 오래전 아프리카 땅에서 두 발로 걷는 동물이 되었을 때 우리가 살아남을 수 있었던 비결이 우리가 인간으로서 가지고 있는 다른 멋진 면모들인 보살핌, 연민, 공감, 친사회성이라는 겁니다. 우리는 서로 돌보고, 이웃을 죽게 내버려두지 않습니다. 그것이 우리가 다른 동물들과 다른 점입니다. 저는 그것이 호모 사피엔스 계통이 시작되었을 때 생겼다고 생각합니다. 바로 우리가 첫걸음을 내디뎠을 때죠. 고맙습니다.

글레이저르 데이비드 그린스푼David Grinspoon은 현재 다트머스 토목기사협회ICE 회원입니다. 우주생물학자죠. 그게 무엇을 의미하는지 모르는 분들을 위해 설명하자면 이제 과학자들이 외계 생명체를 연구할 수 있다는 뜻입니다. 실제로 연구비를 받을 수도 있습니다. 대단한 시대죠. 데이비드는 수상 경력이 있는 과학 커뮤니케이터이자 작가입니다. 최신작은 앨런 스턴Alan Stern과 공동 집필한 『뉴호라이즌스: 새로운 지평을 향한 여정』Chasing New Horizons: Inside the Epic First Mission to Pluto이죠. 데이비드는 워싱턴 행성과학연구소 수석 과학자이자 콜로라도 대학교 천체물리학, 행성과학 부교수로 재직 중입니다. NASA, 유럽우주국, 일본우주국에서 추진하는 행성 간 우주 탐사에도 참여했죠. 저서 『인간 손아귀에 있는 지구』Earth in Human Hands는 2016년 NPR 〈사이언스 프라이데이〉 최고의 과학책으로 선정되었고, 전작 『외로운 행성들』Lonely Planets은 문학인 단체 펜센터 USA가 수여하는 논픽션 문학상을 받았습니다.

그린스푼 타스님 말씀이 맞습니다. 우리에겐 정말 이 모든 관점이 필요합니다. 그래야 깊이 있는 시각을 얻을 수 있고, 적어도 인간이란 무엇인가라는 질문을 다루기 시작할 수 있습니다.

과학자들이 외계 생명체를 연구하기 위해 연구비를 받는다는 사실이 이상하게 들리지 않나요? 그런데 우리는 외계 생명을 연구하기 위해 주로 지구와 지구 역사를 연구합니다. 지구에서 생명이 행성과 공진화한 방식, 지구에 사는 생명체의 한계와 다양성 그리고 역사를 연구하죠. 또 우주의 다른 환경들을 연구한 뒤, 생물에 대한 우리의 생각들을 그 세계들에 대입해 외계 생명의 잠재력을 파악합니다. 그리고 다시 그 결과를 반영해 우리 행성과 우리 자신의 이야기를 조명합니다. 제가 인간이란 무엇인가라는 질문에 접근하는 방식은 우리 종이 우리 행성의 이야기에 어떻게 끼워 맞춰지는지 보는 것입니다.

저는 아폴로 우주선 시대에 자랐습니다. 초기 우주 탐사 프로그램에 매료되어 자랐죠. 금성과 화성을 비롯한 여타 행성들에 대한 첫 번째 탐사 계획이 제가 어릴 때 시작됐습니다. 그건 제 상상력을 사로잡았고, 저는 그 매혹을 잃지 않은 채 어찌어찌 행성과학자와 우주생물학자의 길을 걸을 수 있었습니다.

저는 운 좋게도 여러 과학자와 공학자가 모인 팀의 일원이 되어 다른 행성으로 가는 우주선을 상상하고, 제안하고, 만들고, 실제로 쏘아 보냈습니다. 우리는 이런 우주선들에 애착을 느낍니다. 어떤 면에서 그 우주선들은 자식과 같습니다. 우리는 그 우주선들을 최선을 다해 준비시키고, 우주로 보내며 그들이 무사하기를 바라고, 우리와 계속 연락이 닿기를 바랍니다. 때로는 뜻대로 되지 않지만 잘되면 그들은 우리에게 정보, 사진, 이야기를 보내줍니다. "여행자가 들려준 이야기"는 실제로 칼 세이건Carl Sagan이 『코스모스』Cosmos에서 행성 탐사 에피소드에 붙인 제목입니다. 타스님, 당신이 여행자들의 이야기를 언급할 때 그 생각이 떠올랐어요.

우리는 이런 모험을 통해 행성 이야기를 '수렵 채집'함으로써 우리가 '비교행성학'이라고 부르는 학문을 발전시켰습니다. 비교행성학이란 다양한 세계의 속성들을 비교하고 대조해 지구를 포함한 행성들이 어떻게 기원하고 진화했는지에 대해 포괄적인 이론을 구축하는 분야입니다.

비교행성학의 예를 하나 들어보겠습니다. 금성과 지구 그리고 화성을 생각해봅시다. 저는 이 세 세계를 사랑합니다. 금성과 화성은 우리의 가장 가까운 두 이웃이기 때문입니다. 비단 물리적인 근접성에서만이 아닙니다. 두 행성은 많은 면에서 지구와 가장 유사하기도 합니다. 그리고 세 행성은 서로 다른 이야기를 들려줍니다.

금성, 지구, 화성의 삼각주를 보면 형태가 비슷하다는 점을 알 수 있습니다. 하지만 세부적인 특징은 저마다 다릅니다. 이 삼각주들은 세 세계의 차이점을 말해줍니다. 화성의 경우 일찍이 강이 있었지만 말랐습니다. 먼 옛날 물이 흘렀던 계곡과 삼각주가 있지만 벌써 수십억 년 전 일이죠. 금성의 경우 온실 효과의 폭주로 지표가 너무 뜨겁고 건조해져 강에 대규모 용암이 흘렀고, 물이 흐른 것처럼 흔적이 남았습니다. 지구의 경우는 삼각주에서 생명의 영향을 볼 수 있는데, 이는 지질학과 생물학의 복잡한 상호작용을 보여줍니다.

조사 결과, 세 행성은 생성 초기 조건이 매우 비슷했습니다. 우리가 아는 한 저마다 바다를 갖추고 있었고, (지구의 관점에서 볼 때) 기후가 덜 극단적이었습니다. 하지만 셋은 근본적으로 다른 방향으로 진화했죠. 금성과 화성은 둘 다 초기에 기후 재앙을 겪었습니다. 화성은 얼어붙었고, 금성은 온실 효과의 폭주에 휩싸였습니다. 지구도 나름대로 급진적인 변화를 겪었죠. 하지만 소생해 이웃 세계들과 매우 다른 길을 걷기 시작했습니다. 그리고 한 분기점을 통과했습니다. 바로 생명체가 형성되어 지구 전체에 퍼지게 된 것이죠.

여기부터는 '빨리 감기'가 필요합니다. 이건 장장 45억 년에 걸친 이야기니까요. 아주 압축해 이야기해보겠습니다. 지구 역사로 치면 아주 최근에, 지구에 무언가 다른 일, 아주 이상한 일이 일어납니다. 우리가 문명이라고 부르는 것이 출현한 겁니다. 물론 '문명'은 한마디로 설명할 수 있는 단어가 아니지만 말입니다. 사실 우리가 자신을 묘사하기 위해 사용하는 단어 대다수가 그렇죠. 하지만 여러분이 그걸 뭐라고 부르든 그게 중요한 전환이었던 점만은 분명합니다. 그건 이 행성이 맞이한 새로운 종류의 전환이었습니다.

우주생물학자로서 저는 이것이 우주 다른 곳에서도 일어날 수 있는 종류의 전환인지 궁금해 견딜 수 없습니다. 여러분이 우주의 다른 세계에서 우리 행성을 지켜보는 외계인 우주생물학자라고 상상해보세요. 여러분은 집중력이 정말 좋은 외계인 우주생물학자라서 45억 년 넘는 시간 동안 우리 세계를 지켜보고 있습니다. (그런데 제리, 지구 역사로 보면 당신이 말한 700만 년은 아주 짧은 시간으로, 1퍼센트에도 미치지 못합니다. 따라서 인류 이야기는 이 소설의 한 토막에 불과합니다.) 여러분이 그런 외계인 우주생물학자로서 지구를 수십억 년 동안 지켜보고 있었다면 틀림없이 많은 변화를 목격했을 겁니다. 지각판들이 이동하는 것, 대륙들이 초대륙으로 합쳐졌다가 갈라져 형태를 갖추면서 이동하며 구형 직소 퍼즐을 완성하는 모습을 봤을 겁니다. 기후 변화를 목격했을 것이고, 지구가 뜨거운 온실과 빙하기 사이에서 요동치는 모습을 봤을 겁니다. 극지방의 만년설이 늘어났다 줄어들었다 하면서 시간이 흐름에 따라 리드미컬하게 춤추는 모습을 봤을 겁니다. 수십억 년간 그 모든 변화를 겪으며 지구의 밤은 이따금 번갯불이 번쩍이거나 오로라가 지나갈 때를 제외하고는 칠흑 같은 암흑 속에 파묻혀 있었을 겁니다. 그러다 거의 최근인 4억 년 전쯤 여러분은 밤중에 산불을 목격하기 시작했을 겁니다. 식물이 진화해 대륙들이 초록으로 뒤덮였기 때문이죠. 그렇다 해도 밤은 대체로는 빛 한 줄기 없는 암흑이었습니다. 이 이야기 전체에서 눈 깜박할 새에 해당하는 아주 최근까지 말이죠. 그런데 와, 이게 뭐지? 지구의 밤이 이제껏 처음 보는 이상한 방식으로 환하게 밝혀집니다. 몇몇 해안 지역에서 시작한 불빛이 대륙 전체를 따라 점점이 퍼져나갑니다. 어느 정도 유기적인 패턴으로 보이지만 딱히 그런 것만도 아닙니다. 그때부터 여러분은 지구에서 시작되는 다른 많은 변화를 목격했을 겁니다. 대기와 바다의 화학적 조성에 변화가 일어나고, 땅의 패턴이 기하학 형태가 되고, 탄소 주기와 질소 주기를 포함해 모든 화학적 주기가 요동치기 시작합니다. 그러더니 지금껏 본 적 없는 선형 파도가 바다를 가로지르고, 이상한 선형 구름들이 허공을 가르며 지나갑니다. 그리고 마지막 순간, 빨리 감기로 보면 순식간에 지나가는 70년이라는 찰나의 시간 동안 여러분은 난생 처음 보는 굉장히 특이한 현상을 목격합니다. 지구에서 아주 작은 뭔가가 우주로 도약하기 시작합니다. 작은 곤충처럼 생긴 장치들이 하늘로 발사되어 가까운 우주 공간에서 윙윙거리고, 그중 일부는 다른 세계로 멀리 날아가 무선 신호를 돌려보냅니다. 기술이 있어야 돋아날 수 있는 새로운 종류의 호기심이 자라나고 있었던 겁니다. 만일 여러분이 이 외계인 우주생물학자가 되어 이 모든 과정을 지켜봤다면 여러분은 이 행성에서 완전히 새로운 일, 지금까지 일어난 적 없는 신기한 일이 일어나고 있다는 점을 틀림없이 알아챘을 겁니다. 포스가 깨어난 겁니다. 그게 뭘까요?

인류세라는 단어를 들어보셨을 겁니다. 우리가 이 새로운 포스로 정의되는, 지구 역사의 새로운 시대로 접어들었음을 암시하는 말이죠. 그러니까 새로운 포스란 인류의 모든 활동을 합친 것을 말합니다. 변화의 규모를 보면 이 새로운 포스가 몇몇 다른 지질학적 힘보다 영향력이 강하다는 점은 부정할 수 없는 사실입니다.

이걸 설명하는 방법은 여러 가지가 있지만 저는 행성과학자이므로 변화의 이 새로운 원인이 지구 역사라는 측면에서 무엇을 상징하는가, 라는 질문에 관심이 있습니다. 이 변화는 다른 변화들과 뭐가 다를까요? 뭐가 새로울까요? 따지고 보면 우리는 지구를 근본적으로 변화시킨 최초의 종이 아닙니다. 새로운 에너지원을 찾다가 대기를 오염시켜 환경 재난, 대량 멸종, 기후 재앙을 일으킨 종은 우리가 처음이 아닙니다. 그런 일은 전에도 있었습니다. 아주 작은 녀석들이 그런 일을 저질렀죠. 이 남세균들은 아무것도 모른다는 표정을 하고 있지만 25억 년 전 태양 에너지를 발견했습니다. 남세균은 그 에너지를 이용해 광합성을 완성했고, 광합성에 힘을 쏟아부어 대기를 위험한 가스로 오염시켰습니다. 그 가스는 산소 O_2, 즉 산소였고, 산소는 당시에 대량 멸종을 초래했죠.

그때 우리에게 기회가 왔습니다. 우리는 산소가 유기물을 만나 일으키는 이 강력한 반응을 이용할 수 있도록 진화했습니다. 처음 등장했을 때 치명적인 산소를 내뿜었던 바로 그 광합성 반응 말입니다. 우리는 그 산소로 에너지를 만들어냅니다. 그게 호흡이죠. 진화는 기회주의적이고, 우리는 레모네이드를 만들었습니다("삶이 당신에게 레몬을 건넨다면 레모네이드를 만들어라"라는 영미권 속담으로, 불리한 조건에서 좋은 것을 만들어보라는 뜻—옮긴이). 하지만 당시 산소는 재앙이었습니다. 이 이야기를 듣고 여러분은 "어떻게 그런 일을 저지를 수 있지? 무책임한 남세균들 같으니! 그 균들이 우리 행성을 망쳤어"라고 말할까요? 그렇지 않죠. 남세균은 그저 박테리아일 뿐이니까요. 하지만 오늘날 우리는 자신이 남세균과 다소 비슷한 방식으로 행동하고 있는 모습을 봅니다. 그 점에 주목한 의식 있는 몇몇 사람은 말합니다. "와, 끔찍해. 끔찍하게 무책임한 짓이야. 우리가 무슨 짓을 하고 있는 거지?"

그러면 우리는 남세균과 뭐가 다를까요? 우리에게는 있지만 남세균에게는 없는 게 무엇일까요? 이것은 인간이 뭐가 특별한가, 라는 간단치 않은 질문을 던지는 또 다른 방법입니다. 우리가 남세균과 다른 점이 뭘까요? 우리 자신의 이름을 따서 한 지질시대를 명명한다면 단순히 자아 비대일까요? 그저 거만한 태도일까요? 아니면 새로운 시대에 걸맞은 정말 새로운 일이 일어나고 있을까요? 남세균이 지구에 저지른 짓과 우리가 지구를 변화시키는 방법이 뭐가 다른지 생각해보면 그 답을 찾을 수 있을 겁니다.

지구의 역사와 대재앙의 원인들을 죽 훑어보면 그동안 우리 행성이 어떤 식으로 변화를 겪었는지 알 수 있습니다. 행성 변화의 첫 번째 원인은 무작위적인 사건입니다. 소행성이 지구를 강타하거나 화산이 대규모 폭발해 대량 멸종이 일어났죠. 두 번째, 남세균의 사례에서와 같이 생명체도 행성 변화의 원인입니다. 진화에서는 일부 생명 형태의 성공이 다른 생명 형태에 재앙을 초래한 일이 여러 번 있었습니다. 우리는 지구에 변화를 일으킨 최초의 행위자가 아닙니다. 하지만 저는 '행위자' 또는 '행위'라는 말에 '우리가 뭐가 다른지'를 밝혀낼 단서가 들어 있다고 생각합니다.

지구에서 지금 일어나고 있는 인류세라는 전환에 다른 변화들과는 다른 새로운 점이 있다면 인지 과정(생각, 경험, 감각을 통해 지식과 이해를 얻는 정신 과정—옮긴이)의 역할이라고 생각합니다. 인지 과정은 어쩌다 보니 현재 행성 규모의 과정이 되었습니다. 그리고 눈앞의 시공간을 초월한 무언가에 자신을 투영하고, 문화를 형성하고, 기술을 사용해 세력을 넓히며 환경을 바꾸는 능력을 모두 아우르는 추상적 사고는 우리가 가진 인지 능력의 파생물입니다. 어쩌된 일인지 현재 그런 인지 활동의 힘이 행성 전체에 영향을 미칠 만큼 규모가 커졌습니다.

하지만 저는 이런 행성 규모의 활동이 두 가지 다른 형태를 취할 수 있다고 생각합니다. 그리고 둘을 구별하는 일은 매우 중요하다고 생각합니다. 저는 그 둘을 '우발적인 행성 변화'와 '의도적인 행성 변화'라고 부르겠습니다(그린스푼은 저서 『인간 손아귀에 있는 지구』에서 각각을 앞에서 지적한 행성 변화의 첫 번째 원인과 두 번째 원인에 이어 '세 번째 종류의 행성 변화'와 '네 번째 종류의 행성 변화'로 불렀다—옮긴이).

제가 말하는 우발적 행성 변화의 의미를 교통 흐름에서 찾아볼 수 있습니다. 다시 말하지만 저는 행위의 규모가 매우 중요하다고 생각합니다. 각각의 차량을 모는 운전자를 생각해보죠. 우리는 운전에 매우 능숙합니다. 교통 흐름이 어떻게 이렇게 원활한지 생각해보면 정말 놀랍습니다. 우리는 대체로 서로 충돌하지 않고, 핸들을 잘 조종하고, 장애물을 피하고, 브레이크를 밟을 수 있습니다. 필요하면 심지어 무의식적으로 브레이크를 밟을 수도 있습니다. 각 차량에는 이런 일을 하는 운전자가 있지만 시스템 전체, 즉 전 지구적 운송 체계를 본다면 여러분은 이렇게 물을 수 있습니다. "누가 저걸 운전하고 있는 거지?" 대답은 "아무도 없다"입니다. 교통 흐름은 이렇듯 큰 규모에서는 행위자가 없는 시스템에 우리 각자가 어떻게 참여하는지 보여주는 예입니다. 각 도로의 교통 흐름에서는 통제 규모가 작습니다. 그것은 차량 규모죠. 하지만 각 도로의 교통 흐름은 전 지구적 수송 체계, 즉 행성 규모로 일어나는 활동의 일부입니다.

이런 큰 규모에서 우리 자신을 보는 것은 꿈속의 자신을 보는 일과 비슷합니다. 꿈속에서 우리는 아무것도 바꾸지 못하고 그저 무력하게 뭔가를 할 뿐이죠. 위험에서 도망치고 싶어도 그럴 수 없습니다. 우리는 국소적인 생존 문제를 해결하고 기술을 사용해 능력을 확대하는 데는 정말 뛰어나지만 그 과정에서 우발적으로 세계적 규모의 변화를 일으켜 거기에 걸려 넘어진 종입니다. 저는 그것을 인류세의 딜레마라고 부릅니다. 우리의 영향력이 우리가 하는 행위의 규모나 우리가 가진 통제력을 넘어서는 상황을 말합니다.

그런 우발적 행성 변화의 한 예가 킬링 곡선(Keeling curve, 1958년 부터 지구 대기의 이산화탄소 농도를 시간 변화에 따라 나타낸 그래프— 옮긴이)이 보여주는 이산화탄소 농도의 증가입니다. 우리 모두 잘 알고 있는 일이죠. 여러분은 이 현상과 그것이 초래한 모든 효과 를 잘 알고 있습니다. 한 예로 북극의 해빙이 무섭게 감소하고 있 죠. 제가 여러분을 설득하는 데 시간을 쓸 필요 없을 정도로 잘 알 려진 일입니다. 이산화탄소 농도 증가는 우발적인 세계적 변화 중에서도 우리 눈앞에 닥친 가장 시급한 문제임이 분명합니다. 하지만 우리가 화석 연료를 사용하고 내연기관을 사용하기 시작 했을 때 "자, 지구를 변화시키자!"라고 말한 사람은 아무도 없었 습니다. 우리는 국소적 문제들을 해결할 좋은 방법을 찾았을 뿐 입니다. 하지만 우리가 벌인 세계적 규모의 활동은 의도하지 않 은 결과를 초래했습니다. 이산화탄소 증가는 우발적인 변화였습 니다.

이런 우발적 변화의 또 한 예가 오존 구멍입니다. 여러분도 들 어보셨을 겁니다. 오존 구멍은 금성을 조사하던 가운데 처음 발견 되었습니다. 몇몇 과학자가 금성의 대기 상층부에 이상하게도 산 소가 부족하다는 점을 알아채고 염소가 오존을 파괴한다는 사실 을 밝혀냈죠. 그 논문을 읽은 몇몇 다른 과학자는 생각했습니다. "오, 그거 참 흥미롭군. 그럼 냉매제로 쓰이는 프레온 가스CFC로 우리가 성층권에 올려 보내고 있는 염소들은 어떻게 되는 거지?" 아차 싶었던 겁니다. "어, 잠깐만…" 종합적으로 추측해보니 큰일 이었습니다.

오존 구멍은 1970년대와 1980년대에 걸쳐 점점 더 커집니다. 하지만 흥미롭게도 2000년 무렵부터 안정됩니다. 오존층이 안정된 것은 정말 흥미로운 현상으로, 인지 과정이 주도하는 다른 종류의 행성 변화를 보여주는 사례입니다. 저는 그것을 의도적인 행성 변화라고 부릅니다.

오존층에 일어난 일은 우리가 무슨 짓을 하고 있는지 알아차린 결과이기 때문입니다. 이런 반응이 당장 일어난 건 아닙니다. 큰 논쟁이 있었습니다. 사람들은 그것이 날조라고 말했고, 기업들은 경제적 이익을 지키기 위해 변화를 거부했습니다. 하지만 진실은 명명백백해졌습니다. 결국에는 듀폰사(DuPont Company, 미국의 화학 관련 기업—옮긴이)마저 동참해 "대체제를 만들어 프레온 가스를 단계적으로 폐기해야 한다"라고 말했습니다. (물론 듀폰사는 그 전에 대체 화학물질에 대해 특허를 냈기 때문에 이것이 이타적인 행동이었던 것만은 아닙니다.) 이는 문제를 인식하고 그 문제에 대한 세계적 대화를 통해 전 지구적 조치를 취함으로써 실제로 오존층이 안정되고 있는 사례입니다. 우리가 위험한 행동을 멈추더라도 화학 반응이 상황을 되돌릴 때까지 50년이 걸리므로 우리는 이 일을 계속해야 합니다. 여러분도 알고 계실 약간의 우여곡절은 있지만 그래도 이 이야기는 전반적으로 성공입니다.

이것은 중요한 개념 증명(새로운 아이디어가 실현 가능한지 현실에서 작게 검증하는 일—옮긴이)으로, 세계적 규모의 문제에 조금 다른 방식으로 대처할 수 있는 능력이 우리 안에 있음을 보여줍니다. 쉬울 거라는 뜻은 아닙니다. '아무 문제 없어, 다 잘될 거야!'라는 뜻이 아닙니다. 오존 문제는 여러 면에서 해결하기 훨씬 쉬운 문제입니다. 분명히 화석 연료 문제보다는 경제적 여파를 처리하는 것이 쉽습니다. 화석 연료 문제는 우리 경제에 깊이 뿌리내리고 있으며, 막대한 경제적 이해가 걸려 있는 문제죠. 어쨌든 오존층 사례는 행성 규모의 문제에 우리가 다른 방법으로 대응할 수 있음을 보여주는 좋은 예입니다.

의도적인 행성 변화의 다른 예들이 있지만 그중 몇 가지만 말씀드리겠습니다. 뭐니 뭐니 해도 가장 중요한 것은, 우리가 의존하고 있는 자연 시스템이 파괴되는 일을 막기 위해 에너지원을 바꾸려는 시도입니다. 이 시도는 이미 시작되었습니다. 하지만 대처가 너무 소극적이고 뒤늦은 탓에 피해를 막기는 어려워 보입니다. 분명히 피해가 있을 겁니다. 그렇다 해도 20년 전에는 볼 수 없었던 세계적 대화가 이루어지고 있고, 많은 신호가 올바른 방향으로 이동하고 있습니다. 태양 에너지가 점점 저렴해지고 있으며, 힘 있는 이해관계자들이 대거 동참하고 있습니다. 우리 대부분은 이런 변화가 너무 느리게 일어나고 있는 것을 안타까워 할 겁니다. 하지만 이런 일에는 이해관계가 복잡하게 뒤얽히기 마련이고, 반작용도 있습니다. 우리는 그에 대해 몇 시간이고 이야기할 수 있을 겁니다. 하지만 이것은 제가 '네 번째 종류의 행성 변화'라고 부르는 의도적인 행성 변화의 한 예로, 이미 시작되었습니다.

저는 우리가 이 변화에 성공할 거라고 생각합니다. 앞으로 100년 뒤에는 화석 연료를 사용하지 않을 겁니다. 우리는 아주 느린 속도로 이 변화를 이뤄낼 겁니다. 그리고 뒤돌아보며 이렇게 말할 겁니다. "우리가 끼친 피해들을 봐. 우리가 일으킨 고통과 파괴를 봐. 어떻게 그토록 어리석을 수 있었을까?" 그럼에도 불구하고 우리는 이 변화를 이뤄내고 또 다른 시대로 이행할 것입니다.

미래를 더 멀리 내다보면 우리 행성에 다른 종류의 위협들이 도사리고 있는데, 이 역시 우리가 의도적인 행성 변화로 대처할 수 있을 겁니다. 먼 과거에 지구는 소행성과 혜성의 충돌을 겪었고, 그런 일은 앞으로 또 닥칠 겁니다. 그러면 대량 멸종이 일어날 수도 있습니다. 하지만 꼭 그렇게 될 필요는 없습니다. 현재 관측 프로그램을 시행하고 있기 때문이죠. 우리는 이 천체들을 식별하고 있고, 충돌을 막을 방법을 실제로 알거나 안다고 믿습니다.

어쩌면 인류세를 좀더 긍정적인 시각으로 바라볼 수 있을지도 모릅니다. 우리 앞에 놓인 이 어려운 세기를 극복할 수 있다면 지금이야말로 그동안의 역사에서 우리 행성을 괴롭혀온 몇 가지 힘에 의해 멸종을 위협받지 않을 수 있는 때일지도 모르니까요.

훨씬 더 긴 시간 척도에서 보면 위험한 자연적 기후 변화가 일어날 가능성이 있습니다. 사실 가능한 일이 아니라 필연적인 일입니다. 우리는 지구를 그냥 내버려두면 천국이 될 것이고, 우리가 손을 떼기만 하면 모든 것이 괜찮아질 거라고 생각합니다. 우리가 그런 환상을 갖는 건 지금의 문명들이 기후가 비교적 따뜻하고 안정되었던 지난 1만 년 동안 성장했기 때문이지만 이런 기후는 행성의 역사에서 보면 이상 기후에 해당합니다. 오래 기다리면 또 다른 빙하기가 올 것입니다. 지금의 문명은 그 빙하기에서 살아남지 못할 것이고, 다른 많은 종도 마찬가지일 겁니다. 우리가 이런 장기적인 위협에 대해 알고 있고 그 위협에 대처할 방법을 생각해낼 수 있다면 그러는 것이 우리의 책임일까요? 이건 흥미로운 질문입니다.

지금 엄청나게 긴 시간 척도에 대해 이야기하고 있는데, 우리는 지질학적 시간 척도에서 생각하는 법을 배울 필요가 있습니다. 지질학적 관점을 가질 때에야 우리는 우리 자신이 지질학적 힘임을 깨닫게 됩니다. 우리 자신을 지질학적 과정으로 간주하고, 우리가 지구 역사의 일부임을 이해하게 됩니다. 또한 기후 파괴를 멈추는 일처럼 눈앞에 닥친 책임 외에 장기적인 책임에 관심을 가지고 이 행성의 미래를 위해 어떤 역할을 할 것인지 생각해보게 됩니다.

장기적인 미래에 대해 생각할 때면 세티를 떠올리지 않을 수 없습니다. 여러분은 세티가 외계 생명체를 찾아낼 가능성을 따져보며 이렇게 질문합니다. "우주에 우리 말고 또 누가 있을까, 그들의 이야기는 무엇일까? 언젠가 그들이 우리에게 어떤 이야기를 들려줄까?" 세티 과학자들은 그 대답이 문명의 수명에 달려 있다는 사실을 오래전부터 알고 있었습니다. 강력한 기술을 개발한 모든 문명이 그 힘과 책임을 감당하지 못해 겨우 몇백 년 뒤 타버린다면 우주에는 우리와 이야기할 상대가 없을 것입니다. 이는 수학적으로 증명할 수 있습니다. 반면 극소수일지라도 일부 문명이 해법을 알아낸다면 어떨까요? 그들은 자신을 통제하고, 기술을 생존에 대한 위협이 아니라 생존 도구로 사용하는 방법을 알아냅니다. 그래서 수만 년, 수십만 년, 심지어 수백만 년 동안 살아남습니다. 그럴 경우 은하에는 우리가 발견할 수 있고 심지어 언젠가는 의사소통도 할 수 있는, 말할 수 있고 느낄 수 있는 존재가 생각보다 훨씬 많다고 계산할 수 있습니다.

그렇다면 세티의 활동이 우리 미래에 서광을 비출지도 모릅니다. 우리가 찾고 있는 대상은 생존자들이니까요. 우리가 누군가로부터 메시지를 듣거나 누군가를 발견한다면 그건 우리에게도 희망이 있다는 뜻입니다. 우리가 기술의 사춘기라 불리는 이 좁은 병목을 통과할 수 있다는 뜻입니다. 진정으로 지적인 종들은 엄청나게 장수할 겁니다. 그러면 우리는 진정으로 지적일까요? 알 수 없습니다. 사실 제가 처음에 언급한 외계인 우주생물학자는 우리가 지적인지 확신하지 못합니다. 그녀는 인류에 대한 판단을 보류하고 있습니다. 집중력이 아주 좋으므로 우리를 두고 볼 겁니다. 분명한 사실은, 우리가 살아남아 장수하는 문명들 중 하나가 되고 싶다면 이 행성과의 관계를 바꿔야 한다는 것입니다. 행성과의 상호작용에서 의도적, 의식적인 방식이 우발적, 무작위적 방식보다 우세해야 합니다.

자신의 활동을 지구의 자연 주기와 우아하게 통합하는 방법을 배운 종을 저는 테라 사피엔스Terra sapiens라고 부르는데, 우리가 테라 사피엔스가 되려면 이 행성에서 새로운 존재가 되어야 합니다. 세계를 바꾸는 기술과 함께 장기적으로 안락하게 살아갈 방법을 배워야 합니다. 우리는 지구가 어떻게 생겨나 진화했는지 알아내고 우리 자신의 영향력을 새롭게 깨달았죠. 그런 만큼 그 지식과 깨달음을 이용해 지구라는 행성의 거대한 주기와 우아하게 보조를 맞출 필요가 있습니다. 우리는 지구와 맞서기보다 협력하는 법을 배워야 합니다. 그 열쇠는 지역과 세대를 초월하는 세계관을 퍼뜨리는 것입니다.

우주생물학자로서 인류세를 생각할 때 생각나는 점이 또 하나 있습니다. 우리는 자신에게 동정심을 가질 필요가 있습니다. 지금 우리가 하고 있는 일은 지금껏 한 번도 시도해본 적 없는 것입니다. 적어도 이 지구 상에서는요. 요즘 인류세에 대한 반응으로 "인간은 형편없다"라거나 "인간을 없애버리면 지구가 괜찮아지지 않을까"와 같은 반反휴머니즘적 발언을 많이 합니다. 저 역시 이 행성에서 그동안 우리가 걸어온 방향이 적지 않게 충격적이지만 그래도 모든 인간을 없애고 싶지는 않습니다. 저는 예술, 춤, 음악, 학문 같은 것을 사랑합니다. 분명 우리에게는 문제가 몇 가지 있고, 해결해야 할 난제들도 있습니다. 그동안 너무 급하게 성장했으니까요. 그래도 우리가 자신을 묘사할 때 사용하는 은유들을 생각해보면 우리는 대체로 암이고, 바이러스이고, 지구 상의 범죄자이며, 열대우림 파괴자입니다. 그리고 여러분도 알다시피 이 은유들에는 어느 정도 진실이 있습니다. 끔찍한 진실이죠. 하지만 그게 다는 아닙니다. 바이러스는 하던 걸 멈추고 "이렇게 살면 안 될 것 같아"라고 말하며 대책을 논하지 않죠. 우리는 다릅니다.

앞으로 저는 이들과는 다른 종류의 은유를 생각하고 홍보할 생각입니다. 한 가지는 유년기 은유입니다. 우리는 난생처음 자기 손을 쳐다보며 '나는 이 세상에 어떤 영향을 미치고, 힘을 가지고 있지만 여기서 뭘 하고 있는 건지 모르겠어'라고 생각하는 어린아이와 같습니다. 또 '경험 없는 운전자' 은유도 있습니다. 우리는 아침에 눈을 떠 차를 몰고 도로를 달리고, 큰 트럭을 몰고 도로를 질주하지만 운전하는 법을 모릅니다. 사랑하는 모든 것과 모든 사람이 그 차에 타고 있으니 서둘러 운전하는 법을 배우는 게 좋겠죠. 이 지구 상의 우리도 마찬가지로 세계적으로 작용하지만 생존 매뉴얼을 가지고 있지 않다는 사실을 깨닫습니다. 우리는 우리의 이야기를 모릅니다. 그 이야기가 필요하지만 가지고 있지 않습니다. 또 다른 비유는 몽유병입니다. 여러분은 잠에서 깨 자신이 끔찍한 범죄를 저지르고 있다는 걸 알게 됩니다. 어떻게 된 일인지는 모르지만 어쨌든 책임지고 수습해야 합니다. 저는 인류에 동정심이 있습니다. 우리 자신을 타고나기를 악한 존재가 아니라 미성숙하고 혼란스러운 존재로 보자고 제안하고 싶습니다.

"우리를 인간답게 만드는 게 뭘까요? 우리는 어떤 존재일까요?" 행성의 역사라는 관점에서 보면 우리는 세계를 변화시킬 수 있는 종, 자신이 무얼 하고 있는지 깨달을 수 있는 종입니다. 그러면 이렇게 질문할 수 있습니다. 그 지식으로 무엇을 할 것인가? 그 지식을 의식적으로 통합해 지구와 긍정적이고 건설적인 관계를 맺는 쪽으로 우리의 행동을 바꿀 수 있을까? 저는 행성의 역사에서 우리가 맡은 역할을 고려할 때 지금 우리가 처한 도전을 이렇게 규정할 수 있다고 생각합니다.

글레이제르 여기, '우리'라는 하나의 주제에 대해 매우 다른 세 가지 관점이 있습니다. 우리는 항상 우리가 누구인지, 무엇을 위해 존재하는지, 우리 삶에 의미를 주는 게 무엇인지 알고 싶어 합니다. 그리고 답을 구하는 방법은 여러 가지가 있습니다.

세 가지 관점을 하나로 묶어보려다 문득 떠오른 생각이 있습니다. 타스님, 아이들이 상자를 볼 때 상자도 보지만 집도 볼 수 있다고 말씀하셨잖아요. 아이들은 중첩된 이미지들을 다룰 수 있고 그런 일을 즐깁니다. 어른들은 그 능력을 조금 잃은 것 같아요. 숲을 볼 때 우리는 "산림욕 하러 가자. 숲속으로 들어가 재충전하고 자연과 하나가 되자" 등등을 생각할 수 있습니다. 하지만 "야호, 목재다!"라고 생각할 수도 있죠. 보통 이 두 집단은 서로 대립하는 경향이 있습니다. 우리는 이야기꾼이지만 때때로 같은 것을 보고 매우 다른 이야기를 합니다.

각기 다른 시대의 동굴 벽화를 보면 우리는 특정 집단의 문화에 대해 알 수 있습니다. 그 벽화가 동물들을 어떻게 묘사했는지, 당시 사람들이 어디서 어떤 방식으로 살았는지 단편적으로나마 알 수 있죠. 우리가 하는 일은 대체로 우리가 어느 부족 또는 어느 집단에 속하느냐에 따라 달라집니다. '지구 문제'(이것은 우리만의 문제가 아니라 미래 세대의 문제이기도 하므로 정말 커다란 문제입니다)는 데이브가 말했듯 지금까지와는 다른 이야기가 필요한 문제라고 생각합니다. 그러려면 어떻게 해야 하죠? 우리가 우리 사이에 세워놓은 부족의 벽, 이 취약한 행성에서 지속 가능하게 살아가기 위한 선택을 정말 어렵게 만드는 벽을 뛰어넘으려면 무엇이 필요할까요? 적어도 생명을 부양하고 있는 현재 상태의 지구는 연약합니다. 그래서 우리에게서 수없이 학대당할 수 있습니다. 과학과 이야기에 관심을 갖고 우리 시대에 맞는 다른 종류의 신화, 즉 집단 간의 분열을 넘어 종 전체의 이야기가 될 수 있는 어떤 통일된 신화가 필요하다는 사실을 우리 모두가 깨달으려면 어떻게 해야 할까요? 어려운 질문이란 건 저도 압니다.

그린스푼 칼 세이건은 정체성의 지평선identification horrizons에 대해 이야기하곤 했습니다. 자기 가족만을 생각하는 일을 떠나 마을이나 부족, 나아가 국가를 생각하려면 어떻게 해야 하는지에 대한 문제의식이 담긴 말이죠. 그는 정체성의 지평을 세계 전체로 넓히는 목표에 대해 말했습니다. '만일 우리가 외계 문명의 존재를 알게 된다면?'이라는 공상은 많은 과학 소설의 단골 소재입니다. 또는 사고 실험으로 제시되기도 합니다. 그런 공상이 많은 과학 소설에서처럼 우리를 위협하는 이야기가 되는 대신 세계인으로서의 정체성을 갖게 만드는 이야기가 될 수는 없을까요?

저는 최근 프린스턴 대학교 신학연구센터의 종교윤리학자와 대화를 나눴습니다. 그는 우리에게 필요한 것은 이런 세계적 관점뿐이라는 제 생각에 찬물을 약간 끼얹었습니다. 그는 이렇게 말했죠. "엑슨모빌(미국 석유회사)을 보세요. 그들은 세계적 관점을 가지고 있는데도 숲이 아니라 목재를 봐요." 그 말을 듣고 저는 정체성의 지평선은 공간만이 아니라 시간까지 아우르는 것이 되어야 한다고 생각했습니다. 여러분이 미래 세대, 그리고 지구에서 장기적으로 살아남는 일에 대해 생각한다면 "오, 필요한 건 목재니까 그냥 베어버리자"라고 생각할 가능성이 훨씬 적을 테니까요. 여러분은 숲에 대해 걱정할 겁니다. 어쩌면 우리의 자각을 3차원이 아니라 4차원으로 넓힐 필요가 있을지도 모릅니다.

후세인 저는 우리의 지평선이 이 정도로 넓어졌다는 것도 흥미롭다고 생각합니다. 옛날에 여행이 어렵고 드물었던 시절 사람들은 대체로 자기 부족이나 마을밖에 몰랐고, 자신의 소속이 정체성을 결정했습니다. 그러나 이제는 여행이 거의 일상이 되면서 많은 사람이 더 복잡하고 다층적인 정체성을 가지게 되었습니다. 우리는 여전히 자신의 출신지와 일체감을 갖지만 동시에 우리가 사는 곳이나 공부하는 곳 또는 일하는 곳에 자리한 새로운 문화의 습관과 태도를 습득합니다. 그래서 좀더 미묘한 정체성을 발달시키고, 자신이 하나 이상의 소속감을 가질 수 있음을 깨닫기 시작하죠. 과거에는 외부인을 의심과 경계의 시선으로 보았습니다. '나와 비슷하지 않으면 적이다'라는 것이 통념이었죠. 차이는 갈등의 불씨였습니다. 우리는 모두 각자의 삶에서 그런 갈등을 어떻게든 조정해보려고 노력합니다. 과거로부터 물려받은 배타적 사고방식을 더 개방적이고 유연한 개념의 소속감으로 대체함으로써 다른 전통들을 존중하고, 여러 문화에 동시에 뿌리내리고 있다고 느끼려고 노력합니다.

하지만 유연한 소속감을 갖는 데는 꼭 많은 노력이 필요한 것도, 오랜 시간이 걸리는 것도 아닙니다. 실제로 저는 지금 여기 앉아 있는 동안에도 제 태도가 변하는 것을 느꼈습니다. 제리는 제 예상과는 다른 이야기를 들려줌으로써 제 관점을 완전히 바꿔놨어요. 제리가 마지막에 말한, 치유된 뼈와 그것이 의미하는 바에 대한 이야기는 너무나 감동적이었습니다. 수십 년 동안 저는 우리가 경쟁심이 몹시 심한 종이며, 경쟁심은 우리 본성 일부로 생존에 매우 중요하다는 이야기를 듣고 또 들었습니다. 하지만 제리의 해명이 모든 걸 바꿔놨습니다. 갑자기 저는 우리 종이 예로부터 자상하고 협력적인 생명체였다고 생각하게 되었습니다. 그 본능 또한 우리의 일부입니다. 장기적인 시각을 갖는 데는 그런 역사의식이 도움 됩니다. 완전히 새로운 기술을 배우는 것도 필요하지만 이미 알고 있는 점을 기억하는 것도 필요합니다.

우리는 예나 지금이나 자신을 돌봐왔습니다. 우리의 지평선이 넓혀지고 있는 것일 뿐입니다. 이제 이 행성 전체가 우리 마을이고, 부족이고, 가족입니다. 우리는 우리가 살고 있는 행성을 이런 식으로 대할 필요가 있습니다.

드실바 정확한 지적입니다. 세상이 더 연결됨에 따라 전 세계 동료들과 이야기하며 아이디어를 빠르게 공유하는 일이 더 쉬워졌습니다. 저는 제 학생들에게서 그런 모습을 봅니다. 그들은 제가 학생이었을 때보다 세계와 연결되어 있습니다. 그건 제게 큰 희망을 줍니다.

저는 우리 계통의 과거 성공 사례를 보면서 그것을 일종의 교훈으로 받아들입니다. 일반적으로 우리는 호모 에렉투스를 성공한 계통으로 봅니다. 호모 에렉투스는 전 세계로 퍼져 아시아와 유럽 그리고 아프리카의 다양한 환경에서 살기 시작합니다. 오랫동안 우리는 특정한 장소에만 살면서 특정한 것만 먹는 종 또는 계통이었습니다. 그런데 호모 에렉투스는 일종의 팔방미인이 되었고, 그것이 우리 계통의 생존을 도왔습니다. 한 가지에 특화되었다면 우리 계통은 멸종했을 것입니다.

동물이 한 가지에 특화되면 위험합니다. 결국 환경 변화가 특화된 적응에 뒤통수를 치고, 그러면 그 동물은 멸종합니다. 놀라울 정도로 정교하게 적응된 동물들은 결국 멸종하고 맙니다. 지금 북극곰에게 그런 일이 일어나고 있죠. 북극곰은 환경에 맞춰 절묘하게 적응했습니다. 하지만 환경이 변하면 무슨 일이 일어나는지 보세요.

그동안의 역사에서 유인원은 지금보다 다양했습니다. 1200년에서 1500만 년 전 화석 기록을 보면 유인원은 수십 종이 존재했지만 지금은 겨우 몇 종에 불과합니다. 유인원의 수는 우리가 개입하기 훨씬 전부터 감소하고 있었습니다. 유인원들은 지나치게 특화되어 있습니다. 그런데 두 발로 걷는 한 유인원이 팔방미인이 되었습니다. 팔방미인이 된 우리는 어디서든 살 수 있고, 무엇이든 먹을 수 있고, 무슨 일이 닥쳐도 살아남을 수 있습니다. 여기에는 우리의 문화와 혁신이 큰 몫을 했지만 어쨌든 이는 우리가 환경에서 자원을 뽑아내는 데 놀랍도록 능숙해졌음을 뜻합니다. 우리는 과거를 돌아보며 이렇게 말합니다. "호모 에렉투스가 환경에서 자원을 뽑아내는 걸 봐. 기가 막히는군!" 하지만 곧이어 "어어…" 하게 되죠. 우리가 바로 그 경향을 물려받았으니까요. 환경에서 자원을 뽑아내는 경향을 말이죠. 세계를 지금까지와는 다르게 대하기로 결정하는 것은 수백만 년의 생물학적 경향을 거스르는 일입니다. 그건 자기반성과 의식적인 노력을 필요로 합니다. 쉽지 않은 일이니까요. 그게 쉬운 일이라면 1970년대의 환경 운동이 모든 걸 바꿨겠죠. 그런데 그러지 못했습니다. 힘든 일이 될 거예요. 하지만 저는 할 수 있다고 생각해요. 다만 힘들 뿐이죠.

글레이제르 개인 수준에서 행동에 나서야 합니다. 각 개인이 자기 몫의 책임을 지고, 책임에 따라 행동하고, 그런 다음 가족, 공동체, 학교에 이야기해야만 변화가 일어날 겁니다. 풀뿌리 운동인 셈이죠. 하향식의 질서 변화를 기대한다면 변화는 영영 일어날 수 없을 겁니다. 우리가 보고 싶어 하는 변화가 일어나느냐는 우리에게 달려 있습니다. 변화는 개인으로부터 시작됩니다. 그럴 때 상전이가 일어나죠. 각 개인이 특정한 방식으로 행동하기 시작할 때 그 힘이 합쳐져 얼음을 물로 바꾸는 큰 변화가 일어납니다.

그린스푼 그런 종류의 상전이가 일어난 예들을 역사에서 찾을 수 있습니다. 당신의 말을 들으니 정신이 번쩍 드는군요. 분명히 맞는 말씀입니다. 하지만 우리의 오랜 진화적 역사에는 혁신적 재창조의 사례뿐 아니라 의식 변화의 사례도 있습니다. 우리 모두가 괜찮다고 생각한 행동이었는데, 대중의 의식이 바뀌어 더 이상 괜찮지 않게 되죠. 지금 우리는 그런 수준의 변화를 추진하고 추구할 필요가 있습니다.

글레이제르 이제 질문을 받겠습니다.

질문 1 청중에 대해 질문이 있습니다. 토목기사협회는 어린이와 고등학생들에게도 이야기합니까? 다시 말해 여러분은 뼈 같은 것을 매우 흥미진진하게 소개하고, 이야기 들려주며 아이들을 사로잡습니다. 우리는 이제 물러날 사람들이죠. 어떻게 하면 젊은 사람들의 관심을 사로잡을 수 있을까요?

글레이제르 정말 좋은 질문입니다. 제가 아주 오랫동안 교수로 재직해왔다는 점을 말씀드려야겠군요. 학생들을 이런 대화에 끌어들이는 건 역사적으로 매우 어려운 일이었습니다. 우리뿐 아니라 다들 그렇습니다. 젊은이들은 다른 데 정신이 팔려 있으니까요. 그들은 시간이 나도 강연을 찾아가 듣고 싶어 하지 않습니다. 그들에게 호소력 있는 슈퍼스타가 오지 않는 한 말이죠. 어떤 장소들에서는 훨씬 더 젊은 사람들을 볼 수 있습니다. 모두 다 사라진 건 아닙니다. 데이비드와 저는 과학 대중화 활동에 상당히 경험이 있고, 이른바 젊은이들을 휘어잡는 비결이 있습니다. 우리 둘 다 그런 일을 하고 있다고 생각합니다. 상당히 효과가 있죠. 청중의 관심을 얻는 데는 여러 방법이 있습니다. 대개는 미디어, 그중에서도 소셜 미디어와 관계있습니다. 예를 들어 저는 제 유튜브 채널에서 무료 강연을 제공하기 시작했고, 구독자는 대체로 젊은 사람들입니다. 다른 방법들도 있을 겁니다. 하지만 질문자의 말처럼 어려운 건 맞습니다.

그린스푼 짧게 한마디 하자면 저는 박물관이나 다양한 연령대의 청중이 모이는 장소에 강연하러 가서 이 나라의 젊은이들을 보고 희망을 얻습니다. 그들은 우리가 다룬 생각과 우려에 꽤 밝습니다. 우리는 교육을 계속하고, 젊은 사람들에게 계속 이야기해야 합니다. 그런데 이상하게도 요즘 제 걱정은 나이 든 사람들과 그들이 투표하는 방식입니다. 오늘 아침 환경 운동가인 친구와 이야기 나누면서 저는 이런 말을 했습니다. "이 세상을 망가뜨리지 않고 아이들에게 물려주려면 나이 든 사람들의 의식을 높여야 해."

질문 2 여러분은 모두 과학자이니 한 가지 주장하자면, 우리 각자가 옳은 일을 하기 쉬운 조건을 만든다면 이 일에서 성공하지 않을까요? 여러분은 옳은 일을 하기 쉬운 조건을 만들기 위해 노력하고 계신가요? 우리 미래를 위해 각자 해야 할 몫을 쉽게 만들자는 제 의견에 대한 여러분의 피드백을 듣고 싶습니다. 그것이 더 나은 세계를 만드는 데 어떤 도움이 될까요? 옳은 일을 하기가 쉬워져야 합니다. 교통, 내연기관의 영향에 대해 생각하는 일이 쉬워져야 합니다. 옳은 일을 하기 쉬워지면 사람들은 옳은 일을 할 거라고 생각합니다. 인간은 자고로 쉬운 걸 하는 경향이 있지 않나요?

드실바 어려운 질문이네요. 옳은 일을 하는 게 꼭 쉽지는 않다고 생각하지만 무슨 말씀인지는 알겠습니다. 겨우겨우 먹고사는 사람들의 집단이 있다면 공평하고 평등한 기회를 제공하는 일부터 시작해야 한다고 생각합니다. 아프리카에 갔을 때 그걸 알았습니다. 숯을 생산하는 과정에서 산림자원이 황폐화되고 있었습니다. 이는 침팬지 서식지를 바꿔 침팬지 개체 수를 극적으로 감소시키는 결과를 낳았죠. 그럼에도 그곳 사람들은 먹고살아야 하고, 세계적 차원의 뭔가를 생각하기보다 당장 자신들에게 가장 이익이 되는 일을 합니다. 저는 그들을 비난하지 않습니다. 제 가족 일이었다면 저도 같은 결정을 했을 겁니다. 따라서 변화를 원한다면 전 세계에 공정하고 평등한 기회를 제공하는 일로 시작해야 합니다. 그때 비로소 사람들이 옳은 결정을 내리기 시작할 수 있다고 생각합니다. 그럴 여유가 있기 때문이죠.

그린스푼 훌륭한 지적입니다. 다른 예로, 정말 기후 변화와 인구 과잉에 맞서 싸우고 싶다면 가난한 나라 소녀들을 교육하는 일에 기여해야 한다는 말을 들은 적 있습니다. 현명한 지적이죠. 여권이 신장되어 여성들에게 생식 외에도 여러 선택을 할 수 있는 힘이 생기면 인구 증가는 둔화됩니다. 사람들은 다른 선택의 여지가 없는 상황에 놓이기보다는 의식적인 선택을 할 테니까요.

다시 말하지만 세계를 파괴하고 싶어 하는 사람은 아무도 없습니다. 사람들은 단지 생존하기 위해 필요한 일, 필요하다고 느끼는 일을 할 뿐입니다. 갈등할 일이 없는 조건을 만들면 됩니다. 우리가 할 수 있는 방법들이 있습니다. 그리고 좋은 소식들도 있습니다. 금세기 후반의 인구 예측들을 보면 세계 인구가 100억에서 정점을 찍고 감소하기 시작할 거라고 전망합니다. 100억은 무시무시한 숫자이지만 바람직한 이유로 증가 추세가 꺾일 겁니다. 사망률이 증가해서가 아니라 출생률이 감소하고 극빈 인구가 줄어들기 때문이죠. 바람이 올바른 방향으로 불면 그 여세를 몰아가면 됩니다.

글레이제르 악마의 변호인 역할을 자처하자면 여러분은 케네디 대통령처럼 달에 가는 것같이 불가능해 보이는 일들을 하는 건 그 일이 어려워서라고 생각할 수 있습니다. 솔직히 말하면 개인 수준에서 눈앞의 필요보다 큰 목표 때문에 습관적 삶을 바꾸는 일은 정말 어렵습니다. 그래서 질문자가 말했듯 그런 선택을 하고 도덕적 태도를 지니게 만들 뭔가가 필요합니다. 그런 선택과 도덕적 태도가 쉽지만은 않습니다. 사실 매우 어렵죠.

질문 3 인간이 생물학적, 유전적 관점에서 여전히 진화하고 있다고 생각하십니까? 아니면 인간 본성이 정체 지점에 도달했다고 보십니까?

드실바 많은 사람은 인간이 일단 문화적 동물이 되면 자연선택에 대한 문화적 완충제가 생겨 생물학적 진화가 멈춘다고 주장해왔습니다. 그 순간을 후기 구석기 시대라고 한다면 약 5만 년 전이 되겠죠. 하지만 유전학자들은 지난 1만 년 동안 인간 집단에 큰 변화들이 일어났다는 점을 알아냈습니다. 한 가지 변화는 눈 색깔과 관련 있습니다. 한 예로 푸른 눈을 가진 사람의 수가 증가했죠. 녹말을 소화하기 위한 유전자 수도 변했습니다. 그 유전자는 농업이 시작되면서 유익하게 쓰였을 겁니다. 또 우리는 세 번째 어금니 없이 태어나는 사람들의 빈도 변화도 측정할 수 있습니다. 우리와 원숭이의 공통 조상이 살았던 3500만 년 전 이래 우리 계통은 입의 각 사분면에 어금니가 세 개씩 있었습니다. 사랑니는 우리의 아치형 치열 일부였지만 우리는 사랑니를 잃기 시작했습니다. 그렇게 된 이유 중 하나는 지구 상의 모든 사람이 치과 치료를 받을 수 있는 게 아니기 때문입니다. "그건 그냥 치통일 뿐이야"라고 말할 수 있을지도 모르지만 어떤 곳에서는 치아 감염이 치명적일 수 있습니다. 지구 상에는 아직도 보건 의료와 치과 치료 혜택을 받을 수 없는 사람이 많고, 그들은 자연선택에 처합니다. 많은 사람이 여전히 자연선택의 영향을 받고 있습니다. 인간 집단은 여전히 변하고 있죠. 우리는 아직도 진화하고 있습니다.

그린스푼 그 의견에 반대해도 될까요? 저는 당신이 '예스'의 사례로 제시한 것들이 어떤 면에서는 확실한 '노'의 사례라고 생각합니다. 그 예시들 중 어떤 것도 우리가 진화하고 있다는 증거가 아니기 때문입니다. 우리 앞에 있는 문제들에 직면할 수 있는 능력에 변화를 가져오고 있지 않으니까요. 이건 흥미로운 일입니다. 우리가 유전적으로 변하고 있는 건 맞습니다. 그 말이 틀렸다고 말하는 게 아닙니다. 하지만 문화적 변화와 기술적 변화가 진화적 변화를 능가했다고 말하는 사람들의 입장에서 보면, 그리고 우리가 지구 상의 한 종이라는 관점에서 보면 치아의 변화와 녹말을 소화하는 능력이 이 시점의 우리의 생존 능력에 실질적으로 영향을 미친다고 주장하기는 어렵습니다.

드실바 결과를 예측하기는 어렵습니다. 그렇지 않은가요? 녹말 유전자의 중복만 해도 그렇습니다. 우리는 그게 생존에 도움이 될 거라고 예측할 수 없었지만 돌이켜보면 농업의 출현이 그런 결과를 불러왔죠. 다음 세기, 그리고 그다음 세기에 우리가 지구 상에서 직면하게 될 변화들, 75억 인구가 받을 새로운 선택 압력을 예측할 수 있을까요? 지금은 그 어느 때보다 많은 변이가 존재하고, 그건 자연선택이 작용할 원재료입니다. 즉 재료는 있습니다. 우리는 어떤 결과가 나올지 예측할 수 없습니다.

글레이제르 하지만 질문자의 질문에는 완전히 다른 차원이 존재합니다. 우리와 기술의 관계 때문에 상황이 크게 바뀌고 있다는 것이죠. 수십 년이라는 아주 짧은 시간 안에 우리는 지금의 우리가 아니게 될 것입니다. 우리가 20~30년 전의 우리가 아닌 것처럼 말이죠. 간단한 예로 우리와 휴대전화의 관계를 생각해보세요. 지구 상의 대다수 사람이 휴대전화를 가지고 있습니다. 휴대전화는 그저 흥미로운 작은 물건이 아닙니다. 그것은 우리 자신의 디지털 확장판입니다. 사람들의 휴대전화을 보면 모두 앱이 깔려 있습니다.

우리는 모두 비슷한 앱을 가지고 있지만 각각의 휴대전화에는 저마다 매우 독특한 앱 모음이 있습니다. 그것이 자신의 디지털 지문이기 때문이죠. 우리 존재의 확장판이 휴대할 수 있는 기계에 이미 투영되어 있고, 그 결과 우리는 몸을 초월해 순식간에 세계를 가로지를 수 있습니다. 제가 보기에 인간과 기계의 융합은 이미 일어나고 있습니다. 그건 돌이킬 수 없는 추세이고, 앞으로 많은 것을 근본적으로 바꿔놓을 겁니다.

실제로 트랜스휴머니즘 운동은 이 상황을 극단으로 끌고 갑니다. 우리가 매우 다른 무언가가 되는 지점까지 말이죠. 그리고 이렇게 되기까지는 수백 년이나 수천 년이 아니라 수십 년이면 충분합니다.

질문 4 우리 종이 처한 위협에 대처하기 위해 문화의 변화가 필요하다고 말씀하실 때, 저는 그걸 표현하는 방법이 정말 매력적이라고 생각했습니다. 여러분은 모두 학자입니다. 학계는 정보 전달을 주로 하지만 사실 우리는 정보 제시보다 스토리에 의해 훨씬 많이 변한다고 들었습니다. 우리가 생존을 위해 모색하고 있는 이 엄청나게 어려운 변화에 스토리텔링을 이용할 필요가 있다는 깨달음을 어떻게 이용해야 된다고 생각하십니까?

후세인 지구 전체나 학계 차원에서 어떻게 해야 하는지는 모릅니다. 하지만 요즘 과학 커뮤니케이션(과학 대중화)을 점점 강조하는 추세이고, 과학 대중화는 변화를 유도하는 한 가지 방법입니다. 만일 학자들이 연구 보조금을 받거나 종신 재직권을 얻기 위해 과학 커뮤니케이션을 해야 한다면 훨씬 많은 학자가 대중을 참여시키기 위해 노력할 겁니다. 그리고 일단 해보면 사실을 제시하는 것만으로는 과학 강연에 아무도 나타나지 않는다는 사실을 금방 알게 될 겁니다. 사실들을 감정적으로 와닿게 만들 방법을 찾아야 합니다. 이야기는 그렇게 하는 가장 일반적이고 가장 쉬운 방법이지만 다른 방법들도 있습니다.

무언가가 왜 중요한지 전달하는 것이 핵심입니다. 그래야 대중들이 여러분이 말하는 걸 기억할 테고, 여러분이 하고 있는 일을 왜 하는지 이해하기 시작합니다. 모든 청중은 과학자가 하는 말에 대해 기본적으로 이렇게 의문합니다. 내가 왜 그걸 신경 써야 하나? 당신이 상아탑에서 이런 멋진 연구를 하고 있다니 정말 대단하지만 그게 나랑 무슨 상관인가? 상관있다고 느끼게 하려면 항상 감정적 요소, 즉 내면의 뭔가를 끌어당기는 요소가 있어야 합니다. 지성에만 호소해서는 충분하지 않습니다.

그것이 우리가 기후 변화의 심각성을 알리는 데 어려움을 겪고 있는 이유 중 하나입니다. 여러분은 완벽하게 이성적인 사람들을 향해 기후 변화에 관해 모든 사실을 말합니다. 그러면 그들은 다 듣고 나서 이렇게 말합니다. "알겠어요, 그런데 난 안 할래요" 또는 "나는 당신 말에 동의하지 않아요" 또는 "나는 과학을 믿지 않아요." 개인적으로 이런 반응은 저를 미치게 합니다. 하지만 곰곰이 생각해보니 그들이 반대하는 것은 '사실들'이 아니었습니다. 그런 사실들이 자신에게 어떻게, 왜 중요한지 몰라서 그렇게 반응하는 거죠.

봉사 활동을 하는 많은 사람이 사람들과 신뢰 관계를 구축하는 데서 시작할 필요가 있다는 점을 깨닫습니다. 저는 그것이 특정한 양의 정보를 제공하는 일보다 훨씬 중요하다고 생각합니다. 대부분 경우 관련 사실은 누구나 쉽게 찾을 수 있습니다. 사람들이 과학자와 대화한 뒤 사실을 기억하지 못하는 건 괜찮아요. 제가 원하는 건 '아, 그래서 이 문제가 중요하구나. 저 사람들이 이 문제를 이런 식으로 다루려고 하는구나'라는 느낌을 갖게 하는 겁니다.

하지만 학자들이 이 점을 학습하는 데는 시간이 걸립니다. 그들은 전통적으로 청중과 라포를 형성하도록 권장받지 않기 때문이죠. 우리는 공정하고 객관적이고 맥락이 완전히 제거된 것을 말하도록 훈련받습니다. 하지만 일반 대중에게 우리만 아는 학구적 말투로 이야기하면 엄청난 역효과를 낳습니다. 저는 그런 이유로 훨씬 섬세한 과학 커뮤니케이션을 추구하게 되었습니다. 과학자들은 사람들에게 그저 사실만을 던져줄 게 아니라 과학자들이 무엇을 하는지, 그것이 왜 중요한지, 그리고 그들이 왜 거기에 동참해야 하는지 공유해야 합니다. 느리지만 변화가 일어나고 있다고 생각합니다.

글레이제르 그게 인문학이 큰 역할을 해야 하는 또 하나의 이유라고 생각합니다. 인문학자들은 능수능란한 이야기꾼들입니다. 그들은 소설과 예술적 창의성을 통해 이야기를 풀어냅니다. 무엇이 선인지, 무엇이 정의인지, 왜 인간이 되어야 하는지에 대해 완전히 다른 차원에서 이야기합니다. 이 새로운 내러티브를 창조하려면 둘(과학과 인문학)을 모아야 한다고 생각합니다. 과학만으로는 안됩니다. 사람들이 귀 기울이지 않을 테니까요. 과학뿐 아니라 과학하는 사람들의 인간 본성이 필요합니다. 그리고 그 내러티브에 왜 인류 전체가 이런 이야기에 관심을 기울여야 하는지가 포함되어야 합니다. 그건 우리의 집단적 미래에 대한 것이기 때문입니다.

나오며 | 우리는 어디로 가는가?

과학자와 인문학자를 공개 석상에 불러 모으는 실험의 가장 만족스러운 측면 중 하나는 청중들이 보내주신 매우 뜨거운 성원입니다. 시리즈 대담이 끝난 뒤 실시한 설문조사에서 "과학과 인문학은 서로 대화해야 하는가?"라는 질문에 응답자 95~99퍼센트가 압도적으로 지지를 보냈습니다. 의심할 여지 없이 일반 대중은 (물론 스스로 참여한 분들이지만) 이것이 필수적인 대화라고 느끼고, 이 대화에 적극적으로 참여하기를 원합니다. 이런 이벤트가 더 많이 있었으면 좋겠다고 생각하고 논의가 확대되기를 희망합니다.

교양 교육이라는 개념이 모든 수준의 학교에서 낯선 것이 된 국가에서 자란 제가 그 중요성을 알게 된 것은 미국의 한 대학에서 교수로 일했을 때입니다. 세계 대부분 지역에서 학생들은 진로를 너무 일찍 선택합니다. 대개 대학에 가기 전에 결정하죠. 많은 학교에서 과학과 인문학은 멀찌감치 떨어진 건물에 자리하고 있습니다. 학제 간 교류는 전혀 없습니다. 학생들은 매우 기술적이고 전문화된 교육을 받으며, 놀랍지 않게도 자기 분야 외의 다른 분야에 대한 이해가 부족한, 고도로 전문화된 기술자가 됩니다. 제가 몸담고 있는 분야인 물리학계의 일화를 하나 소개하겠습니다. 어리둥절한 한 학부생이 양자물리학(분자에서 소립자에 이르기까지 매우 작은 입자들을 다루는 물리학으로, 디지털 혁명에 큰 역할을 담당한 분야)의 의미와 철학적 해석에 대해 질문하면 그들은 대개 "닥치고 계산이나 해"라는 말을 듣습니다. 그리고 이런 것들의 철학적 함의에 대해서는 감히 생각하지도 말라고 충고받습니다.[1] 과학자와 인문학자 들이 교육 과정을 따라 나아갈수록 그들의 연구 초점은 더 좁아집니다. 여우보다 고슴도치를 칭찬하는 교육 모델은 확실히 효율적인 전문가를 배출하지만 그들의 일이 학문이나 사회의 다른 영역에 어떤 영향을 미치는지, 다양한 세계적 추세에 따라 타깃과 목표를 어떻게 전략적으로 재고해야 하는지에 대한 식견은 제한적인 한정된 전문가를 길러냅니다.[2] 여러분의 전문적 훈련이 높은 벽 안에서 이뤄질 때 벽 너머에 무엇이 있는지 보기는 상당히 어려워집니다. 여러분이 할 수 있는 일은 고슴

---

[1] 대학원생일 때 영국에서 이런 일을 실제로 경험했습니다. 존경받는 물리학자 존 벨(John Bell)에게 다가가 양자물리학의 해석에 관한 박사 학위 논문에 조언해줄 수 있는지 묻자 그는 친절하지만 직설적으로 이렇게 답했습니다. "유명해지기 전까지는 이런 일에 시간 낭비하지 마세요. 아무도 당신에게 관심을 기울이지 않을 겁니다."

도치처럼 더 깊이 파는 것뿐입니다. 교육기관은 한 분야의 기술적 측면들을 지배하는 전문가를 양성하는 동시에(전문가는 분명히 필요합니다!) 자신의 분야가 다른 분야와 어떻게 관련되어 있는지 이해하도록 교육해야 하는 어려운 과제에 직면하고 있습니다. 우리는 『공화국』*The Republic*에 잘 설명되어 있는 플라톤의 철학자-왕을 위한 교육 훈련을 새롭게 조명해야 할지도 모릅니다. 인류에게는 다양한 앎의 방식에 능숙한 지혜로운 지도자와 시민이 필요합니다. 과학과 인문학은 서로가 필요하고, 우리에게는 둘 모두 필요합니다.

좋은 출발점은 과학 교육에 대해 깊이 재고하는 것입니다. 과학 교육은 우리가 '정복 모드'라고 부를 수 있는 것을 넘어설 필요가 있습니다. 즉 현재의 과학 수업은 법칙, 데이터, 방정식이라는 최종 결과를 추구할 뿐 과정의 어려움, 과학을 인간화하는 실패와 도전을 다루지 않습니다. 과학 교육에 대한 이런 비인간적 접근법은 학생과 대중을 그것을 포용하는 사람과 그것을 피하는 사람이라는 뚜렷이 구별되는 두 집단으로 나누는 절단기 역할을 합니다. 그 결과들 중 하나는 우리가 영화나 책에서 보듯 냉정한 괴짜 과학자에 대해 널리 퍼진 고정관념입니다. 연구 외 다른 것에는 관

---

2   고대 그리스 시인 아르킬로코스는 이런 유명한 말을 남겼습니다. "여우는 많은 것을 알지만 고슴도치는 딱 하나밖에 모른다." 이 아이디어는 훗날 여러 차례 발굴되었습니다. 가장 유명한 예는 이사야 벌린(Issiah Berlin)의 1953년 에세이 「고슴도치와 여우」(The Hedgehog and the Fox)로, 벌린은 이 아이디어를 사용해 작가와 사상가를 두 종류로 분류했습니다(훗날 "진지한 시도는 아니었다"라고 주장했지만요).

심 없고, 인간이라기보다는 추론 기계에 가까운 모습이죠. 이 이미지는 명백히 완전히 잘못된 것으로, 사라져야 마땅합니다. 과학자에 대한 신뢰 수준을 회복하고 그들의 전문성을 제대로 평가하기 위해서만이 아니라 과학이 사회와 우리의 집단적 미래에 지대한 영향을 미치기 때문입니다. 백신, 핵무기, 유전공학, 지구 온난화, AI 등과 같은 삶의 선택에 관한 한 일반 대중이 그런 전문가의 선언을 신뢰해야 할 이유가 있을까요? 시의적절한 사례로, 우리는 왜 그렇게 많은 사람이 바이든 대통령의 수석 의료 고문인 앤서니 파우치Anthony Fauci 박사를 신뢰하는지 알 수 있습니다. 그는 전문가 이전에 인간으로 보입니다.

지난 200년 동안 과학적 사고의 기술적 응용이 산업과 사회에 즉각적이고 심오한 영향을 미친 데 크게 영향받아 과학 교육은 기술자들, 즉 대체로 매우 구체적인 업무에 초점을 맞춘 전문화된 길드를 길러내는 일로 축소되었습니다. 우리는 난해한 수학과 컴퓨터 프로그래밍을 처리하고, 특정 시스템을 모델링하고, 플라즈마 물리학, 응집물질 물리학, 고에너지 물리학, 천체물리학 등과 같이 좁은 하위 분과들 안에서 실험실 업무를 수행하는 데 매우 효율적이 되었습니다. 계몽시대 이후 과학과 인문학 사이에 세워진 장벽은 물리학과 화학에서 생물학과 컴퓨터과학에 이르기까지 각 과학 분야 안의 수많은 하위 분과 사이에 세워진 장벽으로 불어났습니다. 환원주의가 교육을 장악했고, 우리는 전체를 보는 눈을 잃었습니다.

하지만 '전체'가 우리가 존재하는 곳이고, 우리의 결정은 우리의 집단적 운명에 영향을 미칠 것입니다. 우리는 정치든 기업이든 잘못된 손에 의해 인류에 대한 심각한 실존적 위협으로 쉽게 바뀔 수 있는 몇 가지 주제에 대해 토론했습니다. AI, 유전학 연구, 우리가 강요하거나 강요하지 않은 도덕적 경계에 대해 우리가 무엇을 하기로 선택하는지는 인간이란 무엇인가의 정의 그 자체에 영향을 미칠 것입니다. 우리 연구의 윤리적 결과, (사회적 격차와 불평등의 재앙적 증가를 포함해) 그것이 촉진할 수 있는 잠재적으로 파괴적인 사회적 변화들을 고려하지 않고 무작정 나아가는 것은 자기 파괴적이지는 않더라도 최소한 무모합니다. 기술과의 관계, 시장과의 관계, 환경과의 관계에 대해 생각하는 새로운 방법이 필요합니다. 그것은 우리가 과학과 인문학의 관계를 어떻게 보느냐에 달렸습니다. 우리가 역사로부터 배운 것을 고려하면 과학만이 답이라고 생각하는 것은 무책임한 일입니다. 과학은 결코 혼자가 아닙니다. 과학은 힘의 위계와 문화적 맥락에 반응하기 때문입니다. 우리는 답해야 하는 질문보다 답할 수 있는 질문을 더 많이 다룹니다. 전자의 질문이 대개 더 어렵기 때문입니다. 그런 질문을 다루기 위해서는 지식에 대해 더 포괄적이고 상보적인 방식으로 생각할 필요가 있습니다. 하지만 우리가 이 대담에서 배운 바에 따르면 생존 가능성으로 나아가는 유일한 길은 화합입니다. 설령 그것이 먼 꿈으로 보일지라도 말입니다. 특히 지금과 같이 사회가 양극화되어 있을 때는 그것이 더욱 절실합니다. 화합은 서로 다른 파벌이 여전히 하나의 목표를 향해 함께 움직일 수 있다는 점에서 통합과 구별됩니다. 한 국가의 군대는 각기 다른 의견과 인생사를 가진 사람들을 그들의 차이를 초월하는 하나의 대의로 묶습니다. 우리가 냉혹한 갈라치기와 증오로 자신을 괴롭히고 있는 동안 자연은 우리의 모욕에 기계적 무관심으로 대응하며 가차 없이 나아갑니다. 소수 사람에게만 보이는 간단한 진리는, 자연은 우리를 신경 쓰지 않지만 우리는 자연을 신경 쓸 필요가 있다는 점을 기꺼이 받아들이는 것입니다. 우리는 일종의 환경적 집단 면역을 기를 필요가 있습니다. 자연계와 상대와의 관계를 깊이 재고할 필요가 있습니다. 그것은 개인 수준의 혁신적 변화로 시작됩니다. 우리 각자는 우리 집단적 미래의 한 조각씩을 쥐고 있습니다. 만일 저마다 반대 방향으로 당긴다면 우리는 아무 데도 가지 못합니다. 앞으로 나아갈 방법을 현명하게 선택합시다.

○

학제 간 참여 연구소의 에이미 플럭턴Amy Flockton 부소장과 제가 이 대담 시리즈를 위한 계획을 발표했을 때만 해도 대담이 이처럼 포괄적이리라 기대하지 못했습니다. 우리의 목표는 우리의 내적, 외적 삶에 영향을 미치는 어려운 질문들 중 일부를 공개적으로 다룰 수 있는 환경을 만드는 것이었습니다. 점점 더 커질 불을 붙이는 작은 불꽃쯤으로 여겼습니다. 이 책이 이런 대화가 가능할 뿐 아니라 시급하며, 학계와 공공 영역에서 더욱 확대되어야 한다는 점을 보여줄 수 있기를 바랍니다.

옮긴이 김명주

성균관대학교 생물학과와 이화여자대학교 통번역대학원을 졸업했다. 주로 과학과 인문 분야 책을 우리말로 옮기고 있으며 『인간이 만든 물질, 물질이 만든 인간』 『나는 사이보그가 되기로 했다』 『자연은 어떻게 발명하는가』 『신, 만들어진 위험』 『신 없음의 과학』 『호모 데우스』 외 여러 책을 옮겼다.

위대한 지성은 어떻게 생각하는가

의식, 실재, 지능, 믿음, 시간, AI, 불멸 그리고 인간에 대한 대화

초판 1쇄 인쇄 2023년 3월 29일
초판 1쇄 발행 2023년 4월 11일

지은이 마르셀루 글레이제르
옮긴이 김명주
펴낸이 유정연

이사 김귀분
기획편집 신성식 조현주 유리슬아 서옥수 황서연 **디자인** 안수진 기경란
마케팅 이승헌 반지영 박중혁 하유정 **제작** 임정호 **경영지원** 박소영

펴낸곳 흐름출판(주) **출판등록** 제313-2003-199호(2003년 5월 28일)
주소 서울시 마포구 월드컵북로5길 48-9(서교동)
전화 (02)325-4944 **팩스** (02)325-4945 **이메일** book@hbooks.co.kr
홈페이지 http://www.hbooks.co.kr **블로그** blog.naver.com/nextwave7
출력·인쇄·제본 (주)상지사 **용지** 월드페이퍼(주) **후가공** (주)이지앤비(특허 제10-1081185호.)

ISBN 978-89-6596-565-7 03100